# उत्तर प्रदेश की कला एवं संस्कृति

# उत्तर प्रदेश की कला एवं संस्कृति

गोपाल भार्गव

KALPAZ

उत्तर प्रदेश की कला एवं संस्कृति



ISBN: 978-81-7835-892-5



प्रकाशन वर्ष 2011

कल्पज़ पब्लिकेशन्स

सी-30, सत्यवती नगर, दिल्ली-110052

ई-मेल: kalpaz@hotmail.com

अक्षर मुद्रांकन: क्विक मीडिया, दिल्ली

चावला ऑफसेट प्रेस, दिल्ली

# विषय सूची

# परिचय

आज से 4000 वर्ष पूर्व उत्तर प्रदेश ने इतिहास के पृष्ठों पर अपना स्थान बना लिया था। ठीक उसी समय, जब आर्यों ने इस धरती पर अपना पहला कदम रखा था। उत्तर प्रदेश हिन्दू धर्म के दृष्टिकोण से भी विशेष महत्त्व रखता है क्योंकि भगवान श्री राम का राज्य कौशल तथा उसकी राजधानी अयोध्या यहीं थी। विष्णु के आठवें अवतार के रूप में जन्में भगवान श्री कृष्ण की जन्म स्थली तथा कर्मस्थली भी मथुरा, द्वारका व वृंदावन रही। भगवान गौतम बुद्ध ने सारनाथ में अपना प्रथम प्रवचन दिया। ये सभी महत्त्वपूर्ण व पावन स्थान आज उत्तर प्रदेश को गौरवान्वित कर रहे हैं!

उत्तर प्रदेश अपने 84 जिलों सहित भारत का सर्वाधिक जनसंख्या वाला ऐसा राज्य है जो भारतीय संस्कृति के बहुआयामी रंगों से सजा इन्द्र धुनष है। प्रकृति ने भी इस राज्य को अनूठी भौगोलिक सम्पदाओं से नवाज़ है। कला की दृष्टि से देखा जाऐ तो उत्तर प्रदेश के ठाठ सबसे निराले हैं। यदि इसे भारत की सांस्कृतिक राजधानी कहा जाए तो कुछ अतिशयोक्ति न होगी। राजनीति में अपना महत्त्वपूर्ण स्थान रखने वाले इस प्रान्त ने देश को अन्य प्रान्तों की तुलना में सर्वाधिक प्रधानमंत्री दिये हैं। लखनऊ इसकी प्रशासनिक व विधायिक तथा इलाहाबाद न्यायिक राजधानी है। संसार के सबसे प्राचीन नगरों में से एक वाराणसी या बनारस भी यहीं है, तथा विश्व की सबसे अधिक अदब व कायदे वाले शालीन तौर-तरीकों के लिये प्रसिद्ध सभ्यताओं में से एक लखनवी तहजीब भी यहीं है।

## उत्पत्ति, इतिहास, भूगोल, अर्थव्यवस्था

ब्रिटिश शासन के प्रथम चरण में उत्तर प्रदेश अवध का एक अंग था। अवध का प्रशासनिक व न्यायिक केन्द्र लखनऊ था, जबकि शेष उत्तर पश्चिमी प्रान्त के लिंये इलाहाबाद था। सन् 1921 में लखनऊ में विधान परिषद के गठन और 1935 में प्रदेश सचिवालय लखनऊ में स्थानांतरित किये जाने के साथ ही लखनऊ को यूनाईटेड प्रोविंसेंस (संयुक्त प्राप्त अवध तथा आगरा) की राजधानी घोषित कर दिया गया।

स्वतंत्रता प्राप्ति के पश्चात् रामपुर तथा टिहरी गढ़वाल रियासतें भी इस प्रान्त में विलय कर दी गईं। 26 जनवरी 1950 में वर्तमान उत्तर प्रदेश राज्य का उदय हुआ, इसी दिन भारत का संविधान लागू हुआ तथा विश्व के एक प्रमुख गणतंत्र के रूप में भारत उभर कर आया जो प्रान्त पहली यूनाईटेड प्रोविंसेज़ था अब उत्तर प्रदेश बन गया तथा आधाक्षर या लघु नाम (U.P.) यथावत बने रहे। अपने सभी स्वरूपों में यह प्रान्त पहाड़ियों तथा मैदानों और विविध सांस्कृतिक तथा भौगोलिक मंडलों से समृद्ध रहा।

तथापि, 9 नवम्बर 2000 को नए राज्य।, उत्तराखंड के गठन से (जनसंख्या एक करोड़ तथा क्षेत्रफल 55,000 वर्ग किलोमीटर, पूर्ववत उत्तर प्रदेश के 13 पहाड़ी जिलों सहित) उत्तर प्रदेश का मानचित्र बदल गया है।

## वैदिक सभ्यता का पालना

उत्तर प्रदेश मात्र एक भौगोलिक अस्तित्व नहीं है, पुरातनता में जड़ें जमाए इसका इतिहास रंग-बिरंगा और वैभवशाली है। एक समय में मध्य देश के नाम से विख्यात इस प्रदेश का वर्णन साहित्य और पुराणों में वैदिक सभ्यता को पालने के रूप में मिलता है, जहां दार्शनिक राजाओं का शासन था और जहाँ ऋषि मुनि आध्यात्मिक एवं सांसारिक लाभ की आशा लिए ब्रह्माण्ड के रहस्य के चिन्तन में वनों तथा गुफाओं एवं कंदराओं में अतिसंयमी एकान्तवास करते थे। वे अपना ज्ञान अधिकांशतः प्रवचनों के माध्यम से तथा यदा-कदा लिखित रूप में अपने समर्पित शिष्यों को प्रदान किया करते थे ताकि वे अपने भावी जीवन के संघर्ष हेतु तैयार हो सकें।

इसी प्रकार हिन्दू पुनरुत्थान के प्रकाश स्तंभ आदिगुरू शंकराचार्य ने भारत भ्रमण के दौरान वेदान्त पर महान विद्वान मण्डन मिश्र के साथ शास्त्रार्थ हेतु वाराणसी का चयन किया। उनके द्वारा केदारनाथ (अब उत्तराखंड में) 'ज्योतिर्लिंग' की स्थापना की गई। केदारनाथ को अत्यंत प्राचीन तथा पावन पूजास्थल माना जाता है तथा धर्मपरायण हिन्दू अपने जीवनकाल में कम से कम एक बार केदारनाथ दर्शन की अभिलाषा रखते हैं।

प्राचीन भारत के अंतिम महान सम्राट हर्षवर्धन के शासन और व्यक्तिगत आचरण का व्यापक विवरण प्रसिद्ध चीनी धर्मयात्री एवं भ्रमणकर्ता ह्वेन सांग द्वारा प्रस्तुत किया गया है। हर्षवर्धन की राजधानी कन्नौज थी, जो अब उत्तर प्रदेश का एक जिला है।

अनेक धाराओं तथा जलमार्गों, विशेषतः दो बड़ी एवं वर्ष भर बहने वाली नदियों, पावन गंगा और यमुना द्वारा सिंचित भूमि में प्रचुर पैदावार होती है, जो यहाँ की जनसंख्या के भरण पोषण हेतु सुपर्याप्त है। इस प्रकार उदरपूर्ति की चिन्ता से मुक्त यहाँ के लोग ज्ञानार्जन, ललित कलाओं, सभ्यता का उच्चस्तर प्राप्त करने तथा भद्र जीवन शैली की पावन खोज में अपना समय लगाने में समर्थ हैं। बांदा, मिर्जापुर तथा मेरठ जिलों में पुरातत्त्वीय निष्कर्ष इसके उदाहरण हैं। उत्तरी प्रान्त उत्तर प्रदेश को अपनी अद्वितीय भौगोलिक स्थिति तथा इतिहास के कारण एक विशिष्ट पहचान हासिल है। गंगा एवं यमुना द्वारा सिंचित तथा हिमालय पर्वत एवं विंध्य पहाड़ियों के बीच स्थित इस भूमि को आर्यावर्त का मध्य देश अथवा भारतीय-आर्य भाषा भाषियों की भूमि के रूप में जाना जाता था। उत्तर प्रदेश का वर्तमान स्वरूप मध्य देश का भाग हुआ करता था (इस क्षेत्र से नेपाल प्रव्राजन करने वाले लोगों को मधेसिया कहा जाता है)। मध्यकालीन इतिवृत्तों में किए गए उल्लेखों के अनुसार यह हिन्दुस्तान का भी बड़ा हिस्सा था।

उत्तर प्रदेश के लोग पंचमेल प्रजातीय मूल के हैं तथा उनके नयन-नक्श भारतीय-आर्यों, आर्य-द्रविड़ों, मध्य एशियाई, ईरानियों, अफगानों, मंगोल-द्रविड़ों तथा भिन्न धर्मों को अनुयायी जनजातियों के समान हैं। चूंकि गंगा-यमुना का दोआबा अत्यधिक उपजाऊ क्षेत्र था, अतः उत्तर-पश्चिम दिशा से भारत आने वाले प्रवासी जन उपजाऊ भूमि तथा ताजा जल स्रोतों के कारण और जीवन की सुगमता के कारण यहीं बस गए। इसके कारण यहाँ की भूमि पर एक दबाव सृजित हुआ जो आज भी भारत में किसी भी अन्य स्थान की तुलना में अधिक है।

उत्तर प्रदेश तीन प्रमुख पारिस्थितिकीय क्षेत्रों में विभाजित है। प्रथम क्षेत्र में पर्वतीय प्रदेश है, जिसमें कुमाऊं तथा गढ़वाल के मध्य हिमालयी क्षेत्र और देहरादून से बहराइच तक फैली पहाड़ियों का उप-पर्वतीय क्षेत्र (तराई) है, जहाँ खास समूह तथा अनुसूचित जनजातियां यथा भोटिया,राजी, जौनसारी, भोकसा तथा थारू निवास करती हैं। दूसरा क्षेत्र गंगा-यमुना द्वारा सिंचित कछारी मैदान है, जहाँ बड़े तथा मिश्रित समुदाय यथा चमार, ब्राह्मण, यादव, राजपूत, मुस्लिम इत्यादि बसे हुए हैं। तीसरा क्षेत्र दक्षिणी पहाड़ियों का प्रदेश है, जहाँ वे समुदाय बसे हुए हैं, जो कभी जनजातियां थीं और अब अनुसूचित जातियों के रूप में अधिसूचित हैं।

उत्तर प्रदेश के विभाजन की एक अन्य रेखा भाषा रेखा है। उत्तर प्रदेश को भाषा/बोली के आधार पर छह उप-क्षेत्रों में विभाजित किया जा सकता है। ये

भाषाएँ भोजपुरी, अवधी, बुन्देलखण्डी/कन्नौजी, बृज, खड़ी बोली तथा पहाड़ी बोली है। पहाड़ी बोली को आगे और दो भागों में बांटा जा सकता है। (1) पहाड़ी (कुमाऊंनी/गढ़वाली) तथा (2) पश्चिमी पहाड़ी जिसमें जौनसारी समुदाय सम्मिलित हैं। भोटिया लोग तिब्बत-वर्मी भाषा भाषी हैं।

संयुक्त कारकों यथा कुशल प्रशासन, भाषा अथवा बोली तथा परिस्थितिकी के आधार पर छोटे छोटे राज्यों के रूप में उत्तर प्रदेश के पुनर्गठन के विषय में अनेक बार विचार-विमर्श हो चुका है। 9 नवम्बर 2000 को उत्तराखंड एक वास्तविकता बन गया। हरित प्रदेश का गठन पश्चिमी उत्तर प्रदेश में से किया जाना प्रस्तावित है, पूर्वांचल पूर्वी उत्तर प्रदेश तथा पश्चिमी बिहार के भोजपुरी भाषी क्षेत्र को अलग करता है। इस क्षेत्र के लोगों अथवा प्रवासियों को पुरबिया नाम दिया गया है। बुन्देलखण्ड वर्तमान समय में उत्तर प्रदेश तथा मध्य प्रदेश में बंटा हुआ है। बुन्देलखण्ड की विशेषता इसकी बुन्देलखण्डी बोली तथा सांस्कृतिक स्वायत्तता है।

## इतिहास

8 वीं शताब्दी (ईसवी सन्) के प्रारंभ में सिंध पर मुस्लिम आक्रमण तथा उसके पश्चात् उत्तर भारत पर आक्रमणों से देश एक दीर्घावधि के विक्षोभ में डूब गया तथा देश को 16 वीं सदी (ईसवी सन्) के मध्य (भारत में मुगलों का आगमन और शासन दृढ़ीकरण) तक एक संतुलन कायम होने तथा एक नए सांस्कारिक संश्लेषण के उद्‌भव हेतु कई सदियों तक प्रतीक्षा करनी पड़ी। इस अवधि के दौरान केवल कुछ वर्षों के अन्तराल पर कबीर, सूरदास, तुलसी दास, जायसी इत्यादि ने निराशा और मानवद्वेष में डूबे लोगों में भक्ति तथा श्रद्धा एवं तितिक्षा के गीतों के माध्यम से नया जीवन संचरित किया। इन सब का क्षेत्र वही था, जिसको आज उत्तर प्रदेश कहा जाता है।

अनेक युद्ध और संग्राम हुए, जय पराजय हुई, और संयोगवश 18 वीं सदी में जब मुगल शासन कमजोर हुआ, तो देश पश्चिमी क्षितिज पार से गोरे आक्रान्ताओं मालिकों की नई प्रजाति के उद्‌भव का साक्षी बना। इसकी छाया उत्तर प्रदेश पर भी पड़ने लगी थी। अंतिम महान मुगल सम्राट औरंगजेब के पतनोन्मुखी उत्तराधिकारियों का लाभ उठाते हुए, वजीर-बादशाह शुजा-उद्-दौला, जो सादत खान के पश्चात् बादशाह बना था, ने 18 वीं सदी के तृतीय चतुर्थांश में अपनी राजधानी फैजाबाद से हटाकर लखनऊ में स्थापित कर दी। यह वह समय था, जिसे साधारणतः नवाबी शासन का प्रारंभ कहा जाता हैं। यह वस्तुतः एक जीवन शैली थी, जिसे 'अवध संस्कृति' निरूपित किया गया तथा जिसमें समृद्धि, शिष्ट व्यवहार, व्यक्तिगत

भद्रता और आरामदेह जीवन एवं स्वेच्छाचारी आमोद के साथ मिश्रित दोषहीन सामाजिक शिष्टाचार की सुगंध थी। परिणामस्वरूप शासन ढीला हो गया तथा समाज में विकृतियां उत्पन्न हो गईं। ब्रिटिश, जो इस समय तक अपना प्रभाव क्षेत्र काफी विस्तृत कर चुके थे, न केवल सक्रिय हुए अपितु उन्होंने अंतिम औपाधिक नवाब वाजिदअलीशाह को आक्रामकता एवं बलपूर्वक अशिष्ट तरीके से गद्दी से उतार कर कोलकाता के निकट मटियाबुर्ज में कैद कर दिया।

अस्त व्यस्त भारतीय विद्रोहियों तथा अंग्रेजों की सुगठित एवं शस्त्रसज्जित सेना के बीच रेजीडेंसी, लखनऊ की गलियों तथा उप-गलियों में और आसपास के जिलों में अनेक स्थानों पर घोर संग्राम हुआ।

तथापि, अंग्रेजों का आगमन एक सुखद परिवर्तन सिद्ध हुआ। वस्तुतः, एक प्रकार से, यह मध्ययुगीन तथा सामन्ती फंदे से मुक्ति थी, जिससे लोगों को राहत की एक साँस मिली। गोरे शासकों द्वारा उद्योग व्यापार वाणिज्य की स्थापना तथा परिवहन एवं संचार संगठन हेतु उठाए गए कदम भले ही पूर्णतया स्वार्थ से प्रेरित हों, पर विकास की भावी प्रगति और विस्तार हेतु एक आधार अवश्य सिद्ध हुए।

सन् 1857 में सैनिकों द्वारा अस्थायी रूप से बाद में 1885 में गठन के पश्चात् भारतीय राष्ट्रीय कांग्रेस द्वारा प्रारंभ किए गए स्वतंत्रता संग्राम में उत्तर प्रदेश के लोगों ने क्रान्तिकारी तथा शान्तिपूर्ण विरोधी दोनों रूपों में अग्रणी भूमिका निभाई। स्वतन्त्रता प्राप्ति के पश्चात् की अवधि के दौरान उत्तर प्रदेश का विकास भी उतना ही उल्लेखनीय रहा है। उत्तर प्रदेश ने जवाहर लाल नेहरू से अटल बिहारी वाजपेयी तक देश को अनेक प्रधानमंत्री दिए हैं। जनसंख्या की दृष्टि से उत्तर प्रदेश अन्य सभी राज्यों से आगे है। लोकसभा में उत्तर प्रदेश के 84 सदस्य (सांसद) हैं, जो सर्वाधिक हैं। मुख्य रूप से कृषि पर निर्भर उत्तर प्रदेश का क्षेत्रफल 2,43,286 वर्ग किलोमीटर तथा जनसंख्या 16,60,52,859 है जिसमें 8.78 करोड़ पुरुष तथा 7.87 करोड़ महिलाएँ हैं। राज्य की साक्षरता दर 57 प्रतिशत है। कृषि प्रधान राज्य होने के कारण राज्य में गांवों की संख्या (97,134) नगरों की संख्या (631) से कहीं अधिक है।

## भूगोल

उत्तर प्रदेश भारत का सीमा राज्य है, जिसकी उत्तरी सीमा नेपाल से मिलती है। यह सीमा उत्तराखंड राज्य के गठन से पूर्व तिब्बत तक विस्तारित थी, तथा

इसकी शिवालिक शृंखला चीन तिब्बत को स्पर्श करती थी। उत्तर प्रदेश के पश्चिम में हरियाणा, दिल्ली तथा राजस्थान हैं, दक्षिण में मध्य प्रदेश तथा पूर्व में बिहार है। स्थलाकृति-विज्ञान की दृष्टि से उत्तर प्रदेश में पहले पहाड़ियां, मैदान और दक्षिणी पठार था परन्तु अब हिमालय पर्वत शृंखला से सटा तराई-भाभड़ क्षेत्र ही शेष रह गया है।

## तराई भाभड़ पट्टी

उत्तर प्रदेश में पश्चिम में सहारनपुर से पूर्व में देवरिया तक फैली भूमि पट्टी को भाभड़ और तराई के रूप में जाना जाता है। सहारनपुर, बिजनौर तथा पीलीभीत जनपदों में भाभड़ क्षेत्र शिवालिक पहाड़ियों की गोद में है। पर्वतों से उतरती वेगवती धाराएँ और नदियाँ यहाँ मन्द हो जाती हैं तथा हिमालय की पहाड़ियों की चोटियों से लाए पत्थर व चट्टानें शिलाखण्डों के रूप में छोड़ जाती हैं। पश्चिम में लगभग 34 किलोमीटर चौड़ी यह पट्टी पूर्व की ओर संकीर्ण होती चली जाती हैं। छोटी-छोटी धाराएं शिलाखण्डों के ढेर में खो गई प्रतीत होती हैं, पर कुछ दूर जाकर पुनः दृष्टिगोचर हो जाती हैं, मंथर गति से बहते हुए मृदा की एक पतली परत जमा करती जाती हैं, जो स्वयं की एक कच्छी खण्ड में परिवर्तित हो जाती है जिसे तराई कहते हैं।

सहारनपुर, बिजनौर, रामपुर, बरेली, पीलीभीत, लखीमपुर खीरी, बहराइच, गोंडा, बस्ती, सिद्धार्थनगर, गोरखपुर, महाराजगंज तथा देवरिया जनपदों में फैला तराई क्षेत्र कभी 80 से 90 किलोमीटर चौड़ी भूमिपट्टी थी, जो वनों तथा लम्बी, घनी हाथी घास से आच्छादित थी। तथापि, हाल के कुछ वर्षों में, राज्य सरकार के भूमि अधिग्रहण कार्यक्रम के कारण तराई पट्टी काफी संकुचित हो गई है। गेहूँ, चावल तथा ईख यहाँ की मुख्य फसलें हैं, जबकि कुछ खण्डों में जूट की खेती भी होती है।

तराई और भाभड़ पट्टी के बाहर मैदान समतल और उपजाऊ है, सिवाय आगरा एवं मथुरा जनपदों में कुछ यमुना पार भागों के जहां अरावली शृंखला के पूर्वी छोर पर तंग घाटियां और लालबलुआ पत्थरों की चट्टानें पाई जाती हैं। गंगा, यमुना और उनकी सहायक नदियों द्वारा सिंचित मैदान दो प्रकार के ढलवां मैदान है—पश्चिम में उत्तर से दक्षिण की ओर तथा पूर्व में पश्चिम-उत्तर से दक्षिण-पूर्व की ओर—जहां वर्ष में दो फसलें (बसन्त में रबी तथा शरद में खरीब) पैदा होती हैं।

## दक्षिणी पहाड़ियां और पठार

यमुना और गंगा नदियां राज्य के दक्षिणी पठार की उत्तरी सीमा का निर्धारण करती हैं, जिसमें झांसी, जालौन, हमीरपुर तथा बांदा जनपद और गंगा की करछना एवं मेजा तहसील तथा वाराणसी जनपद की चकिया तहसील सम्मिलित हैं। भूविज्ञान की दृष्टि से ये क्षेत्र संभवतः पूर्व-उत्तलता काल में निर्मित हुए थे तथा इनकी औसत ऊँचाई (समुद्र तल से) 300 मीटर है। कुछ स्थानों पर ये 450 मीटर ऊंचे हैं, कैमूर की चोटी सर्वाधिक उंचाई (600 मीटर) पर है। सोनपुर की पहाड़ियां सोन नदी के उत्तर में समाप्त होती है। बांदा जनपद की कार्वी तहसील में विंध्य पहाड़ियां उत्तर पूर्व की ओर ढलान लिए हैं। बेतवा और केन नदियां बुन्देलखण्ड से गुजरकर यमुना में मिल जाती हैं। इस क्षेत्र में वर्षा बहुत कम होती है तथा भीषण गर्मी पड़ती है, जिसके कारण यहां वनस्पति का अवरूद्ध विकास होता है तथा पंख वाले जीव जन्तु अत्यंत दुर्लभ हैं। ज्वार, चना तथा गेहूँ यहां की मुख्य फसलें हैं। इस दुष्कर स्थिति के निराकरण हेतु विगत कुछ वर्षों में सिंचाई तथा पेयजल व्यवस्था के लिए जलाशयों का निर्माण प्रारंभ किया गया है।

## वर्षा और जलवायु

उत्तर प्रदेश उष्ण कटिबंधीय क्षेत्र में स्थित है तथा ग्रीष्मकाल में तेज गर्मी पड़ती है। तराई क्षेत्र उष्ण एवं आर्द्र दोनों विशेषताओं से युक्त है/जबकि दक्षिणी पठार में केवल भीषण गर्मी रहती है, जिसमें आर्द्रता का कोई नाम-निशान नहीं होता है। ग्रीष्मकाल में अप्रैल, मई तथा जून माह में तापक्रम 43 डिग्री सेल्सियस तक पहुंच जाता है। उत्तर प्रदेश के मैदानी इलाकों तेज गर्म हवाएँ (लू) चलती हैं। शरदऋतु में तापक्रम 12.5 डिग्री से 17.5 डिग्री सेल्सियस के मध्य रहता है।

यहां वर्ष में तीन ऋतुएं होती हैं : अक्टूबर से फरवरी तक शरद, मार्च से जून तक ग्रीष्म और उसके पश्चात् वर्षा जो सितम्बर तक रहती है। आगरा और झांसी राज्य के सबसे गर्म नगर तथा बरेली और रुड़की राज्य के सबसे ठंडे नगर हैं। राज्य में जून मध्य से सितम्बर मध्य तक वर्षा होती है। उत्तर प्रदेश में मानसून जून से सितम्बर तक सक्रिय रहता है तथा इस क्षेत्र में होने वाली कुल वर्षा की लगभग 82 प्रतिशत वर्षा इसी अवधि में होती है। जबकि शरदकाल में कुल वर्षा की 17 प्रतिशत वर्षा होती है। गोरखपुर में सबसे अधिक वर्षा होती है (184.7 सेंटीमीटर) जबकि मथुरा में सबसे कम (54.4 सेंटीमीटर) वर्षा होती है।

गंगा और यमुना राज्य की दो प्रमुख नदियाँ हैं। उनका प्रवाह उत्तर में हिमालय और दक्षिण में विंध्यपर्वत से निर्धारित होता हैं। गंगा का उद्गम स्थल गंगोत्री ग्लेशियर है, जो उत्तराखंड में स्थित है। गंगा सहारनपुर जनपद में उत्तर प्रदेश में प्रवेश करती है तथा उत्तर प्रदेश में प्रवेश के पश्चात् शनैः शनैः अपना प्रवाहमार्ग दक्षिण से बदलकर पूर्वोन्मुखी कर लेती है। इसके दोनों तटों पर अनेक सहायक नदियां आकर मिलती हैं। गंगा के बाएं तट पर मिलने वाली प्रमुख नदियां रामगंगा, गोमती, घाघरा, काली शारदा, राप्ती तथा गण्डक हैं, जबकि यमुना तथा अन्य प्रमुख नदियां यथा चम्बल, सिंध, बेतवा, केन, सोन, टोंस गंगा के दाएं तट पर मिलती हैं।

महत्वपूर्ण तथ्य यह है कि गोमती को छोड़कर (जिसका उद्गम स्थल पीलीभीत जनपद में है) गंगा के बाएं तट की सभी सहायक नदियों का उद्गम स्रोत हिमालय पर्वत हैं तथा दाएं तट की सहायक नदियों का उद्गम स्रोत विंध्य और सतपुड़ा शृंखला है। अनेक छोटी नदियां जैसे कोसी, साई, कल्याणी, चन्द्रप्रभा, कर्मनाशा, रिहन्द, बेलान तथा धसान आदि अलग-अलग स्थानों पर गंगा और यमुना से मिलती हैं। गंगा और यमुना इलाहाबाद में स्वयं आपस में मिलती हैं—उनका यह मिलन संगम कहलाता है, जो भारत में हिन्दुओं के लिए पावनतम तीर्थस्थलों में से एक है। यमुना की सहायक नदियां यथा चम्बल (सबसे बड़ी), सिंद बेतवा तथा केन विंध्य नदियों द्वारा लाया गया आधे से अधिक जल गंगा में समाहित कर देती हैं। चम्बल का उद्गम स्रोत विंध्यपर्वत है तथा इसकी छोटी छोटी सहायक नदियां भी हैं। दक्षिण की ओर से गंगा से मिलने वाली प्रमुख नदियां टोन्स और सोन हैं, जिनमें सोन बड़ी है। सोन नदी सतपुड़ा पहाड़ियों से निकलती है तथा इसका स्रोत नर्मदा तथा महानदी नदियों के स्रोत के निकट है।

## मृदा

उत्तर प्रदेश के पश्चिमी जनपदों—जिनमें सहारनपुर, मेरठ, मुजफ्फरनगर, बिजनौर, मुरादाबाद, पीलीभीत और बरेली सम्मिलित हैं—की मृदा एक जैसी विशेषतापूर्ण है। यह साधारण : गहरी भूरी तथा दोमट प्रकार की है तथा कहीं-कहीं बालू मिश्रित भी है। यहां की मृदा सतही, कंकरीली तथा पत्थरों से भरी है, जो साधारणतः अम्लीय है। सहारनपुर, मेरठ तथा मुजफ्फरनगर के पश्चिमी मैदानों में मृदा गहरी तथा असाधारण रूप से उपजाऊ है। पूर्व की ओर बरेली, मुरादाबाद, बिजनौर तथा पीलीभीत में मृदा दोमट हो जाती है। पीलीभीत से और पूर्व की ओर मृदा अम्लीय है, जबकि शेष भाग में क्षारीय गुण विद्यमान हैं।

लखीमपुर खीरी, सीतापुर, लखनऊ, बाराबंकी, हरदोई कानपुर तथा आजमगढ़ को मिलाकर बने मध्य क्षेत्र में मृदा दोमट तथा बलुआ दोमट प्रकार की है। राज्य के पूर्वी भाग में गोरखपुर, बस्ती, महाराजगंज, सिद्धार्थनगर और गोंडा में दो प्रकार की मृदा पाई जाती है जिन्हें स्थानीय रूप में मांट और बंजर कहा जाता है। कछारी मृदा को ढूह कहा जाता है। 'मांट' कही जाने वाली मृदा दोमट बलुआ-चूनामय है। राज्य के उत्तर पश्चिमी जनपदों की मृदा में फास्फेट की कमी है। जौनपुर, आजमगढ़ तथा मऊ में मृदा में पोटाश का अभाव है तथा शुष्क क्षेत्र 'उसर' तथा 'रेह' कहे जाते है। अलीगढ़, मैनपुरी, कानपुर, एटा, इटावा, सीतापुर, उन्नाव, रायबरेली तथा लखनऊ जनपदों की मृदा 'उसर' तथा 'रेह' प्रभावित है।

झांसी मंडल, मिर्जापुर तथा सोनभद्र जनपदों, इलाहाबाद जनपद की करछना एवं मेजा तहसीलों और वाराणसी जनपद की चकिया तहसील में मिश्र लाल एवं काली मृदा पाई जाती है। काली मृदा चिकनी, चूनायुक्त और उपजाऊ है। यह मृदा नमी पाकर फैल जाती है तथा सूखने पर सिकुड़ जाती है। इन जनपदों के ऊपरी पठार में मृदा लाल रंग तथा दो प्रकार की है—'परवा' तथा 'पथरीली'। परवा हल्की बलुआ अथवा बलुआ-दोमट है जबकि 'पथरीली' मृदा क्षारीय है।

## वनस्पति एवं जीव-जन्तु

उत्तर प्रदेश में विद्यमान वनस्पति को तीन संवर्गों में बांटा जा सकता है : (i) आर्द्र उष्णकटिबंधीय पतझड़ (पर्णपाती) वन (ii) शुष्क उष्णकटिबंधीय पतझड़ वन तथा (iii) उष्णकटिबंधीय कंटीले वन। आर्द्र उष्णकटिबंधीय वन 100 से 150 सेंटीमीटर वार्षिक वर्षा वाले क्षेत्रों में स्थित हैं जिनकी एक विशेषता यह है कि ऊँचे क्षेत्रों में विषम आकृति एवं आकार के पर्णपाती वृक्ष पाए जाते हैं तथा निचले क्षेत्रों में बांस, लता, वल्लरियां तथा हरी झाड़ियां पाई जाती हैं। इन वनों में उगने वाले मुख्य वृक्ष साल, बेर, गूलर, पलाश, महुआ, आंवला, ढाक, जामुन इत्यादि हैं।

राज्य के सम्पूर्ण मध्य एवं पश्चिमी क्षेत्रों में शुष्क पर्णपाती वन पाए जाते हैं। सूर्य का प्रकाश सीधे धरातल तक पहुंचने के कारण यहां झाड़ियां और घास प्रचुरता में पाई जाती हैं। आर्द्रतापूर्ण स्थानों पर अथवा नदियों के किनारे नीम, पीपल, आम, जामुन, महुआ तथा बबूल के अलावा, साल, अंजीर, पलाश तथा टीक के इन वनों का बड़ा भू-भाग कृषि प्रयोजन हेतु साफ कर दिया है। राज्य के दक्षिण पश्चिमी भाग में कंटीले वन बहुतायत में पाए जाते हैं, क्योंकि वहां वर्षा बहुत कम होती है।

राज्य में जल, थल एवं नभ में रहने वाले जीव जन्तुओं की अनेकानेक प्रजातियां पाई जाती हैं। इनमें कुछ प्रमुख प्रजातियां निम्नानुसार हैं :—

मत्सय — महासीर, हिलसा, सौल़, तेंगन, परथन, रसेला, विट्टल, रोहू, मृगाल, कोटा, लाबी, मंगुर, कुचिया, ईल, सिंधी, मिरर कार्य, ट्राउट।

उभयचर — मेंढक, टोड, गोह।

सरीसृप — बामनिया, पिट-वाइपर, छिपकली, गोह, नाग कछुआ, करैत, धामन और मकर।

पक्षी — चील, गिद्ध, मोर, बुलबुल, कबूतर, तोता, उल्लू नीलकंठ, गौरैया, महोख, तीतर, खरमोर, बत्तख, हंस तथा सारस।

स्तनपायी — हाथी, बाघ, चीता, सांभर, चीतल, चिंकारा, काला, हरिण, नीलगाय, काला तथा भूरा भालू, साही, नेवला, खरगोश, गिलहरी, बिल्ली, कुत्ता, भेड़िया, लकड़बग्घा, छछूंदर, मूंसा, बकरी, गाय, भैंस, इत्यादि।

## खनिज

उत्तर प्रदेश खनिज सम्पदा की दृष्टि से भी समृद्ध राज्य है। विंध्य पर्वत शृंखला के मध्य तथा इसके आसपास के क्षेत्रों में खनिजों की अपार सम्पदा भू-गर्भ में विद्यमान है। यहां पाए जाने वाले प्रमुख खनिज चूनापत्थर, मैगनेटाइट, डोलोमाइट, कोयला, सॉफ्ट-स्टोन, तांबा, जिप्सम, ग्लास सैण्ड, मारबल, नॉन प्लास्टिक फायर क्ले, यूरेनियम इत्यादि हैं। उत्तर प्रदेश के सात दक्षिणी जनपद खनिज सम्पदा सम्पन्न माने जाते हैं। आगरा, ललितपुर, झांसी, हमीरपुर, बाँदा, इलाहाबाद, मिर्जापुर और सोनभ्रद हैं।

## जनसंख्या

सन् 2002 में हुई नवीनतम जनगणना के अनुसार उत्तर प्रदेश की कुल जनसंख्या 16,60,52,859 है जिसमें 8,74,66,301 (52.67 प्रतिशत) पुरुष तथा 7,85,86,558 (47.33 प्रतिशत) महिलाएं हैं। उत्तर प्रदेश की जनसंख्या भारत की कुल जनसंख्या की 16.17 प्रतिशत है। जनसंख्या की दृष्टि से उत्तर प्रदेश भारत का सबसे बड़ा राज्य है, परन्तु क्षेत्रफल की दृष्टि से यह राजस्थान, महाराष्ट्र, और महाराष्ट्र के पश्चात् चौथे स्थान पर है।

उत्तर प्रदेश की जनसंख्या में 1991-2001 के दशक में 3,40,54,055 अथवा 25.80 प्रतिशत की वृद्धि हुई है। उत्तर प्रदेश के कुल सत्तर जनपदों में इलाहाबाद

जनपद की जनसंख्या सर्वाधिक (49,41,510) है। इसके पश्चात् कानपुर (41,37,489), आजमगढ़ (39,50,80), जौनपुर (39,11,305) तथा गोरखपुर (37,85,720) का स्थान है। इलाहाबाद जनपद गत दशक की भांति इस दशक में भी शीर्ष स्थान पर विद्यमान है, परन्तु देवरिया जनपद जो जनसंख्या की दृष्टि से गत दशक में दूसरे स्थान पर था, कुशी नगर के पृथक्करण के पश्चात् नीचे खिसक गया है। देवरिया का स्थान कानपुर जनपद ने ले लिया है। जनसंख्या की दृष्टि से महोबा उत्तर प्रदेश का सबसे छोटा जनपद (7,08,831) है। चित्रकूट (8,00,592), ललितपुर (9,77,447), हापुड़ (10,42,374) तथा बागपत (11,64,388) जनपद नीचे से क्रमानुसार दूसरे, तीसरे, चौथे और पांचवें स्थान पर हैं।

नवीनतम जनगणना के अनुसार उत्तर प्रदेश के 70 जनपदों में जनसंख्या का औसत 23,72,184 है। राज्य के 34% जनपदों में औसत से अधिक जनसंख्या निवास करती है। राज्य में तीन जनपदों की जनसंख्या 10 लाख से कम है। इलाहाबाद और कानपुर ऐसे दो जनपद हैं जिनकी जनसंख्या 40 लाख प्रत्येक से अधिक है।

## अर्थव्यवस्था

उत्तर प्रदेश की अर्थव्यवस्था के मामले में सब कुछ ठीक ठाक नहीं है। इसका आर्थिक विकास अन्य प्रगतिशील राज्यों तथा पंजाब, हरियाणा, कर्नाटक और तमिलनाडु की अपेक्षा काफी पिछड़ा हुआ है।

1991-2001 दशक की अवधि में राज्य की जनसंख्या में 25.8 प्रतिशत की वृद्धि की तुलना में कामगारों की संख्या में 4.89 प्रतिशत की गिरावट आई, यद्यपि कामगारों के प्रतिशत में 0.03 प्रतिशत की वृद्धि दर्ज की गई। सन् 1991 में कामगारों पर आश्रितों का औसत 232 प्रति 100 कामगार से बढ़कर 2001 में 285 प्रति 100 कामगार हो गया।

देश के अन्य राज्यों की भांति उत्तर प्रदेश की मूल अर्थव्यवस्था कृषि पर आश्रित है जो समृद्ध, विविधतापूर्ण तथा प्रगामी है। राज्य की दो मुख्य फसलें हैं खरीफ अथवा शरत्कालीन फसल जो वर्षा ऋतु में जुलाई में बोई जाती है तथा अक्टूबर-नवम्बर में पक कर तैयार होती है तथा दूसरी रबी अथवा वसंतकालीन फसल जो अक्टूबर-नवम्बर में बोई जाती है तथा मार्च-अप्रैल में काटी जाती है। आजकल इन फसलों के बीच सब्जियों आदि की रोकड़ फसल बोई जाने लगी है। यह सब उन्नत सिंचाई प्रणाली तथा उर्वरकों के उपयोग से संभव हो सका है। रबी

की मुख्य पैदावार गेहूँ है, जिसके साथ कम उपजाऊ भूमि पर जौ की खेती की जाती है। दालों की खेती व्यापक रूप से की जाती है, जबकि अल्पसिंचित भूमि पर ज्वार आदि बोई जाती है। अलग-अलग स्थानों पर ईख, बढ़िया कपास और तम्बाकू महत्वपूर्ण कमाऊ फसलें हैं। उत्तर प्रदेश में पशुधन अन्य राज्यों की अपेक्षा अधिक होने के कारण मांग के अनुरूप चारे की खेती व्यापक रूप से की जाती है।

राज्य में तीन चौथाई भूमि पर खेती की जाती है तथा यहाँ बेकार भूमि अधिक नहीं है। राज्य में ऊसर-बंजर भूमि को उपजाऊ भूमि में परिवर्तित करने की योजना भी चलाई जा रही है, जिसके परिणाम अत्यंत उत्साहवर्द्धक हैं।

## छोटी जोत भूमि

उत्तर प्रदेश की 66 प्रतिशत जनसंख्या खेती पर निर्भर है, कृषि लोगों का मुख्य जीवनाधार है। राज्य में 53.5 प्रतिशत जोत भूमियों (खेत) का आकार 0.5 हेक्टेअर से कम है। तथापि 21.9 प्रतिशत जोत भूमि 0.5 हेक्टेअर से अधिक किन्तु 1.00 हेक्टेअर तक हैं। कुल जोत भूमि का 75.4 भाग सीमान्तक प्रकार का है तथा आर्थिक दृष्टि से अव्यवहार्य है। इस स्थिति से निपटने हेतु किसानों की सहायता के लिए 1994-95 में 785.57 करोड़ रुपए तथा 16.82 करोड़ रुपए के क्रमानुसार अल्पावधि और मध्यावधि ऋण प्रदान किए गए थे।

इस दौरान राज्य की सिंचाई क्षमता 311 लाख हेक्टेअर हो गई है। यद्यपि वास्तविक उपयोग लगभग 198 लाख हेक्टेअर है। 1993-94 में 153.20 हजार क्विंटल उन्नत किस्म के बीजों की तुलना में नवीनतम आंकड़ा 966.30 हजार क्विंटल है। इसमें तनिक भी सन्देह नहीं कि खाद्यान्न पैदावार में वृद्धि का मुख्य कारण उन्नत बीजों का उपयोग है।

## उद्योग

देश में विशालतम उपभोक्ता बाजार मौजूद होने के कारण उत्तर प्रदेश में औद्योगिक विकास की असीमित संभावनाएं हैं। इसी आधार पर राज्य सरकार ने उद्योगों के विकास तथा पूंजी निवेश आकर्षित करने हेतु उच्च प्राथमिकता मंजूर की है। दसवीं पंचवर्षीय योजना के द्वितीय वर्ष (2003-04) में दिसम्बर 2003 तक प्रतिष्ठापित इकाइयों में पूंजी निवेश 193.17 करोड़ रुपए के स्तर पर पहुंच

गया है। कुल 30,000 इकाइयों के निर्धारित लक्ष्य में 23,538 इकाइयां स्थापित की जा चुकी हैं, जिनसे 86,570 व्यक्तियों के लिए रोजगार के अवसर पैदा होंगे। इसी प्रकार प्रधानमंत्री रोजगार योजना के अन्तर्गत 22,648 व्यक्तियों को ऋण प्रदान किए गऐ, जिससे 58,178 व्यक्ति स्व-रोजगार पा सकेंगे। उत्तर प्रदेश में मध्यम तथा वृह्द स्तर के उद्योगों की स्थापना हेतु भारत सरकार ने नवम्बर 2003 में 242 आशयपत्र जारी किए हैं, जिनमें 1207.21 करोड़ रुपए के पूंजी निवेश के प्रस्ताव हैं, जिनसे 15,618 बेरोजगार व्यक्तियों हेतु रोजगार सृजन होगा।

औद्योगिक इकाइयों द्वारा उत्पादन किए गए सामान के निर्यात के प्रोत्साहन हेतु उत्तर प्रदेश निर्यात् प्रोत्साहन ब्यूरो पूर्ण तत्परता के साथ सक्रिय होकर निर्यात् भाड़ा सब्सिडी, विपणन सहायता, आकर्षक निर्यात पुरस्कारों तथा गोल्डन एवं सिल्वर काड्र्स के माध्यम से उद्यमियों को हर संभव सहायता उपलब्ध करा रहा है। निर्यात् को और प्रोत्साहन देने के लिए नोएडा, कानपुर, भदोही तथा मुरादाबाद में चार विशेष आर्थिक क्षेत्र (इस ई जेड) बनाने का प्रस्ताव है, जहां विश्वस्तरीय सुविधाएं उपलब्ध कराई जाएंगी। इन विशेष आर्थिक क्षेत्रों में आधार संरचनात्मक विकास निजी क्षेत्र के माध्यम से किया जाएगा। उत्तर प्रदेश सरकार इस प्रयोजन हेतु उत्तर प्रदेश विशेष आर्थिक क्षेत्र विकास प्राधिकरण अधिनियम पहले ही (2000 से लागू) पारित कर चुकी है। संयोगवश उत्तर प्रदेश देश का सर्वप्रथम राज्य है जहां ऐसा कानून पारित किया गया है।

## औद्योगिक आधार संरचना

महत्वपूर्ण आधार संरचनात्मक कार्य की व्यवस्था उत्तर प्रदेश राज्य औद्योगिक विकास निगम तथा औद्योगिक विकास प्राधिकरण ग्रेटर नोएड़ा, गोरखपुर, भदोही तथा सतबरिया द्वारा की जा रही है। नोएडा तथा कानपुर में सॉफ्टवेयर टैक्नॉलॉजी पार्क्स तथा कुर्सी रोड बाराबंकी (80 एकड़) और करखियाओ, वाराणसी (261 एकड़) में एग्रो-इंडस्ट्रीयल पार्क्स स्थापित किए गए हैं। टैक्सटाइल तथा हाउसिंग इंडस्ट्री को बढ़ावा देने के लिए ट्रोनिका सिटी, लोनी (गाजियाबाद) तथा रूमा (कानपुर) में टैक्सटाइल एण्ड अपैरल पार्क्स विकसित किए जा रहे हैं।

औद्योगिक इकाइयों की अवस्थापना के लिए भूमि की मांगपूर्ति हेतु 58 जनपदों में 80 औद्योगिक एस्टेट तथा 59 जनपदों में 168 लघु औद्योगिक एस्टेट प्रतिष्ठापित किए गए हैं, जहां उद्यमियों के लिए 100 वर्ग मीटर से 200 वर्ग मीटर तक के भूखंड उपलब्ध कराए जाएंगे। कानपुर से 8 किलोमीटर दूर उन्नाव

जनपद में 300 एकड़ जमीन पर एक लैदर कॉम्प्लेक्स स्थापित किया जा रहा है। इस हेतु 143 एकड़ जमीन पहले ही आवंटित की जा चुकी है। प्रदूषण नियंत्रण तथा पर्यावरण स्वच्छ रखने के लिए 3.5 करोड़ रुपए की लागत से एक निस्सारी-अभिक्रिया संयंत्र संयुक्त रूप से स्थापित किया जाएगा।

वर्तमान में आगरा में एक निर्यात् प्रोत्साहन औद्योगिक पार्क, एक लैदर कॉम्प्लेक्स तथा एक रेलवे उपरिगामी सेतु, उन्नाव में एक संयुक्त निस्सारी अभिक्रिया संयंत्र, खुर्जा में एक आधार संरचनात्मक गैस-आधारित भट्‌टी, मेरठ में एक रत्न और आभूषण, मुरादाबाद में धातु शिल्प विकास केन्द्र तथा विशेष आर्थिक क्षेत्र, वाराणसी में सांस्कृतिक संकुल तथा एक व्यापार केन्द्र की स्थापना के अतिरिक्त 20 करोड़ की लागत से भदोही में भूमिगत मार्ग तथा सड़कों के सुदृढ़ीकरण की योजना है।

## खाद्य प्रसंस्करण और कृषि-आधारित उद्योग

एक कृषिप्रधान राज्य होने तथा समान रूप से सुदृढ़ बागबानी आधार के कारण उत्तर प्रदेश राष्ट्रीय खाद्यान उत्पादन में लगभग 20 प्रतिशत और व्यापक प्रजातियों के फलोत्पादन का योगदान देता है। इसी प्रकार के कुल दुग्ध उत्पादन के लगभग 18 प्रतिशत योगदान द्वारा उत्तर प्रदेश दुग्ध उत्पादन में भारत का शीर्ष राज्य है।

उत्तर प्रदेश की नई राज्य औद्योगिक नीति में खाद्य प्रसंस्करण को उच्च प्राथमिकता दी गई है तथा उद्योग को प्रोत्साहन क्षेत्र के रूप में चिह्नित किया गया है। हापुड़, सहारनपुर, वाराणसी तथा लखनऊ में एग्रो-कॉम्प्लेक्स तथा फूड पार्क्स स्थापित किए जा रहे हैं, जहां फलों तथा सब्जियों का प्रंस्करण किया जाएगा। उत्तर प्रदेश में लगभग 34,000 उद्योग खाद्य-प्रसंस्करण पर आधारित हैं, जिनमें करीब 21 करोड़ रुपए का पूंजी निवेश है तथा 2.69 लाख व्यक्तियों को रोजगार प्राप्त है। राज्य सरकार ने खाद्य प्रसंस्करण क्षेत्र में 16000 करोड़ रुपए का निर्यात् लक्ष्य निर्धारित किया है।

राज्य में अनेक उच्चस्तरीय कृषि अनुसंधान संस्थान हैं, जो उत्पादन वृद्धि तथा प्रसंस्कृत उत्पादों की गुणवत्ता सुधार हेतु युक्तियां और उपाय खोजने हेतु सक्रिय संलग्न हैं। ये संस्थान हैं :— कृषि विश्वविद्यालय कानपुर तथा फैजाबाद, राष्ट्रीय शर्करा संस्थान, कानपुर, गन्ना अनुसंधान केन्द्र, शाहजहांपुर तथा लखनऊ, भारतीय वनस्पति अनुसंधान संस्थान, वाराणसी, केन्द्रीय आम्र अनुसंधान संस्थान,

लखनऊ, केन्द्रीय ग्लासलैण्ड एण्ड फाइवर रिसर्च इंस्टिट्यूट, झांसी, भारतीय दाल अनुसंधान संस्थान, कानपुर, इत्र और गंध विकास केन्द्र, कन्नौज, सी एफ टी आर आई लखनऊ इत्यादि।

## छोटे एवं कुटीर उद्योग

राज्य में लगभग 4,84,537 छोटे पैमाने के उद्योग पंजीकृत हैं। इन उद्योगों का कुल पूंजी निवेश 4763.60 लाख रुपए अनुमानित हैं तथा इनमें 18,48,533 व्यक्तियों को रोजगार प्राप्त है। कुक्कुटपालन, पर्यटन, होटल, मल्टीप्लैक्स तथा फिल्मों को भी उद्योग का दर्जा प्राप्त है।

उत्तर प्रदेश अपने उत्कृष्ट हस्तशिल्प के लिए विख्यात है। भारत के कुल निर्यात (हस्तशिल्प) का लगभग 29 प्रतिशत भाग उत्तर प्रदेश के खाते में है। राष्ट्रीय हस्तशिल्प निर्यात् का लगभग 60 प्रतिशत भाग उत्तर प्रदेश में तैयार होता है। कालीन निर्माण, धातुशिल्प, हस्त मुद्रण, जारी तथा कशीदाकारी इत्यादि के बल पर उत्तर प्रदेश को हस्तशिल्प के क्षेत्र में सम्पूर्ण भारत में शीर्ष स्थान प्राप्त है। सन् 2002 में कुल 19,200 करोड़ रुपए का हस्तशिल्प निर्यात् किया गया, जो अगले वर्ष बढ़कर 22,393 करोड़ रुपए हो गया। निर्यात् के विकास प्रोत्साहन हेतु राज्य सरकार ने लखनऊ में निर्यात् प्रोत्साहन ब्यूरो स्थापित किया है।

## बड़े तथा मंझोले उद्योग

राज्य में बड़े तथा मंझोले उद्योगों की संख्या नौवें पंचवर्षीय योजना के अंत तक 3500 तक पहुंच चुकी थी। इन उद्योगों में 52,62,932 करोड़ रुपए का पूंजीनिवेश किया गया है तथा 9,46,982 व्यक्तियों को रोजगार मिला हुआ है। नीचे दी गई तालिका में नवम्बर, 2003 को समाप्त तीन वर्षों के दौरान निवेश पद्धति, रोजगार इत्यादि का सोदाहरण दृष्टांत दिया गया है :

| वर्ष | आवेदन/आशय पत्र | पूंजी निवेश (करोड़ रुपए) | रोजगार (संख्या) |
|---|---|---|---|
| 2001 | 235 | 2374.53 | 60,064 |
| 2002 | 244 | 1779.68 | 22,086 |
| 2003 (नवम्बर तक) | 242 | 1207.21 | 15,618 |

राज्य के आर्थिक विकास में उद्योगों की भूमिका अत्यंत महत्वपूर्ण है, अतः सरकार उद्योगों के विकास हेतु समस्त संभव प्रोत्साहन तथा प्रशिक्षण सुविधाएं, औद्योगिक शिल्पियों को कौशल अद्यतनीकरण, कच्चे माल के क्रय हेतु माल खरीद में प्राथमिकता और अन्य आधारसंरचना लाभ उपलब्ध करा रही है।

## खनन

विगत चार वर्षों में, विभिन्न खनिजों तथा सीमेंट-संवर्ग लाइमस्टोन, डोलोमाइट, सिलिका सैंड, पायरोफिलिट, बॉक्साइट, रॉक फॉस्फेट इत्यादि के विशाल भंडारों की मौजूदगी का पता लगाया गया है तथा उनमें से अनेक को वैज्ञानिक तौर पर विकसित भी किया है। अभी हाल ही में सोनभद्र जनपद में चाइना क्ले के विशाल भंडार का पता लगा है, जबकि बहुमूल्य खनिजों तथा पत्थरों यथा स्वर्ण, हीरा तथा प्लैटिनम का अन्वेषण जारी है।

केन्द्रीय सरकार के उपक्रमों ने सोनभद्र जनपद में कोयले के विशाल भंडार का पता लगाया है। निदेशालय के प्रयासों से छोटे तथा बड़े खनिजों के उत्पादक में उल्लेखनीय वृद्धि हुई है, जिसके परिणामस्वरूप खनन से प्राप्त होने वाले राजस्व में वृद्धि (निदेशालय को खनन संबंधी प्रशासनिक अधिकार प्रदत्त किए जाने के पश्चात्) हो रही है। राज्य में खनन के संतुलित और वैज्ञानिक विकास के सुनिश्चयन हेतु 1998 में खनिज नीति की घोषणा की गई है।

## अन्वेषण

दसवीं पंचवर्षीय योजना में बहु-धात्विक तथा बहुमूल्य खनिजों के अन्वेषण पर विशेष बल दिया गया है। इसके फलस्वरूप, सिरैमिक्स तथा रिफरैक्ट्रीज यथा चाइना क्ले, पायरोप्लुलाइट, डायसपोर, एण्डलुसाइट, सिलिमिन्यूट तथा लाइमस्टोन के साथ-साथ बहुमूल्य धातुओं और खनिजों यथा स्वर्ण, प्लैटिनम, तांबा, लैड, जिंक, हीरा इत्यादि हेतु व्यापक अन्वेषण कार्यक्रम प्रगति पर हैं। निर्यात्य खनिजों पर भी विशेष ध्यान दिया जा रहा है।

कलिंजर क्षेत्र बाघन तथा नई नदी के मिलन स्थल से 10 किलोमीटर की दूरी पर (अनुप्रवाह) स्थित है। चट्टानी नमूनों तथा भूवैज्ञानिक मानचित्रण से पर्याप्त संभावनाएँ जागी हैं।

# 1

# कालावधि में सांस्कृतिक परिवर्तन

एक समाज की सांस्कृतिक कुलपरम्परा, एक निरन्तरता के साथ एक पीढ़ी से दूसरी पीढ़ी को इसकी साझा आस्थाओं, परम्पराओं और प्रथाओं के साथ हस्तांतरित होती है। उत्तर प्रदेश में यह निरन्तरता बांदा (बुन्देलखंड), मिर्जापुर तथा मेरठ जनपदों में खुदाई के दौरान प्राप्त उन प्राचीन अवशेषों से उजागर हुई है, जो राज्य के इतिहास को प्रारम्भिक पाषाण युग तथा हड़प्पा अवधि से जोड़ते हैं।

## वैदिक काल

उत्तर वैदिक काल में सप्त सिंधु की महत्ता कम होने के साथ-साथ ब्रह्मर्षि देश अथवा मध्य देश महत्वपूर्ण हो जाता है। यह क्षेत्र जिसमें आज का उत्तर प्रदेश सम्मिलित था, उस समय भारत का पावन स्थल और वैदिक संस्कृति एवं ज्ञान का मुख्य केन्द्र था। उत्तर वैदिक साहित्य में कुरु-पंचाल, काशी तथा कौशल नामक नए राज्यों का उल्लेख वैदिक संस्कृति के सुविख्यात केन्द्रों के रूप में मिलता है। कुरु-पांचाल के लोगों को वैदिक संस्कृति के सच्चे एवं श्रेष्ठ प्रतिनिधि होने का सम्मान प्राप्त था।

उपनिषदों में पांचाल परिषद् का विशेष उल्लेख है। विदेह राजा अश्वमेघ यज्ञ के अवसर पर कुरु पांचाल के विद्वानों से विशेषरूप से भेंट करने जाते थे। पांचाल नरेश प्रवाहन जैवाली स्वयं एक महान् विचारक था, जिसकी प्रशंसा शिलिक, दालभ्य, शिवेत्केतु और उनके पिता उद्दालक आरुषि जैसे ब्राह्मण विद्वानों द्वारा की गई थी।

काशी नरेश अजातशत्रु एक अन्य महान दार्शनिक राजा था, जिसकी विद्वता ब्राह्मण विद्वानों दृप्ति, वाल्हाकि, गार्ग्य इत्यादि द्वारा स्वीकार की गई थी। इस काल में साहित्य और कला समृद्ध हुई तथा विभिन्न विधाओं पर व्यापक रूप से पुस्तकों की रचना हुई, जिसकी पराकाष्ठा उपनिषद हैं। उपनिषद साहित्य की रचना उत्तर प्रदेश में ऋषियों के आश्रम में रहकर साधना का परिणाम था। भारद्वाज, याज्ञवल्क्य,

वशिष्ठ, विश्वामित्र, वाल्मीकि तथा अत्री जैसे सुविख्यात ऋषि उत्तर प्रदेश स्थित आश्रमों में वास करते थे अथवा किसी अन्य रूप में राज्य से संबद्ध थे। वस्तुतः कुछ अरण्यकों तथा उपनिषदों की रचना इस राज्य में अवस्थित आश्रमों में की गई थी।

## उत्तर-वैदिक काल

उत्तर प्रदेश की सांस्कृतिक कुलपरम्परा रामायण और महाभारत के काल तक अर्थात् महाकाव्य काल में सम्पोषित की गई। रामायण की कथा का केन्द्र कौशल राज्य का इक्ष्वाकु वंश है तथा महाभारत की कथा हस्तिनापुर के कुरु वंश के इर्द गिर्द घूमती है। स्थानीय निवासियों का दृढ़ विश्वास है कि रामायण के रचयिता महर्षि का आश्रम ब्रह्मावर्त (कानपुर जनपद में बिठूर) में था तथा यह नैमिषारण्य (नीमसर—मिसरिख) (सीतापुर जनपद) के वन्य परिवेश से घिरा आश्रम था, कुछ स्मृतियों तथा पुराणों की रचना भी इस राज्य में की गई थी।

गौतम बुद्ध, महावीर, मक्खलिपुत्त घोषाल जैसे अध्यात्मिक प्रकाशपुंजों तथा अन्य महान विचारकों ने ईसा पूर्व छठी सदी में उत्तर प्रदेश में अध्यात्मिक एवं नैतिक क्रान्ति का सूत्रपात किया।

वस्तुतः, जैनमत महावीर के उदय से पूर्व इस राज्य में स्थापित हो चुका था। पार्श्वनाथ, साम्भरनाथ तथा चन्द्रप्रभा जैसे अनेक तीर्थंकरों का जन्म आज के उत्तर प्रदेश में हुआ था तथा उन्होंने यहीं पर कैवल्य प्राप्त किया था। राज्य में जैनमत की लोकप्रियता अनुवर्ती सदियों में भी बरकरार है। इस तथ्य की पुष्टि अनेक प्राचीन, मंदिरों, भवनों इत्यादि के भग्नावशेषों से भी होती है।

## बोधि काल

गौतम बुद्ध अपना पहला उपदेश उत्तर प्रदेश स्थित सारनाथ में इसी पट्टन अथवा मृगदाव में दिया और अपने धर्मसंघ की नींव रखी। इस दृष्टिकोण से बौद्धधर्म के पावन त्रित्व के दो तत्व 'धम्म' और 'संघ' की जन्म स्थली होने का गौरव सारनाथ को प्राप्त है। बुद्ध के संघ से जुड़े उत्तर प्रदेश के अन्य उल्लेखनीय स्थान कुशीनारा अथवा कुशीनगर (देवरिया जनपद में) हैं, जहां उनको 'महापरिनिर्वाण' प्राप्त हुआ। कौशल की राजधानी श्रावस्ती में बुद्ध ने एक महान चमत्कार किया तथा संकष्य अथवा संकिसा (एटा जनपद में) उनके जीवन का दूसरा चमत्कार हुआ।

बुद्ध के पश्चात् अगली सदियों के दौरान अयोध्या, प्रयोग, वाराणसी, मथुरा और अनेक अन्य नगर भारत के धार्मिक और सांस्कृतिक इतिहास के निर्माण में लगातार महत्वपूर्ण भूमिका निभाते रहे हैं। अश्वघोष, कालिदास, बाण, मयूर, दिवाकर, वाक्पति, भवभूति राजशेखर, लक्ष्मीधर, श्री हर्ष तथा कृष्ण मिश्र जैसी महान् विभूतियां इस स्थल विभूषित करती थीं।

अयोध्या एवं मथुरा क्रमशः राम और कृष्ण की जन्मभूमि के रूप में विख्यात हैं। देश के प्रत्येक कोने से धार्मिक यात्री प्रयाग पहुंचते हैं जिसे तीर्थराज प्रयाग कहा जाता है।

## मध्य काल

उत्तर प्रदेश में उदारवादी धार्मिक परम्परा मध्य काल में भी समृद्ध हुई। हिन्दुओं के ज्ञान का केन्द्र वाराणसी था, जबकि शर्की शासकों के तहत जौनपुर का विकास इस्लामी संस्कृति के विख्यात नगर के रूप में हुआ। जौनपुर को भारत का शिराज क़हा जाता था। शर्की शासक संगीत के भी संरक्षक थे तथा उनके दरबार में अनेक प्रसिद्ध संगीतज्ञ थे। बृज क्षेत्र उन दिनों भक्ति संगीत का एक अन्य महत्वपूर्ण केन्द्र था।

उत्तर प्रदेश में ही सूफियों ने हिन्दू धर्म और दर्शन से प्रेरणा ली थी। स्वामी रामानन्द और उनके सुप्रसिद्ध शिष्य कबीर और अन्य संत जैसे रविदास, दरियाशाह और गुरु गोरखनाथ उस काल के महान संत थे, जिन्होंने इस राज्य के जीवन और संस्कृति को नई दिशा दी थी।

इस प्रवृत्ति में सुल्तान फिरोज तुगलक द्वारा उल्लेखनीय योगदान दिया गया, जिसने समकालीन लेखकों को साथ लेकर संस्कृत की रचनाओं का अनुवाद फारसी में करवाया। सुल्तानों के शासन काल में सूफियों द्वारा प्रारंभ की गई सांस्कृतिक संश्लेषण की परम्परा को मुगलकाल में बहुत प्रोत्साहन मिला। मुस्लिम शिक्षा के लिए अनेक मदरसा और मकताब खोले गए तथा वाराणसी हिन्दू शिक्षा का पारम्परिक केन्द्र बन गया। हिन्दी तथा उर्दू साहित्य का और विकास हुआ तथा संस्कृत पुस्तकों के फारसी अनुवाद में गति आई। तुलसीदास, सूरदास, केशवदास, भूषण, मलिक मुहम्मद जायसी, रसखान, मतिराम, घनानन्द, बिहारी, देव और गिरिधर कविराय उत्तर प्रदेश को गौरवान्वित करने वाले महान कवि थे।

## वास्तुकला, कला और शिल्प

उत्तर प्रदेश में वास्तुकला की अनेक शैलियां देखी जा सकती हैं। जातकों तथा अन्य प्राचीन कृतियों में हमें ऐसे अनेक नगरों, महलों, दुर्गों का उल्लेख मिलता है जो किसी काल में उत्तर प्रदेश की सीमाओं के भीतर स्थित थे तथा जिनका अब कोई अस्तित्व नहीं है। शाक्य, मल्ल और अन्य शासकों द्वारा राज्य में छठी शताब्दी ईसा पूर्व में निर्मित स्तूपों इत्यादि की भी लगभग यही नियति रही। मथुरा जनपद में कंकाली टीला में पाए गए प्रसिद्ध स्तूपों का निर्माण भी इसी काल में हुआ था।

शुंग-सातवाहन काल में उत्तर प्रदेश में उल्लेखनीय कलात्मक गतिविधियां विद्यमान थीं। सारनाथ के अवशेषों में पाए गए वस्तुकला की अधूरी कृतियां और उनके अंश उस काल में विद्यमान भवनों इत्यादि की गाथा सुनाते प्रतीत होते हैं।

## मथुरा कला विद्यालय

मथुरा कला विद्यालय कुषाण काल में अपनी पराकाष्ठा पर था। मथुरा और गांधार के अग्रणी मूर्तिकारों ने बुद्ध की प्रतिमाएं तैयार की थीं। जैन तीर्थंकारों तथा हिन्दू देवी-देवताओं की मूर्तियों का निर्माण भी मथुरा में किया गया था। साधारणतः ये सभी आद्य मूर्तियां विशालाकार थीं। उनके उत्कृष्ट नमूने आज भी लखनऊ, वाराणसी, इलाहाबाद तथा मथुरा संग्रहालयों में मौजूद हैं।

इसमें कोई संदेह नहीं है कि कुषाणकाल में मथुरा पाषाण मूर्तियों के निर्माण का केन्द्र था। मथुरा जनपद में भूवेश्वर तथा अन्य स्थानों पर पाए गए पाषाण स्तम्भों पर उत्कीर्ण दृश्य समकालीन जीवन की झलक प्रस्तुत करते हैं। इन दृश्यों में वस्त्र, आभूषण, मनोरंजन के साधन, शस्त्रास्त्र, गृहस्थी के फर्नीचर इत्यादि का उत्कीर्णन अत्यंत सुन्दर है।

मदोन्मत्त लोगों के समूहों की कुछ पाषाणमूर्तियां भी पाई गई हैं जो इस कला विद्यालय पर विदेशी (यूनानी) प्रभाव को दर्शाती हैं। कुषाण काल में सारनाथ में भी भारी निर्माण गतिविधियों का उल्लेख मिलता है। इस काल के अनेक मठों, मंदिरों तथा स्तूपों के भग्नावशेष आज भी जहां-तहां देखे जा सकते हैं।

## गुप्त काल का स्वर्णिम युग

गुप्त काल को भारतीय कला के इतिहास में स्वर्णिम युग कहा जाता है। उत्तर प्रदेश भी किसी कलात्मक प्रयास में कभी पीछे नहीं रहा है। देवगढ़ (झांसी) का पाषाण मंदिर तथा कानपुर जनपद में भितरगांव स्थित ईंट-मंदिर अपनी कलात्मकता

के लिए प्रसिद्ध हैं। मथुरा में विष्णु प्रतिमाएं, बुद्ध की खड़ी अवस्था की मूर्ति और तथागत की आसनगत मूर्ति, जो अब सारनाथ संग्रहालय में है, प्राचीन कला और शिल्प के कुछ अन्य उदाहरण हैं।

मथुरा और सारनाथ कला विद्यालय गुप्त काल में अपने चरमोत्कर्ष पर थे। भव्यता और संतुलन इस काल की वास्तुकला के विशेष आकर्षण थे, जबकि भौतिक आकर्षण तथा मानसिक शान्ति इस काल की मूर्तिकला की विशेषताएं थीं। उत्तर प्रदेश इस काल में प्रतिमाविज्ञान और अलंकरण अभिप्रायों में अभूतपूर्व प्रगति का साक्षी बना। पाषाण और टेराकोटा निर्मित कलात्मक मूर्तियों के कतिपय उत्कृष्ट नमूने राजघाट (वाराणसी), साहेत माहेत (गौडा-बहराइच), भितरगांव (कानपुर) तथा अहिछत्र (बरेली) में पाए गए हैं।

प्रारंभिक मध्य काल में उत्तर प्रदेश में भवन निर्माण की पुनः बाढ़ सी आ गई थी। मुस्लिम इतिहासकारों ने कन्नौज, वाराणसी, कलिंजर तथा मथुरा नगरों और सम्पूर्ण राज्य में किलों, महलों तथा मंदिरों की दिल खोलकर तारीफ की है। गुर्जर-प्रतिहार तथा गहरवार के शासनकाल में कन्नौज कला और ज्ञान का एक प्रसिद्ध केन्द्र बन चुका था, लेकिन इसको मुस्लिम आक्रमणकारियों के क्रोध का आघात भी सहना पड़ा था। कन्नौज के यश और भव्यता की गाथा सुनाने हेतु अब थोड़े ही प्रतीक शेष रहे गए हैं। गहरवार नरेश गोविंद चन्द्र की पत्नी कुमार देवी ने सारनाथ में धर्म-चक्र-जैन विहार के रूप में प्रसिद्ध अतिभव्य भवन का निर्माण करवाया था।

दक्षिणी उत्तर प्रदेश के चंदेल शासक भी कला के महान संरक्षक थे। उनकी भवन निर्माण गतिविधियां अधिकांशतः मध्य प्रदेश में खजुराहों में केन्द्रित थीं।

## अन्धकार युग

जहां तक उत्तर प्रदेश का संबंध है, सल्तनत काल को कला के विषय में अन्धकार युग कहा जाता है। सुल्तानों ने अपनी निर्माण गतिविधियां मुख्यतः दिल्ली तक सीमित रखीं, यद्यपि उन्होंने उत्तर प्रदेश सहित अन्य स्थानों पर जहां तहां मस्जिदों तथा मकबरों का निर्माण कराया था। जौनपुर में शर्की शासकों के उदय के साथ कला गतिविधियों में नवजीवन का संचार हुआ।

जौनपुर का किला, जिसका निर्माण प्रारंभिक मध्य काल में किया गया था, अपना अलग महत्व रखता है।

## मुगल काल

मुगल काल में संयुक्त भारतीय तथा मुस्लिम वास्तु शैली अपने चरमोत्कर्ष पर पहुंच चुकी थी। ताजमहल, जिसको 'ड्रीम इन मारबल' कहा जाता है इस शैली का जीवन्त उदाहरण है। मुगलकाल में अनेक किलों, महलों, मस्जिदों, मकबरों, स्नानगृह तथा जलाशयों का निर्माण हुआ था, अकबर के शासनकाल में मुगल वास्तुकला की भव्यता उजागर हुई, तो शाहजहां के काल में इसकी काव्यात्मक गुणवत्ता के दर्शन हुए। अकबर द्वारा सीकरी और आगरा तथा शाहजहां द्वारा दिल्ली में बनवाए गए स्मारकों से उसके मानसिक मनोभावों का दर्शन मिलता है। शाहजहां द्वारा अपनी राजधानी आगरा से दिल्ली स्थानांतरित किए जाने से पूर्व मुगल वास्तुकला की गतिविधियों का केन्द्र आगरा और इसके आसपास का क्षेत्र था। उत्तर प्रदेश में मुगल काल में निर्मित प्रसिद्ध इमारतों में अकबर द्वारा बनवाया गया सीकरी नगर आगरा किला तथा औरंगजेब द्वारा मथुरा, वाराणसी एवं लखनऊ में मकबरों तथा मस्जिदों के भीतर बनवाई गई इमारतें शामिल हैं। इस अवधि में मथुरा, वृन्दावन तथा अन्य अनेक स्थानों पर भव्य मंदिरों तथा घाटों का निर्माण भी हुआ था। मार्बल का उपयोग, चिकने एवं रंगीन फर्श, सूक्ष्म पाषाण अनुरेखण, जड़ाऊ काम और हिन्दू एवं मुस्लिम शैलियों का मनोहारी मिश्रण मुगल वास्तुकला की प्रमुख विशेषताएं थीं।

तत्कालीन वास्तुकला को दो संवर्गों में विभाजित किया जा सकता है :

## शाहजहां काल

शाहजहां के शासन काल में वास्तुकला की मुगल शैली अपने चरमोत्कर्ष पर पहुंच चुकी थी। यह वह अवधि थी, जिसमें बादशाह की सुरुचि के कारण मार्बल और इसके प्राकृतिक सौन्दर्य दर्शन संभव हो सके थे।

मुगलों द्वारा कराए गए स्मारकों तथा समाधियों आदि के निर्माण के अतिरिक्त स्थानीय शासकों द्वारा भी राज्य में अनेक स्थानों पर महत्वपूर्ण भवनों का निर्माण करवाया गया था। जौनपुर तथा लखनऊ शैली के निर्माण विशेष आकर्षक तथा मनोहारी हैं, लेकिन उनमें मुगल स्मारकों जैसी विशालता और भव्यता का अभाव है।

## अवध के नवाबों का काल

शाहजहां की मृत्यु के पश्चात् वास्तुकला के क्षेत्र में सहसा एक रिक्ति छा गई। यद्यपि अवध के नवाबों ने भव्य निर्माणों की कुछ पुरानी परम्पराओं को

1. नव चांदी मेला : ग्राहकों के लिए मिठाईयां तैयार करते हुए खानसामे

2. होली के त्यौहार पर पीले वस्त्रों में पुरुष व महिलाएँ

3. मंदिर, अयोध्या

4. कुंभ मेला, इलाहाबाद में पवित्र संगम स्नान करते श्रद्धालुओं का अपार जन–समूह

5. होली त्यौहार के उल्लास में लोग

6. होली के असवर पर भगवान श्री कृष्ण और देवी राधा पर पुष्प-वर्षा

7. गिरजाघर में प्रार्थना करते ईसाई धर्मावलम्बी समूह, सरदना, मेरठ

8. बिरला मंदिर, सुल्तानपुर

9. गंगा घाट, वाराणसी

10. होली का त्योहार, मथुरा

11. स्थानीय हस्त–शिल्प

12. कुंभ मेला, इलाहाबाद

13. विश्व का आश्चर्यजनक धरोहर : ताजमहल

14. शेख सलीम चिश्ती की दरगाह, फतेहपुर सिकरी

15. बेला भवानी मंदिर, बेला प्रतापगढ़

# 2

# धर्म

सभ्यता के प्रारंभकाल से ही धर्म मानव संस्कृति का वाहक रहा है। यह मानवजाति के गहन अनुभव की सर्वोच्च उपलब्धि है। करोड़ों मस्तिष्क, उनके विचार तथा स्वप्न मिलकर धर्म का सृजन करते हैं। धर्म मानव अस्तित्व की गहनतम परतों को खोलने तथा उनके साथ स्थायी सम्पर्क स्थापित करने के रूप में आस्था में लोगों द्वारा प्राप्त की गई श्रुति मात्र नहीं है। यह लोगों को आस्था धर्ममत और समुदाय देकर और जीवन का तरीका बताकर उनकी मूलभूत आवश्यकता की पूर्ति का प्रयास भी है, और इस प्रकार मानव और आध्यात्मिक जगत तथा आसपास के मानव जीवन से टूटे संबंधों को पुनरस्थापित करता है। धर्म सदैव भारतीय संस्कृति की आत्मा रही है। हिन्दू जीवन शैली को गढ़ने में धर्म की महत्वपूर्ण भूमिका रही है तथा धर्म ने भारतीय संस्कृति की उन्नति में योगदान दिया है। विभिन्न देवी, देवताओं को समर्पित मंदिर सम्पूर्ण राष्ट्र में यत्र तत्र देखे जा सकते हैं। लोगों ने मंदिरों का निर्माण अपने नगरों, अपने प्रासादों, गृहों, दूकानों, खुले आकाश के नीचे खेतों, वनों, कंदराओं, मार्ग के किनारों तथा नदी तटों पर करवाया है। कतिपय विदेशी लेखकों ने सम्पूर्ण भारत को इसके निवासियों की पावन भूमि बताया है।

वैदिक काल में पृथ्वी, वरुण, घौस, सूर्य, सावित्री, पुषाण, मित्र, विष्णु, अश्विन, रूद्र, उषाल, सोम, अग्नि और ब्रह्मा हिंदुओं के प्रमुख देव थे। पूर्वजों और टोटेमवाद के रूप में पशु पूजा का कोई चिह्न नहीं था। ऋग्वैदिक धर्म अभिजात्यवर्गीय विशेषतायुक्त था। उत्तर वैदिक काल में प्रथाओं का पुजारीत्व, और माया, कर्म, पुनर्जन्म, मुक्ति और आत्मा के सिद्धान्तों का उद्‌भव का काल था। पांचवीं तथा छठी (ईसा पूर्व) में धर्म रुढ़िवादी ब्राह्मणवादी परम्परा द्वारा व्यवस्थाकरण की प्रक्रिया में था। साथ ही यह सिद्धान्तवादी, उच्च प्रथावादी, बलियज्ञ तथा पुजारियों के वर्चस्व का काल था। भगवान महावीर तथा गौतमबुद्ध ने इस ब्राह्मणवादी धर्म के

विरुद्ध विद्रोह कर दिया तथा भक्ति, अहिंसा, और सत्य का संदेश जनता को सहज रूप में और उनकी अपनी बोलचाल की भाषा में दिया। गुप्त काल में ब्राह्मण एक बार पुन: वर्चस्व पा गए तथा इससे देवी, देवताओं के उत्तम समुदाय का उदय हुआ और इस देवी देवताओं के संबंध में कथाओं के उद्रेक का उदय पुराणों के रूप में हुआ।

यद्यपि यह काल ब्राह्मणवादी धर्म के इतिहास का सबसे उज्ज्वल काल था, पर इसके साथ-साथ बौद्धमत तथा जैनमत भी पल्लवित हुए। आठवीं सदी के दौरान हिन्दुत्व का अपकर्ष प्रारंभ हुआ। हिन्दूजन के मन में अपने धर्म के प्रति अस्पष्ट और भ्रामक विचार थे। वे अनेक देवी देवताओं में विश्वास करते थे तथा उनका दृष्टिकोण लगभग बहुदेववादी हो गया था। ऐसे समय में शंकराचार्य ने उन्हें अद्धैतवाद के रूप में एक नया संदेश दिया। तथापि 10 वीं सदी के प्रारंभ में मुसलमानों द्वारा हिन्दुओं के धार्मिक उत्पीड़न से उनमें निराशा की भावना व्याप्त हो गई। मुसलमानों के ये आक्रमण और लूटमार पन्द्रहवीं शताब्दी तक जारी रही।

पन्द्रहवीं तथा सोलहवीं शताब्दी में भारत में कबीर, सूरदास, तुलसीदास, दादू, रविदास इत्यादि जैसे मनीषी, सन्त, धर्मोपदेशक तथा धार्मिक सुधारकों का जन्म हुआ जिनके द्वारा मध्यकाल की बुद्धिसंगत व्याख्या में महत्वपूर्ण भूमिका का निर्वाह किया गया। इन सुधारकों ने धर्म और धार्मिक समारोहों का सरलीकरण किया तथा उन्हें जनसाधारण तक पहुंचाया। इस प्रकार धर्मविधियों तथा समारोहों, धार्मिक यात्रा तथा उपवास और बहुदेव की अधीनता पर बल दिया गया। गुरु नानक देव ने जातिभेद, सर्वेश्वरवाद, मूर्तिपूजा तथा अंधविश्वासों के खिलाफ विद्रोह कर एक नया पंथ 'सिख पंथ' प्रारंभ किया। परन्तु अठारहवीं सदी ठहराव की अवधि थी। इस काल में कोई महान धार्मिक, अध्यात्मिक अथवा नैतिक उपदेशक नहीं था जो भ्रम में पड़ी जनता को ज्ञान का मार्ग दिखा सके। इस शताब्दी में अधिकांश लोगों के लिए धर्म का अर्थ क्या खाना है क्या नहीं खाना है, किसको स्पर्श करना है किससे दूर रहना है, भोजन किस पात्र में तथा किस स्थान पर बनाना है, कितनी दूर जाना है, कहां स्नान करना है तथा किस मंदिर में जाना है। इत्यादि के संबंध में कठोर नियमों तथा प्रतिबंधों का पालन मात्र था। धार्मिक शुद्धता कायम रखने के लिए लोग अन्यजन के प्रति असहिष्णु होने लगे तथा अनेकानेक पंथों में विभाजित हो गए।

## धार्मिक जनसंख्या

उत्तर प्रदेश में भारतीय धर्मों को मानने वालों की संख्या 1991 में कुल जनसंख्या का 82.52% थी। मुसलमानों का प्रतिशत 1991 में 17.33 प्रतिशत था। साधारणतः पश्चिमी उत्तर प्रदेश में मुस्लिम जनसंख्या पूर्वी उत्तर प्रदेश की अपेक्षा अधिक है। सुन्नी तथा शिया मुसलमानों में सबसे बड़े मुख्य दो सम्प्रदाय हैं। सुन्नी तथा शियाओं में रिवाज-दस्तूर का अन्तर है, इसके अतिरिक्त शिया सम्प्रदाय द्वारा मुहम्मद साहब के उत्तराधिकारियों के रूप में अबू बकर, उमर तथा उस्मान को मान्यता नहीं दी जाती है।

मुसलमानों के मुकाबले उत्तर प्रदेश के किसी भी जिले में बहुत कम लगभग 1% के आसपास ईसाईयों की जनसंख्या है। उत्तर प्रदेश की हिन्दु-मुस्लिम धर्म की अधिकतम जनसंख्या वाला पांचवा सबसे बड़ा राज्य माना जाता है। हालाँकि सिख समुदाय भी उत्तर प्रदेश में है, मगर उनके सदस्यों की संख्या बहुत कम है। ईसा पूर्व छठी शताब्दी में उत्तर प्रदेश में जैन धर्म तथा बौद्ध धर्म का उदय हुआ। सन् 1875 में संस्थापित "आर्य समाज" के अनुयायी भी उत्तर प्रदेश में अपनी उपस्थिति दर्ज करा रहे हैं। हाल ही में प्रारम्भ हुऐ हिन्दू पंथ "राधास्वामी संप्रदाय" के भी अनुयायी बढ़ रहे हैं।

सन् 1991 में उत्तर प्रदेश में भारतीय धर्म के अनुयायी 139, 112 लाख, मुस्लिम 17.33 तथा ईसाई 0.14 थे। सन् 2001 में 30,740,158 तथा सन् 2010 की वर्तमान जनगणना के अनुसार 195,862,889 मुसलमान उत्तर प्रदेश में निवास कर रहे हैं। जो बड़ी तेजी से एक अल्पसंख्यक समुदाय से बहुसंख्यक समुदाय की ओर अग्रसर हो रहे हैं।

### अधःपतन

उन्नीसवीं सदी के प्रारंभ के साथ भारतीय धर्म अधःपतन के साथ दयनीय स्थिति में पहुंच गया। असभ्यता और अतार्किक धार्मिक पद्धतियां हिन्दू समाज की सुस्पष्ट विशेषताएं हो गई थीं। अति धर्मसिद्धांतवादी होने के कारण समकालीन धर्म के बाह्य पक्षों द्वारा व्याकुलता में वृद्धि होने लगी। मध्यकालीन भक्ति सुधारकों कबीर, नानक, रविदास, स्वामी रामानन्द तथा चैतन्य इत्यादि द्वारा दिए गए धर्मोपदेशों तथा सामाजिक दर्शन की प्रतिध्वनि काल के गर्भ में समा चुकी थी। अपनी दुखद विफलताओं, अस्थिरता, विभाजन तथा अपकर्ष के बावजूद धर्म

हिन्दू मस्तिष्क का प्रधान मनोभाव, मार्गदर्शक, सभ्यता की कल्पना और आधार तथा इसकी संस्कृति और अभिव्यक्ति की संचालक शक्ति के रूप में विद्यमान था। हिन्दू जनमानस तथा चरित्र पर इसका गहन प्रभाव विद्यमान था।

इस प्रकार हम इस निष्कर्ष पर पहुंचते हैं कि हिंदुत्व विशुद्धतः एक धार्मिक नाम नहीं है अपितु यह एक देश और एक सीमा तक एक नस्ल का द्योतक है। हिन्दुत्व एक सामाजिक संगठन तथा धार्मिक संघ दोनों है। धर्म के रूप में हिन्दुत्व धर्म के उस रूप का नाम है जो भारतीय साम्राज्य की वर्तमान जनसंख्या के विशाल बहुमत के बीच विद्यमान है। हिन्दुत्व भारत में जीवन का विद्यमान दर्शन है, हिन्दुओं के मानस का अंग है। हिन्दुत्व कोई साधारण धर्ममत नहीं है तथा इसकी पूजा कोई नियत रूप नहीं है। हिन्दुत्व ने बहुसंख्य पंथों और श्रद्धाओं को एक साझा योजना में आबद्ध कर रखा है। यह अपने भीतर आने वाली प्रत्येक चीज-माया अथवा जीववाद-को अपने अंदर समाहित कर लेता है। और अपना स्तर और ऊंचा कर लेता है।

सर एडवर्ड गेट के अनुसार हिन्दु धर्म धर्ममतों और सिद्धान्तों का मिश्रित समूह है। यह दो भिन्न प्रक्रियाओं का परिणाम है : प्रथम—आर्यों द्वारा की जाने वाली पूजा का देववाद के रूप में उद्भव तथा द्वितीय—आर्यों के प्रव्राजन से पूर्व विद्यमान द्रविड़ों तथा अन्य जीववाद-आस्थाओं तथा पूजा पद्धति का आर्य धर्म में समावेश। जैन, बौद्ध, सिख सम्प्रदायों ने हिन्दुत्व—इसके याजकीय सिद्धान्तों तथा ब्राह्मणवादी सर्वेश्वरवाद का विरोध किया तथा अन्य सभी शहरी क्षेत्रों में ईसाईयों का प्रतिशत एक से भी कम है। इस अवधि में उत्तर पश्चिमी प्रान्तों में बौद्धों की संख्या नगण्य थी। सिख भी कम थे, परंतु जैन मतावलंबी काफी संख्या में थे।

दूसरी ओर राज्य के अनेक बड़े कस्बों तथा शहरी क्षेत्रों में मुसलमानों की आबादी काफी ज्यादा है। छह नगरों में अधिकांश जनसंख्या उनकी ही है। इनमें से चार मुरादाबाद, सम्भल, अमरोहा तथा रामपुर पश्चिमी उत्तर प्रदेश के मुरादाबाद तथा रामपुर जनपदों में स्थित हैं। इन चार नगरों में मुस्लिम जनसंख्या कुल आबादी की 55,74,71 तथा 71 प्रतिशत क्रमानुसार है। मुस्लिम बहुल जनसंख्या वाले दो अन्य नगर बहराइच तथा मऊनाथभंजन हैं। ये दोनों पश्चिमी सीमा पट्टी में स्थित हैं जहाँ मुस्लिम आबादी क्रमशः 54 तथा 66 प्रतिशत है।

पश्चिमी उत्तर प्रदेश के बदायूँ तथा शाहजहाँपुर में मुस्लिम जनसंख्या क्रमानुसार 44 तथा 42 प्रतिशत है। राज्य में 12 ऐसे अन्य कस्बाई अथवा शहरी क्षेत्र हैं जहाँ

मुसलमानों की आबादी 30 से 40 प्रतिशत के बीच है। इनमें सहारनपुर, मुजफ्फरनगर, मेरठ, बुलंदशहर, अलीगढ़, फिरोजाबाद, बरेली, पीलीभीत तथा हल्द्वानी-काठगोदाम पश्चिमी उत्तर प्रदेश तथा इटावा, फतेहपुर तथा जौनपुर पूर्वी उत्तर प्रदेश में हैं। पश्चिमी उत्तर प्रदेश में आगरा तथा हापुड़ और पूर्वी उत्तर प्रदेश में सीतापुर, उन्नाव, लखनऊ, रायबरेली, फर्रूखाबाद-फतेहगढ़, कानपुर, फैजाबाद-अयोध्या, इलाहाबाद, गोरखपुर, वाराणसी और मिर्जापुर में मुस्लिम आबादी कुल जनसंख्या की 20 से 30 प्रतिशत के बीच है। मथुरा में इनका प्रतिशत 19 तथा हरिद्वार में 12 प्रतिशत है। गाजियाबाद, हाथरस और झाँसी में मुस्लिम आबादी 12-13 प्रतिशत है।

प्रान्तों में निवास कर रहे मुसलमान हिन्दुओं की अपेक्षा अधिक बहुप्रज्ञ तथा दीर्घायु हैं, अंशतः बिना शक, अधिक सम्पन्न पश्चिमी जनपदों में आबादी का बड़ा हिस्सा हैं, अधिकतर बाल विवाह नहीं करते हैं तथा विधवा विवाह की अनुमति देते हैं। इसीलिए वे हिन्दुओं की अपेक्षा अधिक तेजी से बढ़ रहे हैं, लेकिन धर्म परिवर्तन जैसी कोई बात मानने का कोई कारण नहीं है। दूसरी तरफ, हिन्दू ईसाई धर्म अथवा आर्यसमाज को अधिक अपना रहे हैं।

## अधःपतन

हिन्दू वलन में शैव, वैष्णव, शाक्य तथा अन्य धार्मिक सम्प्रदाय तथा उप-सम्प्रदाय विद्यमान थे। उन्नीसवीं सदी में वैष्णववाद का वर्चस्व था। उत्तर पश्चिमी प्रांत के पूर्वी प्रभाग में काली पूजा से लोग अनभिज्ञ थे। उस समय वैष्णवों के चार सम्प्रदाय नामतः रूद्र, श्री, ब्रह्म तथा सनक साधारणतया विद्यमान थे। कुछ स्थानों पर 'श्री' मत के अनुयायियों को 'रामायत' तथा सनक मत के अनुयाइयों को 'निमायत पुकारा जाता था। वैष्णव सम्प्रदाय के अनुयायी विष्णु के भिन्न अवतारों विशेषतः राम और कृष्ण की उपासना करते थे। शिव और दुर्गा की पूजा भी लोक प्रचलित थी। इसके अतिरिक्त, अन्य पंथों के अनुयायी यथा कबीर पंथी, नानक पंथी राधाबल्लभी, रामानंदी इत्यादि भी विद्यमान थे। पूर्वी भागों में 'सूर्य' पंथ के अनुयायी भी काफी संख्या में थे। उनमें से अधिकांश सूर्य के क्षितिज से ऊपर होने पर तीन माह तक भोजन ग्रहण नहीं करते थे, जो उस प्रकाशपुंज के प्रति सम्मान का सूचक था। तथापि पंथ की प्रवृत्ति मंद पड़ती जा रही थी। ब्राह्मण अपने मार्ग में आने वाले किसी भी देव को अपनाने हेतु पूर्ण रूप से स्वतंत्र थे। शिव, विष्णु, शक्ति, सूर्य तथा गणपति दैवीय आत्माओं के पाँच प्रधान रूप थे। उत्तर प्रदेश राज्य के नब्बे प्रतिशत हिन्दू इन सभी देवों की समानभाव से पूजा करते थे।

लगभग मात्र 11 प्रतिशत हिन्दू एक विशिष्ट पंथ अपना चुके थे जैसे कि वैष्णव, शैव, शाक्त और स्मार्त।

इस प्रांत के पंथियों में लगभग आधे वैष्णव, पन्द्रह प्रतिशत शाक्य अथवा स्मार्त और शेष शैव थे। पंथ की इन समस्त विविधताओं के साथ हिन्दू धर्म उच्च उदारता की विशेषता से युक्त था। सही अर्थों में विद्यमान विभिन्न पंथों ने पृथक्करण का विस्तार नहीं किया और हिन्दुओं के धार्मिक दृष्टिकोण एवं परम्पराओं में अद्भुत साम्य दिखाई देता था। उनकी पूजा के उद्देश्य और विभिन्न पूज्य देव सर्वोच्च श्रेष्ठता के प्रतिस्पर्द्धी नहीं थे। राम के भक्तों को शिव की पूजा आराधना हेतु पूजा प्रक्रिया दोहराने में कोई आपत्ति नहीं थी। धार्मिक कट्टरता हिन्दुत्व की विशेषता कभी नहीं रही। आम हिन्दू जन को विभिन्न पंथों के बीच उपयुक्त अन्तर का ज्ञान नहीं था। विभिन्न पंथों के लोग, यदि वे एक ही जाति के थे, साथ खाते-पीते थे तथा आपस में विवाह सम्बन्ध बनाते थे। महिलाएँ अपने पतियों का पंथ अपना लेती थीं। हिन्दुओं द्वारा पंथ परिवर्तन किया जाना कोई असाधारण बात नहीं थी।

## सुधार आन्दोलन

उन्नीसवीं सदी में उत्तर प्रदेश समाज के नवीकरण तथा धार्मिक विचारों को तर्कसंगत बनाने हेतु अनेक सुधार आन्दोलनों का साक्षी बना था। उत्तर पश्चिमी प्रान्त में उन्नीसवीं सदी के प्रथमार्द्ध में कुछ धार्मिक आन्दोलन प्रारंभ हुए किन्तु समाज पर उनका प्रभाव सीमित था। यद्यपि उनका आध्यात्मिक विचारों के प्रति कोई योगदान नहीं था, फिर भी नीची जातियों में प्रारंभन इस आंदोलन की प्रमुख विशिष्टता थी। इन जातियों के मध्य धार्मिक पुनरुत्थान आवश्यक भी था। इनमें सर्वप्रथम आंदोलन की स्थापना पालतू दास द्वारा की गई थी, जिनके अनुयायी इस मत को 'पालतू दासी' कहा करते थे। यह राम की पूजा करने वालों का पंथ था। इसके अनुयायी एक-दूसरे का अभिवादन 'सत्य राम' शब्दों से किया करते थे। यह पंथ प्रांत के पूर्वी जनपदों में फलाफूला था। राम नवमी के अवसर पर यह पंथ अयोध्या में अपने वार्षिक मेला का आयोजन करता था।

मुन्नादास ने अवध के निकट 'आप-पंथी' नामक एक अन्य पंथ की स्थापना की। यह राम की पूजा करने वालों का पंथ भी था। मुन्ना दास स्वर्णकार जाति से संबद्ध था। अवध के जगजीवनदास द्वारा सतनामी पंथ स्थापित किया गया। इसके अनुयायी सम्पूर्ण प्रान्तों में फैले हुए थे। इस पंथ की दो शाखाएँ थीं—गृहस्थी तथा

मठ। गृहस्थी शाखा अपनी जाति से संबंद्ध रहती थी जबकि मठ शाखा अपनी जाति से संबद्ध नहीं रहती थी। सतनामी उच्च धार्मिक थे। वे भगवान की पूजा साधारणतम संभव रूप में करना चाहते थे। वे उच्च हिन्दू व्यवस्था से संबद्ध याजक वर्ग की आवश्यकता स्वीकार नहीं करते थे। सतनामी पंथ के प्रथम वास्तविक गुरु घासीदास थे। वह जाति द्वारा चमार थे। उनका उपदेश था कि 'सतनाम' के इस नाम में घोषित ही सच्चा ईश्वर है। उन्होंने मूर्तिपूजा तथा जातिभेद को कभी स्वीकार नहीं किया। वह धार्मिक निषेधाशों के माध्यम से उपरोक्त मतों के उन्मूलन द्वारा नीची जातियों के बीच समाज सुधार की इच्छा रखते थे। वह मद्यपान, धूम्रपान तथा मांसाहार के विरुद्ध उपदेश दिया करते थे। उनके आन्दोलन से याजक वर्ग के मध्य उनके प्रति द्वेष भावना भर गई थी-।

उनसे पूर्व जैनमत, बौद्धमत, सिखपंथ, आर्य समाज, ब्रह्म समाज के प्रस्तावकों तथा प्रवर्तकों ने भी अपने पंथ की स्थापना से पूर्व ब्राह्मणवाद का विरोध किया था। उत्तर प्रदेश में इन सभी पंथों के अनुयायी बड़ी संख्या में मौजूद हैं।

## अन्तर-धार्मिक सम्बन्ध

इस अवधि के दौरान लोगों का धार्मिक जीवन धर्मांधता, कट्टरता अथवा धर्म के आधार पर साम्प्रदायिकता से निश्चित रूप से मुक्त था। अन्तर धार्मिक संबंध अच्छे थे तथा पंथों एवं धर्ममतों का विरोध सहिष्णुता के रूप में द्रवित हो चुका था। किसी बाहरी व्यक्ति के लिए दो विचारधाराओं के आम लोगों के जीवन में अन्तर ढूंढ पाना अति दुष्कर कार्य था। उनकी परिपाटियों, उनके उत्सव आयोजनों में अद्भुत समानता थी तथा वे एक दूसरे के प्रति सहज सहिष्णुता का भाव रखते थे। ग्रामीण क्षेत्रों में, विरोधी आस्थाओं वाली महिलाएँ एक दूसरे के साथ घनिष्ठता के साथ घुली मिली थीं। साम्प्रदायिक कटुता का कहीं कोई चिह्न नहीं था। वाराणसी जैसी पावन स्थलों पर दंभी मुसलमानों तथा विनम्र हिंदुओं के बीच शांतिपूर्ण संबंध थे।

हिंदुओं तथा मुसलमानों की व्रतदीक्षा एक दूसरे को अनुकूलता की दृष्टि से देखने की अभ्यस्त थी, जो अन्य देशों में विरोधी धर्ममत के लोगों के बीच अति दुर्लभ थी। हिन्दुत्व एक बंद चर्च था जिसमें धर्मान्तरित हिन्दू को प्रवेश की अनुमति नहीं थी, किन्तु इस्लाम तथा सिखपंथ विस्तारशील धर्म थे और उनके याजक मिशनरी गतिविधियों में लिप्त थे। इस सबके बावजूद वे आक्रामक अथवा पूर्वाग्रही नहीं थे। सांस्कृतिक जीवन की स्वस्थ परम्पराएँ, जिनमें आमजन समान

आस्थाओं, परम्पराओं, अंधविश्वासों तथा भोलेपन में आपस में मिला करते थे, धार्मिक जीवन में वर्चस्वमान थीं।

मुसलमान संतों के स्मारक सम्पूर्ण उत्तर प्रदेश में फैले थे तथा पावन स्थल माने जाते थे, जहाँ हिन्दू और मुसलमान आशीर्वाद प्राप्त करने के लिए एक समान रूप से सिजदा करते थे। जिस प्रकार हिन्दू दरगाहों आदि पर श्रद्धावनत होते थे उसी प्रकार मुसलमान भी हिन्दू देव प्रतिमाओं के समक्ष प्रार्थना, अर्चना करते थे। यद्यपि इस्लाम एकेश्वरवाद को मान्यता देता है, तदपि प्रान्त में हिन्दुत्व के बहुदेववाद तत्वों से बहुत प्रभावित था। प्रकृति के अनेक तत्व जैसे सूर्य और चन्द्रमा की पूजा मुसलमानों द्वारा भी की जाती थी। केवल धर्मांतरित ही नहीं अपितु प्रतिष्ठित और विदेशी मूल के मुसलमान भी हिन्दू मान्यताओं की रंगत में रंगे हुए थे। लोग जादू-टोना, जादू, प्रेतात्माओं की पूजा तथा भूत-पिशाचों के भय में समान प्रकार से विश्वास करते थे। वे ताबीज आदि धारण करते थे तथा ज्योतिषियों आदि से परामर्श करते थे। हिन्दू-मुस्लिम एकता उनके साझा धार्मिक उत्सवों के समारोहों से स्पष्ट व्यक्त होती थी। मोहर्रम के दौरान हिन्दू-मुसलमानों के साथ साझा शरीक होते थे। इसी प्रकार होली का त्योहार सभी वर्गों के लोगों द्वारा मनाया जाता था। बसन्तोत्सव हिन्दू तथा मुसलमान एक साथ मिलकर मनाते थे। यदि हम इन सब बातों को धर्म में शामिल करते हैं तो निश्चित रूप से हिन्दू और मुसलमान, विशेष्रकर निचले स्तर के लोग धर्ममत की समस्त अनन्यताओं को चुनौती देते हुए मिश्र भ्रातृसंघ के सदस्य थे।

### वर्तमान स्वरूप

आज के समय में उत्तर प्रदेश में हिन्दु, मुस्लिम ईसाई आदि सभी धार्मिक समूह विभक्त हो चुके हैं तथा अपनी-अपनी विभिन्न मानयताओं व आस्थाओं को प्रदर्शित करते हैं। मुसलमानों में मुख्यतः शिया-सुन्नी, जैनियों में श्वेताम्बर-दिगम्बर, ईसाईयों में कैथेलिक व प्रोस्टेंट तथा हिन्दु धर्म अपने विभिन्न पंथों के साथ चल रहे हैं। शैववाद तथा वैष्णववाद के साथ ही अन्य पंथ जैसे कबीर पंथ तथा दादू पंथ ने क्षेत्रीय लोकरीतियों व परम्पराओं को विशेष प्रभावित किया है। मुसलमानों के दो मुख्य समूह शिया व सुन्नी एक सर्व-इस्लामी, राष्ट्रवादी, परम्परावादी, जो शरीयत के मुताबिक आचरण का आग्रही है, तथा दूसरा बहुलवादी व मिश्रित है, जो परम्पराओं व रिवाज़ों पर इतना आधारित नहीं है। सिख धार्मिक स्थल हिमालय शृंखला व तराई में स्थित है। समन्वयवाद के परिणामस्वरूप मिश्र सम्प्रदायों का

उदय हुआ है, जैसे पंचप्रिय पंथ, जो हिन्दू तथा मुस्लिम दोनों धर्मों का अनुसरण करता है। हिन्दू धर्म के अनुयाईयों द्वारा दरगाहों में जाना धार्मिक सहिष्णुता का उदाहरण है। हिन्दू-मुसलमान एक दूसरे के पूरक हैं वे एक दूसरे के जीवन चक्र समारोहो जन्म, मरण, शादी आदि में शामिल होते हैं।

उत्तर प्रदेश में धर्म परिवर्तन पूर्व की प्रथाओं को कायम रखने संबंधी आंदोलन भी हैं। अनुसूचित जातियों के एक वर्ग ने बौद्ध व अन्य ने सिख (निरंकारी पंथ) धर्म को अपना लिया है, जो उनकी मूल पहचान बन गई है तथा उनके आत्मविश्वास व राजनीति में उनकी नई व प्रभावशाली भूमिका का द्योतक है।

# 3

# शिक्षा और ज्ञानार्जन

किसी भी समाज के उत्थान में शिक्षा सदैव ही अपना महत्त्वपूर्ण योगदान देती आई है। मनुष्य अपने समूह सहित जितना भी शिक्षित होगा वह समाज हर क्षेत्र में उतनी ही उन्नति करेगा। शिक्षा के अभाव में हम एक समृद्ध समाज की कल्पना असंभव है।

उत्तर प्रदेश कुछ बेहतरीन विश्वविद्यालयों का घर है, जहाँ विश्व के प्रमुख अग्रणी पाठ्यक्रमों को एक अनुशासित रूप में प्रस्तुत किया जाता है।

ईस्ट इण्डिया कम्पनी के लिए प्रत्येक चीज व्यवसाय और धनोपार्जन की युक्ति थी और शिक्षा इसका कोई अपवाद नहीं थी। वो शिक्षा को भारतीय मस्तिष्कों को गुलाम बनाने के साधन के रूप में प्रयुक्त करती थी। वस्तुतः मैकाले की इसी सोच के परिणाम स्वरूप आधुनिक शिक्षा पद्धति प्रारम्भ की गई ताकि भारतीयों में अंग्रेजों को श्रेष्ठ मानते रहने की भावना बलवती हो तथा ब्रिटिश सरकार को पढ़े लिखे गुलाम मिलते रहें। वाराणसी अथवा बनारस में 1791 में सर्वप्रथम श्री मदन मोहन मालवीय द्वारा एक कॉलेज स्थापित किया ताकि हिंदुओं को कानून, साहित्य और धर्म की जानकारी प्राप्त हो सके ये बनारस हिन्दू विश्वविद्यालय था। बाद में 1823 में, "पंडित गंगाधर" द्वारा छोड़ी गई निधि से आगरा कॉलेज की स्थापना की गई। "शिक्षा समिति के निर्देशानुसार 1825 से 1837 के बीच आठ स्कूल खोल गए, जो पहले मुख्यतः प्राच्य ज्ञानार्जन के लिए थे। सन् 1835 से लार्ड मैकाले प्रेरित लार्ड विलियम बेंटिक के प्रारूप के अनुसार अंग्रेजी शिक्षा प्रारंभ कर दी गई। नागरी वर्णमाला का लिखना, पढ़ना और थोड़ा अंकगणित पढ़ाया जाता था तथा वे स्कूल जहाँ फारसी सिखाई जाती थी।

अवध में पहली शिक्षा संस्थाएँ जनपद स्कूल थीं, जो मुख्यतः उच्चतर कक्षाओं के बच्चों को शिक्षा प्रदान करने हेतु अभिप्रेत थीं। इनकी स्थापना 1859 से 1862 के बीच प्रत्येक जनपद में निजी योगदानों तथा सरकारी सहायता से की गई थी। तहसील स्कूल 1861 से 1865 के बीच खोले गए थे, जिनमें अंग्रेजी पढ़ाई जाती

थी। आधुनिक भाव में विश्वविद्यालय शिक्षा 1860 में प्रारंभ हुई जब कॉलेजों को कलकत्ता विश्वविद्यालय के साथ सम्बद्ध कर दिया गया। सन् 1872 में, प्रान्तों की बढ़ती आवश्यकताओं के परिणामस्वरूप इलाहाबाद में मूर सेंट्रल कॉलेज का शिलान्यास किया गया, जो उन्नत शिक्षा प्रणाली का केन्द्र अभिप्रेत था। इलाहाबाद विश्वविद्यालय की स्थापना सन् 1887 में हुई थी।

आर्ट्स कॉलेजों की संख्या 1891 में सोलह, 1901 तथा 1904 में अठ्ठाईस थी, 1904 मे प्रधान कॉलेजों में गवर्नमेंट इंस्टिट्यूशन्स इलाहाबाद तथा बनारस; लखनऊ में (कैनिंग कालेज तथा वीमेन्स कॉलेज), आगरा (आगरा कॉलेज), अलीगढ़, बरेली, गोरखपुर, कानपुर तथा मेरठ में सहायता प्राप्त कॉलेज और आगरा (सेंट जोन्स); लखनऊ (रीड क्रिश्चियन कॉलेज) तथा बनारस (हिंदू कॉलेज), में गैर-सहायता-प्राप्त कॉलेज शामिल थे।

राजकीय संस्कृत महाविद्यालय, बनारस में उच्चतम स्तर तक संस्कृत में शिक्षा प्रदान की जाती थी, जबकि मूर कॉलेज, इलाहाबाद, अलीगढ़, कॉलेज में विशेष कक्षाओं में फारसी तथा अरबी पढ़ाई जाती थी।

माध्यमिक स्कूलों को पाठ्यक्रम के अनुसार हाई स्कूल तथा मिडिल सकूलों में बाँटा गया था। हाई स्कूलों में विश्वविद्यालय प्रवेश स्तर तक की अंग्रेजी पढ़ाई जाती थी। मिडिल स्कूलों में अंग्रेजी नहीं पढ़ाई जाती थी। जनपदों तथा नगरपालिका परिषदों द्वारा 313 स्कूलों का अनुरक्षण किया जाता था, 110 सहायता-प्राप्त स्कूल थे और 36 गैर-सहायता प्राप्त स्कूल थे।

प्राइमरी स्कूल दो वर्गों में बँटे हुए थे। निम्न वर्ग में पढ़ना, लिखना, चार मिश्र नियमों तक अंकगणित, प्रारंभिक भूगोल, ड्राइंग, विषय पाठ तथा व्यायाम सिखाया जाता था। सन् 1895 तक देशी स्कूलों को सहायता की पुरानी व्यवस्था धीरे-धीरे समाप्त कर दी गई, लेकिन इसे जब दोबारा लागू किया गया तो परिणाम अत्यंत लाभदायक थे। प्राथमिक शिक्षा लगभग पूरी तरह जनपद तथा नगरपालिका परिषदों के हाथ में थी, जो 1904 में 5,320 स्कूलों का प्रबंध करती थीं, जबकि सरकार केवल 14 स्कूलों का प्रबंध करती थी। इनमें 2,644 स्कूल सहायता-प्राप्त थे तथा निजी क्षेत्र द्वारा बिना किसी सहायता के चलाए जाते थे।

प्रान्तों के अधिकांश हिस्सों में कन्या शिक्षा के विषय में प्रत्यक्ष पूर्वाग्रह विद्यमान था, यद्यपि कुछ प्रगत देशवासी, खासतौर पर बड़े शहरों में, इसको दूर करने हेतु भरसक प्रयासरत थे। सरकार ने तब लखनऊ में महिलाओं के लिए

एक सामान्य स्कूल खोला था तथा विभिन्न प्रांतीय राजस्वों और जनपद परिषद् निधियों से अनुदान प्राप्त करने का प्रयास किया जा रहा था।

एक औद्योगिक स्कूल लखनऊ में चलाया जा रहा था, जबकि क्राइस्ट चर्च कॉलेज, कानपुर में औद्योगिक कक्षाएं संचालित की जा रही थीं। कुछ स्कूलों व कालेजों, विशेषतः रीड क्रिश्चियन कॉलेज, लखनऊ में शॉर्टहैण्ड तथा टाइपिंग सिखाई जाती थी। देहरादून स्थित इम्पीरियल फॉरेस्ट स्कूल में वानिकी पढ़ाई जाती थी, जो वर्गों में विभाजित थी।

यूरोपवासियों तथा यूरेशियाई लोगों के लिए सबसे बड़ी संस्था मार्टीनियर स्कूल, लखनऊ थी, जो बिना किसी सरकारी सहायता के संचालित की जाती थी तथा इसमें 275 लड़के तथा 75 लड़कियाँ पढ़ती थीं। सन् 1904 में यूरोपवासियों तथा यूरेशियाई लोगों के लिए 69 स्कूल मौजूद थे, जिनमें पचास सहायता-प्राप्त स्कूलों में 4,376 छात्र थे। इन स्कूलों में से 21 स्कूल नैनीताल और मसूरी की पहाड़ी वादियों में थे, जहाँ कुल छात्रों की लगभग आधी संख्या में छात्र पढ़ाई करते थे।

मुसलमानों में शिक्षा की पिछड़ी हालत भारत के अन्य हिस्सों की तरह यहाँ नहीं थी। प्रारंभ में वे नाराज़ हुए खासकर अंग्रेजी शिक्षा की पढ़ाई प्रारंभ किए जाने तथा फारसी के स्थान पर देशी भाषा के विकल्प चुने जाने पर, लेकिन स्व. सर सैयद अहमद खान (1875 में अलीगढ़ में स्कूल के संस्थापक) ने मुसलमानों के दृष्टिकोण में बहुत बड़ा फर्क पैदा कर दिया। सभी पब्लिक शिक्षा संस्थानों में कुछ छात्रों में मुस्लिम छात्रों का प्रतिशत लगभग 15 है जो उनकी आबादी के प्रतिशत से थोड़ा सा ऊपर है। यद्यपि स्कूल सभी के लिए थे, लेकिन इन अशुद्ध जातियों के बच्चों को स्कूल में प्रवेश दिए जाने पर रोष प्रकट किया जाता था। मध्यवर्गीय जातियों (कुल जनसंख्या की लगभग 40 प्रतिशत) में शिक्षा एक निरर्थक विलासिता मानी जाती थी। महिला शिक्षा के क्षेत्र में सबसे बड़ी बाधा महिला शिक्षिकाओं का नितांत अभाव था।

## स्वतंत्रता के पश्चात्

स्वतंत्रता प्राप्ति के पश्चात् उत्तर प्रदेश में शिक्षा परिदृश्य में भारी अन्तर आया है। आज उत्तर प्रदेश राज्य में 38 विश्वविद्यालय है तथा अन्य शिक्षण संस्थान इसके अलावा एक सौ पोलिटेक्नीक संस्थान तथा अन्य व्यावसायिक पाठ्यक्रम के हैं।

शिक्षा के विस्तार पर विशेष बल दिए जाने के कारण उत्तर प्रदेश में स्वतंत्रता प्राप्ति के पश्चात् कालेजों तथा विश्वविद्यालयों की संख्या में उल्लेखनीय वृद्धि हुई है। क्षेत्र के सामाजिक एवं आर्थिक विकास के समन्वयन तथा संतुलन हेतु नए संस्थानों के खोले जाने के संबंध में अविकसित तथा पिछड़े क्षेत्रों को प्राथमिकता की मंजूरी दी गई है।

प्रथम पंचवर्षीय योजना में उत्तर प्रदेश में केवल तीन राजकीय कॉलेज थे। आज कॉलेजों की संख्या 111 से अधिक है, लेकिन अब संख्या से ज्यादा कॉलेज का अपना भवन होने पर जोर दिया जा रहा है।

## विज्ञान और प्रौद्योगिकी संस्थान

आधुनिक युग विज्ञान प्रौद्योगिकी का युग है तथा तकनीकी शिक्षा विभाग प्रौद्योगिकी में पुरुष एवं महिलाओं तथा विकलांग व्यक्तियों की बढ़ती प्रतिभागिता सुनिश्चित कर विज्ञान की पहुँच के विस्तार हेतु लगातार प्रयासरत है। मोतीलाल नेहरु इंजीनियरिंग कॉलेज इलाहाबाद को राष्ट्रीय प्रौद्योगिकी संस्थान का दर्जा दिए जाने के साथ राज्य में अब सात सरकारी सहायता-प्राप्त इंजीनियरिंग कालेज तथा 81 डिप्लोमा स्तर की संस्थाएँ मौजूद हैं। इसके अतिरिक्त, लखनऊ में उत्तर प्रदेश प्राविधिक विश्वविद्यालय के प्रतिष्ठापन के साथ समस्त इंजीनियरिंग कॉलेज इस विश्वविद्यालय से सम्बद्ध कर दिए गए हैं, जिससे भिन्न इंजीनियरिंग कॉलेजों में प्रशासनिक व्यवस्था और तकनीकी शिक्षा की गुणवत्ता में विशेष सुधार हुआ है।

## माध्यमिक शिक्षा

वर्तमान समय में राज्य में कुल 12,387 से अधिक माध्यमिक विद्यालय हैं। सरकार ने माध्यमिक शिक्षा समस्त बच्चों को सुलभ बनाने के लिए कई विशेष पाठ्यक्रम तैयार किए हैं। ग्रामीण क्षेत्रों में बालिकाओं को शैक्षिक सुविधाएँ उपलब्ध कराने हेतु सरकार तथा निजी क्षेत्र द्वारा खोले गए 426 से अधिक विद्यालय मौजूद हैं।

उत्तर प्रदेश में अभी तक ऐसे अनेक विद्यालय हैं जिनके पास अपना स्वयं का भवन नहीं है या फिर विद्यालय भवन अत्यंत जीर्ण शीर्ण अवस्था में है, जिनके तत्काल नवीकरण की आवश्यकता है। छात्रों और शिक्षकों के बीच एक उचित अनुपात, वर्तमान अखिल भारतीय अनुपात (35:1) के मुकाबले 51:1 है।

## कन्या विद्या धन योजना

कन्या शिक्षा को प्रोत्साहन देने के लिए प्रत्येक जनपद में गरीबी रेखा से नीचे जीवनयापन कर रहे परिवारों की आठवीं कक्षा में उत्तीर्ण कन्याओं को उनके द्वारा बारहवीं कक्षा में उत्तीर्ण किए जाने पर रु. 20,000।—की नकद राशि बतौर प्रोत्साहन दी जानी प्रस्तावित है। इस योजना पर 200 करोड़ रु. वार्षिक लागत का अनुमान है। गरीबी रेखा से नीचे जीवनयापन कर्ता परिवारों की पहचान हेतु प्रारंभिक कार्रवाई के लिए 10 लाख रु. का बजट पहले ही पारित किया जा चुका है ताकि उन परिवारों में कन्या शिक्षा के प्रति जागरूकता पैदा की जा सके तथा अधिक से अधिक संख्या में कन्याओं को कॉलेज शिक्षा के लिए प्रेरित किया जा सके।

## कम्प्यूटर शिक्षा हेतु अनुदान

आज का युग कम्प्यूटर विज्ञान का युग है तथा कम्प्यूटर एक अनिवार्यता बन चुका है, अतः सरकार ने माध्यमिक विद्यालयों में कम्प्यूटर शिक्षा की व्यवस्था का निर्णय किया है। इस हेतु उत्तर प्रदेश के माध्यमिक विद्यालयों के लिए, 11 वें वित्त आयोग द्वारा 29.40 करोड़ रुपये का अनुदान स्वीकृत किया गया है। इस योजना के अंतर्गत प्रत्येक जनपद मुख्यालय में एक कम्प्यूटर प्रयोगशाला स्थापित किया गया। ग्यारहवें वित्त आयोग ने ग्रामीण क्षेत्रों में राजकीय माध्यमिक विद्यालयों के लिए 33.73 करोड़ रुपये आवंटित किए हैं। यह आबंटन नए विद्यालय भवनों, विज्ञान प्रयोगशालाओं, अतिरिक्त कक्षा कमरों, प्रसाधनगृहों, चाहरदीवारी, पेय जल सुविधाओं के निर्माण तथा नए फर्नीचर एवं अन्य उपकरणों के क्रयार्थ है।

इसके अतिरिक्त, केन्द्रीय सरकार ने राज्य सरकार के माध्यम से 1,500 माध्यमिक विद्यालयों को 2.70 करोड़ रुपये की राशि का अनुदान स्वीकृत किया है।

## व्यावसायिक शिक्षा योजना

- योजना 1989-90 से प्रचालनरत है।
- + स्तर पर कक्षा XI तथा XII में लागू।
- कुल मिलाकर 892 संस्थाएँ—163 राजकीय विद्यालय तथा 729 सहायता प्राप्त विद्यालय—इस योजना के 6 चरणों में शामिल की गई हैं।
- कुल 892 विद्यालयों में 35 अलग-अलग प्रकार के व्यावसायिक शिल्प का

प्रशिक्षण दिया जा रहा है। कुल 50,000 छात्र एवं छात्राएँ इसका लाभ प्राप्त कर रहे हैं। इन विद्यालयों में 3,700 कुशल प्रशिक्षक (अपने विषयों में विशेषज्ञ) 1500/–रुपये प्रतिमाह के भुगतान पर नियुक्त किए गए हैं।

## विकलांगों हेतु एकीकृत शिक्षा योजना

यद्यपि यह योजना 1974 से एक कल्याणकारी उपाय के रूप में चलाई जा रही है, लेकिन 1982 से इस योजना के प्रचालन माध्यम के रूप में शिक्षा विभाग को भी इस योजना में शामिल कर लिया गया। विकलांग शिक्षा योजना 1985-86 में लागू की गई। राज्य के माध्यमिक विद्यालयों में लागू इस योजना का दायित्व इलाहाबाद तथा मेरठ स्थिति दो राजकीय इन्टर कॉलेजों को सौंपा गया। इस हेतु 10 शिक्षक नियुक्त किए गए जो 27 विकलांग छात्रों को प्रशिक्षण दे रहे थे। बाद में यह योजना 5 अन्य विद्यालयों में भी लागू कर दी गई। इस प्रकार प्रारंभ की गई विकलांग शिक्षा योजना अब उत्तर प्रदेश के सात विद्यालयों में चल रही है।

## पत्राचार शिक्षा पाठ्यक्रम

सन् 2002 से, हाईस्कूल अथवा कोई अन्य समकक्ष परीक्षा उत्तीर्ण कर चुके स्व-शिक्षक छात्रों के लिए एक वर्षीय पत्राचार पाठ्यक्रम प्रारंभ किया गया है। पाठ्यक्रम का संचालन इलाहाबाद स्थित एक केन्द्र द्वारा किया जाता है।

## प्राथमिक शिक्षा

उत्तर प्रदेश सरकार ने 6-14 वय समूह के बच्चों के लिए प्राथमिक शिक्षा को उच्चतम प्राथमिकता मंजूर की है। राज्य में 1950-51 में 34,833 प्राथमिक विद्यालयों तथा 30,75,260 बच्चों की तुलना में 2003-04 में 1,54,831 विद्यालय तथा उनमें पढ़ने वाले बच्चों की संख्या 3,05,05,000 हो गई हो। इसी प्रकार शिक्षकों की संख्या भी 84,804 से बढ़कर 3,39,037 हो चुकी है।

2002-03 तक 1,48,55,697 प्राथमिक विद्यालय के बच्चे मध्याह्न योजना में सम्मिलित किए जा चुके थे तथा आगामी वर्ष (2003-04) में लाभार्थियों की संख्या 98,205 प्राथमिक विद्यालयों में 1,63,74,892 बच्चों तक पहुँच गई थी।

## उर्दू शिक्षा

उर्दू प्राथमिक विद्यालयों तथा अपर प्राथमिक विद्यालयों के जरिए उर्दू शिक्षा के प्रसार हेतु विशेष प्रयास किए जा रहे हैं। उर्दू शिक्षकों के 3,112 पद पहले ही भरे

जा चुके हैं। केन्द्रीय तथा राज्य सरकार द्वारा चलाई जा रही योजना के अंतर्गत पिछड़े मुस्लिम आबादी बहुल क्षेत्रों में प्राथमिक विद्यालय तथा प्राथमिक विद्यालय स्कूल खोले गऐ हैं। केन्द्रीय सरकार द्वारा 599 प्राथमिक विद्यालय तथा 735 अपर प्राथमिक विद्यालय खोले जा चुके हैं। इसी प्रकार राज्य सरकार मुस्लिम बहुल क्षेत्रों में 1,154 उर्दू प्राथमिक विद्यालय तथा 288 अपर प्राथमिक विद्यालय स्थापित कर चुकी है।

प्रत्येक वर्ष हाई स्कूल तथा जूनियर हाई स्कूल स्तर पर उर्दू दक्षता परीक्षाएँ संचालित की जाती हैं तथा सफल विद्यार्थियों को मैट्रिक पुरस्कार प्रदान किए जाते हैं। उर्दू साहित्य के उच्च्स्तरीय अध्ययन हेतु राज्य में एक उर्दू प्रशिक्षण एवं अनुसंधान केन्द्र तथा उर्दू अकादमी स्थापित की गई है। ये दोनों संस्थाएँ मिलकर उर्दू के छात्रों तथा प्रेमियों को छात्रवृत्तियों और नकद पुरस्कारों के रूप में वित्तीय सहायता देकर उत्तर प्रदेश में उर्दू के विकास में महत्वपूर्ण योगदान दे रही है।

# 4

# महिलाओं की स्थिति

भारत का संविधान लागू हुए पचास से अधिक वर्ष का समय व्यतीत हो चुका है, जब लिंगों के बीच समानता की अवधारण इस सर्वोच्च कानून का हिस्सा बनी थी, लेकिन जीवन के हर क्षेत्र में महिलाएँ आज भी पुरुषों के मुकाबले काफी पीछे हैं। एक ही परिवार में पुत्रों तथा पुत्रियों को शिक्षा, स्थिति तथा उनकी क्षमता विकास के अवसरों में, उत्तर प्रदेश के समाज में, काफी भिन्नता देखी जा सकती है। इसी प्रकार से एक ही छत के नीचे रहने वाले पति और पत्नी के अधिकारों तथा दायित्वों में अन्तर है। देश के सबसे बड़े प्रान्त-उत्तर प्रदेश की कृषि भूमि में पुरुषों एवं महिलाओं के अधिकारों की तुलना और विश्लेषण से एक निराशापूर्ण तस्वीर उभरती है।

उत्तर प्रदेश के एक सौ सत्तर समुदायों में, विशेषकर मैदानी भागों में महिलाओं की स्थिति आमतौर पर नीची मानी जाती है। लेकिन उत्तर प्रदेश में यह राष्ट्रीय औसत से कम है (72.19% राष्ट्रीय औसत के सामने 55.37%) पहाड़ी क्षेत्र में आमतौर पर महिलाओं को उच्च दर्जा दिया जाता है। वही 46 समुदायों में महिलाओं की उच्च स्थिति है (राष्ट्रीय औसत 2.03% के मुकाबले 14.98%) पहाड़ी क्षेत्रों में महिलाओं को सम्पत्ति का अधिकार प्राप्त है। उन्हें पति की मृत्यु के बाद उत्तराधिकार प्राप्त है। वे इच्छा से विवाह कर सकती है तथा पुनर्विवाह भी।

परंतु भूमि स्वामित्व के अधिकार केवल पुरुषों तक ही सीमित थे। यह विभेद पूर्णतया लिंग आधार पर है। कानूनन पुरुष काश्तकार की मृत्यु की स्थिति में उसका पुत्र अथवा पुरुष वंशज भू स्वामित्व के अधिकार हेतु उत्तराधिकारी होगा। मृतक की अपनी पुत्री अथवा उसके पुत्र की पुत्री तथा पुत्रियों के वंशजों को इस प्रयोजनार्थ शामिल नहीं किया गया है।

## कुपोषण

उत्तर प्रदेश में कुपोषण की असाधारण उच्च दर की जड़ें पुरुष एवं महिलाओं के बीच असमानता की मिट्टी में गहरी जमी हुई हैं।

महिलाओं तथा कन्याओं को उनके पतियों तथा परिवारी जन द्वारा उपलब्ध कराई जाने वाली अपर्याप्त देखभाल बाल कुपोषण के स्तर का पहला प्रमुख कारण है। दक्षिण एशिया में कुपोषण का स्तर विश्व के अन्य किसी भी भाग के मुकाबले काफी ऊँचा बताया जाता है।

पोषण में लिंग आधारित असमानताएँ बालवय से वयस्कता तक स्पष्ट दृष्टिगोचर हैं। वस्तुतः लिंग, छोटे बच्चों में कुपोषण का सांख्यिकी दृष्टि से महत्वपूर्ण निर्धारक है तथा कुपोषण पाँच वर्ष से कम वय की बालिकाओं की मृत्यु का बहुधा प्रत्यक्ष अथवा अप्रत्यक्ष कारण होता है। शैशवावस्था में बालिकाओं को स्तनपान कम बार तथा कम अवधि के लिए कराया जाता है; बालपन तथा वयस्क होने पर भी पुरुषों को ही बेहतर तथा पहले पोषण दिया जाता है।

देश के विभिन्न भागों में गृहस्थी-पोषण खुराक का तुलनात्मक अध्ययन स्पष्ट करता है कि उत्तर भारत में पुरुषों तथा महिलाओं के बीच पोषण समता दक्षिणी भारत की अपेक्षा कम है।

महिलाओं की समुचित पोषण से वंचित रहने के दो परिणाम होते हैं : (1) वे अपने पूर्ण संभावित विकास को कभी प्राप्त नहीं कर पाती। (2) वे रक्ताल्पता से पीड़ित हो जाती हैं। वे दोनों ही स्थितियाँ गर्भावस्था के दौरान बहुत खतरनाक होती हैं। शहरी क्षेत्रों में रक्ताल्पता 40-45 प्रतिशत तथा ग्रामीण क्षेत्रों में 50-70 प्रतिशत बताई जाती है। इस स्थिति के कारण गर्भधारण में जटिलताएँ उत्पन्न होती हैं तथा उसका परिणाम शिशु मृत्यु अथवा कम भार के शिशु जन्म के रूप में सामने आता है।

लखनऊ क्षेत्र में 74 प्रतिशत बालिकाएं रक्ताल्पता से पीड़ित पाई गई हैं। इस अध्ययन के अनुसार 15-24 तथा 25-44 वर्ष वय वर्ग की महिलाओं में रक्ताल्पता की यही पद्धति तथा स्तर मौजूद है।

## महिलाओं की अल्पस्वस्थ अवस्था

कन्या शिशुओं को अपेक्षाकृत कम समय स्तनपान कराने की आदत, बेटों की उत्कट चाह दर्शाती है। यदि महिलाएँ ही बेटों की प्राप्ति हेतु इतनी आतुर हैं, तो वे बेटी के जन्म के पश्चात् शीघ्रातिशीघ्र गर्भ धारण करना चाहेगी। तथा बेटे को जन्म देने के बाद वे पुनः गर्भ धारण से कुछ समय के लिए अवश्य बचना चाहेंगी, ताकि अपने नवजात बेटे का पूरी तरह ध्यान रख सकें।

बाल्यकाल में तथा वयस्क होने पर भी महिलाओं के स्वास्थ्य की देखभाल पुरुषों के समान नहीं की जाती है। उनके बीमार होने पर उन्हें तुरंत अस्पताल में दाखिल नहीं कराया जाता है, बल्कि बीमारी के सहनशक्ति के बाहर होने तक प्रतीक्षा की जाती है। ग्रामीण क्षेत्रों के प्राथमिक स्वास्थ्य केन्द्रों की रिपोर्ट से भी स्पष्ट है कि उत्तर प्रदेश के सभी भागों में प्राथमिक स्वास्थ्य केन्द्र पहुँचने वाली महिलाओं की संख्या पुरुषों के अपेक्षा बहुत कम है। महिलाओं द्वारा पीड़ा सहने की आदत और स्वास्थ्य केन्द्रों आदि पर पुरुष डॉक्टर द्वारा चिकित्सा जाँच के प्रति संकोचशीलता भी उनकी अपर्याप्त चिकित्सा देखभाल का एक कारण है।

## अशिक्षा

लड़कियाँ लड़कों की अपेक्षा कम शिक्षा प्राप्त करती हैं। इसके प्रमुख कारण हैं। उत्तर प्रदेश में विद्यालय नहीं जाने वाली बालिकाओं की संख्या बहुत विशाल है। भारत के संविधान में 14 वर्ष तक की वय के बालक और बालिका दोनों के लिए निःशुल्क प्राथमिक विद्यालय शिक्षा की व्यवस्था है। इस उद्देश्य की बारम्बार पुष्टि की गई है, परन्तु राज्य में प्राथमिक शिक्षा को सर्वत्रव्यापी नहीं बनाया जा सका है।

कुल मिलाकर देश में 64 प्रतिशत पुरुष साक्षरता के मुकाबले महिला साक्षरता 39 प्रतिशत है।

उपस्थिति दर से पता चलता है कि राज्य में लगभग एक तिहाई बालिकाएँ विद्यालय जाती है, जबकि ग्रामीण क्षेत्रों में यह प्रतिशत और भी कम है।

यद्यपि 1947 में स्वतंत्रता प्राप्ति के समय से अब तक भारी प्रगति हुई है। 1947 में केवल 8 प्रतिशत महिलाएँ साक्षर थीं, लेकिन उसके बाद की प्रगति जनसंख्या वृद्धि के अनुरूप पर्याप्त तेज गति कायम नहीं रख सकी है। सन् 1981 के मुकाबले 1991 में एक करोड़ साठ लाख अधिक महिलाएँ साक्षर थीं।

अपनी पुत्रियों को शिक्षित नहीं करने के माता-पिता के अनेक उद्देश्य होते हैं। सर्वप्रथम यह दृष्टिकोण कि उनकी शिक्षा से माता-पिता को कोई लाभ नहीं होता है तथा प्रजनन और कृषि कार्य आदि की उनकी प्रमुख भावी भूमिकाओं में औपचारिक शिक्षा की कोई आवश्यकता दृष्टिगोचर नहीं होती है। चूँकि अधिक से अधिक संख्या में लड़के शिक्षा प्राप्त कर रहे हैं अतः लड़कियों के श्रम पर आश्रय में वृद्धि हो रही है। अब लड़कों के स्थान पर लड़कियों को खेतों पर ज्यादा जाना पड़ता है, जबकि घरेलू कामकाज की जिम्मेदारी वे पहले की तरह निभा रही हैं।

एक मोटे अनुमान के अनुसार चार करोड़ गैर कामकाजी लड़कियों का एक बड़ा भाग घरेलू काम की जिम्मेदारी के कारण विद्यालय नहीं जा रहा है।

अपनी पुत्रियों को विद्यालय् नहीं भेजने की इच्छा का एक कारण माता-पिता को उनके कौमार्य संरक्षण की चिन्ता है। जबकि विद्यालय घर, गाँव से काफी दूर हैं तथा शिक्षक पुरुष हैं तथा जब लड़कियों को लड़कों के साथ शिक्षा प्राप्त करनी होगी तब माता-पिता को अपनी पुत्रियों के कौमार्य के प्रति खतरा महसूस होता है।

अनेक गाँवों में विद्यालय नहीं हैं। भारत के प्राथमिक तथा मध्य विद्यालय में महिला शिक्षिकाओं की संख्या एक तिहाई से भी कम है।

## बाल विवाह

बाल विवाह महिलाओं को अधीनता की स्थिति में रखता है। सन् 1976 में बाल विवाह निरोध अधिनियम में एक संशोधन द्वारा विवाह की न्यूनतम वय लड़कियों के लिए 15 से बढ़ाकर 18 वर्ष तथा लड़कों के लिए 18 बढ़ाकर 21 वर्ष कर दी गई थी। तथापि, अनेक ग्रामीण समुदायों में गैर कानूनी बाल विवाह अब भी प्रचलन में हैं। कुछ ग्रामीण क्षेत्रों में 10 से 14 वर्ष तक आधी लड़कियों का विवाह कर दिया जाता है। चूँकि महिलाओं पर विवाह के उपरान्त शीघ्रातिशीघ्र गर्भधारण का दबाव रहता है, अतः किशोर वय के विवाह के कारण किशोर वय में गर्भधारण की संभावना अत्यंत प्रबल रहती है। एक अनुमान के अनुसार लगभग 10-15 प्रतिशत महिलाएँ अपनी किशोरवय में प्रसव वेदना का अनुभव कर चुकी होती हैं।

बाल विवाह वास्तव में उस प्रत्येक सामाजिक बुराई की जड़ है जिसने महिला अधिकारों के मामलों में भारत को पिछड़ा देश बना रखा है। इससे पैदा होने वाली समस्याओं में उच्च जन्मदर, अति दरिद्रता एवं कुपोषण, उच्च निरक्षरता, उच्च शिशु मृत्यु दर तथा निम्न आयु संभावना जैसी समस्याएँ विशेषकर ग्रामीण महिलाओं में विद्यमान हैं।

## विवाह

उत्तर प्रदेश की महिलाओं की स्थिति विवाह के संबंध में उल्लेखनीय रूप से दयनीय है। उत्तर प्रदेश में पारम्परिक हिन्दू समाज विशेषतः ग्रामीण क्षेत्रों में पैतृक एवं धर्मतन्त्रीय है तथा उस पर पुरुषों का वर्चस्व स्थापित है, जो विवाह प्रथाओं से भी स्पष्ट है। उत्तर प्रदेश के हिन्दुओं से अपनी सीमाओं के भीतर विवाह करने की

आशा की जाती है। वर तथा वधू आपस में गोत्र संबंधी नहीं होने चाहिए, उन्हें विवाह के मामले में कुछ बोलने का अधिकार नहीं है तथा वर-वधू के जन्म ग्राम से बाहर का निवासी होना चाहिए।

वधू पक्ष सामाजिक तथा पारम्परिक रूप से वर पक्ष से हीन माना जाता है, अतः दहेज की व्यवस्था की जरूरत होती है। विवाह के पश्चात् वधू अपने पति के परिवार के साथ रहने चली जाती है। एक नवविवाहित वधू को बताया जाता है अपने पति के वंश में उसकी स्थिति सुधारने हेतु पुत्रों को जन्म देना है। कि उसे पुत्रों को वृद्धावस्था में आर्थिक सुरक्षा का मुख्य स्रोत माना जाता हैं।

## मातृत्व काल में मृत्यु दर

भारत में मातृत्व काल में उच्च मृत्यु दर का कारण गर्भावस्था में चिकित्सा सहायता प्राप्त करने हेतु अनिच्छा है। एक अनुमान के अनुसार सम्पूर्ण भारत में केवल 40-50 प्रतिशत महिलाएँ प्रसवपूर्व चिकित्सा सहायता प्राप्त करती हैं। बिहार, राजस्थान, उड़ीसा, उत्तर प्रदेश, महाराष्ट्र तथा गुजरात राज्य में मातृत्व और बाल स्वास्थ्य सेवा हेतु पंजीकरण कराने वाली महिलाओं का प्रतिशत शहरी क्षेत्रों में 21-51 तथा ग्रामीण क्षेत्रों में 5-22 है।

अपने पूर्व प्रसव में कठिनाइयों का सामना कर चुकी महिला को भी घरेलू उपचार दिया जाता है, जिसके तीन प्रमुख कारण हैं :– गर्भवती महिला द्वारा चिकित्सा सहायता प्राप्त करने का निर्णय उसकी सास तथा पति पर आश्रित होता है; वित्तीय हालत उपचार रोग से अधिक हानिकारक होने की आशंका। ऐसा अनुमान है कि 15 से 29 वर्ष की वय समूह की महिलाओं की मृत्यु की एक चौथाई गर्भावस्था संबंधित मृत्यु होती हैं, जिनमें से दो तिहाई को बचाया जाना संभव हो सकता है।

## चयनात्मक गर्भपात

पुत्रों हेतु उनके अधिमान की चरम अभिव्यक्ति कन्या भ्रूण हत्या तथा लिंग-चयनात्मक गर्भपात है। सरकारी अधिकारी इस असमानुपाती गर्भपात को 1971 में राष्ट्रीय लिंगानुपात में गिरावट का कारण मानते हैं। उस समय यह अनुपात 930 महिला प्रति 1000 पुरुष था। एक दशक उपरान्त यह 934 हो गया, लेकिन निरंतर वृद्धि के स्थान पर 1991 में यह अनुपात 927 रह गया। यह लिंगानुपात सम्पूर्ण विश्व में निम्नतम है।

सरकार ने लिंग चयन तथा कन्या भ्रूण गर्भपात हेतु गर्भपरीक्षण के दुरुपयोग को कम करने हेतु कानून पारित किया है। महिला आंदोलनकारी इस अधिनियम की आलोचक हैं क्योंकि इस अधिनियम में दी गई व्यवस्था के अनुसार दण्ड की भागी ऐसे गर्भपात की इच्छुक महिला होगी। ये महिलाएँ बेटा चाहने वाले पति एवं उसके परिवार के दबाव में हो सकती हैं।

### विवाह-विच्छेद

विवाह-विच्छेद का कोई व्यावहारिक विकल्प नहीं है। यह एक दुर्लभ स्थिति है—यह एक पत्नी और पुत्रवधू के रूप में महिला की विफलता की लज्जास्पद स्थिति मानी जाती है। सन् 1990 में कुल जनसंख्या (महिला) की 0.08 प्रतिशत महिलाएँ विवाह-विच्छेद का दंश झेल रही थीं। विवाह-विच्छेद के मामले में महिलाओं के पोषण अधिकार कमजोर हैं। यद्यपि हिन्दू तथा मुस्लिम दोनों कानूनों में महिला तथा बच्चों के पोषण अधिकारों को मान्यता दी गई है लेकिन व्यवहार रूप में, पोषण भत्ता पर्याप्त राशि का नहीं होता है तथा बहुधा इसका उल्लंघन किया जाता है।

हिंदू तथा मुस्लिम पर्सनल लॉ दोनों ही वैवाहिक सम्पत्ति को मान्यता प्रदान नहीं करते हैं। विवाह-विच्छेद के उपरांत महिलाओं का उनके घर अथवा विवाह के दौरान संचित अन्य संपत्ति पर कोई अधिकार नहीं रहता है।

### उत्तराधिकार

उत्तराधिकार के विषय में महिलाओं के अधिकार सामान्यतः सीमित हैं तथा अक्सर उनका उल्लंघन किया जाता है। 1950 के दशक के मध्य में हिंदू पर्सनल लॉ, जो सभी हिंदुओं, बौद्ध, सिख तथा जैन लोगों पर लागू होता है में व्यापक सुधार किए गए थे। बहुतपत्नी प्रथा पर प्रतिबंध, महिलाओं को उत्तराधिकार का हक, दत्तक-ग्रहण तथा विवाह-विच्छेद आदि सुधार के विषय थे। मुस्लिम पर्सनल लॉ तथा हिन्दू पर्सनल लॉ में भारी अन्तर है। मुस्लिम पर्सनल लॉ बहुपत्नी प्रथा की अनुमति देता है।

हिंदू लॉ के तहत पुत्रों को पूर्वजों की सम्पत्ति में पृथक हिस्सा मिलता है। तथापि, पुत्रियों का हिस्सा उनके पिता को मिले हिस्से पर निर्भर होता है।

महिला संरक्षण हेतु बनाए गए कानून कमजोर होने के साथ-साथ ठीक ढंग से लागू भी नहीं किए जाते हैं। परिणामतः, व्यवहार रूप में, महिलाओं को सम्पत्ति

तथा भूमि, जो आय तथा दीर्घ-कालीन आर्थिक सुरक्षा का प्रमुख स्रोत हैं, तक उनकी अधिक पहुँच नहीं है।

## उत्तर प्रदेश में महिलाओं के प्रति हिंसा

उत्तर प्रदेश तथा राजस्थान में महिलाओं के विरुद्ध हिंसा का स्तर बहुत ऊँचा है। राष्ट्रीय अपराध रिकार्ड ब्यूरो (एन सी आरबी) 1998 के आँकड़ों (गृह मंत्रालय, उत्तर प्रदेश द्वारा जारी) के अनुसार महिलाओं के विरुद्ध दर्ज अपराधों की दर के मामले में उत्तर प्रदेश पहले तथा राजस्थान चौथे स्थान पर है। इन अपराधों में बलात्कार, अपहरण, दहेज हत्या, मानसिक तथा शरीरिक यंत्रणा, छेड़छाड़, यौन उत्पीड़न तथा अनैतिक व्यापार आदि सम्मिलित हैं। उत्तर प्रदेश सरकार की महिलाओं के संबंध में प्रारूप नीति के दावे के अनुसार राज्य में प्रतिवर्ष 1500 से अधिक बलात्कार, लगभग 2500 अश्लील व्यवहार के मामले तथा करीब 200 अपहरण के मामले दर्ज किए जाते हैं।

उत्तर प्रदेश और राजस्थान में घरेलू हिंसा भी पूरे समाज में सम्पन्न शहरी गृहस्थियों से निर्धन ग्रामीण गृहस्थियों तक, सभी धर्मों, वर्गों तथा जातियों में व्यापक रूप से विद्यमान है। इस हिंसा में पीटना, मानसिक प्रताड़ना, बलात्कार शामिल हैं। घरों में महिला हत्या के लिए मिट्टी का तेल छिड़ककर आग लगाने अथवा जहर देने का तरीका इस्तेमाल किया जाता है ताकि हत्या को दुर्घटना अथवा आत्महत्या बताया जा सके।

भारत में विवाह-हिंसा को अक्सर दहेज प्रथा से जोड़कर देखा जाता है, यद्यपि यह हिंसा का एकमात्र कारण नहीं है। दहेज प्रथा पर सन् 1961 से कानूनी रोक लगाई जा चुकी है। फिर भी दहेज प्रथा आज भी बदस्तूर जारी है।

## दहेज हत्या

विवाहों मे महिलाओं को अधीनस्थ रखा जाता है तथा दहेज के लिए उनकी हत्या तक कर दी जाती है। भारत में प्रत्येक वर्ष दहेज के लिए लगभग 6,000 हत्या की जाती हैं, जिसमें उत्तर प्रदेश का स्थान सबसे ऊपर है। एक अनुमान के अनुसार आज कल दिया जाने वाला दहेज एक परिवार की औसत वार्षिक आय का पाँच गुना होता है। विवाह समारोहों तथा दहेज की ऊँची लागत भारत में गरीबी और ऋणग्रस्तता का एक कारण है।

## दहेज हत्याएँ, 1994

टाइम्स आफ इंडिया के लखनऊ संस्करण के 30 अप्रैल, 2001 अंक में प्रकाशित समाचार के अनुसार दहेज हत्या के मामले में उत्तर प्रदेश को वर्ष 2000 में राज्य में 2059 ऐसी हत्याओं के आधार पर दहेज हत्या की सूची में सर्वोच्च स्थान प्राप्त है। ये दहेज हत्याएँ भारत में कुल दहेज हत्याओं की 30 प्रतिशत हैं। बिहार को 1022 दहेज हत्या के मामलों के साथ सूची में दूसरा स्थान हासिल हैं।

## दलित, आदिवासी महिलाओं के विरुद्ध हिंसा और भेदभाव

भारत में महिलाओं के साथ केवल लिंग आधार पर ही नहीं, अपितु जाति, समुदाय, धर्म आदि के आधार पर भी भेदभाव किया जाता है। यहाँ हम दलित तथा हाशिए पर पड़ी महिलाऐं विभेद के इस जटिल जाल से जनित समस्याओं का सामना करती हैं।

विभिन्न अनुमानों के अनुसार भारत में कुल बंधुआ मजदूरों का एक तिहाई भाग दलित हैं तथा आधे से अधिक भाग भूमिहीन होने के कारण कृषि मजदूरों के रूप में कार्यरत है। महिला कृषि मजदूरों की कुल संख्या की 66 प्रतिशत महिलाएँ दलित हैं जिनकी दैनिक आय 8-25 रुपये हैं। दलित महिलाएँ तथा उनके बच्चे अधिकतर सैनीटेशन सफाई, झाड़ बुहार तथा चमड़े के कार्य में संलग्न हैं।

ग्रामीण क्षेत्रों में महिलाएँ सामाजिक-आर्थिक जीवन में अनेक पक्षों जैसे कृषि कार्य, पशुपालन आर्थिक कार्य सामाजिक समारोह तथा धार्मिक अनुष्ठान इत्यादि में महत्त्वपूर्ण भूमिका अदा करती हैं। वे आय में योगदान देती हैं तथा लघु स्तरीय व्यय का नियंत्रण करती हैं। उत्तर प्रदेश में शिक्षा तथा सामाजिक तथा आर्थिक आन्दोलनों के कारण इन क्षेत्रों में महिलाओं की उच्च स्थिति है। वस्तुतः 1940 के बाद महिलाओं के हित में समाज में काफी परिवर्तन आया। उत्तर भारत में महिला विश्वविद्यालय तथा महाविद्यालय स्थापित होने लगे। इससे भारत में भी महिला चिकित्सक शिक्षक इंजीनियर तथा अर्थशास्त्री दिखाई देने लगे। महिलाएँ अब स्वावलम्बी होने के साथ ही परिवार में भी अपना आर्थिक योगदान देने लगीं।

उत्तर प्रदेश में राजनीति में भी महिलाएँ महत्त्वपूर्ण स्थिति में हैं, जो राज्य में पंचायती राज संस्थाओं के गठन से और भी मजबूत हुई है। हाँ, उनके पोषण के पारम्परिक अधिकार के अलावा सम्पत्ति अधिकारों का प्रतिष्ठापन अभी भी शेष हैं।

# 5
# समाज और सामुदायिक जीवन

सम्पूर्ण विश्व के लिये ऐतिहासिक विकास के एक समान नियमों की सीमाओं के अंदर मनुष्य ने जीवन-यापन के अनेकानेक मार्ग प्रशस्त किये हैं। संसार को प्रवर्तित करते हुऐ लोग स्वयं को इन परिवर्तनों के अनुकूल ढालते हैं। संसार की प्रत्येक जाति, एक विशेष जीवन पद्धति का सुंदर प्रयोग है, जो आदतों, प्रथाओं नियम व नैतिकताओं से कला व संस्कृति से निर्मित होती है। प्रत्येक समुदाय की विभिन्नता अपने भौगोलिक प्रदेश तथा दूसरे जन समुदाय के साथ नियम, रीति-रिवाज की अनन्त क्रिया की विशेषता की प्रतिछाया है।

अंग्रेजों के आगमन से पूर्व उत्तर प्रदेश में अन्तर राज्य प्रव्रजन नहीं था। अंग्रेजों के शासन से पहले बड़े कस्बों तथा शहरों का विकास मुख्यतः उनकी धार्मिक पवित्रता तथा प्रांतीय सरकारों के स्थापना हेतु चुने गए स्थलों के आधार पर होता था।

हिन्दू जाति की सबसे प्रमुख विशेषता यह है कि यह लोगों को अलग-अलग बड़े समूहों में बाँटती है जो सगोत्रीय के रूप में जाने जाते हैं। जाति अथवा जनजाति के भीतर अन्य प्रभाग पाए जाते हैं जो सामान्यतः सगोत्रीय होते हैं जो यदा कदा आगे असगोत्रीय समूहों में विभाजित होते हैं। असगोत्रीय समूहों के मामले में उनका वर्गीकरण सामाजिक स्थिति के आधार पर किया जाता है तथा किसी महिला का विवाह अपने बराबर तथा संभव हो तो उच्च स्थिति वाले समूह में किया जाना अनिवार्य होता है। राजपूत, ठाकुर अथवा क्षत्रिय जाति में केवल असगोत्रीय समूह होते हैं तथा इनमें अतिगोत्रीयता के निमय का सख्ती से पालन किया जाता है, यद्यपि पृथक समूहों की, अलग-अलग जनपदों में, स्थिति में अंतर है। सगोत्रीय समूहों में विवाह वर्जित है तथा जहाँ अतिगोत्रीय समूह नहीं हैं वहाँ मातृपक्ष की पाँच पीढ़ियाँ तथा पितृपक्ष की सात पीढ़ियाँ विवाह हेतु वर्जित है। जाति प्रथा में लगातार छोटे मोटे परिवर्तन होते रहते हैं। इस भिन्न-जातियों के समूहों ने मिलकर मल्लाह या मत्स्यपालन अथवा नौकायन करने वाली जाति का

गठन कर लिया है, लेकिन सभी समूह सगोत्रीय रहते हैं। साध ऐसे संघ का श्रेष्ठ उदाहरण है जिसमें विभिन्न समूहों ने परस्पर विवाह कर एक नए धार्मिक आंदोलन के साझा गठबंधन के माध्यम से नई जाति बना ली है। जहाँ अतिगोत्रीता लागू है, सिद्धान्त की अपेक्षा परिवार अथवा प्रभाग को नीचा दर्जा देती है जबकि दूसरी ओर ये जातियाँ बाल विवाह को प्रोत्साहन तथा विधवा विवाह को प्रतिबंधित करती हैं। समृद्धिशील सदस्यों की जाति बहुधा अपने ब्राह्मण अथवा राजपूत होने का दावा करती है। सैद्धांतिक रूप से हिन्दू चार मुख्य जातियों में विभाजित हैं : ब्राह्मण अथवा याजकवर्ग, क्षत्रिय अथवा योद्धा, वैश्य अथवा व्यापारी तथा शूद्र। तथाकथित द्वितीय जन्म पर यज्ञोपवीत संस्कार की तुलना ईसाइयों की पुष्टि परम्परा से की जा सकती है। सहज कल्पनाओं के अनुसार प्रथम तीन मुख्य जातियाँ आर्य हैं तथा अंतिम जाति आदिवासी अथवा मिश्र जाति है। तथापि, व्यवहार में, अनेक जातियाँ प्रथम तीन मुख्य जातियों के समकक्ष होने का दावा करती हैं, तथा उनके दावे आंशिक रूप से स्वीकार किए जाते हैं, जबकि शूद्रों के बीच कई विशिष्टताएँ विद्यमान हैं। इस प्रकार कुल बारह वर्गीकृत समूह बनाए जा सकते हैं, जिनमें से तीन द्विजों और अन्य तीन इन से सम्बद्ध जातियों का प्रतिनिधित्व करते हैं। सातवें समूह में शूद्रों से ऊँचे लेकिन जो द्विज नहीं हैं, लोगों को शामिल किया जाता है। आठवें, नवें तथा दसवें समूह में वे लोग हैं जिनसे द्विजवर्ग (उनमें से कुछ) कुछ भोजन अथवा जल स्वीकार कर सकते हैं। अंतिम दो समूहों में वे लोग हैं जिनके स्पर्श मात्र से द्विजजातियाँ दूषित हो जाती हैं। इनके बीच गोमांस भक्षण करने तथा न करने वालों के रूप में पहचान अथवा भेद किया जाता है। विभिन्न जातियों के वितरण में वैभिन्य का विवरण जनपदों पर आलेखों में उपलब्ध है।

हिन्दुओं के साथ सम्पर्क से उनकी प्रथाओं की कुछ नकल मुसलमानों में आ गई है। इस प्रकार सगोत्रीय समूह बनाने की प्रवृत्ति विद्यमान है जो धर्मपरिवर्तन कर बने मुसलमानों (जो अभी तक अपनी हिन्दू मूल की परम्परा को संरक्षित करते हैं) में प्रमुख रूप से देखी जा सकती है। तथापि परिवर्तित मुसलमान विवाह सम्बन्धों पर आधारित हिन्दू पाबंदियों का पालन करते हैं जो इस्लाम की अपेक्षा अधिक सख्त है। शुद्ध विदेशी मूल के परिवार बहुत छोटे दायरे के भीतर आपस में विवाह कर लेते हैं। विभिन्न जातियों के हिन्दू साधारणतः सहभोज आदि में शामिल नहीं होते हैं, लेकिन मुसलमानों में ऐसी कोई पाबंदी नहीं है सिवाय किसी हरिजन से भोजन, जल लेने और बहुत कट्टर मुसलमान द्वारा ईसाई के साथ भोजन से इनकार को छोड़कर।

मुसलमानों को तीन वर्गों में बाँटा जा सकता है : (1) विदेशी जनजातियाँ, सैय्यद सईद (2,572,241), शेख (1,340,057), पठान (7,66,502) तथा मुगल (82,334)। इनमें से अनेक विशेषकर तथाकथित शेख, निश्चित रूप से धर्मांतरित हिन्दुओं के वंशज हैं। (2) धर्मांतरित मुसलमानों ने अपने हिंदू जातिनाम अपना रखे हैं, इनमें राजपूत (4,02,922), बेहना (3,56,577), नाई (2,19,898), तेली (2,07,863) तथा दर्जी (1,61,298) बड़े समूह हैं। (3) व्यवसाय संबंधी समूह भी मुख्यतः हिंदूमूल के हैं जिनमें जुलाहा (8,98,032) तथा फकीर (3,34,762) प्रमुख हैं।

उत्तर प्रदेश सर्वाधिक जनसंख्याधारी राज्य होने के कारण बड़ी संख्या में उच्च जातियों तथा ब्राह्मणों, राजपूतों तथा बनियों का निवास है, जो बड़े संसाधनों के मालिक भी हैं। यहाँ आनुवंशिकी, परम्परा तथा आधुनिकता के प्रति पूर्ण जागरूकता है, लेकिन समय के साथ सब कुछ परिवर्तित होता जा रहा है। वैभिन्य, विजातीयता, बदलते संबंध सामाजिक परिदृश्य का बयान करते हैं। उत्तर प्रदेश के समुदायों में कुमायूँ के 'राजी' कहे जाने वाले पूर्व यायावर शिकारी तथा संग्राहक समुदाय के अत्यंत साधारण सामाजिक संगठन से लेकर कान्यकुब्ज ब्राह्मणों के अति जटिल सामाजिक संगठन तक संरचनात्मक विजातीयता की असाधारण श्रृंखला के दर्शन होते हैं।

अग्रवाल बनिया एक अन्य विषमजातीय समूह है। मन परिवर्तन के उपरान्त अनेक समुदाय धार्मिक पंथ के रूप में बँट गए, हिन्दू तथा मुस्लिम (राजपूत, कायस्थ, शिल्पकार समूह तथा नाई, हलवाई इत्यादि) हिंदू तथा सिख (पंजाब से छिम्बे तथा काम्बोज), जैन तथा बौद्ध (माल)। ये पंथ आज भी एक दूसरे के निकट हैं इनके रीति-रिवाज, भाषा, बोली तथा धार्मिक पहचान के अन्य विभिन्न तत्व एक जैसे हैं।

इनमें से कुछ जैसे हिन्दू और सिख तथा बौद्ध और जैन के परस्पर सहभोजी तथा वैवाहिक संबंध है। सामाजिक विभाजन टूट रहे हैं उप-जातियों तथा सगोत्रीय समूहों की संख्या में गिरावट आ रही है क्योंकि वे अन्य बड़ी जातियों के साथ विलय होकर एक बड़ी सगोत्रीय इकाई बना रहे हैं।

क्रम-परम्परा के सिद्धान्त अनुसूचित जातियों तथा अनुसूचित जनजातियों सहित सभी समुदायों में विद्यमान हैं। सर्वप्रथम पेशे की स्वच्छता तथा उसके पश्चात् जाति क्रम-परम्परा का निर्धारण करती है। केवल 'राजी' इसका अपवाद है। उत्तर प्रदेश में हिन्दू समुदायों में वर्ण व्यवस्था के प्रति अन्यत्र की अपेक्षा अधिक जागरूकता है। अधिकांश समुदाय स्वयं को ब्राह्मण, क्षत्रिय और शूद्र के

रूप में पहचानते हैं। वैश्यों की स्थिति सम्पूर्ण भारत में लगभग एक समान है। अधिकांश समुदाय बिगड़ती आर्थिक स्थितियों तथा सामाजिक दबावों के कारण स्वयं को निम्न स्थिति में महसूस करते हैं। उच्च स्थिति वाले समुदायों की सोच में ऊँचे समूहों के पारम्परिक वर्चस्व तथा कुछ समूहों के उन्नति की कारण कोई उल्लेखनीय परिवर्तन नहीं हुआ है। मध्य स्तरीय समुदाय राष्ट्रीय औसत से कम हैं। यह पुनः सिद्ध करता है देश के अन्य भागों की तरह आर्थिक विकास के अनेक समुदायों के अभिलासी मध्य वर्ग के बीच सामाजिक उन्नति नहीं हुई है।

## बहुआयामी हिन्दुत्व

हिन्दू अपनी आस्था के मामले में धैर्यवान तथा उदारवादी हैं तथा समस्त देवी-देवताओं को एक परम एवं अंतिम सत्ता परमात्मा का स्वरूप मानते हैं। हिन्दुओं के सभी वर्ग आत्मा के अमरत्व तथा पुनर्जन्म की धारणा में विश्वास करते हैं। वे कर्म में भी विश्वास रखते हैं तथा यह मानते हैं कि अगला जन्म इस जन्म के कर्मों के आधार पर ही प्राप्त होगा। सुधारवादी आंदोलनों, विशेषतः आर्य समाज तथा नव-बौद्धधर्म के अपने अनुयायी हैं जो ऊँची तथा नीची सभी जातियों से संबंधित हैं आर्यसमाज पिछली सदी के नब्बे के दशक से बीसवीं सदी के प्रारंभ तक की उदीयमान प्रवृत्ति थी जबकि नव-बौद्ध हाल में गत दो दशकों के भीतर विकसित हुआ है। दोनों ही ब्राह्मणवादी परम्परा तथा चतुर्वर्ण व्यवस्था को अस्वीकार करते हैं।

आर्य समाज आंदोलन की प्रमुख विशेषताओं में एकेश्वरवाद, वेदों को छोड़कर समस्त पावन धर्मग्रंथों की अस्वीकृति प्रमुख हैं। यह आंदोलन मूर्ति पूजा का विरोधी तथा हिन्दुओं द्वारा अपनाए गए अधिकांश पारम्परिक ब्राह्मणवादी अनुष्ठानों का निरुत्साहन कर्ता है। समाज का लक्ष्य शिक्षा के प्रसार विधवा पुनर्विवाह और जाति प्रथा संबंधी प्रतिबंधों के सरलीकरण के माध्यम से समाज सुधार करना है। आर्यसमाज द्वारा प्रस्तावित ये सभी सामाजिक सुधार हिन्दू समाज द्वारा कानूनी मंजूरी के जरिए स्वीकार तथा अंगीकार किए जा चुके हैं। अन्तरजातीय विवाह को कानूनी मान्यता मिल चुकी है तथा विधवा विवाह समाज में स्वीकार किया जाने लगा है। दयालबाग तथा स्वान बाग आगरा केन्द्र स्थित राधास्वामी सम्प्रदाय कमोबेश स्थानीय आस्था है यद्यपि इसके अनुयायी पूरे राज्य में फैले हुए हैं। इसको वैष्णववाद का  कबीरपंथी सम्प्रदाय कहा जाता है।

राज्य में मुसलमानों के दो प्रमुख सम्प्रदाय अथवा फिरके सुन्नी तथा शिया

हैं जिनका अनुपात 4:1 है। सन् 1901 का यह जनसंख्या अनुपात आज भी विद्यमान है यद्यपि इस संबंध में सटीक आँकड़े उपलब्ध नहीं हैं। यहाँ कोई अहमदिया अथवा खोजा नहीं हैं। सुन्नी तथा शियाओं में मुख्य अंतर उनकी धार्मिक परम्पराओं तथा धर्म सिद्धान्त में हैं तथा अबूकर, उमर और उस्मान को पैगम्बर का उत्तराधिकारी मानने से इनकार का है। थोड़ी संख्या में वहाबी भी मौजूद हैं। ईसाइयों में सबसे प्राचीन सम्प्रदाय रोमन कैथोलिक है। ईसाइयत के पंथ के याजक ने पहले 1578 में आगरा का दौरा किया और उसके बाद दूसरे ईसाई मिशन आगरा आए। प्रोटेस्टेंट सम्प्रदाय का प्रभाव 1810 में प्रारंभ हुआ जिसके बाद बैप्टिस्ट मिशन सोसाइटी का आगमन आगरा (1813), मेरठ (1815) तथा बनारस (1818) में हुआ। वर्ष 1891-1901 के दौरान देशी ईसाइयों की संख्या 23,406 से बढ़कर 68,841 हो गई। यद्यपि सटीक आँकड़े उपलब्ध नहीं हैं, लेकिन माना जाता है कि ईसाई भारत के अल्पसंख्यक समुदायों में दूसरा सबसे बड़ा सम्प्रदाय है। उत्तर प्रदेश में सिख भी पर्याप्त संख्या में बसे हुए हैं तथा देश के विभाजन के पश्चात् पश्चिमी पंजाब से आए सिख परिवार यहाँ तराई क्षेत्र में आ बसे थे। ये अधिकतर नैनीताल, पीलीभीत और उधमसिंह नगर जनपदों में बसे हुए हैं। उत्तर प्रदेश के प्रत्येक कस्बे, शहर में सिखों का गुरुद्वारा मौजूद है। सिखों का कोई प्रमुख धार्मिक स्थल उत्तर प्रदेश में नहीं है। राज्य में कुछ संख्या बहाई सम्प्रदाय की भी है जो लखनऊ में बसे हैं। इलाहाबाद तथा कानपुर में पारसी भी मौजूद हैं पर उनकी जनसंख्या बहुत कम है। हिन्दुत्व की एक प्रशाखा के रूप में जैन सम्प्रदाय एक महत्वपूर्ण एवं सम्पन्न समुदाय है, जिनके मंदिर प्रदेश के प्रत्येक प्रमुख नगर में देखे जा सकते हैं। वे सामाजिक रूप से व्यापारी समुदाय-अग्रवालों से सम्बद्ध हैं, जिनके साथ वे वैवाहिक संबंध भी स्थापित करते हैं। बौद्ध जनसंख्या में भी वृद्धि हो रही है। लेकिन हिन्दू जातियों की प्रवृत्ति अति वैभिन्यतापूर्ण है, जिसकी परिभाषा अत्यंत कठिन है (इब्सटन-पंजाब ट्राइब्स पी.62)। अपने पूर्वजों की वंशज पीढ़ी केवल यही दर्शाती है कि उसकी जाति क्या है। यह धारणा एक अनिश्चित वैभिन्यता पूर्ण परिस्थिति से परत होती दीखती है। ऐसे ब्राह्मण भी हैं जिन्हें उनके व्यवसाय के कारण, जो उनकी सामाजिक स्थिति के अनुरूप नहीं हैं, जातिच्युत नहीं किया जाता पर हेय दृष्टि से अवश्य देखा जाता है। क्षत्रियों के संबंध में भी यही स्थिति है। शूद्र की वर्तमान में कोई महत्वपूर्ण स्थिति नहीं है। सिवाय इस शब्द को गाली के रूप में उपयोग करने अथवा उनको सेवा हेतु आरक्षण के प्रयोजनार्थ एक वर्ग

माना जाता है। व्यवसाय के आधार पर ब्राह्मण, क्षत्रिय, वैश्य और शूद्र के रूप में युग पुराने सामाजिक विभाजन ने सैकड़ों जातियों एवं उपजातियों को जन्म दिया है। अनेक व्यावसायिक समूह स्वयं को उच्च जातियों के साथ सम्बद्ध करना चाहते हैं, जबकि अनेक जातियां विशेष संवैधानिक राजनैतिक तथा प्रशासनिक छूट और विशेषाधिकार प्राप्त करने हेतु पिछड़े अथवा अनुसूचित होने का दावा करती हैं।

इसके अतिरिक्त जाति प्रथा धार्मिक उद्देश्य से अलग भी कुछ उद्देश्य रखती है। जाति विचार तथा प्रथाएं और उपनाम भी इस्लाम, ईसाई अथवा धर्मों में अंतरण के पश्चात् भी जारी रहते हैं। इस प्रकार के धर्मांतरणकर्ता अपनी जातिगत पहचान कायम रखते हैं। समूहों की सामाजिक श्रेष्ठता और प्रधानता में वर्तमान समय में कोई अन्तर आया प्रतीत नहीं होता है। अहीर अब यादव पुकारे जाते हैं तथा वे एक प्रभावी राजनैतिक शक्ति का रूप ले चुके हैं। ठाकुरों की भी यही स्थिति है जिनकी गणना राजपूतों के वर्ग में की जाती है।

उत्तर प्रदेश भारतीय संस्कृति का पालना रहा है। इस राज्य में विभिन्न नस्लें इस प्रकार घुल मिल गईं कि परिणामी संश्लेषण में 'मिश्र संस्कृति' का नाम व स्वरूप सामने आया। सामाजिक गठन बदली परिस्थिति और राजनैतिक माहौल में आवश्यक मनोवृत्तियों तथा संस्थाओं में संशोधनों तथा परिवर्तनों के साथ पूर्ववत विद्यमान है। सामाजिक समूह अधिक कठोर तथा आत्मकेन्द्रित नहीं है।

राज्य में हिन्दू जनसंख्या प्रधान सामाजिक संगठन भारत सरकार द्वारा लगातार वैधानिक अधिनियमन के माध्यम से किए गए सामाजिक परिवर्तनों का विरोधी नहीं रहा है। सामाजिक गठन में अस्वस्थ विचारित अनेक रिवाज तथा प्रथाएं समय की मांग के अनुरूप पूरी तरह समाप्त कर दी गई हैं अथवा सुधार दी गई हैं। भारतीय संसद ने अस्पृश्यता अधिनियम के द्वारा किसी व्यक्ति को अस्पृश्यता के आधार पर हिंदू मंदिर में प्रवेश करने अथवा पूजा करने से रोकने को दण्डनीय अपराध घोषित किया है, जिसके लिए छह माह की कैद हो सकती है। हिन्दू लॉ के अधीन विवाह तथा उत्तराधिकार संबंधी सुधारों के जरिये अन्तरजातीय विवाह को कानूनी बना दिया गया है तथा पूर्वजों की सम्पत्ति में सहभागीदार के रूप मे पुत्रियों को उत्तराधिकार का समान अधिकार दिया गया है।

इस प्रावधान के अनुसार अपने निजी धर्म का त्याग किए जाने पर अन्तरधार्मिक विवाह को कानूनी मान्यता प्रदान की गई है। लड़कों तथा लड़कियों की विवाह वय भी क्रमानुसार बढ़ाकर 21 तथा 18 वर्ष कर दी गई है। इम्पीरियल गजटीयर आफ

इंडिया के अनुसार विधवा विवाह पर प्रतिबंध और विवाह विच्छेद हिन्दुओं में असाधारण बात थी। अब उच्च जातियों में विधवा विवाह का प्रचलन हुआ है तथा हिन्दुओं के लिए एक से अधिक पत्नी पर पूर्ण प्रतिबंध है। सरकार ने इस संबंध में मुस्लिम पर्सनल लॉ को नहीं छुआ है, जिसमें पुरुष एक से अधिक विवाह कर सकता है तथा महिला तलाक के बाद एक निर्धारित अवधि (इद्दत) के पश्चात् दूसरा विवाह कर सकती है।

हिन्दू विवाह आज भी ब्राह्मण पुरोहित द्वारा वैदिक रीति के अनुसार सम्पन्न होते हैं, पारम्परिक जजमानी प्रथा (सभी आनंदोत्सव एक ही पुराहित द्वारा सम्पन्न किए जाने का अधिकार) वस्तुतः विलुप्त हो रही है। समाज के उच्च वर्ग में सामाजिक सम्पर्कों हेतु जाति का स्थान वर्ग ले रहा है। तथापि, ग्रामीण क्षेत्रों में कोई विशेष परिवर्तन नहीं हुआ है, जहां वयसंधि से पूर्व कन्या का विवाह और तदुपरान्त द्वितीय विवाह (गौना) की परम्परा आज भी सामान्य प्रचलन में है। शिक्षा, फिल्म तथा समाचारपत्र आदि के कारण सामाजिक परिदृश्य में परिवर्तन के साथ-साथ सामाजिक जीवन के अन्य क्षेत्रों जैसे भोजन तथा पेय, पहनावा तथा आभूषण, आमोद-प्रमोद एवं मनोरंजन आदि में भी बदलाव आया है।

सम्पन्न ग्रामीणों का जीवन स्तर निश्चित रूप से ऊंचा हो गया है, तथा वे पक्के, ईंटों से निर्मित मकानों में रहते हैं, जिनमें बिजली, रेडियो तथा टी वी आदि की सुविधाएं विद्यमान हैं। सरकार ने विशेष ग्रामीण कार्यक्रम, फीचर फिल्म तथा अन्य ग्रामीण रुचि के कार्यक्रम दिखाने हेतु सामुदायिक केन्द्रों में टी वी लगवाए हैं।

## पारिवारिक द्वन्द्व

उत्तर प्रदेश में समाज के अपने आकर्षण और तनाव हैं। ये कभी धन की कमी तो कभी धन की प्रचुरता के चलते परस्पर विरोधी हितों का परिणाम हैं। परिवार के सदस्यों, पड़ोसियों तथा सहकर्मियों, जो प्रत्यक्ष रूप से अधिक सम्पन्न दिखाई पड़ते हैं, के बीच होड़ भावना से उपजी मांगों में वृद्धि के कारण तनाव पैदा होते हैं तथा कई बार बढ़ते-बढ़ते पारिवारिक सम्बन्धों अथवा वैवाहिक सम्बन्धों में विच्छेद की सीमा तक पहुंच जाते हैं युवावर्ग अपने निजी जीवन को अधिक रंगीन तथा विविधतापूर्ण बनाने के लिए वित्तीय एवं भौतिक सहायता के लिए अपने माता-पिता की ओर ताकते हैं। नौकरीशुदा युगल दम्पत्ति पारिवारिक कलह में नए आयाम जोड़ते हैं। दूसरी ओर माता-पिता सुरक्षा, सुविधा तथा आदर की इच्छा करते हैं।

युगल दम्पत्तियों को अपनी मांगों की पूर्ति हेतु अपने साधन और संसाधन खोजने होते हैं। इसका स्वाभाविक परिणाम नैतिक मूल्यों तथा आचरण के स्तर में तेज गिरावट के रूप में देखा जा सकता है। उत्तर प्रदेश में प्रमुख समुदायों के मध्यवर्गीय लोगों के जीवन में परिवार के सदस्यों द्वारा सारी कठिनाइयों तथा कमियों के बावजूद संयुक्त परिवार कोई अपवाद नहीं, अपितु एक सामान्य नियम है। शहरी क्षेत्रों में दूरदराज स्थानों पर कार्यरत अवकाश के दिनों में अपने माता-पिता, बन्धु बान्धवों के पास आते हैं। अवकाश के अलावा विवाह आदि तथा परिवार के किसी सदस्य के स्वर्गवास की स्थिति में भी उनकी उपस्थिति तथा निकट संबंधियों की उपस्थिति अनिवार्य होती है।

तथापि, ग्रामीण क्षेत्रों में पारिवारिक जीवन अधिक सामंजस्यपूर्ण है तथा परिवार का मुखिया न केवल अपने पुत्रों, बल्कि परिवार में रह रहे अन्य सदस्यों पर भी आधिपत्य भाव रखता है। वह परिवार की वित्तीय स्थिति तथा परिवार के सदस्यों के भावों पर नियंत्रण रखता है, जिसमें परिवार के सभी सदस्य अपना योगदान देते हैं। गांव से बाहर जाकर काम करने वाले सदस्य भी पारिवारिक गठबंधन को अक्षुण्ण रखने हेतु हर माह कुछ धनराशि अपने धर भेजते हैं। ग्रामीण क्षेत्रों में संयुक्त रसोई का चलन है, किन्तु कुछ विद्रोही पुत्र अपनी रसोई अलग रखने लगे हैं।

## सामुदायिक जीवन

समुदाय तथा सामुदायिक जीवन, निस्संदेह, भिन्न है। समुदाय में किसी समुदाय विशेष के सदस्य होते हैं, जबकि सामुदायिक जीवन का क्षेत्र व्यापक होता है, जिसमें किसी क्षेत्र विशेष में रहने वाले सभी निवासी शामिल होते हैं। समुदाय के सदस्य किसी धार्मिक आयोजन के समारोहों आदि में भाग लेने हेतु एकत्रित होते हैं, जो धार्मिक से अधिक सामाजिक प्रकृति के होते हैं। शुक्रवार के दिन मस्जिदों में मुसलमानों का एकत्रित होना अथवा रविवार के दिन ईसाइयों का चर्च में एकत्रित होना, निस्संदेह उस समुदाय के सदस्यों तक सीमित है, लेकिन ईद मिलन, क्रिसमस ग्रीटिंग्स अथवा रामलीला समारोह सामुदायिक जीवन का अंग हैं। यही बात स्वतंत्रता दिवस अथवा गणतंत्र दिवस के विषय में कही जा सकती हे। चुनाव सभा अथवा किसी स्थानीय या राजनीतिक प्रयोजन क्षेत्र विशेष के लोगों का एकत्रित होना अथवा धन्यवाद समारोह इत्यादि के आयोजन में लोगों का जुटना समुदायिक जीवन का अंग है।

ये आयोजन सभी जगह स्वयं सेवकों अथवा यदा कदा स्थानीय प्रशासन की सहायता से आयोजित किए जाते हैं। उत्तर प्रदेश में साम्प्रदायिक नृत्य भी लोगों के सामाजिक जीवन का अंग हैं। आजकल की बारातों में युवा लड़कों तथा लड़कियों का दल भारतीय वादकों द्वारा हिंदी अंगरेजी धुनों पर नाचते झूमते बारात के आगे-आगे चलता है।

राज्य में गांवों के मनोरंजन इत्यादि के अपने साधन व तरीके हैं। कथा—धार्मिक पुस्तकों की व्याख्या—विशेषकर रामायण अथवा सत्यनारायण कथा—जनसमुदाय के आकर्षण का केन्द्र होती है। जातिबंधन काफी मजबूत है परन्तु इस प्रकार के आयोजनों में भाग लेने हेतु किसी जाति पर कोई प्रतिबंध नहीं होता है।

## उत्तर प्रदेश की मिश्र संस्कृति

राज्य के लोग अनेकता में एकता का सर्वश्रेष्ठ उदाहरण प्रस्तुत करते हैं। वैदिक काल से ही मध्य देश योद्धाओं तथा मनीषियों, प्रशासकों, विद्वानों, दार्शनिकों तथा एकांतवासियों और एक संश्लेषण में मिश्रित विभिन्न धर्मों व्यक्तियों समेत भिन्न राष्ट्रीयताओं और विशेषताओं के लोगों का मिलन स्थल रहा है। यह प्राचीन काल तथा मध्यकाल में राजनैतिक गतिविधियों का केन्द्र था तथा आधुनिक काल में भी है। आम जन के सामाजिक जीवन की विशेषताएं उच्च वर्ग, शिक्षित तथा अशिक्षित एवं असंस्कृत वर्ग के मध्य आर्थिक रूप से गरीब लेकिन ईमानदारी भरे नैतिक कद में कोई कमी नहीं थी। धर्म कभी भी सामाजिक विखंडन का कारक नहीं रहा।

राज्य के लोगों की जीवन शैली में यूरोपीय शैली के अनुरूप परिवर्तन आया है। यहाँ के लोगों का भोजन,वस्त्र, मनोरंजन आदि सभी में समय के अनुसार बदलाव आया है।

मिट्टी के बने घर, उनमें जलते तेल के दिये के स्थान पर अब कंक्रीट से बने एक या दो बेडरूम के मकान हैं, जिनमें बिजली की आपूर्ति उपलब्ध है। पुराने परिवारों के गठबंधन यहां विद्यमान हैं, यद्यपि इतने मजबूत नहीं हैं तथा खासकर शहरों में, जहां शिक्षित लोग अपनी स्वतंत्रता के पक्षधर हैं। हिन्दू लॉ में परिवर्तन तथा विशेष विवाह अधिनियम 1955 के लागू होने के बाद अंतर्जातीय विवाह को कानूनी मान्यता मिल चुकी है, तथा अपना स्वयं का धर्मत्याग किए बिना अंतर्धामिक विवाह की अनुमति भी मिल चुकी है। मनोरंजन के साधनों में विविधता आई है। मृतकों के दाह संस्कार की पद्धति पुरानी है, हालांकि कुछ स्थानों पर विद्युत शव

दाह गृह स्थापित किए जा चुके हैं। दाह संस्कार के बाद अस्थियां तथा राख पवित्र नदियों में, यदि संभव हो तो प्रयाग-इलाहाबाद में संगम में अथवा हरिद्वार या वाराणसी में गंगा में प्रवाहित कर दी जाती है। मुसलमान मृतक को पहले की भांति दफन करते हैं।

तथापि लोगों विशेषतः उच्च शिक्षित लोगों की जीवन शैली में कई बदलाव आए हैं। यह वर्ग पॉप संगीत तथा ट्विस्ट डांस सहित रूचिकर विदेशी वस्तुओं के प्रति आकर्षित हुआ है तथा अपने बच्चों को अंगरेजी माध्यम के स्कूलों में पढ़ाने का इच्छुक है। समाज के उच्च वर्ग के इस भटकाव के परिणामतः नैतिक मूल्यों तथा पुराने संस्कार का क्षरण हुआ है। मुस्लिम तथा अन्य अल्पसंख्यकों में आत्मकेन्द्रित होने की प्रवृत्ति विद्यमान है तथा वे अपने जीवन की धार्मिक पद्धति, अपनी भाषा तथा संस्कृति और सबसे महत्वपूर्ण अपनी धार्मिकचर्या पर कायम है। राज्य में लोगों के भिन्न वर्गों का सामाजिक एकीकरण पूववंत है, यद्यपि यह वास्तविक के बजाय सतही प्रतीत होता है। इसका प्रमुख कारण राजनैतिक दलों का गन्दा खेल है, जो भिन्न समुदायों के बीच गड़बड़ी फैलाने तथा एकता भंग करने की कोशिश करते रहते हैं। तथापि, जनता पश्चिम तथा पूर्वी जगत और विगत तथा वर्तमान दोनों का सर्वश्रेष्ठ खोजने की पर्याप्त समझ रखती है।

# 6

# विवाह पद्धति

उत्तर प्रदेश के अधिकांश समुदायों (284 जो कि 92.5 प्रतिशत है) में सजातीय विवाह एक नियम के रूप में विद्यमान है। लगभग 85 समुदायों (27.69 प्रतिशत) में अन्तर समुदाय विवाह होते हैं। अपने वर्ण/जाति से इतर उच्च अथवा निम्न वर्ण/जाति में विवाह क्रमानुसार 31 समुदायों (10.10 प्रतिशत) तथा 15 समुदायों (4.89 प्रतिशत) में देखे जा सकते हैं। अपने खण्ड से इतर उच्च जाति में विवाह की परम्परा कान्यकुब्ज ब्राह्मणों, बनियों इत्यादि में विद्यमान है, जबकि 11 समुदायों (3.58 प्रतिशत) में बाल विवाह की अनुमति है। इस बाल विवाह के पश्चात् गौना प्रथा 46 समुदायों (14.98 प्रतिशत) में विद्यमान है। अधिकांश समुदायों में वयस्क वय में विवाह लगभग सामान्य तथा सार्वत्रिक है। भोटिया, राजी आदि पहाड़ी समुदायों में समरक्त विवाह होते हैं तथा गढ़वाली/कुमांऊनी 83 समुदायों में क्रॉस कजिन (दो चचेरे/तएेरे में से एक-भिन्न लिंगी–एक भ्रातृ पक्ष एक भगिनी पक्ष) विवाह भी होते हैं, जबकि मुसलमानों में 78 समुदायों में क्रॉस कजिन और 47 समुदायों (15.31 प्रतिशत) में पैरेलल कजिन (भाई, बहन के बच्चों के मध्य) विवाह होते हैं।

समुदायों में पत्नी की छोटी बहन से विवाह (साधारणतः पत्नी के वन्ध्या होने अथवा उसकी मृत्यु के पश्चात्) का उच्चतर स्तर (86.22) प्रतिशत जबकि राष्ट्रीय औसत 58.04 प्रतिशत है देखा गया है। विभिन्न समुदायों में कनिष्ठ नियोग का भी उच्च स्तर (74.59, राष्ट्रीय औसत 30.33 प्रतिशत) पाया गया है। जीवन साथी चुनने के लिए 302 समुदायों 98.27 प्रतिशत) वार्ता को माध्यम बनाया जाता है जबकि पहाड़ी क्षेत्रों तथा जार एवं अन्य समुदायों में 89 समुदायों (28.99 प्रतिशत) में विनिमय को माध्यम बनाया जाता है। अधिकांश समुदायों 301 (98. 05 प्रतिशत) में एक पत्नी प्रथा है। पहाड़ी क्षेत्रों में दो समुदायों (0.65 प्रतिशत) (जौनसारी तथा शिल्पकार कोलता) में भाइयों के रूप में बहुपतिप्रथा विद्यमान है। 78 समुदायों (25.41 प्रतिशत) में पत्नी की बहन से इतर बहुपत्नी प्रथा और 26 समुदायों (8.47 प्रतिशत) में पत्नी की बहन के साथ बहुपत्नी प्रथा मौजूद है।

सर्वेक्षणों के दौरान ब्राह्मणवादी परम्परा कन्यादान अति लोकप्रिय पाया गया है। यह 166 समुदायों (54.07 प्रतिशत, राष्ट्रीय औसत 38.83 प्रतिशत) में प्रचलन में है। उत्तर प्रदेश में विवाह सम्बन्धी सभी प्रतीकों का चलन उच्च स्तरीय है यहां पहाड़ी समुदायों में वधू का मूल्य नकद और सामान के रूप में किए जाने का चलन है मैदानी छोटे व पिछड़े समुदायों में नकद रूप में अदा किया जाता है।

तथापि, 149 समुदायों, (जिनमें उच्च जाति समूह सम्मिलित हैं) में दहेज के रूप में भुगतान का चलन प्रमुखता के साथ व्याप्त है। इनमें से अधिकांश सम्मिलित परिवार के रूप में रहते हैं। सम्पत्ति का विभाजन 243 समुदायों में, पुत्रों के बीच समान रूप से किया जाता है। तथापि, 13 समुदाय ऐसे हैं, जिनमें सम्पत्ति का बंटवारा पुत्रों तथा पुत्रियों के बीच समान आधार पर किया जाता है। 297 समुदायों (95.77 प्रतिशत) में ज्येष्ठ पुत्र को मुखिया बनाया जाता है।

## वैदिककालीन विवाह

हिन्दू समाज के सभी वर्णों, जातियों, उप-जातियों तथा पंथों में ब्राह्मण परम्परा का विवाह सर्वाधिक लोकप्रिय है। प्राचीन समय में वैदिक काल में साधारण विवाह संस्कार होता था जिसमें दो प्रमुख संस्कार होते थे, जिनमें एक 'पाणिग्रहण' तथा दूसरा 'बारात' होता था। ऋग्वेद कालीन विवाह मंत्रों में भी प्रणयनिवेदन भेजने तथा मौखिक वाग्दान का उल्लेख मिलता है। मानवीय वैवाहिक संबंधों को एक पृष्ठभूमि की आवश्यकता थी, जो सूर्य के पौराणिक विवाह ने उपलब्ध कराई। यद्यपि ऋग्वेदकालीन संस्कार साधारण है, तदपि यह सिद्ध करता है कि वैदिक काल के लोगों के लिए विवाह एक संस्कार था तथा यह संस्कार लौकिक सम्पर्क मात्र नहीं माना जाता था।

## सूत्रकारों तथा शास्त्रकारों की विधियां

विवाह के सांस्कारिक भाग को सम्पन्न कराना सूत्रकारों का प्रमुख कार्य होता है। विभिन्न सूत्रों तथा स्मृतियों में संस्कार के उल्लेख का निम्न रूप में सारांकित किया जा सकता है :

1. विवाह पूर्व संस्कार
2. मुख्य विवाह संस्कार तथा
3. विवाहोत्तर संस्कार

## विवाहोत्तर संस्कार

वधू बालिका वय की होने की स्थिति में यह प्रक्रिया वधू की रजोवृत्ति प्रारंभन तक लम्बित रखी जाती है। इस प्रकार इस समापन प्रक्रिया में धार्मिक सुगंध का पुट था और इसका सम्पादन पुत्र प्राप्ति के प्रयोजन साथ दैवीय एवं पावन कृत्य के रूप में किया जाता था। यौनाचार की मूल प्रवृत्ति की स्वीकृति को एक पावन कृत्य का स्वरूप दे दिया गया है। यही वह बिन्दु है जहां सांस्कारिक विवाह और संविदा विवाह का अन्तर स्पष्ट होता है। कानूनी तथा सामाजिक रूप से सप्तपदी हिंदू विवाह को अंतिम रूप प्रदान करती है तथा एक प्रकार का स्थायित्व देती है। लेकिन धार्मिक तथा मनोवैज्ञानिक रूप से समापन का यह संस्कार उसी उद्देश्य को प्राप्त करता है। संस्कार से उतर, यौन संबंधों का यह बोध महत्वपूर्ण है तथा आम हिन्दू विवाह को स्थायी बनाता है।

## आधुनिक हिन्दू विवाह

इस प्रकार वैदिक तथा उत्तर-वैदिक काल में सूत्र और शास्त्र की अवधि में विवाह संस्कार एक जटिल रूप धारण कर चुका था। समय व्यतीत होने के साथ साथ विवाह संस्कार संरचना में कुछ परिवर्तन हुए। आज भी कन्यादान, मधुपर्क, वस्त्रान्तरकरण, हस्तग्रहण, अग्निपरिनयन, लाजहोम तथा सप्त-पद लगभग सम्पूर्ण भारतवर्ष में हिन्दू विवाह के घटक हैं। लेकिन संस्कारों के संबंध में कुछ पद्धतियां तथा प्रथाएं जुड़ गई हैं जो वैदिक अथवा स्मृति पाठ के अनुसार वांछित नहीं हैं तथा समर्पित नहीं हैं।

अतः वर्तमान काल के विवाह समारोहों के संबंध में विस्तार में जाने के स्थान पर परिवर्तनों का उल्लेख एवं उस पर समाज की स्वीकृति के विषय में चर्चा अधिक सुविधाजनक होगी। बीसवीं सदी प्रथम चतुर्थांश तक बाल विवाह अथवा वयसंधिकाल तक कन्या का विवाह करने की प्रथा सामान्य प्रचलन में थी। कन्याएं शिक्षित नहीं थीं, यद्यपि वे गृहस्थी के कार्य में विशेष निपुण थीं। उनके स्वावलंबी होने की न तो संभावना थी और न वे इसमें समर्थ थीं। महिलाओं को उनके बचपन, यौवन वृद्धावस्था में किसी प्रकार की स्वतंत्रता नहीं थी। उन्हें उपहार, आभूषण, साड़ी अथवा कीमती वस्तुओं से संतुष्ट रखा जाता था। वे केवल घर के भीतर आ जा सकती थीं, लेकिन वहां भी संयुक्त गृहस्थी में उन्हें घर के पुरुष मुखिया का आदेश पालन करता होता था। इस प्रकार महिलाएं शास्त्रकारों की उक्तियों यथा 'ना स्त्री स्वतंत्रयम अर्हति' से प्रभावित थी।

महिलाएं अब स्वावलंबी होने के साथ-साथ परिवार की आर्थिक सहायता हेतु भी पूरी तरह तैयार हैं। इन परिवर्तित सामाजिक स्थितियों में भी वधू पक्ष के तिरस्कार तथा अधीनता और' विवाहयोग्य लड़कों के शिक्षित माता-पिता दहेज मांग की स्थिति में परिवर्तन नहीं हुआ उत्तर प्रदेश में वर्तमान चलन के अनुसार वर जब विवाह के लिए वधू के घर जाता है तब उसके संबंधी तथा मित्रगण उसके साथ होते हैं। इन्हें बारात के नाम से जाना जाता है। वधू के पिता को वधू के व्यय आदि का भुगतान करना होता है। यदि बारात किसी दूर के स्थान से आयी है तो वधू के पिता को उनके यात्रा व्यय का भुगतान करना होता है। बारात के आगमन पर वर तथा बारात का विशेष स्वागत किया जाता है। वर के संबंधियों विशेषतः पिता, भाई, बहन, चाचा, ताऊ आदि को महंगे उपहार दिए जाते हैं। कन्यादान के समय वधू के पिता को वर पक्ष द्वारा मांगे गए आभूषण अपनी पुत्री को देने पड़ते हैं। वधू के पिता समक्ष अन्य कोई विकल्प नहीं होता है। उक्त मांग पूरी नहीं करने की स्थिति में वर वधू को अस्वीकार कर सकता है। इसके अलावा उससे वरदक्षिणा (तथा वर हेतु विशेष परिधान) वर अथवा उसके माता-पिता की मांग के अनुसार देनी होती है। ऐसे अवसर पर बहुधा बड़ी धनराशि नकद रूप में मांगी जाती है। अन्यथा विवाह स्थगित होने की संभावना होती है। ऐसा कन्यादान वधू के पिता के लिए सर्वश्रेष्ठ दान नहीं रह गया है।

सूत्रकारों द्वारा निर्धारित विवाह संस्कार की विधि आज की आधुनिक जीवन-शैली के अनुसार बहुत लम्बी तथा बेढंगी है। पुरोहितवर्ग को अपना कार्य बहुत जल्दबाजी में करना पड़ता है। ऐसी स्थिति में संक्षिप्तीकरण अत्यावश्यक हो गया है। वर तथा वधू बहुधा अलग-अलग नगरों के वासी होते हैं तथा दोनों पक्षों के लिए एक दिन साथ रहना परेशानी भरा होता है। ऐसे हालात में विवाह समारोह यदि सादा हो तो बहुत सुविधाजनक होगा।

वैदिक पद्धति के अनुसार विवाह के संबंध में दोनों पक्षों की सहमति के पश्चात् विवाह के लिए उपयुक्त तिथि निर्धारित कर ली जाती है। वर पक्ष के आगमन पर वधू के पिता द्वारा उनका स्वागत किया जाता है तथा विवाह संस्कार निम्नलिखित विधि अनुसार प्रारंभ कर दिया जाता है :—

1. बारात आगमन
2. हस्तग्रहण (पाणिग्रहण संस्कार)
3. अग्निपरिनयन

4. सप्तपदी
5. विवाह समारोह में उपस्थित समस्त भद्रजनों हेतु सहभोज
6. सांध्यकाल अथवा अगले दिन प्रातः विदा
7. पति के घर पहुंचने पर देव तथा चित्र पूजा
8. देवी-देवताओं का गुरुजन एवं ज्येष्ठों का आर्शीवाद प्राप्त करने के साथ विवाह समारोह का समापन

## उत्तर प्रदेश के शिया मुसलमानों में विवाह

उत्तर प्रदेश के प्रमुख नगरों लखनऊ, इलाहाबाद, जौनपुर, फैजाबाद तथा मेरठ में शिया मुस्लिमों में विवाह पद्धति का अध्ययन प्रमुखतः विवाह पद्धति के विषय में प्रमुख कारक तथा समस्याओं की जानकारी तथा इसकी पद्धतियों पर सामाजिक परिवर्तन के प्रभाव जानने के दृष्टिकोण से किया गया है। शिया समुदाय की विवाह पद्धति में आधुनिकता तथा परिवर्तन की प्रवृत्ति स्पष्ट दृष्टिगोचर है।

## पारम्परिक शिया विवाह

शिया समुदाय में विवाह की पारम्परिक पद्धति आज भी विद्यमान है। इस प्रकार के विवाह की मुख्य विशेषताएं निम्नानुसार हैं :–

(i) विवाह की पारम्परिक पद्धति
(ii) सामाजिक-धार्मिक दायित्व के रूप में विवाह वर्तमान धारणा और उसकी सार्वत्रिकता
(iii) माता-पिता द्वारा योजित विवाह

## दोष

(i) अल्पायु विवाह
(ii) विधवा पुनर्विवाह को समाज की सप्रतिबंध मान्यता तथा
(iii) विवाह में फिजूलाखर्च तथा दिखाना

विवाह इस्लाम में एक पवित्र कर्त्तव्य माना गया है, जो हर उस व्यक्ति पर लागू होता है, जो इसमें समर्थ है। यह विपरीत लिंग के दो व्यक्तियों के बीच पारस्परिक खुशी, प्रजनन और बच्चों की वैधता के दृष्टिकोण के साथ एक स्थायी वैधानिक संविदा है। शिया विवाह में शामिल अनेक दस्तूर तथा समारोह भारतीय

माहौल में विकसित हुए हैं। इस्लाम के प्राचीन एवं मध्यकाल में अरब और अन्य देशों में विवाह के संबंध में बहुत थोड़े दस्तूर तथा समारोह शामिल थे।

निकाह के अलावा अन्य महत्वपूर्ण समारोह महज वलीमा अथवा दावत थी। भारत में मुसलमानों ने मौजूदा राजनीति, सामाजिक, नैतिक, आर्थिक, सांस्कृतिक तथा परिस्थितिकीय हालात के कारण अपने देशवासियों (हिंदुओं) के अनेक दस्तूर तथा समारोह आख्तियार कर लिए हैं। उत्तर प्रदेश, जहां हिन्दुओं का भारी बाहुल्य है, में देश के अन्य भागों जैसे उड़ीसा, मध्यप्रदेश तथा राजस्थान के मुकाबले ज्यादा रीति-रिवाज तथा समारोह किए जाते हैं। यह स्पष्ट प्रमाण है कि मुस्लिमों द्वारा विवाह समारोहों के दौरान आजकल आयोजित किए जा रहे समारोह एवं संस्कार हिन्दुओं से अपनाए गए हैं।

जिससे एक नई संस्कृति 'भारतीय मुस्लिम संस्कृति' का जन्म हुआ है, जो अन्य देशों के मुसलमानों की संस्कृतियों से अलग है।

जहां तक विवाह प्रस्ताव की शुरूआत का संबंध है, इस्लाम में इस विषय में कोई सख्त नियम निर्धारित नहीं किया गया है, लेकिन उत्तर प्रदेश में विवाह प्रस्ताव की शुरूआत लड़के वालों की तरफ से करने का रिवाज है। लड़की वालों की तरफ से विवाह प्रस्ताव की शुरुआत के उदाहरण उंगलियों पर गिने जा सकते हैं। विवाह प्रस्ताव मिलने पर लड़की के संरक्षक पूछताछ करते हैं तथा अपनी संतुष्टि होने पर दूसरे पक्ष को आगे की बातचीत के लिए बुलाते हैं। यदि लड़की वाले सहमत नहीं होते हैं तो रिश्ता नामंजूर कर देते हैं। लड़की वालों की तरफ से विवाह प्रस्ताव को तिरस्कारपूर्ण एवं लज्जाजनक माना जाता है, अतः आमतौर पर इससे बचने की कोशिश की जाती है। विवाह संबंधी बातचीत करने वाले आमतौर पर माता-पिता, संबंधी तथा नाई या नाइन होते हैं। विवाह के बाबत अंतिम सहमति बन जाने पर इस्तेखार, इनाम जमीन अथवा मंगनी और निकाह प्रमुख समारोह होते हैं।

इस्लाम मुस्लिम लड़के को विवाह हेतु प्रस्ताविक लड़की की 'झलक' पाने की इजाजत देता है, लेकिन सामाजिक नामंजूरी की वजह से यह रिवाज आम नहीं है, जिन परिवारों में पर्दा प्रथा कायम है, वहां लड़की की 'झलक' का कोई सवाल ही नहीं उठता है। इससे भी बढ़कर, वर्तमान रीति-रिवाजों के मुताबिक लड़के वालों के परिवार की महिलाओं को भी लड़की की 'झलक' दिखलाना कई खानदानों में शर्मनाक तथा तहजीब के खिलाफ माना जाता है।

तथापि, कुछ आधुनिक परिवारों के सामाजिक परिवर्तन के स्पष्ट संकेत हैं, जहां फोटो एक दूसरे को दिखाए जाते हैं। शिया मुसलमानों में विवाह के लिए कुछ शुभ महीने मुकर्रर हैं। रजब, शाबान, बकरीद (9 दिन के बाद) तथा रबी-उल-अव्वल के बाद के पंद्रह दिन विवाह प्रस्ताव के लिए शुभ विचारित किए जाते हैं, जबकि मोहर्रम, सफर तथा रबी-उल-अव्वल के पहले आठ दिन, इस दौरान कर्बला की त्रासदी से संबद्ध शोककाल के कारण अशुभ विचारित किए जाते हैं। शादियां, आमतौर पर रमजान के महीने में अथवा इमामों की पुण्यतिथियों को आयोजित नहीं की जाती हैं।

निकाह का स्थान साधारणतः लड़की का घर होता है। दोनों पक्षों की ओर से एक-एक मुज्ताहिद, संबंधियों तथा दोस्तों की हाजिरी अपेक्षित होती है हालांकि उनकी मौजूदगी अनिवार्य नहीं है। निकाह तीसरे पक्ष की मौजूदगी के बिना भी सम्पन्न हो सकता है तथा निकाह के लिए किसी गवाह अथवा धर्मगुरु की भी जरूरत नहीं है। लड़की की तरफ से प्रस्ताव तथा लड़के की रजामंदी ही काफी है। 'सिगा-ए-निकाह' के पाठ से पूर्व धर्मगुरु द्वारा खुतबा अथवा सम्बोधन का रिवाज है। खुतबा शादी के महत्व का द्योतक है तथा यह विवाहित युगल के अधिकार एवं कर्तव्यों को भी बयान करता है।

निकाह के बाद अगले दिन दूल्हे के घर पर दावत-ए-वलीमा' अथवा महाभोज का आयोजन किया जाता है। पारम्परिक लिहाज से निकाह के बाद वलीमा की दावत को जरूरी बताया जाता है, हालांकि धार्मिक तौर पर इसे बाध्यकारी बताया गया है। तथापि, कुछ शिया लोग अपनी गरीबी तथा मुश्किलों की वजह से वलीमा की दावत देने में असमर्थ रहते हैं। कुल मिलाकर 72.8 प्रतिशत शिया इसको अनिवार्य मानते हैं। वास्तव में इस्लाम द्वारा फरमान के मुताबिक धार्मिक अथवा कानूनी शादी मंगनी, मांझा, सलामी, चौथी तथा चाला इत्यादि अतिरिक्त समारोहों के बगैर पूरी है, फिर भी सामाजिक समर्थन के अनुसार ये सब रस्में अदा की जाती हैं। इस प्रकार यह स्पष्ट हो जाता है कि शिया विवाह की अनेक रस्में दो संस्कृतियों के विलय का परिणाम हैं। इन दो संस्कृतियों के विलय से तीसरी संस्कृति का उद्भव हुआ है, जिसे 'भारतीय मुस्लिम संस्कृति' कहा जा सकता है।

## हक़ मेहर

इस्लाम में मेहर का भी बहुत महत्व है, क्योंकि मेहर मुस्लिम विवाह की एक अनिवार्य एवं मूलभूत विशेषता है। यदि पति द्वारा मेहर की रकम के भुगतान में

लेशमात्र भी संदेह है तो विवाह अमान्य हो जाता है। मेहर दो प्रकार की होती है : (1) शरई–जो ठीक वही राशि है जो पाक पैगम्बर द्वारा अपनी बेटी के विवाह के लिए मांगी गई थी। यह राशि वर्तमान भारतीय मुद्रा के अनुसार ग्यारह सौ रुपए है। (2) रिवाजी–जो शिया मुसलमानों की समृद्धि के काल में प्रारंभ की गई थी तथा जो अब एक भारी भरकम रकम होती है, जिसका दोनों पक्षों की क्षमता से कोई लेना देना नहीं है। यह रकम कितनी भी हो सकती है तथा यह रकम हजारों या लाखों में हो सकती है। जहां तक इसके महत्व का ताल्लुक है, मेहर की रकम तय किए बगैर शादी पूर्ण नहीं होती।

यदि पति मेहर की रकम विवाह के समय अदा करने में असमर्थ है, तो इस रंकम की यथाशीघ्र अदायगी उसका सर्वोपरि कर्तव्य है। पत्नी मेहर की रकम की मांग किसी भी समय कर सकती है तथा इस बाबत अपने पति की सम्पत्ति पर सर्वप्रथम प्रभार उसका दावा ही मान्य होगा।

अध्ययन से स्पष्ट होता है कि क्रमशः 46 प्रतिशत, 25 प्रतिशत, 27 प्रतिशत तथा 2 प्रतिशत शिया मुसलमान इसको पत्नी की नफ्स (स्वयं) की कीमत, हुक्म-ए-शरीयत (धार्मिक व्यादेश), पत्नी हेतु प्रतिभूति तथा लड़की की शादी के खर्च हेतु वधू पक्ष की सहायता मानते हैं। यह राशि इतनी होनी चाहिए जो विवाह के समय अथवा बाद में आसानी से चुकाई जा सके, लेकिन वास्तविकता इसके ठीक विपरीत है। शियाओं में इसका निर्धारण दूल्हे की पूरी हैसियत के आधार पर किया जाता है। एक सर्वेक्षण के अनुसार अधिकांश शिया परिवारों द्वारा यह रकम 50,001 रुपैए से 1,00,000रुपए और इससे भी अधिक तय की जाती है। सर्वेक्षण से स्पष्ट संकेत मिलता है कि आज भी जबकि उत्तर प्रदेश में शियाओं की माली हालत दिन प्रतिदिन गिरावट पर है, उनके यहां मेहर की बड़ी रकम निर्धारित करने का सिलसिला जारी है।

तकनीकी कारणों से संबंधित संरक्षकों द्वारा मेहर की रकम तय किए जाने के पश्चात् ही विवाह हेतु युगल की रजामंदी ली जाती है। यह परम्परा इस्लाम की शिक्षा के विरुद्ध है। इस्लाम में लड़की की सहमति मेहर की रकम तय करने से पूर्व ली जानी अनिवार्य निर्धारित की गई है। आमतौर पर यह निकाह से पहले तय कर ली जाती है, लेकिन कुछ शिया परिवारों में यह निकाह के समय पर भी तय की जाती है।

## विवाह विच्छेद (तलाक)

हिन्दू विवाह देवलोक से निर्धारित होता है, जो एक अपरिवर्तनीय सम्मिलन है, मुस्लिम विवाह वंश चलाने तथा यौनानंद हेतु एक संविदा मात्र है।

इस्लाम में विवाह भंग करने के विषय में भी प्रावधान किया गया है, लेकिन जैसा कि ऊपर बताया जा चुका है, इस्लाम इसे एक बुराई के रूप में मान्यता देता है। शिया मुसलमान एक अंतिम उपाय के रूप में भी तलाक के पक्ष में नहीं हैं। अधिकांश शिया बताते हैं कि उनके परिवार में कभी कोई तलाक नहीं हुआ है तथा वे मौत को तलाक से बेहतर मानते हैं, फिर चाहे उनकी बेटी के विवाहित जीवन में कितनी ही गंभीर समस्याएं मौजूद हों। शिया लोगों में तलाक के नगण्य मामलों का आधार उनके यही पारम्परिक आदर्श हैं। सर्वेक्षणों से यह भी स्पष्ट हुआ है कि क्रमशः 48.2 प्रतिशत, 34.2 प्रतिशत तथा 8.8 प्रतिशत उत्तर देने वालों के मतानुसार धार्मिक प्रतिबंध, सामाजिक अस्वीकृति तथा नैतिक दृष्टिकोण विरले तलाकों के प्रमुख कारण थे। निस्संदेह अन्य समुदायों की भांति शिया समुदाय में भी बड़ी तादाद में पति-पत्नी के बीच तनावपूर्ण संबंध हैं, लेकिन फिर भी वे तलाक की ओर नहीं बढ़ते हैं।

सुन्नी तथा अन्य मुसलमानों की अपेक्षा शिया मुसलमानों में तलाक के मामले बहुत कम हैं। एक सर्वेक्षण के अनुसार समुदाय में विगत एक दशक में केवल 7 प्रतिशत तलाक की घटनाएं हुई हैं। शिया समुदाय में भी तलाक की दर में वृद्धि हो रही लगती है।

जहां तक विधवा अथवा तलाकशुदा महिला के पुनर्विवाह का संबंध है, इस्लाम इन्हें, बिना किसी प्रतिबंध, पुनर्विवाह की इजाजत देता है। इस्लाम में विधवा की हैसियत अन्य महिलाओं के समान है। वैधव्य किसी महिला के माथे पर लगा कलंक नहीं माना जाता है। उत्तर प्रदेश में हिंदू संस्कृति के प्रभाव के कारण विधवा पुनर्विवाह को सामाजिक स्वीकृति का अभाव अभी तक कायम है। तथापि, शिया समुदाय में विधवा पुनर्विवाह का प्रतिशत बढ़ रहा है, यह प्रतिशत 25 तक पहुंच चुका है तथा इसके और बढ़ने की आशा है। मुता विवाह की प्रथा शिया समुदाय की अनूठी विशेषता है। इस प्रकार के विवाह की प्रथा पाक पैगम्बर के जमाने में भी मौजूद थी तथा इसे कानूनी मान्यता प्राप्त थी। शिया इसे कानूनी रूप से मान्य विवाह मानते हैं। तथापि, वर्तमान समय में यह आम प्रचलन में नहीं है।

# 7

# विद्वान व उनकी कृतियाँ

उत्तर प्रदेश मध्यकाल से ही अनेक महान विद्धानों की कर्मस्थली रहा है। तुलसीदास, कबीर दास, दादू सन्त रविदास तथा सूरदास इत्यादि ऐसे ही तपस्वी कवि थे। उन्होंने समकालीन हिन्दू समाज में जागरूकता पैदा करने का महान कार्य किया था। बाद में भारतेन्दु हरिश्चन्द्र, महावीर प्रसाद द्विवेदी, मुंशी प्रेमचंद, जयशंकर प्रसाद, सूर्यकान्त त्रिपाठी निराला तथा मैथिली शरण गुप्त आदि विद्वानों ने उत्तर प्रदेश को गौरवान्वित किया। इनके बाद की पीढ़ी में राहुल सांस्कृत्यायन, महादेवी वर्मा, 'अज्ञेय', वृन्दावन लाल वर्मा तथा हरिवंशराय बच्चन सरीखे विद्वान उत्तर प्रदेश का गौरव थे।

उत्तर प्रदेश में इनके अतिरिक्त और भी हिंदी लेखक, आलोचक, कवि और निबंधकार हुए हैं, जिनमें पद्माकर, मलिक मुहम्मद जायसी, रहीम खानखाना, अमीर खुसरो, शिव प्रसाद सितारेहिंद, बालकृष्ण भट्ट, श्याम सुंदर दास, पुरुषोत्तम दास टंडन, अयोध्या सिंह उपाध्याय हरिऔंध, बाबू राव, विष्णु प्रभाकर, राम चंद्र शुक्ल, जगन्नाथ दास, रत्नाकर, देवकीनंदन खत्री, सम्पूर्णानंद, सोहन लाल द्विवेदी, राय कृष्ण दास, शिव पूजन सहाय, परशुराम चतुर्वेदी, कृष्ण देव प्रसाद गौड़, पाण्डेय बेचन शर्मा 'उग्र' प्रताप नारायण मिश्र, यशपाल, शांतिप्रिय द्विवेदी, नंद दुलारे बाजपेयी, त्रिलोचन, अमृत लाल नागर, डा. राम कुमार वर्मा, भगवती चरण वर्मा, बनारसी दास चतुर्वेदी, अमृत राय, राम विलास शर्मा तथा नामवर सिंह इत्यादि प्रमुख नाम हैं।

राज्य की उर्दू साहित्य की दीर्घा में—कवि, आलोचक, उपन्यासकार, कथाकार तथा गद्य लेखक हुए हैं। इनमें मिर्जा गालिब, अकबर इलाहाबादी, सरदार अली जाफरी, मजान लखनवी, कर्तुल-एन-हैदर, फिराक गोरखपुरी, सज्जाद जहीर, रामलाल, हयातुल्लाह अंसारी, वजाहत अली संदलवी, अली अब्बास हुसैनी, रशीद अहमद सिद्दीकी, कुमार रईस, रामसुर रहमान फारुकी, अकील रिजवी, मजनू गोरखपुरी, जिगर मुरादाबादी, जोश मलीहाबादी तथा हनीफ नकवी इत्यादि थे।

हिन्दी तथा उर्दू साहित्य के कुछ विद्धानों का संक्षिप्त परिचय निम्नानुसार है:

भारतेन्दु हरिश्चन्द्र से पहले 19वीं सदी के आस-पास लल्लूलाल तथा सदल मिश्र ने प्रेम सागर तथा नचिकेतोपख्यान की रचना की। श्री सदासुख लाल द्वारा सुख सागर लिखा गया तथा मुंशी ईंशाअल्ला खान ने अति प्रसिद्ध रानी केतकी की कहानी लिखी। ये सभी रचनाएँ खड़ी बोली में थीं।

## भारतेन्दु हरिश्चन्द्र

भारतेन्दु हरिश्चन्द्र का जीवन काल 1850 से 1885 तक ही था, परन्तु इसी समय में उन्होंने हिन्दी साहित्य के आधार स्तम्भ के रूप में स्वयं को स्थापित किया। कविवचन सुधा, चन्द्राबली, भारत दुर्दशा, अंधेर नगरी आदि उनकी प्रमुख रचनाऐं थीं।

## आचार्य महावीर प्रसाद द्विवेदी

आचार्य जी सरल भाषा के युग प्रवर्तक साहित्यकार तथा पत्रकार थे। इन्होंने हिन्दी भाषा के क्लिष्ट स्वरूप के स्थान पर सरल रूप को अपनाया। इनकी प्रमुख रचनाऐं तरूणोपदेश, नैषेध, चरित्र चर्चा, हिन्दी कालीदास की समालोचना, नाट्यशास्त्र, हिन्दी भाषा की उत्पत्ति तथा कालीदास की निरंकुशता आदि हैं।

## मैथिलीशरण गुप्त

राष्ट्र कवि मैथिलीशरण गुप्त का जन्म 3 अगस्त 1846 को हुआ था। गुप्त जी राष्ट्रीय भावना से ओत-प्रोत नैतिकता पवित्रता तथा परम्परागत मूल्यों के कवि थे। नारी हृदय की पीड़ा को पहली बार इतना बड़ा स्थान गुप्त जी ने अपनी रचनाओं 'साकेत' तथा यशोधरा में दिया। साकेत के अतिरिक्त उन्होंने 31 खण्ड काव्य, 5 अनुवाद तथा 5 नाटक भी लिखे थे।

## महादेवी वर्मा

महादेवी वर्मा एक प्रतिभावान छायावादी कवयित्री थीं। इन्हें आधुनिक मीरा की भी संज्ञा दी जाती है। इनका जन्म 26 मार्च 1907 में हुआ था तथा 11 सितम्बर 1987 में महा प्रयाण हुआ। इन्हें चार छायावादी प्रमुख स्तम्भों में से एक माना जाता है। महादेवी जी की रचनाएँ नीहार, रश्मि, नीरजा, सांध्यगीत, दीपशिखा, सप्तवर्णा, प्रथम आयाम तथा अग्नि रेखा प्रमुख हैं। इसके अतिरिक्त उन्होंने कई गद्य रेखाचित्र, संस्मरण, निबंध तथा कहानियाँ लिखीं।

## जयशंकर प्रसाद

जयशंकर प्रसाद भारतीय छायावादी साहित्य के प्रमुख स्तम्भ थे। इनका जीवन काल 1889 से 1936 तक रहा। इस दौरान उन्होंने कामायनी, झरना, आँसू, प्रेम पथिक सहित 7 काव्य, ध्रुव स्वामिनी तथा स्कंदगुप्त सहित 6 नाटक तथा आकाश दीप, आँधी व छाया सहित 5 कहानी संग्रह रचे।

## मुंशी प्रेमचन्द

उपन्यास सम्राट प्रेमचन्द के बिना हिन्दी साहित्य की कल्पना बेमानी है। पन्द्रह उपन्यास, तीन सौ से अधिक कहानियाँ, 7 बाल पुस्तकें, 3 नाटक, 10 अनुवाद और इसके अलावा अनगिनत पृष्ठों के लेख, संपादकीय, भाषण व भूमिकाएँ लिखने वाले मुंशी जी चलता फिरता साहित्य कोष थे। निर्मला, कर्मभूमि, रंगभूमि, गोदन, गबन आदि विश्वस्तरीय उपन्यास लिखने वाले प्रेमचन्द उर्फ धनपत राय अपने जीवन के अंतिम क्षणों तक कलम के सिपाही के रूप में लिखते रहे। "मंगल सूत्र" उनका अधूरा उपन्यास ही रह गया।

## अज्ञेय

सच्चिदानंद हीरानंद वातस्यायन 'अज्ञेय' मात्र एक लेखक ही नहीं अपितु अपने आप में एक संस्था थे तथा चार दशक से भी अधिक अवधि तक हिन्दी साहित्य की सभी शैलियों के विकास को गतिमान बनाए रखने हेतु अपने महत्तर प्रभाव का प्रयोग करते रहे थे। परम्परागत मार्ग से अलग एक विशिष्ट पथ प्रशस्त करते हुए तथा साहित्य के विषय और रूप के स्तर पर निरन्तर प्रयोग करते हुए उनका कल्पनाशील तथा अभिनवकारी साहित्यिक सृजन अद्धितीय था।

अज्ञेय ने आगरा में विशाल भारत, प्रतीक, वाक दिनमान तथा नवभारत टाइम्स सहित अनेक हिन्दी समाचार पत्रों तथा पत्रिकाओं का सम्पादन किया था। वह आधुनिक हिन्दी कविता में 'प्रयोगवाद' तथा 'नई कविता' आंदोलन के अग्रसर थे। वह गहन सांस्कृतिक समझ तथा विरल बौद्धिक क्षमता के धनी लेखक थे। उन्होंने 'नई कविता' की काव्य शैली की नई संभावनाओं का सृजन किया था।

उनकी कविताओं के प्रमुख संग्रहों में भग्नदूत, (1933), चिन्ता, (1942), इत्यालम, (1946), इन्द्र धनु रौंदे हुए (1957), अरी ओ करुणा प्रभामय, (1959), आंगन के पार द्वार, (1961), सुनहरे शैवाल (1966), कितनी नावो में कितनी बार (1967), पहले मैं सन्नाटा बुनता हूँ (1974), महावृक्ष के नीचे, (1980) तथा नदी के बांक पर छाया (1981) सम्मिलित हैं।

लेकिन 'हरी घास पर क्षण भर' 'महावृक्ष के नीचे' द्वारा बिखेरी गई ताजगी विरल है। उनकी लम्बी कविता तथा 'असाध्य वीणा' का भाव सृजन के प्रति पूर्ण समर्पण है। प्रयोग, परम्परा तथा प्रगतिशीलता की नवीनता का समर्थन करते हुए अज्ञेय ने 1943 में तारसप्तक का सम्पादन किया। तार सप्तक का प्राक्कथन हिन्दी में नए काव्यात्मक लेखन का सबसे क्रान्तिकारी दस्तावेज है।

अज्ञेय का, उपन्यास के क्षेत्र में, योगदान काव्य की तुलना में कम महत्वपूर्ण नहीं है। उनका उपन्यास शेखर : एक जीवनी (1941-44) (दो भाग), जो एक आत्मकथा के रूप में लिखा गया है, हिंदी उपन्यास लेखन में एक नई शुरूआत का संकेत देता है। उनका अगला उपन्यास 'नदी के द्वीप' (1951) में पुनः एक नया प्रयोग है, जो हिन्दी उपन्यास की तकनीकी सम्पूर्णता का उत्कृष्ट उदाहरण है। सन् 1961 में प्रकाशित 'अपने-अपने अजनबी' भी तकनीकी एवं विषयवस्तु की दृष्टि से एक विशिष्ट उपन्यास है। निबंधकार के रूप में भी अज्ञेय ने महत्वपूर्ण योगदान दिया है। उनके द्वारा विचारपूर्ण, सैद्धान्तिक तथा सुरूचिपूर्ण निबंध लिखे गए हैं, जो त्रिशंकु (1943), आत्मनेपद (1960), हिन्दी साहित्य : एक आधुनिकता परिदृश्य (1972), सब रंग कुछ राग (1970), अलबल (1971), भवन्ति (1972), अन्तरा (1975), लिखी कागद कोरे (1972), जोग लिखी (1977), अद्यतन (1977), सम्वत्सर (1978) तथा कहां है द्वारका (1982) में संग्रहीत हैं। इन निबंधों में उनके साहित्य लेखन के अनुभव सृजनशीलता के अनिवार्य तत्व और लेखन के मूल मान एवं मानकों का साक्षात् दर्शन होता है।

अज्ञेय के प्रयोगवादी चरित्र के कारण उनकी लघु कथाओं ने भारी विवाद को जन्म दिया था। उनके लघु कथा संग्रह विपथग (1937) ने हिन्दी लघु कथा की मूल भावप्रवणता तथा रूप से हटकर नया मार्ग खोजा है। उनके अन्य संग्रह : परम्परा (1944), कोठरी की बात (1945), शरणार्थी (1948), जय डोल और अन्य कहानियां (1951) तथा ये तेरे प्रतिरूप (1961) हिन्दी लघु कथा के क्षेत्र में महत्वपूर्ण योगदान दर्शाते हैं। स्वभाव से घुमक्कड़ अज्ञेय ने देश के भीतर तथा बाहर दूर दराज की अपनी यात्रा के अनुभव अपने यात्रा संस्मरण 'अरे यायावर रहेगा याद' (1953) तथा 'एक बूंद सहसा उछली' (1960) में प्रस्तुत किए हैं। उनके साहित्यिक संस्मरणों का एक संग्रह 'स्मृति लेख' 1982 में प्रकाशित हुआ था। उनके द्वारा एक काव्य-नाटक 'उत्तर प्रियदर्शी' की रचना भी की गई थी।

एक सम्पादक के रूप में अज्ञेय ने अपने एक श्रेष्ठ योजनाकार होने का भरपूर प्रमाण दिया है। उनकी सम्पादित कृतियों में चार 'सप्तकों' के साथ

आधुनिक हिन्दी साहित्य (1942), पुष्करिणी (भाग-I तथा भाग-II) (कविता संग्रह) (1959), नए एकांकी (1952), नेहरू अभिनंदन ग्रंथ (सहयोग में, 1949), हिन्दी की प्रतिनिधि कहानियाँ (1952) तथा रूपम्बरा (कविता संग्रह, 1960) सम्मिलित हैं। उनके साहित्यिक जीवन के दौरान उनको समय-समय पर पुरस्कारों तथा सम्मान के माध्यम से मान्यता दी गई थी। आंगन के पार द्वार को साहित्य अकादमी पुरस्कार (1964) प्रदान किया गया था। कितनी नावों में कितनी बार को भारतीय ज्ञानपीठ पुरस्कार (1978) दिया गया। इसके अतिरिक्त उन्हें एक चेकोस्लोवाकियाई पुरस्कार भी प्राप्त हुआ था।

**बच्चन**

हरिवंशराय बच्चन का जन्म एक ऐसे परिवार में हुआ था जो अपनी फारसी विद्वता और वैष्णव धर्म में आस्था के लिए विख्यात था। बच्चन ने काव्य में संस्कृत और फारसी-अरबी काव्यात्मक परम्पराओं का सुन्दर समन्वय है। उनके द्वारा 'W.B. YEATS AND OCCULTISM' पर लिखित पी एच. डी. शोध निबंध के आधार पर कैम्ब्रिज विश्व विद्यालय द्वारा उन्हें डाक्टरेट की उपाधि प्रदान की गई। उनका पहला कविता संग्रह 'तेरा हार' 1932 में प्रकाशित हुआ था। उनकी प्रसिद्ध लम्बी कविता मधुशाला का प्रकाशन 1935 में हुआ था। फारसी कविता की परम्परा के अनुरूप है।

मधुशाला ने कवि को अपनी सुन्दर प्रेयसी के साथ शाश्वत एकाकार हेतु मिलन की उत्कट ऐंद्रिय उत्कंठा के कवि रूप में प्रतिष्ठापित किया है। सन् 1938 में उनका गीत संग्रह "निशा का निमंत्रण" प्रकाशित हुआ था, जिसमें गहन दुख एवं नैराश्य की भावनाओं को सुन्दर अभिव्यक्ति प्रदान की गई है। उनका अगला संग्रह 'एकान्त संगीत' 1939 में तथा 'आंकुल अन्तर' 1943 में प्रकाशित हुआ था। 'आकुल अन्तर' के परिचय में बच्चन के अपने कथन के अनुसार 'निशा निमंत्रण' में उन्होंने जिस अंधकार में प्रवेश किया था, उसने उन्हें 'एकान्त संगीत' तक पहुंचाया, एकांत के गीत और संगीत ने उनके आकुल अन्तर के पट खोले जहां से उस अंधेरी सुरंग की समाप्ति अति निकट थी। सतरंगिनी (सौ रंगो का इन्द्रधनुष) संग्रह की प्रकाशन 1945 में हुआ था।

मानव की दुर्दशा में उनकी संलिप्तता के परिणामस्वरूप 'बंगाल का काल' संग्रह का सृजन हुआ, जिसका अनुवाद भूपेन्द्र नाथ दास द्वारा 1948 में बंगाली में किया गया। निजी व्यथा की सान चढ़ी संवेदनशीलता द्वारा मानव-पीड़ा से अवगत

बच्चन ने उसी वर्ष (1946) में 'हलाहल' प्रकाशित की थी। अगले दो संग्रह 'खादी के फूल' तथा 'सूत की माला' महात्मा गांधी की मृत्यु पर शोक श्रद्धांजलि थे। 'मिलन यामिनी' (1950) तथा 'प्रणय पत्रिका' (1955), में लम्बी अवधि के पश्चात् हर्षभाव की अभिव्यक्ति थी। 'मधुशाला' के भौतिक आयामों का स्थान देखभाल एवं परिचर्या से तृप्त आदर्श प्रेम ने ले लिया था। इन संग्रहों की कविताएं बच्चन की पिछली कविताओं भोगवाद से आगे बढ़ चुकी थीं। 'घर के इधर-उधर' (1957) में कवि अपनी नस्ल एवं परिवार के यश को साझा करने हेतु शनैः शनैः वापस लौट रहा है। 'आरती और अंगारे' (1958) अपनी स्वयं की विरासत की ओर इस वापसी का उत्सव है।

बच्चन द्वारा भगवद्गीता का अवधी (जंगिता 1958) तथा आधुनिक हिंदी (नागरगीता 1966) में अनुवाद भी किया गया था। उनकी आत्मकथा गद्य लेखन में उनकी सबसे बड़ी उपलब्धि थी, जो तीन भागों में प्रकाशित हुई थी। इस आत्मकथा में बच्चन ने अपनी आंतरिक भावनाओं को सम्पूर्णता के साथ कागज पर साकार कर दिया है। ये तीन भाग 'क्या भूलूं क्या याद करूं' (1969), 'नीड़ का निर्माण फिर' (1970) तथा 'बसेरे की ओर' (1977) के शीर्षक से उपलब्ध है। उनकी रचना 'दो चट्टानें' को साहित्य अकादमी पुरस्कार (1968) दिया गया था। बच्चन की चुनिंदा कविताओं का अनेक भारतीय तथा विदेशी भाषाओं में अनुवाद किया गया है।

## मिर्जा गालिब

व्यापक रूप से महानतम उर्दू शायर के रूप में मान्य मिर्जा असदुल्लाह खान 'गालिब' में अन्य अनेक विशेषताएं विद्यमान थीं। वह एक महान फारसी कवि थे। वह उर्दू के आखिरी महान शास्त्रीय शायर और पहले महान आधुनिक शायर थे। वह फारसी शायरों को लम्बी फेहरिस्त में आखिरी ऐसे शायर थे, जिसने सबक-ए-हिंदी (भारतीय शैली) में शायरी लिखी थी।

असदुल्लाह खान (उनका पूरा नाम मुहम्मद असदुल्लाह बेग खान था) कुकान बेग के बड़े बेटे अब्दुल्ला बेग खान के घर 27 दिसम्बर 1797 को जन्मे थे। असदुल्लाह के पिता की 1802 में मृत्यु हो गई और उसके चार वर्ष बाद 1806 में उनके चाचा की भी मृत्यु हो गई थी। असदुल्लाह की माताजी अपने बच्चों के साथ असदुल्लाह के नाना कमीदान (कमाडैंट) गुलाम हुसैन खान के घर रहने चली गईं।

वह 1835 में फारसी पांडुलिपि (दीवान) तथा 1838 से पहले उर्दू पांडुलिपि (दीवान) लिख चुके थे। उर्दू दीवान का प्रकाशन 1841 में दिल्ली में सय्यदुल

अखबार प्रेस द्वारा प्रकाशित किया गया था जबकि फारसी दीवान 1845 में दिल्ली में दारुस्सलाम प्रेस द्वारा प्रकाशित किया गया था। उर्दू दीवान, जो उर्दू शायरी की सर्वाधिक चर्चित किताब है, गालिब के शेष जीवनकाल (28 वर्ष) में खास मशहूर नहीं हो पाई थी। तथापि, वे फारसी में अपनी शायरी जारी रखे थे। सन् 1854 में मुगल बादशाह–शायर बहादुर शाह जफर (1837-1857) ने जौक के स्थान पर गालिब को अपना शायरी सलाहकार नियुक्त कर दिया। इस दौरान गालिब अनेक पुरस्कारों, सम्मानों से नवाजे गए और उनकी आमदनी में भी बढ़ोतरी हुई।

गालिब की रचनाएं उनके जीवनकाल में ही व्यापक रूप से मुद्रित होने लगी थीं। उर्दू दीवान का पुनर्मुद्रण हुआ तथा हर बार उसमें सुधार और जुड़ाव किए गए। सन् 1847 (दिल्ली), 1861 (दिल्ली), 1862 (कानपुर) तथा 1863 (आगरा) में पुनर्मुद्रण किया गया था। इसी प्रकार फारसी दीवान का पुनर्मुद्रण 1863 (लखनऊ) में किया गया था। उनकी फारसी शायरी का लघु संग्रह, जिसकी रचना शायद 1863 के बाद की गई थी 1867 में मुहम्मदी प्रेस, दिल्ली द्वारा प्रकाशित किया गया था।

सन 1862 में गालिब द्वारा बुरहान-ए-काति (निर्णायक प्रमाण), फारसी का सुप्रसिद्ध शब्दकोष जिसका संकलन 17 वीं सदी में किया गया था, की चुनिंदा निन्दात्मक आलोचना लिखी गई थी।

उनके समृद्ध एवं जटिल काव्य ने अनेक टीकाकारों तथा अनुवादकों को न केवल आकर्षित किया है, अपितु व्याख्या विविधता स्वीकार करने हेतु भी बाध्य किया है। किसी अन्य उर्दू शायर के मुकाबले गालिब को प्रत्येक पीढ़ी द्वारा पढ़ा गया है तथा अपनी-अपनी वजहों से सराहा गया है। प्रत्येक पीढ़ी को उनकी शायरी तथा उनके गद्य में अपनी चिन्ताओं अपनी रुचियों की प्रतिध्वनि सुनाई देती है।

## खलील-उर-रहमान

खलील-उर-रहमान जो धर्म में गहरी आस्था रखने वाले मौलाना मुहम्मद शफी के पुत्र थे–का जन्म ग्राम सेदा सुल्तानपुर, आजमगढ़ जनपद, उत्तर प्रदेश में हुआ था।

उनकी महत्वपूर्ण कृतियों में 'कागजी वैरहन' (गजलों तथा नज्मों का संग्रह) (1953), 'नया अहद नामा' (गजल संग्रह) (1965), 'नईनज्म का सफर' (सम्पादित 1972), 'फिक्र-ओ-फन' (1956), 'जुवत-ए-निगाह' (1966), 'तरक्की पसंद अदबी तहरीक' (1972) तथा 'मजामीन-ए-नौ' (साहित्य-समीक्षा) (1977) शामिल हैं।

## धनानंद

धनानंद के व्यक्तिगत जीवन के संबंध में बहुत कम जानकारी उपलब्ध है। वह जाति से कायस्थ थे तथा मुगल बादशाह मुहम्मद शाह के दरबार में मीर मुंशी (मुख्य लेखक) के रूप में नियुक्त थे।

वह उत्तर मध्यकाल, जिसे हिंदी काव्य का रीतिकाल (1950-1850) कहा जाता है, के असाधारण कवि थे। उनकी कुल मिलाकर लगभग चालीस छोटी, बड़ी कृतियां हैं। तथापि, उनकी प्रामाणिकता संदेह से परे नहीं है। एक ऐसे काल में जब काव्य शब्दाडंबर, कृत्रिमता एवं अलंकरण की ओर अवनति को प्राप्त हो रहा था, तब धनानंद उन थोड़े से कवियों में थे, जो अहसास के गांभीर्य और भावों की गहराई की परवाह करते थे। उनकी कविताओं में स्वच्छंदतावाद और रहस्यवाद का सुन्दर समन्वय है।

## अकबर इलाहाबादी

अकबर हुसैन अकबर, जो अकबर इलाहाबादी के नाम से लोकप्रिय थे, का जन्म बराह जिला इलाहाबाद में हुआ था। उनके पिता अपने सूफी ज्ञान के लिए प्रसिद्ध थे।

उनकी गजलें, नज्में, रूबाइयां तथा निजी दोहे तीन भागों में उपलब्ध हैं तथा महात्मा गांधी पर 'गांधीनामा' नामक काव्यसंग्रह है।

वस्तुतः औध पंच, जो मशहूर अखबार-सह-पत्रिका था, ने अकबर को व्यापक पाठकवर्ग प्रदान किया तथा उन्हें अपनी प्रतिभा के पूर्ण निखार का अवसर भी प्रदान किया। औध पंच में योगदान से पूर्व अकबर गंभीर ढंग की गजल लिखते थे तथा अपने साहित्यिक उस्ताद वहीद-उद्-दीन वाहिद के मार्गदर्शन में जिला जुगत (शब्दों के रूपों तथा अर्थों कों गढ़ना) तथा मुश्किल काफिया बैठाने सहित लखनऊ शैली के काव्य की विभिन्न युक्तियों एवं कलाओं में पारंगत हो चुके थे।

## फ़िराक गोरखपुरी

फ़िराक़ गोरखपुरी वास्तविक नाम रघुपति सहायक था। अपने साठ वर्ष लम्बे समृद्ध कवि जीवन में उन्होंने चालीस हजार से अधिक दोहे (शेर) लिखे तथा वह समकालीन उर्दू भाषी जगत के कवियों में सर्वाधिक प्रभावशाली एवं प्रतिभाशाली कवि माने जाते थे।

भारत सरकार ने देश के जीवन एवं साहित्य के क्षेत्र में उनकी बहुमूल्य

सेवाओं को मान्यता प्रदान करते हुए उन्हें पद्म भूषण से सम्मानित किया। उनके काव्य संग्रह 'गुलेनग्मा' को प्रतिष्ठित साहित्य अकादमी पुरस्कार (1960) और भारतीय ज्ञानपीठ पुरस्कार (1969) प्रदान किया गया। उनके अन्य महत्वपूर्ण संग्रह हैं : रूह-ए-कायनात (1945), रम्ज-ओ-किनायत (1946), रूप चतुष्पदियों का संग्रह, (1947) तथा पिछली रात (1969)।

## अजीज लखनवी

अजीज लखनवी ने महात्मा गांधी से प्रभावित होकर उच्च स्तरीय देशभक्ति काव्य का सृजन किया। अजीज एक महान अध्यवसायी तथा गद्य एवं पद्य के बहुकृतिक लेखक थे। उनकी प्रकाशित कृतियां हैं : गुलकदा, अंजुम कदा (दोनों गजल संग्रह), सहीफा-ए-विला (कसीदासंग्रह), स्वाने उमरी अल्लामा मुफित सईद मो. अब्बास, नूर-ए-सितारे-दर हालात-ए-शहीद-ए-रब तथा अजीज-उल-लुगात। इन कृतियों में कुल मिलाकर लगभग पांच लाख शब्द हैं।

## शान्तिप्रिय द्विवेदी

शान्तिप्रिय द्विवेदी की आलोचनात्मक शैली मुख्यतः विवेचनात्मक और प्रभाववादी है तथा बुद्धिपक्ष की अपेक्षा भावपक्ष को अधिक प्रभावित करती है। उनकी मुख्य कृतियां हैं : हमारे साहित्य निर्माता (1935), संचारिणी (1939), कवि और काव्य तथा ज्योति-विहग (1951), सर्तिया और कृत्य (1966)। उनके व्यक्तिगत साहित्यिक निबंध संग्रह : जीवन-यात्रा (1928), साहित्यिकी (1938), युग और साहित्य (1940), सामयिकी (1944), धरातल (1948), साकल्य (1955) पद्मनायिका (1956), आधान (1957), वृन्त और विकास (1959), समवेत (1960) तथा परिक्रमा (1962) हैं। उनके द्वारा काव्यात्मक गद्य शैली में 'क्षमायाचना' लिखी गई है जो पत्रिका प्रभा (1925) में प्रकाशित हुई थी। उन्होंने रेखाचित्र के रूप में कुछ उपन्यास भी लिखे हैं उदाहरणार्थ दिगम्बर (1954), चारिका (1958) तथा चित्र और चिन्तन (1964)। संस्मरण के क्षेत्र में उनका योगदान उल्लेखनीय है जो आत्मकक्ष की शैली में है : पथ-चिह्न (1964), परिव्राजक की प्रजा (1952)।

## सोहन लाल द्विवेदी

उनकी पहली प्रसिद्ध कृति भैरवी (1941) में अभियान गीत सम्मिलित है। उनकी अन्य प्रसिद्ध कृतियों में वासवदत्ता (1942), युगाधार (1944), वासन्ती (1944), चित्रा (1944), विषपान (1945) तथा पूजागीत (1945)—उनके द्वारा

गांधी अभिनंदन ग्रंथ का सम्पादन (1944) भी किया गया था। सन् 1956 उनकी राष्ट्रवादी कविताओं का संग्रह 'जय गांधी' भी प्रकाशित हुआ था। उनकी अन्य रचनाएं हैं : गांधी शदहल (1969) तथा गांध्यायन (1970)।

वह बाल साहित्य से भी सम्बद्ध थे। कुछ निम्नानुसार हैं :—बांसुरी (1944), झरना (1944), बिगुल (1944), सात कहानियां (1945), बच्चों के बापू (1949) तथा चेतना, दूध-बताशा, बालभारती, शिशुभारती, हसी हसाओ, नेहरू चाचा, ध्रुव, मोदक इत्यादि। भारत की स्वतंत्रता की रजत जयंती के अवसर पर उनके द्वारा एक उल्लेखनीय पुस्तक जय भारत जय (1972) प्रस्तुत की गई थी।

## गजपुरी

मन्नत द्विवेदी गजपुरी की विभिन्न कविताओं के अतिरिक्त दो काव्य रचनाएं विनोद (बच्चों के लिए) तथा प्रेम पंचक प्रकाशित हुई थीं। वह महेन्द्रनाथ तथा गुरुघंटाल के छद्मनामों से स्वदेश के लिए राजनीतिक तथा सामाजिक व्यंग्य लिखा करते थे। सूफी सन्त मंसूर पर लिखे उनके निबंध को उनके उदारचेता विचारों तथा परिपक्व गद्य शैली के आधार पर व्यापक सराहना मिली थी। उनकी 'आर्य ललना' तथा 'हिन्दू सावधान' कृतियां उनके सामाजिक दृष्टिकोण तथा सोच को एक प्रभावशाली ढंग से प्रस्तुत करती हैं।

# 8

# चित्रकला और मूर्तिकला

इतिहास के अनुसार उत्तर प्रदेश में चित्रकारी की कला काफी प्राचीन है जैसा कि मिर्जापुर जनपद के सोनेकधा पहाड़ियों में गुफा चित्रकारी में देखा जा सकता है। लेकिन चित्रकारी की कला मध्य काल में मुगल शैली तथा राजपूत चित्रकारी के प्रभावाधीन समृद्ध हुई। मुगल चित्रकारी के अभिलेखों से पता चलता है कि इसके कुछ अग्रणी कलाकार हिन्दू थे जैसे कि भगवती तथा हुनार। भगवती मुगल काल के प्रारंभ में था जबकि हुनार उसके पश्चात् की अवधि का है। भगवती की शैली लगभग शुद्ध फारसी शैली थी जबकि हुनार की चित्रकारी अहसास तथा भावों में पूर्णतया भारतीय शैली के अनुरूप है।

लखनवी निरूपण दिल्ली व जयपुरी चित्रकारी अपेक्षाकृत पारदर्शी है तथा वास्तविक आकृतियों को बहुधा लगभग शुद्ध श्वेत रंग दिया गया है। चित्रांकन मुगल अवधि की चित्रकारी का विशिष्ट आकर्षण है। मुगल वंश के शासकों का चित्रांकन इसका उदाहरण है।

तथापि, उत्तर प्रदेश में कला की आधुनिक प्रगति तथा विकास का संबंध 1911 में तत्कालीन ब्रिटिश शासकों द्वारा लखनऊ में स्थापित गवर्नमेंट कालेज ऑफ आर्ट्स एण्ड क्राफ्ट्स से जोड़ा जा सकता है।

सन् 1962 में लखनऊ में उत्तर प्रदेश राज्य ललित कला अकादमी नामक एक स्वायत्त संस्था गठित की गई। सन् 1984 में केंद्रीय ललित कला केंद्र द्वारा भी कला के क्षेत्र में स्थानीय तथा पड़ोसी क्षेत्रों की प्रतिभा के विकास हेतु राज्य की राजधानी लखनऊ में एक प्रादेशिक केन्द्र खोला गया। लखनऊ, वाराणसी, इलाहाबाद, गोरखपुर, आगरा, अलीगढ़, जौनपुर, बरेली, मिर्जापुर, सीतापुर, कानपुर तथा सुल्तानपुर के अनेक कलाकारों को जन्म दिया है, जो अपनी कृतियों में, उत्तर प्रदेश के विशिष्ट स्वरूप तथा उत्कृष्टता का प्रतिनिधित्व करते हैं।

## मूर्तिकला

उत्तर प्रदेश में मूर्तिकला की अनेक शैलियां पाई जाती हैं। अवध और शर्की

शैली की उपलब्धियों के अतिरिक्त राज्य में हिन्दू तथा बौद्ध शैलियों के स्मृतिचिह्न, भारतीय-इस्लामी शैली के स्मारक तथा भवनों का अवशेष भी हैं। हमें महाकाव्यों, जातकों तथा पूर्वकाल के अन्य उद्धरणों में राज्य की सीमा के भीतर स्थित प्राचीन नगरों, महलों तथा दुर्गों का ग्राफीय उल्लेख मिलता है, किन्तु इनके सभी चिह्न लुप्त हो चुके हैं, जिनका खोजा जाना संभव नहीं जान पड़ता है। ईसा पूर्व छठी शताब्दी में शाक्य, मल्ल और अन्य वंशों द्वारा निर्मित स्तूपों की भी यही स्थिति है। सुविख्यात जैन स्तूप, जिनके अवशेष मथुरा में कंकाली टीला से प्राप्त हुए हैं, इसी काल के बताए जाते हैं। सारनाथ में एकाश्म स्तम्भों के अवशेष पाए गए हैं। सारनाथ के अतिरिक्त मेरठ, इलाहाबाद, कौशाम्बी, संकिसा तथा वाराणसी में पाए गए एकाश्म स्तम्भों के अवशेष मौर्य कला की उत्कृष्टता का बोध कराते हैं। अशोक काल के सभी स्तम्भ चुनार बलुआ पत्थर से निर्मित है।

सारनाथ का सिंह निस्संदेह मौर्य कला का उत्कृष्टतम उदाहरण है।

मौर्यकाल में मूर्तिकला का एक अन्य महत्वपूर्ण केन्द्र मथुरा था। इस जनपद में स्थिति परखम, बुरादा झींग का नगला और अन्य स्थलों पर खुदाई के दौरान यक्ष तथा यक्षिणियों की विराट प्रतिमाएं मिली हैं। ये मूर्तियां उस काल की लोक कला की प्रतिनिधि हैं। मौर्य काल के पश्चात् शुंग-सातवाहन काल के दौरान उत्तर प्रदेश में पर्याप्त कलात्मक गतिविधियों के प्रमाण विद्यमान हैं। सारनाथ के भग्नावशेषों से प्राप्त वास्तुशिल्पीय यथा अन्य अवशेष इसी काल के बताए जाते हैं।

मथुरा, कुषाण काल में पाषाण मूर्ति निर्माण का एक बड़ा केन्द्र बन चुका था। देश के विभिन्न भागों में इन मूर्तियों की भारी मांग थी। मथुरा में भूतेश्वर तथा अन्य स्थलों से प्राप्त रेलिंग खण्डों पर उत्कीर्ण दृश्य समकालीन संस्कृति की वस्तुओं यथा वस्त्र, आभूषण, मनोरंजन, आमोद-प्रमोद, शस्त्रास्त्र, उपकरण तथा गृहस्थी का फर्नीचर इत्यादि पर प्रकाश डालते हैं। मथुरा में मद्यपान करते समूह तथा कतिपय अन्य दृश्य कला की इस शैली पर विदेशी (यूनानी) प्रभाव का संकेत देते हैं। कुषाण काल में सारनाथ भी भवन निर्माण गतिविधियों का केन्द्र था। अनेक मठों श्रद्धास्थलों तथा स्तूपों के खण्डहर वहाँ आज भी देखे जा सकते हैं।

गुप्त काल को भारतीय कला का स्वर्णकाल कहा जाता है। इस काल में उत्तर प्रदेश भी भला कैसे पीछे रह सकता था। देवगढ़ (झांसी) का पाषाण मंदिर तथा भितरगांव (कानपुर) स्थित ईंटों के मंदिर अपनी उल्लेखनीय एवं अनुपम मूर्तिकला की पट्टिकाओं के माध्यम से शास्त्रीय कला का उत्कृष्ट उदाहरण प्रस्तुत करती रहती हैं। मूर्तिकला के उत्कृष्ट उदाहरण मथुरा में विष्णु प्रतिमा तथा बुद्ध प्रतिमा

(खड़ी मुद्रा में) और सारनाथ संग्रहालय में तथागत की आसन पर विराजमान अवस्था की प्रतिमा में देखे जा सकते हैं। राज्य को केवल पाषाण ही नहीं अपितु टेराकोटा में भी कुछ उत्कृष्ट कृतियों का श्रेय प्राप्त है, जिनमें राजघाट (वाराणसी) में नर एवं नारियों की लघु आकृतियां, साहेल-माहेत, भितरगांव तथा अहिछत्र की विशाल पट्टिकाएं विशेष उल्लेख के योग्य हैं।

## मूर्तिकला की मथुरा शैली

अनेक आधुनिक पुरातत्त्वीय निष्कर्ष प्रमाणित करते हैं कि बुद्ध की मूर्तियों का निर्माण मथुरा में हुआ था।

नादिरशाह अहमदशाह अब्दाली ने 1739 और 1757 में अपने दो बड़े आक्रमणों के माध्यम से मथुरा के आकर्षण और इसके सौंदर्य को छीन लिया था। मराठाओं द्वारा अपने 33 वर्षीय शासनकाल में कुछ धार्मिक स्थलों के निर्माण द्वारा पुनरुद्धार का प्रयास किया गया जो पूर्ण नहीं हो सका। इन भारी क्रमिक आक्रमणों से मथुरा की कलात्मक वास्तुशिल्पीय संरचनाएं खण्डहरों के रूप में परिवर्तित हो गई थीं।

सन् 1836 ईस्वी में कर्नल एल. आर. स्टेसी द्वारा लाल बलुआपत्थर निर्मित मद्यपानोत्सव दृश्य मिला जो एशियाटिक सोसाइटी ऑफ बंगाल को भेंट कर दिया गया तथा अब भारतीय संग्रहालय, कोलकाता में रखा है।

जेल अथवा जमालपुर नामक विशाल टीला 1860 में वर्तमान समाहर्तालय (कलेक्ट्रेट) के निर्माण हेतु समतल कर दिया गया, जहां भारी संख्या में मूर्तियां, शिलालेख, रेलिंग स्तम्भ तथा वास्तुशिल्पीय खंड पाए गए थे। यह वही स्थल है जहां कभी हुविस्का मठ तथा एक नाग देवता दधिकर्ण का मंदिर था तथा विश्वप्रसिद्ध बुद्ध प्रतिमा मिली थी। जनरल कनिंघम द्वारा 1862 तथा 1871 में कंकाली टीला, कौबा टीला तथा कटरा केशवदेव में खुदाई करवाई गई। इन सभी स्थानों पर भारी मात्रा में कलात्मक खजाना, एक स्वर्ण पात्र इत्यादि मिले थे जो भारतीय संग्रहालय, कोलकाता में संरक्षित किए गए हैं। सुविख्यात भारतविद्याविद् भगवान लाल इन्द्रजी 1869 में दो महत्वपूर्ण प्राचीन वस्तुएं प्रकाश में लाए जिनमें से एक सिंह शीर्ष ब्रिटिश संग्रहालय, लंदन में और दूसरी बढ़िया अनुपात में तराशी गई गांधार कलाकृति, जिसकी पहचान कम्बोजिका के रूप में की गई, मथुरा संग्रहालय में संरक्षित एवं प्रदर्शित की गई है।

सन् 1873 में मथुरा जनपद में खुदाई के दौरान हाथ में मद्य प्याला लिए

कुबेर और साथ में उनकी पत्नी एवं परिचरों की विशाल मूर्ति खोजी गई थी। ग्रोज द्वारा बुद्ध, बुद्ध शीर्ष, कुबेर, शिलालेख, रसरंग, नागा आकृति, जैन मूर्ति तथा अन्य अनेक वस्तुओं की भी खोज की गई थी।

मथुरा जनपद में अंतिम बार खुदाई कार्य 1974 में भारतीय पुरातत्त्व सर्वेक्षण के बी.के. थापर और एम.सी. जोशी के मार्गदर्शन में की गई थी। मथुरा के नगर स्थान की खोज हेतु हाथी टीला, अम्बरीष टीला, महाविद्या टीला, चामुंडा टीला और कंकाली टीला में सुरंगों का निर्माण किया गया था। इस अभियान के दौरान कुषाण काल के ईंटों से निर्मित जलाशय, मूर्तियों के अलावा अन्य अनेक कलात्मक वस्तुएं मिली थीं। मथुरा क्षेत्र में 5000 ईसा पूर्व तक मानव जीवन के चिह्न मिले हैं। यहां पाषाण युग के कुछ औजार आदि पाए गए हैं। मथुरा जनपद के पूरे क्षेत्र के हर कोने से कोई न कोई कलात्मक वस्तु मथुरा संग्रहालय को प्राप्त हो रही है।

पृथक एवं विविध मूर्तियों के अतिरिक्त मथुरा के कलाकारों ने ब्राह्मण, बौद्ध तथा जैन समुदायों से संबंधित, मथुरा के विभिन्न स्थलों पर, विशाल स्तूप, आस्थास्थल एवं मंदिरों के उत्थापन में उत्कृष्ट परिणाम हासिल किए। मथुरा नगर राजमार्ग पर स्थित होने के कारण इसकी संस्कृति में ग्रहणशीलता की विशेषता के कारण मथुरा में मूर्तिनिर्माण कला तथा वास्तुशिल्प ने पर्याप्त तेजी के साथ विकास किया। मथुरा शैली ने भारहुत तथा सांची के प्राचीन भारतीय कला को आत्मसात किया तथा ईरानी और गांधार कला का भी उस पर स्पष्ट प्रभाव देखा जा सकता है।

बोधिसत्त्व और बुद्ध की प्रतिमाएं तथा तीर्थंकारों के अनेक रूपों की प्रतिमाएं और ब्राह्मण समुदाय के देवी देवताओं के देवकुल ने कला की मथुरा शैली को मौलिक योगदान दिया है। भारतीय, ईरानी तथा यूनानी संस्कृतियों की पारस्परिक ग्रहणशीलता और एक दूसरे के साथ उनके सम्मिश्रण से एक असाधारण सुरुचिपूर्ण समृद्धि आई।

पूर्णतया हस्त निर्मित टेराकोटा की मूर्तियां मथुरा में ईसा पूर्व चौथी सदी से पहले से पाई जाती हैं। ईसा पूर्व पहली सदी तक यह कला भारी प्रगति कर चुकी थी।

मथुरा की लम्बी पारम्परिक प्लास्टिक कला मौर्य काल के पूर्व से विद्यमान है, लेकिन मथुरा से पाए गए अवशेषों में से कोई भी अवशेष मौर्य दरबार की कोई झलक नहीं देता है। हम मौर्यकाल में भारीपन, थोड़े आभूषण, खुरदरापन, स्थूलता आदि पाते हैं।

शुंग और शक क्षत्रपाओं के काल तक मथुरा एक महत्वपूर्ण कला का केन्द्र का रूप धारण कर चुकी थी, फिर भी मूर्तिकला इस काल में अपने आदर्श स्वरूप से काफी नीचे रही। चेहरे पर कोई भाव अभिव्यक्ति न होना, सपाटपन तथा त्रिआयामी प्रभाव की कमी स्पष्ट दिखती है।

## कुषाण मूर्तिकला

प्रथम ईस्वी सदी से तीसरी सदी तक कुषाण काल में मथुरा की मूर्तिनिर्माण कला में व्यापकत्व का समावेश हुआ, चूंकि जैन, बौद्ध, तथा हिन्दू संप्रदाय साथ साथ विकसित एवं पल्लवित हो रहा था तथा मथुरा शैली के कलाकारों का परिचय विदशी कलाकारों के साथ बढ़ रहा था। मथुरा शैली में जैन प्रतिमाएँ पहले शिलापट्ट, जिन्हें आयागपट्ट कहा जाता था, के रूप में और बाद में मानव रूप में सामने आईं। बुद्ध की मानव रूप में पाषाण प्रतिमा कुषाण काल में ही निर्मित हो गई थी। प्रारंभिक यक्ष प्रतिमाकला का प्रभाव जैन, बौद्ध तथा ब्राह्मणवादी मूर्तियों में स्पष्ट परिलक्षित होता है। ये मूर्तियां संरक्षकों की पसंद अथवा स्थिति की मांग के अनुरूप खड़ी अथवा बैठी मुद्रा में निर्मित हुई थीं।

मथुरा की कुषाण कला पर एक हद तक गांधार कला का प्रभाव है तथा मूर्तिकारों के भिन्न कोणों से नारी सौन्दर्य तराशने में बड़ी सफलता अर्जित की है। मूर्तियों में त्रिआयामी प्रभाव देखने को मिलता है तथा तराश कर पर्याप्त उभार लाए गए हैं।

ईस्वी सन् 200 से 325 के दौरान कुषाण शासन के पतन और गुप्त शासन के उदय के साथ मथुरा कला में क्रान्तिपूर्ण परिवर्तन दृष्टिगोचर हुए। शरीर की बनावट, सिर के चारों ओर तेज चक्र भृकुटि, कर्णपालि तथा अधर कुछ ऐसी विशिष्टताएं हैं, जिनमें महत्त्वपूर्ण बदलाव आया। सन् 325 से 600 तक का गुप्त काल जीवन के प्रत्येक पक्ष तथा विशेषकर कला पक्ष की दृष्टि से स्वर्ण काल माना जाता है। इस काल में कला अपनी पराकाष्ठा पर थी, चूंकि मथुरा के मूर्ति निर्माता कलाकार परम वास्तविकता, सादगी तथा अध्यात्मिकता एवं नैतिकता की निकटता के साथ सौन्दर्य को एक अलग अवधारणा लिए नए विचारों, नई कल्पनाओं की खोज में जुटे थे। पाषाण खण्डों को तराश कर उनमें अलौकिक आनंद, प्रेम, एवं दयालुता की अभिव्यक्ति साकार कर दी गई थी। सीधी नासिका, बड़े क्षैतिज नयन, तीखी तराशी भृकुटियां, अधखुली पलकें, मसृण कपोल, मोटे अधर, दीर्घ कर्ण, लम्बी भुजाएं तथा सिर के चारों ओर ओजचक्र इन मूर्तियों की ऐसी विशिष्टताएं थीं जिनसे इनके दैवीय प्रतिमा होने का सहज अनुमान किया जा

सकता था। सलवट पड़े पारदर्शी वस्त्र, केशविन्यास की नई शैलियां, तरुण छरहरा बदन, जिसमें जीवन की अभिव्यक्ति थी, छोटे घुंघराले केश तथा संख्या में कम व वजन में हल्के आभूषण भी गुप्त काल के उल्लेखनीय विशेषताएं थीं।

## मुस्लिम शासन के अधीन वास्तुकला

मध्य काल के प्रारंभ में उत्तर प्रदेश में भवन निर्माण गतिविधि एक बार फिर उल्लेखनीय उत्साह से परिपूर्ण थी। मुस्लिम इतिहासकारों ने किलों, महलों तथा हिन्दुओं के मंदिर नगरों एवं उपनगरों यथा कन्नौज, वाराणसी, कलिंजर तथा मथुरा की मुक्तकंठ से प्रशंसा की है।

दक्षिणी उत्तर प्रदेश के चंदेल शासक भी कला के महान संरक्षक थे। उनकी निर्माण गतिविधियाँ अधिकांशतः मध्यप्रदेश के खजुराहो के आसपास केन्द्रित थीं, लेकिन उनके द्वारा बनवाए गए मंदिरों तथा जलाशयों के अवशेष आज भी महोबा, रासीन, रहिलिया तथा बुदेलखंड के अन्य स्थलों पर देखे जा सकते हैं। कलिंजर स्थित उनका दुर्ग अपनी अभेद्य सुरक्षा के लिए विख्यात है।

तथापि, जौनपुर में स्वतंत्र शर्की वंश के संस्थापन के साथ ही इसके संरक्षण में भवन निर्माण कार्य को नई गति प्राप्त हुई। शर्की शासन काल में प्रसिद्ध अटाला, खालिस-मुखलिस, झांजरी तथा लाल दरवाजा मस्जिद का निर्माण हुआ था। इन सभी निर्माणों में जामा मस्जिद सबसे विशाल तथा सर्वाधिक महत्वाकांक्षी निर्माण है।

अटाला देवी मस्जिद का निर्माण इब्राहीम शर्की द्वारा सन् 1408 में करवाया गया था, जो जौनपुर में अन्य मस्जिदों के लिए एक आदर्श उदाहरण सिद्ध हुई।

वास्तुशिल्प की भारतीय-मुस्लिम शैली मुगल काल में अपनी यशोगाथा के चरमबिंदु पर थी, जिसकी परिणति 'मारबल में एक स्वप्न' ताजमहल के रूप में हुई। इस काल में अपनी भव्यता, उत्कृष्टता तथा ओजस्विता के जिए विख्यात अनेक किलों, महलों, मस्जिदों, मकबरों, स्नानगृहों तथा जलाशयों का निर्माण हुआ था। उत्तर प्रदेश में मुगल काल में हुए उल्लेखनीय निर्माणों में अकबर द्वारा बनवाए गए सीकरी नगर इसके शानदार महलों, मस्जिदों, सभागारों तथा भव्य बुलंद दरवाजा, आगरा किला और इसके भीतर बनीं इमारतें, सिंकदरा में अकबर तथा एतमाद-उद्-दौला का मकबरा, इलाहाबाद में अकबर का किला तथा मथुरा, वाराणसी और लखनऊ में औरंगजेब की मस्जिदें सम्मिलित हैं। इन सभी निर्माणों के मध्य ताजमहल वस्तुतः "नारीत्व को भारत की श्रद्धांजलि तथा एक बादशाह की रुमानी मुहब्बत का मारबल में ढला जीवंत स्मारक है।"

मुगल काल में मथुरा, वृन्दावन, वाराणसी तथा अन्य स्थानों पर अनेक सुन्दर मन्दिरों तथा घाटों का निर्माण भी करवाया गया था। मारबल का प्रयोग, मीनाकारी की टाइलें, महीन पाषाण अनुकृति तथा जड़ाऊ काम के साथ हिन्दू मुस्लिम शैलियों का उपयुक्त सम्मिश्रण मुगलकालीन वास्तुशिल्प की प्रमुख विशेषताएं हैं। सीकरी के भित्तिचित्रों में रेखागणितीय तथा पुष्पसज्जा डिजाइन के अतिरिक्त मानव तथा पशुओं के रूपों का चित्रण किया गया है।

तथापि, मुगलकालीन वास्तुशिल्प को दो चरणों में विभाजित किया जा सकता है। पहला चरण अकबर के शासनकाल से संबंधित है जिसमें निर्माण कार्यों हेतु लाल बलुआ पत्थर का इस्तेमाल किया गया था तथा दूसरा चरण शाहजहां के शासनकाल से संबद्ध है जब शाहजहां ने लाल बलुआ पत्थर की जगह मारबल के इस्तेमाल का आदेश दिया था। इस प्रकार हम अकबर काल के आक्रामक लाल की जगह शाहजहां की अधिक विलासप्रिय रुचि के अनुरूप सुकुमार शुद्ध श्वेत मारबल के रूप में शैली का अन्तर स्पष्ट देख सकते हैं।

## मृतिका कला

इस संसार में मिट्टी के बने बरतनों का चलन प्राचीन काल से विद्यमान है। भारत में भी यह कला अति प्राचीन काल से मौजूद है तथा प्राचीन काल के पात्रों से स्पष्ट होता है कि लखनऊ में भी यह कला अन्या क्षेत्रों के समान काफी समृद्ध थी। विशेषतः प्रतिमाओं के निर्माण से हिंदुओं में मूर्तिकला की नींव रखी गई है, जो धीरे-धीरे कला रूप में विकसित हो गई।

मुगल काल में दस्तकारों का एक नया वर्ग उदित हुआ, इन्हें कासगर कहा जाता था तथा ये भी मिट्टी का काम करते थे। ये लोग मुसलमान थे तथा इनका मुख्य पेशा मिट्टी के बरतन बनाना था, लेकिन अपनी कला को निखारने के लिए ये खिलौने भी बनाने लगे, हालांकि प्रतिमाएं बनाना मुसलमानों के धार्मिक कानून के अनुसार प्रतिबंधित है। यहां उनकी दस्तकारी का विकास हुआ तथा समय के साथ-साथ हिन्दू कुम्हारों तथा मुस्लिम कासगरों ने सृजनात्मक कला का स्तर प्राप्त कर लिया। लखनऊ की मिट्टी बढ़िया पॉटरी बनाने के एकदम अनुकूल है, जिससे लखनऊ में इस दस्तकारी को पर्याप्त प्रोत्साहन मिला, जिसके परिणामस्वरूप लखनऊ के बने बरतन और खिलौने इतने बढ़िया, हल्के और आकर्षक होते हैं कि उनका मुकाबला संभव नहीं जान पड़ता है। दैनिक उपयोग की वस्तुएं जैसे घड़ा, सुराही तथा बधनी एक टोंटीदार बरतन बहुत हल्के और उपयुक्त अनुपात में ढले

होते हैं। घड़ा एकदम गोल होता है तथा बधनी तांबे के लोटे जैसी दिखती है। मिट्टी से बनी तश्तरियां विशेष आकर्षक होती है। अब चूंकि इस प्रकार के बरतनों में भोजन करने की प्रथा समाप्त हो गई है अतः कुम्हारों ने भी इनके निर्माण में रुचि लेना बंद कर दिया है।

इन आबखोरा बरतनों में मिट्टी की ताजा सुगंध पानी द्वारा ग्रहण कर ली जाती है। पकी मिट्टी की महक ऐसी स्फूर्तिदायक होती है कि लखनऊ में लोगों ने इससे इत्र बनाना प्रारंभ कर दिया। इस कारण आबखोरा न सिर्फ कायम रहा बल्कि उसमें लगातार सुधार भी होता रहा। ऐसी उत्कृष्ट गुणवक्ता के आबखोरा बनाए जाते हैं कि कांच से भी बेहतर नजर आते हैं। उनके ऊपर डिजाइन बनाए जाते हैं तथा रेत की परत लगाई जाती है ताकि उसमें भरा पानी लम्बे समय तक ठंडा बना रहे। इन्हें परोसने के लिए विशेष किश्ती (ट्रे) बनाई जाती हैं। इन बरतनों की गुणवत्ता इतनी उत्कृष्ट है कि इन दस्तकारों की शिल्प धातु और कांच शिल्पियों से कम नहीं आंकी जा सकती है।

लखनऊ के निरक्षर कुम्हार अपने माडलों तथा आकृतियों के समानुपातीकरण में अपनी दक्षता तथा कौशल का प्रदर्शन कर उन्हें जीवन्त बना देते थे। वे किसी व्यक्ति की नातपोल मात्र नजरों से ले कर उसका सटीक माडल तैयार करने में समर्थ थे। इन कुम्हारों तथा कासगरों द्वारा बनाई गई कुछ समूह आकृतियां देखने लायक हैं जैसे ब्रिटिश बैण्ड, दरबारियों तथा भांडों का समूह, नवाबों तथा अभिजात वर्ग के लोगों का मिलन समारोह, व्यापारियों के विभिन्न समूहों के दल इत्यादि। एक स्थानीय कुम्हार ने एक पूरे भारतीय गांव का मॉडल तैयार किया था, जिसको एक प्रदर्शनी में रखा गया था, इस माडल में दूकानें, मकान, गलियां तथा सभी तरह के लोग थे। खेतों में बैल और बैलगाड़ियां थीं तथा किसान लोग खेत जोत रहे थे। खेतों में पानी से सिंचाई चल रही थी तथा कोई भी व्यक्ति छोटी-छोटी लहरों और जल के प्रवाह को देख सकता था। खेत की जुताई के लिए हल में जुते बैल कृशकाय थे, जिनकी पसलियां स्पष्ट दृष्टिगोचर थीं। उन्होंने राजशाही के समय में लखनऊ शहर का माडल भी तैयार किया था, जिसमें लोग, गलियां तथा पुल वगैरह बनाए गए थे। अत्यंत खेद का विषय है कि ऐसी आश्चर्यजनक कृतियां लोक दृष्टि से ओझल होने से पूर्व थोड़े ही दिनों तक देखी जा सकती हैं। ऐसा कोई संग्रहालय नहीं है जहां इन कृतियों को अगली पीढ़ियों हेतु संरक्षित रखा जा सकता है।

# 9

# नृत्य

नृत्य कला की दृष्टि से उत्तर प्रदेश की प्राचीन संस्कृति हमेशा से ही समृद्ध रही है। फिर चाहे वो गुप्त काल हो, हर्षवर्धन काल हो या उससे भी प्राचीन समय, उत्तर प्रदेश इस क्षेत्र में हमेशा से अग्रणी रहा है। शास्त्रीय नृत्य में कथक प्रमुख रूप से उल्लेखित है तथा लोक नृत्य में ब्रज की रासलीला, लांगुरिया दाऊजी का हुरंगा, ढाढा-ढाढी नृत्य, नृसिंह नृत्य, ख्याल, नौटंकी नक्काल, स्वांग आदि प्रमुख हैं।

नृत्य का अस्तित्व भारत में अतिप्राचीन काल से विद्यमान है। यह स्वयं भारतीय सभ्यता और वेदों जितना प्राचीन है।

भारतीय महान परम्परा में नृत्य व्यक्ति आध्यात्मिक विकास का साधन है, जबकि इसके विपरीत अन्य परम्पराओं में नृत्य को मनोरंजन का माध्यम माना जाता है। भारत में गायन की भांति नृत्य को भी देवपूजा से सम्बद्ध किया गया है तथा धर्म द्वारा यह कला सदैव पोषित की जाती रही है। उदाहरण के लिए, नृत्य को जानने वाले तथा इसका अभ्यास करने वाले लोग ब्राह्मण थे और उनके केन्द्र अयोध्या एवं बनारस थे जहां कथक नर्तकों वास था जैसे कि मथुरा तथा ब्रज में 'राहा' नर्तक विकसित हुए हैं।

समस्त प्राचीन भारतीय मंदिरों में, बड़ी संख्या में स्त्रियां प्रतिदिन देव प्रतिमाओं के समक्ष नृत्य करती थीं तथा पूजा के समस्त महत्वपूर्ण केन्द्रों पर प्राचीन काल से ही बड़ी संख्या में नृत्यांगनाएं नृत्य किया करती थीं।

शुजाउद्दौला के शासनकाल में दरबारी गायकों तथा संगीतकारों के दल में शामिल होने के लिए भारी संख्या में कलाकार अवध तथा लखनऊ पहुंच रहे थे। इसके अतिरिक्त अयोध्या तथा बनारस का कथक, इसमें दिखाई रुचि के कारण, दरबार की ओर आकर्षित हुआ। इन सब कलाकारों के समागम से नृत्य कला की उन्नति हुई तथा इसको भारी स्थानीय महत्व प्रापत हुआ। लखनऊ में पुरुष नर्तकों के दो दल थे : हिन्दू कथक एवं राहा नर्तक तथा कश्मीरी मुस्लिम भांड। कथक

नर्तक वास्तविक नर्तक थे तथा कश्मीरी नर्तक दल, अपने प्रदर्शन को जीवन्त बनाने के लिए, एक नवयुवक को महिलाओं जैसी केश सज्जा के साथ नृत्य हेतु प्रस्तुत करते थे।

## शास्त्रीय कथक नृत्य

कथक, भारत के छह प्राचीनतम शास्त्रीय नृत्यों में से एक परिष्कृत शास्त्रीय नृत्य का रूप है।

कथक नृत्य की दो प्रमुख शैलियां अथवा 'घराना' हैं। इन दोनों का नाम उत्तर भारत के नगरों के नाम पर रखा गया है तथा दोनों का विकास रियासतों के संरक्षण में हुआ है। लखनऊ 'घराना' के कथक नृत्य में सूक्ष्म, सुव्याख्यायित अंगसंचालन के साथ प्रेम-गीतों की अर्द्ध-शास्त्रीय शैली 'ठुमरी' पर अधिक जोर दिया जाता है। जबकि जयपुर 'घराना' की विशेषता जटिल शुद्ध नृत्य पद्धतियों की प्रवीणता है। तथापि, आजकल नर्तक दोनों घरानों की शैलियों पर आधारित कथक का सम्मिश्रण प्रस्तुत करते हैं।

पारम्परिक कथक नृत्य में मंच पर एकमात्र नर्तक होता था, जिसके चारों ओर दर्शकगण विराजते थे। रंगपटल में 'आमद' (मंच पर नर्तक का नाटकीय प्रवेश); थथत (एक धीमा, लालित्यमय खंड); टुकड़ा, तोड़ा तथा परन (उन्नत नृत्य संयोजन); परहन्त (ताल के साथ हल्के पग) तथा ततकार (पद संचालन) सम्मिलित किए जाते हैं। पुरुष नर्तक नृत्य के समय चौड़ा घाघरा तथा गोल टोपी पहनते हैं। तथा महिला नर्तक पारम्परिक भारतीय साड़ी धारण करती हैं। इस शताब्दी में हुए विकास में बृहद-स्तर नृत्य-नाटकों में कथक का उपयोग सम्मिलित है जिसके प्रणेता लखनऊ घराना के वर्तमान नायक पंडित बिरजू महाराज हैं।

वाजिद अली शाह के संबंध में कहा जाता है कि वह स्वयं एक बढ़िया नर्तक थे।

नवाब वाजिद अली शाह ने दरबार के भीतर तथा बाहर अनेक नृत्य प्रस्तुतियों का नृत्यसंयोजन किया था तथा ठुमरी गायन को कथक के साथ जोडने की जोरदार सिफारिश की थी।

आधुनिक कथक एक अत्यंत लोकप्रिय कला रूप धारण कर चुका है तथा भारी संख्या में भारतीय एवं विदेशी नर्तक इसकी शुद्ध सौन्दर्यविषयक विशेषताओं तथा इसके मूल ताल तत्त्वों (नृत) और अंग संचालन के अभिव्यक्ति एवं वर्णन पक्षों के संयोजन की इसकी सक्षमता के प्रति आकर्षित हुए हैं।

## विशिष्ट कथक नृत्य प्रदर्शन

ठेठ लखनवी कथक नृत्य का प्रदर्शन कई चरणों में सम्पन्न किया जाता है। प्रत्येक चरण में एक अलग गति होती है जो पिछले चरण की अपेक्षा तेज एवं गहन होती जाती है।

लखनऊ की कथक नृत्य परम्परा बिना किसी सन्देह के भारत की सर्वश्रेष्ठ सांस्कृतिक उपलब्धि है तथा राष्ट्रीय एवं अन्तरराष्ट्रीय स्तर पर अनेक असाधारण प्रतिभाओं के साथ यह भावी पीढ़ियों को अपनी कथाएँ सुनाती रहेंगी।

## लखनऊ के भांड

भांड पुरुष नर्तकों की द्वितीय श्रेणी के नर्तक होते हैं। इन प्रदर्शनों में किशोरवय के एक सुंदर लड़के को लम्बे बाल आमतौर पर जूड़े के रूप में लगाए जाते हैं, उनको भड़कीले रंग के पुरुष वस्त्र और पैरों में घुँघरू पहनाए जाते हैं, तब वह किशोर नृत्य करता है तथा गायन भी करता है। नृत्य में संगीत की द्रुतगति, विनोदशीलता तथा मजाक आदि का प्रदर्शन किया जाता है तथा गायन नृत्य की शैली की उपयुक्तता पर आधारित होता है। नृत्य के समय संगीतकारों के अलावा लगभग एक दर्जन भांड भी मौजूद होते हैं, जो लड़के के नृत्य एवं गायन पर जोर शोर के साथ तारीफ करते हैं। जब नर्तक कुछ देर तक नृत्य कर चुका होता है तब वे आगे आकर उसकी नकल करते हैं, जिसमें वे अपनी कला का प्रदर्शन भी करते हैं।

लखनऊ में नर्तकों के दो ग्रुप हैं : कश्मीरी भांड तथा स्थानीय भांड। ये वैसे तो अन्य व्यवसाय में लगे होते हैं, लेकिन इस प्रकार के अभिनय को अपना पेशा बना लेते हैं। वर्तमान काल में भारत में निम्न वर्गों में उत्सव में नृत्य एवं गायन के साथ स्वांग के विदूषक को साथ रखा जाता है। वास्तव में भांडों ने समाज को बहुत कुछ दिया है। वे राष्ट्रीय आलोचक तथा व्यंगयकार थे तथा उन्होंने भारत के विकास हेतु अपना योगदान दिया था।

लखनऊ में सज्जन, कायम, डायन, रजबी तथा नान शाह समेत अनेक प्रसिद्ध भांड थे। एक अवसर पर कायम लगातार साढ़े तीन घंटे तक और कुछ नहीं केवल मुखाकृतियाँ बनाकर लोगों का मनोरंजन करता रहा था। ये दल इस प्रकार के मनोरंजन में बेजोड़ थे।

## नाच

मत्त यूरोपीय लोग जिसे नाच कहते थे, अपनी जीविका चलाने के लिए नट, कंजर, ग्वाल बुझारी, मीना तथा ऐसी अन्य जनजातीय महिलाओं के यायावर दलों द्वारा अपनायी गई नृत्य कला का घटिया स्वरूप था।

यूरोपीय इतिहासकारों ने नाच का उल्लेख 18वीं तथा 19वीं सदी के अति लोकप्रिय मनबहलाव के साधन के रूप में किया है। पेशेवर संगीतज्ञों तथा नर्तकियों की समाज में भारी माँग थी। लोकमत उनकी कला को मनोरंजन का मासूम रूप, गंभीरता का पुट लिए रुमानी नजारा मानता था।

गद्यकार नर्तकियों के पीछे पेटी, तबला तथा हाथों में मंजीरे लिए कतारबद्ध रहते हैं। पुरुष नर्तक महिला नर्तकियों से प्रदर्शन के मामले में तनिक भी पीछे नहीं हैं। बड़े शहरों में ये नर्तक एवं नर्तकियाँ बड़ी संख्या में मौजूद हैं। अभद्र नृत्य की इस किस्म के लिए कश्मीरी भांड भी मौजूद हैं। ग्रामीण क्षेत्र में वेश्याएँ भी नृत्य और नाच कला में माहिर हैं।

इस 'नाच' की लोकप्रियता के पीछे एकमात्र कारण यौनिक वक्रोक्तियाँ तथा अश्लीलता है। आजकल ऐसे 'नाच' का आयोजन देहाती क्षेत्रों में किया जाता है।

# 10

# नाट्यकला

जो रचना श्रवन द्वारा ही नहीं, अपितु दृष्टि द्वारा भी दर्शकों के हृदय में रसानुभूति कराती है, उसे नाटक या दृश्य काव्य कहते हैं। नाट्यशास्त्र में लोक चेतना को नाटक के लेखन व मंचन की मूल प्रेरणा माना गया है।

भारतीय नाट्यकला की उत्पत्ति का श्रेय हिन्दू लेखकों द्वारा साधारणतया भरत मुनि को दिया जाता है, लेकिन कुछ अन्य मान्यताओं के अनुसार ब्रह्माजी द्वारा इस कला का वर्णन वेदों में किया गया है तथा ब्रह्मा जी ने ही नाट्यकला का ज्ञान स्वयं भरतमुनि को दिया था। प्रथम आविष्कृत नाटकीय प्रस्तुतियाँ तीन प्रकार की होती थीं : नाट्य, नृत्य तथा नृत्त; तथा इनका प्रदर्शन इन्द्र के स्वर्ग में गंधर्वों तथा अप्सराओं द्वारा भगवान के समक्ष किया जाता था। इन गंधर्वों तथा अप्सराओं को भरत मुनि द्वारा प्रशिक्षण दिया जाता था।

नाट्य कला के विषय पर अनेक पुस्तकें लिखी गई हैं उनमें से कुछ प्रमुख निम्नानुसार हैं—काव्य प्रकाश, साहित्य दर्पण, संगीत रत्नाकर

'काव्यदर्श' (दण्डिन), 'दास कुमार' के लेखक, तथा भोज के समकालीन मान्य; 'काव्यालंकार वृत्ति' (वामन आचार्य); कुवलयानंद, जयदेव की 'चन्द्रलेखा' का विस्तार (अप्पय दीक्षित) जिसको 1520 के आसपास विजयनगर के सम्प्रभु कृष्ण राय द्वारा संरक्षण दिया गया था; 'अलंकार सरस्वती' (भामा); रस गंगाधारा (जगन्नाथ पंडित राजा) तथा अलंकार कौस्तुभ (कवि कर्णपूरका)।

इसके अतिरिक्त भावों तथा मनोवेगों का चित्रांकन प्रस्तुत करने वाली अन्य पुस्तकें भी हैं जैसे रुद्र भट्ट की 'शृंगार तिलक'; तथा भानु दत्ता की 'रास मंजरी' तथा 'रास तरंगिनी'। इसमें अनेक नियम दिए गए हैं जो भारत द्वारा बनाए गए उद्धृत किए गए हैं। इसके अलावा अनेक नाटकों के साथ संलग्न टीकाएं हमें दोनों के बारे में पर्याप्त जानकारी देती हैं। 'रास मंजरी' तथा 'रास तरंगिनी' के संबंध में हमें 'भोज प्रबंध' तथा 'सारंगधारा-पद्धति' दो संतोषजनक मार्गदर्शिका प्राप्त हैं जो लेखकों के काल का सत्यापन करती हैं।

## संस्कृत नाटक का उद्‌भव

संस्कृत नाटक की प्राचीनता का सूक्ष्म निर्धारण संभव नहीं है। केवल संभावनाएं व्यक्त की जा सकती हैं। तथा ऐसी संभावनाओं के आधार पर संस्कृत नाटक यूनानी नाटक से प्राचीन दिखाई देता है। प्रारंभिक ब्राह्मण-साहित्य, बौद्ध दीघानिकाय तथा अवदानशतक, पाणिनि (400ई.पू.) के नटसूत्रों का वर्णन (iv.3. 110-111) पतंजलि (200 ई.पू.) के 'कंस संहार' तथा 'बालिबंदीकरण' मूकाभिनय, और भरत मुनि के नाट्‌यशास्त्र में नाट्‌यकला की मौजूदगी से यह निष्कर्ष निकलता है कि लगभग ईसा पूर्व 5 वीं तथा 6 ठी शताब्दी में नाटक गतिविधियां मौजूद थीं। भरत नाट्‌यशास्त्र का कुछ अंश जैसे संगीत विषयक खंड काफी प्राचीन बताया जाता है यद्यपि वर्तमान मूलपाठ का काल संभवतः महाकाव्य काल निर्धारित किया गया था।

मध्य प्रदेश के सरगुजा जनपद में लक्ष्मणपुर में रामगढ़ की पहाड़ियों की सीताबेंग गुफा में एक 'ओपन-एयर थियेटर' तथा 'नाट्‌यशास्त्र' के निदेशानुसार समनुरूपी निर्माण की पुरातात्त्विक खोज (ब्लॉक द्वारा इनका काल 300 ई.पू. निर्धारित किया गया है) संस्कृत नाटक कला की प्राचीनता की एक अन्य पुष्टि है। अश्वघोष के नाटकों, भास के पूर्व-शास्त्रीय नाटकों तथा कालिदास के पूर्णरूपेण आदर्शतः संयोजित नाटकों से यही पूर्व-कल्पना की जा सकती है कि ये साहित्यिक एवं नाट्‌य गतिविधियां ईस्वी सन के प्रारंभ से कुछ शताब्दी पूर्व की हैं। भरत मुनि का नाट्‌यशास्त्र तथा भारतीय मान्यता के अनुसार नाटक की उत्पत्ति स्वयं भगवान द्वारा की गई है। भगवान ब्रह्मा ने चारों वेदों से उपयुक्त तत्त्वों को चुनकर पंचम वेद 'नाट्‌य' की रचना की तथा तीनों लोकों के वासियों के अनुरोध पर अप्रतिबंध-रूप से सभी लोगों, जाति, नस्ल अथवा आयु के लोगों के मनोरंजन तथा शिक्षा प्रदान करने हेतु 'क्रीडानियक' का सृजन किया था। ब्रह्मा द्वारा नाट्‌यभेद भरतमुनि को प्रदान किया गया। अपने सौ पुत्रों और देव-अप्सराओं की सहायता से भरतमुनि नाटक को मर्त्यलोक आए। परंतु इस पौराणिक कथा को अस्वीकार करते हुए आधुनिक विद्वान संस्कृत नाटक की उत्पत्ति को अन्य सृजन की भांति प्राकृतिक मानते हैं।

संस्कृत नाट्‌यकला यूनानी नाट्‌यकला की अपेक्षा अधिक प्राचीन है। दोनों की नाट्‌य कल्पना तथा प्रस्तुति तकनीक भी अलग है। संस्कृत नाटक में समय और स्थान की परवाह नहीं की गई है, उसमें वृन्दगान और दुखद विषय नहीं हैं।

नाटकीय प्रस्तुतियां देवों को समर्पित की जाती थीं तथा नाटक के प्रमुख चरित्रों के संवाद और व्यवहार में धर्मसिद्धान्तों को पूर्ण रूप से पालन किया जाता था। यद्यपि नाटक के विषय सदैव धार्मिक ही नहीं होते थे बल्कि राजसी एवं पौराणिक नायकों से संबंधित होते थे तथा इनका प्रदर्शन धार्मिक एवं लोकप्रिय उत्सवों के अवसर पर, राजतिलक अथवा राजसी विवाह के अवसर पर और राजाज्ञा के अनुसार अन्य अवसरों पर किया जाता था। संस्कृत नाट्यकला का विकास धार्मिक प्रभाव के अधीन हुआ तथा इसका झुकाव भी धर्म की ओर था, लेकिन इसका यह अर्थ नहीं है कि इसकी उत्पत्ति धर्म से हुई है।

नाट्यकला मानव की स्वाभाविक वृत्ति है। आदिकाल और प्रारंभिक संस्कृति काल से ही मानव अपने हर्ष एवं उल्लास को गायन, मूकाभिनय तथा नकल आदि के माध्यम से व्यक्त करता रहा है। इस प्रकार नाटकीय प्रदर्शन हेतु अपेक्षित मूल जरूरतें मानव के स्वभाव में गहरी रची बसी हैं। तथापि, औपचारिक प्रारंभन हेतु हमें ध्यान रखना चाहिए कि उच्चार एवं संवाद तथा अभिनय की विधियां नाटक का विशेष गुण पक्ष हैं, भावनात्मक प्रस्तुति एवं भावनात्मक प्रक्रिया इसके उद्देश्य हैं तथा गीत इसके मनोरंजन का पक्ष है। ये अवयव संस्कृत नाटकों के लिए अर्द्ध-धार्मिक वातावरण, यात्राओं तथा ऋतु चक्र एवं कृषि उत्सवों से प्रेरित हुए होंगे जो मानव जीवन का सामान्य अंग हैं। इन सबके साथ पेशेवर भाटों अथवा कथाकारों द्वारा वीरगाथा एवं पौराणिक नायकों का सार्वजनिक सस्वर पाठ जोड़ा जा सकता है। इन सब अवयवों को मिलाकर नाटकीय गतिविधियों को औपचारिक स्वरूप मिला होगा।

नाट्यकला की दैवीय उत्पत्ति के संबंध में भरत मुनि का कथन, सर्वप्रथम, नाट्यशास्त्र को इसके कथित दैवीय संयोजन के समर्थन में पवित्रता और सत्ता के साथ प्रतिष्ठापित करने की विशिष्ट भारतीय शैली मात्र है। लेकिन उनका कथन नाट्यकला की उत्पत्ति तथा विकास को प्रभावित करने वाले संभावित स्रोत का भी संकेत देता है कहा जाता है कि ब्रह्मा ने 'पथ्य' अथवा सस्वर पाठ तत्त्व ऋग्वेद से लिया, 'अभिनय' यजुर्वेद से ग्रहण किया, 'रोस' अथवा भावनात्मक तत्त्व अथर्ववेद से और संगीत सामवेद से लिया है। इसका अर्थ हमें यह समझना चाहिए कि ऋग्वेद के संवादसूक्त अथवा संवाद-भजन औपचारिक नाट्यकला के लिए एक आदर्श, एक प्रेरणा अथवा एक प्रारंभ बने। यजुर्वेद में वर्णित धार्मिक तथा यज्ञीय कृत्यों में ऐसे अनेक प्रतीकात्मक कृत्य सम्मिलित हैं, जिनका निष्पादन परम्परा के अनुसार किया जाता है तथा वे वास्तविक कृत्य अथवा घटना का मूल प्रदर्शन होते

हैं, जैसे कि सोम विक्रेता से सोम क्रय करना अथवा राजसूय यज्ञ में राजा द्वारा व्याघ्रचर्म पर कदम रखना इत्यादि। इस प्रकार अभिनय की विधियां इन यज्ञीय कृत्यों के अवलोकन से ग्रहण की गई होगी। ब्रह्मा से नाट्यवेद प्राप्त करने के उपरान्त भरत मुनि द्वारा दी गई प्रथम प्रस्तुति का विवरण नाट्यशास्त्र में दिया गया है। इसमें बताया गया है कि (क) प्रारंभकाल में प्रसंग पुराणों से लिया गया था (देवताओं की राक्षसों पर विजय) (ख) भरत के नाटक 'अमृतमंथन' तथा 'त्रिपुरदाह' समवक्र और दीमा प्रकार के थे अर्थात् वीरगाथा नाटक जिसमें अच्छाई की बुराई पर जीत दर्शाई गई थी, (ग) भरत ने पहले 'पूर्वरंग' तथा 'नन्दी' का प्रदर्शन किया तथा बार में 'अनुकृति' अथवा अनुकरणशील अभिनय का नाटक प्रस्तुत किया (घ) यह नाटक 'शिव' के समक्ष प्रस्तुत किए गए थे, 'शिव' ने भरत को अपने नाटक अधिक मनोरंजनपूर्ण तथा लालित्यपूर्ण बनाने के लिए उनमें 'ताण्डव' और 'लास्य' के नृत्य तत्त्वों को समाविष्ट करने का परामर्श दिया।

भरत के इन कल्पनाशील विचारों से संकेत मिलता है कि नाट्यकला का प्रारंभ किंवदंतियों, पौराणिक प्रसंगों के साथ हुआ। पतंजलि के 'कंसवध' तथा 'बलिबंध' के सन्दर्भ से भी यही निष्कर्ष निकलता है। यह स्थानीयभाषा के नाटकों के विषय में भी सत्य है तथा किंवदंतियों एवं पौराणिक विषयों में रुचि आज भी पूर्ववत बनी हुई है। सामाजिक घटनाओं तथा राजसी नायकों की ओर नाटक समय के साथ मुड़ा होगा। प्राचीन काल में लोगों के दिमाग में पहले वीरगाथा विषयों ने पैठ बनाई तथा बाद में इसमें प्रेम प्रसंग भी जुड़ गए। ये दोनों भाव संस्कृत नाटकों में प्रमुख होते हैं। 'पूर्वारंग' आंशिक रूप से धार्मिक एवं पूजन प्रदर्शन, आंशिक रूप से गीत एवं नृत्य मनोरंजन तथा अंशतः नाटक प्रस्तुति के परिचय से संबंधित था। पूर्वकाल का विस्तृत प्रारंभ बाद में काट कर छोटा कर दिया गया, लेकिन नन्दी धार्मिक निष्ठा, दैवीय आशीर्वाद और संरक्षण के प्रतीक रूप में कायम रहा। गीत एवं नृत्य नाटक प्रस्तुति की तकनीक की प्रमुख विशेषताओं के रूप में लगातार जारी रहे हैं। कालिदास, इसीलिए, नाट्य का उल्लेख शिव और उमा के युगल नृत्य के रूप में करते हैं। भरत द्वारा प्रमुख प्रदर्शन के संबंध में 'अनुकृति' का प्रयोग किया, इसका अर्थ है कि नाटकीय प्रस्तुति नकल अथवा अनुकरणात्मक अभिनय, अंगसंचालन तथा संकेतों द्वारा प्रस्तुत की गई थी तथा इसमें संवाद को बहुत कम या कोई स्थान नहीं दिया गया था।

इस प्रकार संस्कृत नाटकों का प्रारंभ यह संकेत देता है कि यह एक सक्रिय प्रदर्शन था जिसमें गीत एवं नृत्य की संगत रहती थी। संभव है कि संगीत प्रदर्शन

के पृष्ठभूमि रूप में हो तथा गीत का उपयोग दर्शक वर्ग तक कहानी पहुंचाने के लिए हो जबकि अभिनय संकेतों तथा अंगसंचालन द्वारा किया जाता हो ताकि यह अनुकृति प्रतीत हो। नृत्य आमोद के लिए प्रारंभिक अथवा पूरक तत्त्व हो सकता है विकास का अगला सोपान संवाद हो सकता है जो नाटक के लेखकों द्वारा लिखे जाते थे तथा अभिनेताओं द्वारा हृदयंगम कर बोले जाते थे। जब धीरे-धीरे सम्पूर्ण नाटक कथा गद्य तथा पद्यरूप में लिखी जाने लगी तथा जब लेखकों ने नन्दी एवं प्रस्तावना आदि प्रारंभन भी पेशेवरों से अपने हाथ में ले लिए तब नाट्यकला ने पूर्णरूपेण शास्त्रीय पद्धति का रूप धारण कर लिया जैसा कि कालिदास रचित नाटकों से स्पष्ट है। संस्कृत नाट्य साहित्य ईसा पूर्व प्रथम अथवा द्वितीय शताब्दी से 20 वीं ईस्वी सदी तक (दो हजार वर्ष से अधिक) निरंतर रचा जा रहा है। दुर्भाग्यवश सैकड़ों साहित्यिक कृतियां गुम हो चुकी हैं। संस्कृत के आचार्य बहुधा ऐसे नाटकों का संदर्भ अथवा उद्धरण प्रस्तुत करते हैं जो हमारे लिए मात्र नाम ही हैं। हमारे पास भास के तेरह छोटे एवं बड़े नाटक (कालिदास से पूर्व, तीसरी ईस्वी सदी अथवा तीसरी ईसा पूर्व सदी), श्री हर्ष (606-647 इस्वी सन्), भवभूति (700-730 ईस्वी सन्) तथा राज शेखर (9 वीं ईस्वी सदी का उत्तरार्द्ध तथा 10 वीं सदी का प्रारंभ) प्रत्येक के तीन, शुद्रक (3—4 थी ईस्वी सदी अथवा ईसा पूर्व प्रथम शताब्दी) विशाखादत्त (संभवतः चन्द्रगुप्त द्वितीय के समकालीन 375-413 ईस्वी सन) तथा भट्टनारायण (650—750 ईस्वी सन के मध्य) प्रत्येक की एक-एक कृति उपलब्ध है।

यदि इन कृतियों में मुरारी (9—10 वीं ईस्वी सदी), बिल्हण (1080-1090 ईस्वी सन्) कृष्णमिश्र (11 वीं सदी का द्वितीयार्द्ध) तथा जयदेव (12 वीं ईस्वी सदी) की कृतियां तथा अन्य पद्धतियों की बाद की रचनाएं जोड़ दी जाएं तो हमारे पास एक सौ से कुछ अधिक कृतियां होंगी, जो अब तक हमारे पास सुरक्षित बची हैं, यद्यपि शोधकर्ता नयी कृतियों को सामने लाने का प्रयास कर रहे हैं। संस्कृत नाटककारों द्वारा व्यक्तिगत जानकारी के संबंध में मौन रखने तथा तिथियों की अनिश्चितता संस्कृत नाट्यकला के कालक्रम सर्वेक्षण में बाधक होगी। संभवतः साहित्यिक प्रवृत्तियां तथा संयोजन पद्धतियां संस्कृत नाट्यकला की प्रकृति, उपलब्धियों और कमियों के संबंध में बेहतर परिदृश्य प्रस्तुत कर सकती हैं।

## हिन्दी नाटक

संस्कृत नाटकों की भांति हिन्दी नाटकों का प्रारंभ भी अस्पष्ट है, जो कभी उपयुक्त रूप से अभिलेखाबद्ध नहीं किया गया। अनेक विद्वान हिन्दी नाटकों की

उत्पत्ति संस्कृत नाटकों से मानते हैं। लेकिन संस्कृत नाट्यकला विभिन्न कारणों से अवनति को प्राप्त हो चुकी थी।

दूसरी ओर उत्तर प्रदेश तथा शेष देश के लोक थियेटर में पर्याप्त जीवन शक्ति मौजूद थी और हिन्दू पुराणों के राम एवं कृष्ण जैसे चरित्रों ने धर्म के आधार पर उतपीड़न की आशंका का प्रतिरोध करने हेतु प्रेरणा प्रदान की होगी। धार्मिक उत्साह की परम्परा में हिन्दी क्षेत्र में दो रूप विकसित हुए। पहला भगवान कृष्ण के जीवन पर आधारित रास लीला और दूसरा भगवान राम के जीवन पर आधारित रामलीला। इन धर्म-आधारित लोक रूपों के अतिरिक्त हिन्दी क्षेत्र में नौटंकी, नाच, सपेरा, बहुरुपिया इत्यादि जैसे अन्य लोक रूप भी विद्यमान थे जो समकालीन प्रासंगिकता रखते थे, जिसमें संवाद अदायगी संगीत के साथ लयबद्ध ढंग से की जाती थी। इन लोक रूपों की पद्धति पर तथा काशी की रामलीला की तरह अवस्थिति अंतरण की पद्धति का उपयोग करते हुए नवाब वाजिद अली शाह ने भी ठुमरी के संगीत रूप तथा मंच प्रस्तुति 'रास' के साथ प्रयोग किया। इस रूप को उसके दरबार में अमानत द्वारा लिखित 'इन्द्र सभा' के मंचन से ठोस आकार मिला। हिन्दी नाट्यकला के इन स्रोतों से उन्मुक्त रूप से आहरण करते हुए अपने स्वयं के बुद्धिकौशल के साथ विकास किया होगा। उन्नीसवीं सदी, जिसके अग्रदूत के रूप में भारतेन्दु हरिश्चन्द्र की प्रतिभा का उदय हुआ, के उत्तरार्द्ध तक हिन्दी के अपने स्वयं के व्यक्तित्व के विकसित होने तक परस्पर एक दूसरे को प्रभावित करते रहे। भारतेन्दु के पूर्व काल के प्रमुख नाटक इस प्रकार हैं : हनुमान नाटक, अमास्य सार नाटक, विचित्र नाटक, करनाभरना, शकुन्तला उपाख्यान, सभा सार, गोविन्द हुलास, आनंद रघुनंदन, नहुष, इन्द्र सभा तथा शकुन्तला। इस काल में अनेक अनुवाद कृतियां, पुस्तकें आदि रची गईं तथा इसके समाप्त होते-होते दो विशिष्ट पद्धतियां उभरीं।

इन दो पद्धतियों में एक का प्रतिनिधित्व नहुष ने किया जिसमें शास्त्रीय रूप की ओर झुकाव के साथ देशी स्रोतों का भी उपयोग किया गया था। अन्य पद्धति 'इन्द्र सभा' की थीं जो मूलतः सम्पन्न लोगों के आनंद हेतु थी तथा यह इसका पूरा झुकाव गीत एवं संगीत पर था। इसमें गीत रचना के अलावा किसी साहित्यिक सृजन की कोई गुंजाइश नहीं थी। विषय प्रसंग की दृष्टि से इन्हें तीन भागों में बांटा जा सकता है : (1) वे जिनमें धार्मिक झुकाव अत्यधिक है जैसे 'करनाभरना' (2) वे जिनमें बेहतर सुरूचिपूर्ण योजना थी जैसे 'आनन्दरघुनन्दन' (3) वे जिनमें नाटक के एक समर्थ एवं व्यवहार्य रूप के साथ सृजनात्मक गतिविधियों की बाढ़

थी जैसे 'इन्द्र सभा' तथा नहुष। लेकिन भारतेन्दु हरिश्चन्द्र (1850-1885) का अभ्युयय एक लेखक, अभिनेता, कवि तथा पत्रकार के रूप में होने से हिन्दी साहित्य का समूचा परिदृश्य परिवर्तित हो गया। उन्होंने अल्पवय में कविता लिखना प्रारंभ कर दिया था। नाटक क्षेत्र में उनका सृजन-काल 1867-1885 था। वह संभवतः हिन्दी जगत के सभी कालों के सर्वश्रेष्ठ संवादकार थे। वह वाराणसी के वासी थे। उनका जन्म एक धनी परिवार में हुआ था, तथा उन्होंने सर्वश्रेष्ठ हिन्दू संस्कृति के दर्शन किए थे। काव्यगोष्ठियां और संगीत संध्याएं उनकी दिनचर्या का अंग थीं तथा बालपन से ही उनके जीवन का एक हिस्सा बन चुकी थीं। वाराणसी एक अद्वितीय तीर्थस्थल था जहाँ देश भर से श्रद्धालुगण तीर्थ यात्रा के लिए पधारते थे। भारतेन्दु हरिश्चन्द्र उनकी संस्कृति उनकी परम्पराओं मान्यताओं से भली भांति परिचित हो चुके थे। उनको प्रगतिशील व्यक्तित्व तथा गहन अन्तर्दृष्टि ने ऐसी समझ प्रदान कर रखी थी कि वह एक ही समय पर साहसी होने के साथ साथ सभी के अत्यंत प्यारे एवं लाडले थे नाटकलेखन की कला की अवधारणा में भारतेन्दु बाबू पुराने विचारों का परित्याग नहीं करते, तदपि पश्चिमी देशों और अपने देश के लोक रूपों से नए विचार उन्मुक्त भाव से ग्रहण करते थे।

परिणामस्वरूप बहुरंगी विविधता और संश्लेषित सृजनात्मक एकता की दृढ़ जीवन-शक्ति से युक्त सृजन-गतिविधियों के बाद सी आ गई। मोटे तौर पर उनके नाटकों को दो वर्गों में बांटा जा सकता है (1) अनुवाद/रूपांतरण तथा (2) मौलिक। उनके अनुवाद/रूपांतरण किए नाटक निम्नलिखित हैं :

1. **विद्या सुंदर (1868) :** महाराज यतीन्द्र नाथ टैगोर द्वारा लिखित बंगाली नाटक, जो प्रसिद्ध संस्कृत कवि चौरा द्वारा लिखित चौरा पंचासिका पर आधारित है। बंगाली नाटक का शीर्षक भी विद्या सुंदर है तथा भारतेन्दु का नाटक बंगाली का नाटक का मुक्त अनुवाद था।

2. **रत्नावली (1868) :** संस्कृत में इसी नाम का मूल नाटक 7 वीं ईस्वी सदी में सम्राट हर्ष (प्रसिद्ध संस्कृत नाटककार) द्वारा लिखा गया था। केवल 'प्रस्तावना' और 'विषकम्भक' का अनुवाद उपलब्ध है।

3. **पाखंड-विडम्बना नाटक (एकांकी, 1872) :** एक संस्कृत नाटक है, जिसको प्रतीकात्मक कहा जा सकता है, यह कृष्ण मिश्र द्वारा रचित 'प्रबोध-चन्द्रोदय' है। प्रत्येक अंक को एक पृथक नाम दिया गया है। यह इसी नाम के तीसरे अंक का अनुवाद है। मूल नाटक 10 वीं 11 वीं सदी में लिखा गया था।

4. **धनंजय विजय व्यायोग (1873) :** यह कंचन पंडित द्वारा 15 वीं सदी के उत्तरार्द्ध अथवा 16 वीं सदी के प्रथमार्द्ध में संस्कृत में लिखे गए मूल नाटक का अनुवाद है।
5. **मुद्राराक्षस (1874-75) :** मूल नाटक संस्कृत में विशाखादत्त द्वारा 6 ठी ईस्वी सदी में लिखा गया था।
6. **कर्पूर-मंजरी (1875) :** इसी नाम का मूल नाटक प्राकृत भाषा में महाराष्ट्र के कवि राजशेखर द्वारा 9 वीं–10 वीं ईस्वी सदी में लिखा गया था।
7. **'दुर्लभ-बन्धु' (1880) :** शेक्सपीयर के प्रसिद्ध नाटक 'मर्चेण्ट ऑफ वेनिस' का रूपांतरण।

उनके मौलिक नाटक हैं : प्रवास (1868), अब उपलब्ध नहीं हैं; वैदिक हिंसा हिंसा न भवति (प्रहसन, 1873); सत्य हरिश्चन्द्र (1875); प्रेम जोगिनी (नाटिका); अपूर्ण (1875); विषस्य विषमौषध (भान, 1876); श्री चन्द्रावली (नाटिका, 1876); भारत दुर्दशा (नाट्य रासक अथवा लास्य रूपक, 1876); भरत जननी (गीति नाट्य, 1877); नील देवी (गीति रूपक, 1877) अन्धेर नगरी (प्रहसन, 1878); सती प्रताप (गीति स्पक, 1884) –अंतिम तीन दृश्य राधाकृष्ण दास द्वारा लिखे गए थे)।

रूपांतरण/अनुवाद हेतु चुने गए नाटकों की सूची पर एक दृष्टि डालने मात्र से उनकी दूरदर्शिता का अनुमान लगाया जा सकता है। एक ओर उन्होंने 'मुद्राराक्षस' जैसे संस्कृत की शास्त्रीय कृति को चुना तो दूसरी ओर वह प्राकृत (कर्पूरमंजरी) का अनुवाद करने तथा शेक्सपीयर के नाटक का रूपांतरण करने में हिचकिचाहट नहीं दिखाते हैं। उन्होंने अपने मौलिक नाटकों में संस्कृत नाट्यकला के स्वीकृत रूपों को स्थान दिया, लेकिन पश्चिमी नाटकों के प्रभाव से जन्मी नई विविधताओं का भी समावेश किया।

तथापि, उनके समकालीन तथा तत्काल उत्तरवर्ती नाटककारों की रचनाओं को दो वर्गों में रखा जा सकता है (1) जो उनके मार्गदर्शन में विकसित हुए तथा (2) जो उनसे प्रभावित थे। प्रथम वर्ग में किशोरीलाल गोस्वामी लिखित नाट्यस्वयंवर है जिसे 'रूपक' कहा गया है। राजनीतिक संकेतस्वर लिए पौराणिक चरित्रों के नाटकों में प्रहलाद (श्रीनिवास दास, जगन्नाथ शरण तथा मोहनलाल विष्णुलाल पांड्या द्वारा लिखित तीन नाटक), मकरध्वज (शालिगराम), कर्ण (विष्णु गोविंद शर्मा), दमयंती स्वयंवर (बालकृष्ण भट्ट) तथा सावित्री (लाला देवराज) हैं।

दूसरे वर्ग में बन्दी दीन दीक्षित द्वारा रचित 'सीता स्वयंवर' प्रतिनिधि नाटक है। भारतेन्दु द्वारा प्रारंभ की गई व्यंग्योक्ति की प्रवृत्ति राधाचरण गोस्वामी द्वारा 'तन मन धन गोसाईंजी के अर्पण' (एक मौलिक नाटक) तथा 'बूढ़े मुँह मुंहासे' (रूपांतरण) के माध्यम से एक कदम और आगे बढ़ाई गई है। राधाकृष्ण दास (दुखिनी वाला), देवी प्रसाद (बाल विवाह) तथा श्याम सुंदर दास (वृद्धावस्था विवाह) के माध्यम से सामाजिक समस्याएं भी उठाई गयी थीं।

उत्तर-भारतेन्दु काल में वास्तविक सामाजिक चिन्ताओं एवं असंतोष से आंदोलित सृजनात्मक जीवनशक्ति के प्रतिबिम्ब युक्त नाटकों की भरमार रही थी। लेकिन पेशेवर नाटकीय समर्थन के अभाव में यह एक महत्वपूर्ण सामाजिक शक्ति का रूप धारण नहीं कर सकता था। बीसवीं शताब्दी के प्रारंभ में हिन्दी नाट्यकला में एक निश्चित सकारात्मक मोड़ आया। इस प्रवृत्ति के जनक जयशंकर प्रसाद थे। उनके प्रथम चार नाटक 'सज्जन', 'कल्याणी परिणय', 'करुणालय' तथा 'विशाखा अजातशत्रु' नाटक-लेखन कला का परिचय मात्र हैं, जो तीन अंकों तथा अठ्ठाईस दृश्यों का पूर्णावधि का नाटक है। उनके अन्य नाटकों 'कामना' (1927),' जन्मेजय का नागयज्ञ' (1926), 'स्कन्दगुप्त' (1928), 'एक घूंट' (1929-30), 'चन्द्रगुप्त' (1931) तथा 'ध्रुवस्वामिनी' (1933) की भारी सराहना की गई। 'स्कन्दगुप्त' उनका सर्वाधिक प्रभावशाली नाटक है। अन्य नाटकों की भांति उसमें गीत, स्वगत कथन, कुचक्र, नीति शिक्षा, सैनिक, साधु, माता और विमाता हैं। 'ध्रुवस्वामिनी' एक अन्य महत्वपूर्ण प्रत्यन्तर है। नाटक की रचना यथार्थवादी प्रस्तुति हेतु की गई प्रतीत होती है। इस नाटक में सर्वप्रथम बार पति पत्नी के संबंधों को गहराई में जाकर खंगालने का प्रयास किया गया है। जयशंकर प्रसाद ऐतिहासिक नाटकों के क्षेत्र में अपना वर्चस्व बनाए हुए थे जबकि अन्य लेखक पौराणिक एवं सामाजिक विषयों की ओर आकर्षित थे।

प्रख्यात कवि मैथिलीशरण गुप्त ने तीन नाटक-तिलोत्तमा (1916), चन्द्रहास (1916) तथा अघ्य (1925) भी लिखे थे। प्रसिद्ध व्याकरणविद् कामताप्रसाद गुरु ने सुदर्शन (1931) की रचना की थी। विश्वम्भरनाथ शर्मा का भीष्म (1918), शिवानंद मिश्र का उषा (1918), द्वारिकाप्रसाद गुप्त का अज्ञातवास (1920), मिश्र बन्धुओं का पूर्व भारत (1922) तथा उत्तर भारत (1923), बल्देव प्रसाद मिश्र के असाध्य संकल्प (1925) तथा वासना वैभव, जगन्नाथ शरण लिखित कुरुक्षेत्र (1928), गोपाल तमासकर का दलीप (1929) भी उल्लेखनीय हैं।

प्रसाद के पश्चात् बद्रीनाथ भट्ट, सुदर्शन तथा गोविन्द वल्लभ पंत सर्वाधिक

गंभीर नाटक लेखक हुए हैं। इन तीनों लेखकों द्वारा नाटक चरित्र पुराणों अथवा ऐतिहासिक पृष्ठभूमि से लिए गए हैं। तथापि, केवल गोविन्द वल्लभ पंत ने अपने 'वर्णमाला' में दृश्यक्रम व्यवस्था में विविधता और मानव व्यक्तित्व के भिन्न पक्षों के चित्रण के साथ कथानक रचना की गहरी समझ प्रस्तुत की है। वह पेशेवर कम्पनियों के साथ अपनी सम्बद्धता के चलते ही ऐसा करने में समर्थ हुए हैं। अन्य रचनाओं में बल्देव मिश्र (मीराबाई–1919), उग्र (महात्मा ईसा–1922), प्रेमचन्द्र (कर्बला–1924), बद्रीनाथ भट्ट (दुर्गावती–1926), जगन्नाथ प्रसाद मिलिंद (प्रताप प्रतिज्ञा–1928) उल्लेखनीय हैं। उनकी सामाजिक प्रतिबद्धता उन्हें विशिष्ट स्थान दिलाने में सहायक रही है। संभवतः मंच पर पेशेवर प्रयोग के अभाव में शिल्पतथ्य में अपेक्षित परिपक्वता नहीं आ पाई है।

लक्ष्मीनारायण मिश्र के नाटक विषय के निरूपण, पात्रों के चित्रण तथा प्रस्तुतीकरण की शैली के संबंध में सामान्य प्रवृति से अलग हटकर हैं। सन्यासी (1931), रक्षा का मंदिर (1931) तथा मुक्ति का रहस्य (1932) में सामाजिक समस्याओं का उल्लेख है तथा उनकी सच्चाई ताजगी की अनुभूति देती है।

सन् 1930 के अन्त में एक बार पुनः ऐतिहासिक नाटकों में तेजी आई जो संभवतः स्वतंत्रता आंदोलन की बढ़ती गति का परिणाम थी। इतिहास के प्रमुख चरित्र देशभक्ति की भावना को व्यक्त करते थे तथा ब्रिटिश शासकों के हाथों लेखकों के उत्पीड़न का बचाव भी संभव था। यह काल प्राचीनता से दिलचस्प प्रत्यंतर का काल था। गोविन्द वल्लभ पंत की रचना अंगूर की बेटी (1937) फिल्म स्क्रिप्ट का नाटक रूप में परिवर्तित होने का दिलचस्प उदाहरण है। लक्ष्मीनारायण मिश्र ने राजयोग (1934) तथा सिंदूर की होली (1934) के माध्यम से भारतीय नारी की समस्याओं की गहन समझ दिखाई है। उग्र ने विषय चयन में अधिक साहस दिखाया है (डिक्टेटर–1937), (चुम्बन–1938) तथा (आवारा–1942)। लेकिन वह शिल्प का पर्याप्त एवं कुशल संचालन प्रस्तुत नहीं कर सके।

उस समय एकांकी नाटकों का नया दौर प्रारंभ हुआ। सन् 1938 में हंस, प्रेमचन्द्र द्वारा संस्थापित साहित्यिक पत्रिका, ने एकांकी नाटकों पर एक विशेषांक प्रकाशित किया। एकांकी नाटकों के कुछ प्रमुख रचयिता है :–भुवनेश्वर प्रसाद (कारवां–1935), गणेशप्रसाद द्विवेदी (सुहाग बिंदी–1935), राम कुमार वर्मा (पृथ्वीराज की आंखें–1936, रेशमी टाई–1941, चारूमित्र–1942) तथा सत्येन्द्र (कुणाल–1937)। अन्य उल्लेख करने योग्य नाटककार उदयशंकर भट्ट (4 संग्रह), गोविन्द दास तथा उपेन्द्रनाथ अश्क थे। सन् 1940 के दशक तथा 1950 के दशक के प्रथमार्द्ध का काल 1947 में स्वतंत्रता प्राप्ति के साथ गहन राजनीतिक

गतिविधियों का काल था। अतः सृजन-गतिविधियां 1950 के दशक में फिर से प्रारंभ हुईं जब उन्होंने (उपेन्द्रनाथ अश्क आदि) पूर्ववर्ती कार्य पुनरारंभ किया तथा नये लेखकों का वर्ग सामने आया। अश्क के जय पराजय, स्वर्ग की झलक, छठा बेटा, कैद और उड़ान तथा अंजो दीदी में अंतिम उनकी सर्वश्रेष्ठ रचना है जो प्रस्तुति की समस्या की जागरूकता तथा शिल्प का बेहतर नियंत्रण दर्शाती है।

जगदीश चन्द्र माथुर कोणार्क, शारदीय तथा पहला राजा में सामाजिक समस्याओं को ऐतिहासिक परिदृश्य में रखकर देखते हैं। वास्तव में, वे प्रसाद की श्रेणी में नहीं आते, लेकिन मूलतः वे यथार्थवादी प्रस्तुति में रुचि रखते हैं। इस काल की अन्य रचनाओं में तीन पद्य नाटक विशेष उल्लेख के योग्य हैं : उत्तरप्रियदर्शी (अज्ञेय), सूरदास (बी.नारायण) तथा अन्धा युग (धर्मवीर भारती)। इनमें पहली एवं अंतिम रचना ऐतिहासिक पौराणिक विषयों पर आधारित हैं, जबकि सूरदास तात्कालिक प्रयास हैं सूरदास तथा अंधायुग मंच पर अत्यधिक सफल सिद्ध हुए हैं।

## उत्तर प्रदेश तथा फिल्म अभिनेता, कथा-लेखक

सम्पूर्ण देश में उत्तर प्रदेश भारतीय फिल्मों के लिए सबसे बड़ा बाजार है। उत्तर प्रदेश तथा फिल्म मायानगरी मुंबई वास्तव में एक दूसरे के पूरक हैं। बाजार के अतिरिक्त उत्तर प्रदेश मूल के लोग भारी संख्या में मुंबई फिल्म उद्योग में कार्यरत हैं। आज तक, उत्तर प्रदेश में शूटिंग हो चुकी फिल्मों की गिनती कर पाना एक कठिन कार्य है। मुजफ्फर अली की उमराव जान तथा सत्यजित रे की शतरंज के खिलाड़ी विशेष उल्लेखनीय हैं।

भारत की पहली सवाक् फिल्म आलमआरा (1931) का निर्देशन पूर्वी उत्तर प्रदेश में देवरिया जनपद के बी.पी. मिश्र द्वारा किया गया बताया जाता है। यह तथ्य किसी और ने नहीं बल्कि स्वयं एक किंवदन्ती बन चुके पृथ्वीराज कपूर ने पत्रकारों के समक्ष स्वीकार किया था।

इसके अलावा भी उत्तर प्रदेश से सम्बद्ध, मायानगरी के अनेक जाने पहचाने नाम हैं जैसे अमिताभ बच्चन, संगीत निदेशक नौशाद, जावेद अख्तर, शबाना आजमी, मजरुह सुल्तानपुरी, शैलेन्द्र, अनजान, इन्दीवर, योगेश और प्रख्यात मुखर्जीपरिवार (शशधर, शंकर सुबोध), डा. राही मासूम रजा, कमलेश्वर, जैनेन्द्र कुमार,सदा बहार पुलिस इंस्पेक्टर इफ्तिखार, बीना राय तथा नसीरुद्दीन शाह। राज्य के सूचना विभाग द्वारा 1962 वृत्तचित्रों का निर्माण किया जा चुका है जिनमें 28 रंगीन अन्य 92 वृत्तसमाचार हैं, इनमें से एक 1979 के 26 वें प्रतिष्ठित राष्ट्रीय फिल्मोत्सव में पुरस्कृत किया जा चुका है।

# 11
# संगीत

इतिहास, विभिन्न काल में देश तथा विदेशों में सांस्कृतिक, धार्मिक और आध्यात्मिक चेतना के विकास और प्रसार में उत्तर प्रदेश के योगदान का साक्षी है। गंगा एवं यमुना के पावन जल से सिंचित इस भूमि पर वैदिक ऋचाओं की गूंज दैवीय संगीत के स्वरों तथा असंख्य नृत्य रूपों में रूपांतरित हुई है। अतुल्य 'भरत नाट्यशांस्त्र' जिसे भारतीय शास्त्रीय संगीत की बाइबल कहा जाता है, भारत की विविधतापूर्ण कला रूपों के नाना अर्थभेद विस्तार के साथ स्पष्ट करता है। भगवान श्री कृष्ण की दिव्य वंशी तथा ऋतुओं एवं पर्यावरण को परिवर्तित करने की क्षमतायुक्त अनेक राग-रागिनियां किंवदन्ती मात्र नहीं हैं।

मानव जाति में गायन का कौशल अति प्रारंभिक काल में विकसित हो चुका था। लोग जिन शब्दों पर जोर देना चाहते थे उन्हें गाया करते थे तथा कार्यों अथवा क्रियाओं से प्रेरित होकर नृत्य करते थे। भाारत में गायन पहले पूजा के साथ सम्बद्ध हुआ। पहले गायक ब्राह्मण थे, जो पूजा के समय भगवान की स्तुति हेतु ऋचाओं का गायन करते थे। बाद में कृष्ण के लिए प्रेम दैवीय आराधना हो गया तथा प्रणय संगीत प्रतिष्ठापित हो गया।

प्रारंभ में ब्राह्मण भक्ति गीत गाते थे जो कभी बिना संगीत और कभी संगीत के साथ होते थे। इस परम्परा के साथ मिश्र, यूनान तथा फारस की परम्पराओं के अन्तर्मिलन से भारत में एक विशिष्ट शैली विकसित हुई। यह देखा गया कि प्रत्येक ध्वनि, उसकी तान बदलने के साथ, अपनी गुणवत्ता बदल देती है और इस बदलाव का सटीक अनुमान लगाकर विशेषज्ञों ने सात सुरों का निर्धारण किया।

बाद में भारत में राग, संगीत राग, सृष्टि के रचयिता ब्रह्मा की महिमागान अथवा सृष्टि के पालनहार विष्णु भगवान की महिमागान अथवा सृष्टि के विनाशक भगवान शिव की स्तुतिगान हेतु पूजा के दौरान गाए जाते थे।

बाद के दिनों में जब ब्राह्मणों को राजाओं के दरबार में उनके सम्मान में राग गाने पड़े तब उनकी महिमा तथा भव्यता की अभिव्यक्ति के अनुरूप राग तैयार किए गए जिन्हें मालकौस, दरबारी, शाहाना तथा अदना नाम दिए गए।

## उत्तर प्रदेश में संगीत का इतिहास

उत्तरवर्ती काल में भारत में मुस्लिम शासन की अवधि में भारतीय संगीत दो पृथक शैलियों में बंट गया, एक वह जो शाही संरक्षण में विशेषाधिकार प्राप्त लोगों तथा सामर्थ्यवान लोगों के लिए पोषित किया जा रहा था, तथा दूसरा वह, जो भक्तिरस में डूबा तथा भगवान को समर्पित था, तथा शासकों की तानाशाही और उच्चवर्ग तथा ताकतवर लोगों के अत्याचार के विरुद्ध आम आदमी, गरीब तथा दलित वर्ग का सूत्रधार बन गया था। आगरा, दिल्ली, फतेहपुर सीकरी, लखनऊ, जौनपुर, वाराणसी तथा दतिया दरबारी संगीत का केन्द्र थे, जबकि अयोध्या मथुरा और वृन्दावन उन आमजन के उत्थान एवं आध्यात्मिक आनंद के प्रतीक थे जो सन्तों एवं फकीरों द्वारा भक्तिमय शास्त्रीय संगीत में शान्ति की याचना करते थे। इन सन्तों में कबीर, स्वामी हरिदास, बल्लभाचार्य, सूरदास और मीराबाई प्रमुख थे। कुल मिलाकर संगीत के ये स्कूल आज भी विद्यमान हैं, यद्यपि स्थान और पर्यावरण द्वारा प्रवृत्त कुछ छिटपुट परिवर्तन हो गए हैं।

'अष्टछाप' के रूप में विख्यात गायक सन्तों यथा सूरदास, नन्ददास, परमानन्द दास, कुम्भन दास, चतुर्भुज दास, छित स्वामी, गोविंद स्वामी तथा कृष्णदास द्वारा रचित भक्ति गीत एवं भजन दिन के एक निश्चित समय पर तथा निश्चित राग शैली में गाए जाते थे। भैरवी प्रातःकाल का सर्वाधिक प्रसिद्ध राग था, जिसमें ललित, भैरव तथा असावरी शामिल थे। दोपहर के लिए सारंग तथा सांध्यकाल की विशेष प्रार्थनाएं यमन, धनश्री, पूरिया धनश्री, मालकौस इत्यादि में गाई जाती थीं। उपलब्ध अभिलेख के अनुसार वल्लभाचार्य परमानन्द के संगीत से तथा तानसेन गोविंद स्वामी के संगीत से सम्मोहित थे।

परन्तु मुस्लिम जब भारत आए, तब अपना संगीत भी साथ लेकर आए, इस संगीत को मूलतः इब्न-ए-मसहाज (इब्न-ए-मशजह) द्वारा पूर्णत्व प्रदान किया गया था। इसके पश्चात, जब इराक, अरब तथा फारस में खलीफाओं के दरबार सजने लगे तब एक नई कला विकसित हुई जो ग़ेना कही जाती थी। यह कला सम्पूर्ण मुस्लिम जगत में फैल गई तथा इसे फारस का संगीत कहा जाने लगा। इस कला को मुसलमान अपने साथ भारत लाए थे तथा वर्तमान समय में कव्वाल इन्हीं मुस्लिम गायकों के वंशज हैं। वे सरोद, चंग, शहनाई अथवा सिनाई बरबत और रबाब बजाते हैं। मुसलमानों ने भारत में लगभग हर चीज पर अपना प्रभाव छोड़ा है। उनके द्वारा कला, विज्ञान तथा जीवन के सभी पक्षों में बदलाव पैदा किए गए, लेकिन वे इस प्रायद्वीप के संगीत को ज्यादा प्रभावित नहीं कर सके। यह माना

जाता है कि भारतीय संगीत पहले ही सुसंगठित और ऐसी सामर्थ्य रखता था, दृढ़ता के साथ स्थापित था तथा इतना विकसित था कि इस पर कोई बाह्य प्रभाव कारगर नहीं हो सकता था।

तथापि, इसका वास्तविक कारण यह है कि किसी देश का संगीत अथवा संगीत प्रणाली किसी से भी वास्तविक ध्यान तब तक विरले ही ग्रहण करता है जब तक कि वह दीर्घकाल से उस देश का वासी न हो अथवा उस देश में पैदा न हुआ हो तथा उसकी भाषा व संस्कृति को आत्मसात न कर चुका हो। मुस्लिम आक्रान्ताओं ने जो, मुख्यतः अरब व फारसी थे, स्थानीय संगीत पर कोई ध्यान नहीं दिया। जब इन्होंने इसकी ओर ध्यान देना प्रारंभ किया, तो पूरी तरह भारतीयता के रंग में रंगकर अपने स्वयं के पारम्परिक संगीत को भूलकर स्थानीय धुनों पर मोहित हो गए। उस समय तक वे भारतीय संगीत को किसी भी प्रकार से प्रभावित करने अथवा लेशमात्र भी आलोचना करने में असमर्थ हो चुके थे। लेकिन फारस के कव्वालों के संगीत ने भारतीय संगीत को प्रभावित किया तथा उनके कई राग स्थानीय भारतीय संगीत में रच बस गए। ऐसा माना जाता है कि जंगला, जैफ, शाहाना, दरबारी, जिला अथवा खमाज तथा अन्य फारसी गेना प्रणाली की धुनें थीं जो भारतीय रागों में समाहित हो गईं।

## दरबारी संगीत

अन्य धर्मनिरपेक्ष भारतीय गायक तथा गणिकाएँ, जो गाते व नाचते थे, मुस्लिम दरबारों से सम्बद्ध थे, लेकिन वे सदैव एक फारसी गायक के निर्देशन के अधीन रहते थे, जो उनके द्वारा तैयार किए गए संगीत को एक सीमा तक प्रभावित करता था।

उत्तरी भारत में उत्तर प्रदेश के मथुरा-अयोध्या तथा बनारस हिन्दू संगीत के केन्द्र थे। ये स्थान प्रमुख तीर्थस्थल होने के कारण इन स्थानों पर संगीत की कला विकसित हुई। जौनपुर के शर्की सुल्तानों में एक सुल्तान हुसैन शर्की संगीत का बहुत शौकीन था तथा वह स्वयं एक महान गायक था। चूंकि अयोध्या और बनारस उसके राज्यक्षेत्र थे, अतः निश्चित ही उसके द्वारा इस महान भारतीय कला के विकास हेतु पर्याप्त प्रयास किए गए थे। बाद में अकबर शाह द्वितीय के शासनकाल में मिर्जाखान नामक विद्वान ने पंडितों तथा संस्कृत के विद्वानों की सहायता से 'तुहफत-उल-हिन्द' नामक पुस्तक लिखी जिसकी कुछ प्रतियां आज भी उपलब्ध हैं। यह भारतीय कलाओं एवं विज्ञानों का संग्रह है तथा इसमें

फलित-ज्योतिष, हस्त रेखा शास्त्र, यौनिक आनंद तथा माया (जादू) जैसे विषयों पर लिखा गया है। इस पुस्तक में हिन्दू संगीत का भी उल्लेख मिलता है। इस समय तक संगीत दिल्ली तक अपनी पैठ बना चुका था। नवाब शुजा-उद्-दौला की मंजूरी और उसकी उदारता से सम्पूर्ण भारत के संगीतज्ञ आकृष्ट होकर अवध पहुंचने लगे।

जौनपुर के शर्की सुल्तानों के उतसाह के परिणामस्वरूप दिल्ली में तानसेन के प्रतिष्ठित स्कूल के जाने माने गायक तथा संगीतज्ञों के लखनऊ पहुंचने से संगीत को एक नई जान मिली तथा कहा जा सकता है कि एक नए युग का प्रारंभ हुआ। 'दि डिलाइटफुल हिस्ट्री' के लेखक के अनुसार शुजा-उद्-दौला संगीतज्ञों में बहुत दिलचस्पी रखता था। हजारों की संख्या में गणिकाएं, जो गायक थीं, दिल्ली और दूसरे स्थानों से लखनऊ पहुंची थीं। उस समय ऐसा रिवाज बन गया था कि जब कभी नवाब, वजीर अथवा कोई राजसी व्यक्ति अथवा सैन्य अधिकारी किसी यात्रा पर जाता था तो संगीतज्ञों तथा गणिकाओं के शिविर उनके साथ चलते थे। आसफ-उद्-दौला के जमाने में फारसी भाषा में एक किताब 'उसूल-उन-नगमात-उल-असफिया' लिखी गई थी। भारतीय संगीत के बारे में इससे बेहतर किताब आज तक नहीं लिखी गई है।

गाजी-उद्-दीन के समय में लखनऊ में हैदरी खान एकमात्र प्रख्यात संगीतज्ञ था। नासिर-उद्-दीन हैदर के शासन काल में बड़ी संख्या में गायक मौजूद थे, लेकिन उनमें से कोई भी हैदरी खान के स्तर का नहीं था।

वाजिद अली शाह के समय में संगीत की बहुत चर्चा थी, लेकिन कला की सरगर्मी खत्म हो चुकी थी, तथा केवल घिसे पिटे पहलू लोकप्रिय थे। लखनऊ में कादर पिया की ठुमरियाँ जनता में लोकप्रिय हो गई थीं, जिसके फलस्वरूप संगीत में सस्तापन आ गया।

वाजिद अली शाह के शासन काल में अनीस-उद्-दौला तथा मुसाहिब-उद्-दौला नाम के दो गायक थे जिनको संगीत की शिक्षा प्यार खान से प्राप्त हुई थी। वाजिद अली शाह को संगीत की अच्छी समझ थी। इस अत्यंत मेघावी राजा ने स्वयं अपनी पसंद की नई रागिनियां विकसित की थीं। इनको उसने जोगी, जूही, चमेली और शाह पसंद नाम दिया था।

गजल और ठुमरी लोकप्रिय हो गई थीं तथा कोई भी संगीतकार जटिल रागों जैसे कि ध्रुपद तथा होरी पर ध्यान नहीं दे रहा था। मनोरंजन के लिए छोटी

आकर्षक रागिनियां जैसे खमाज, भैरवी, झंझौती, सेंदूरा, तिलक और पीलू का चुनाव किया जाता था। चूंकि ये राजा को तथा लखनऊ के कदरदानों को पसंद थीं, अतः समृद्ध होती रहीं। आज लखनऊ की भैरवी रागिनी, प्रातः वेला में गाई जाती है।

यद्यपि लखनऊ ने शास्त्रीय संगीत को कोई प्रोत्साहन नहीं दिया, तदपि इसके समाज ने सुगम शास्त्रीय शैलियों की किस्में विकसित करने तथा उन्हें पूरे भारत में लोकप्रिय बनाने में महत्वपूर्ण भूमिका निभाई थी। गाजी-उद्-दीन हैदर के समय में लखनऊ का सुविख्यात कव्वाल संगीतकारों के प्रसिद्ध था। जागू खान तथा गुलाम रसूल खान को कला के उस्तादों की मान्यता प्राप्त थी। शोरी कव्वाली की कला में ऐसा महान नवपरिवर्तनकारी था कि 'टप्पा' के आविष्कार का श्रेय उसको दिया जाता है। बक्शू तथा सुलारी दोनों को तबला वादन में माहिर माना जाता था। मुहर्रम के अवसर पर हजारों की संख्या में प्रशंसक अन्य स्थानों से लखनऊ पहुंचते थे तथा हैदर के इमामबाड़ा में लेडी हैदर के सोज़ (विलाप गीत) प्रारंभ करने की आशा लिए प्रतीक्षारत बैठा करते थे।

## उत्तरवर्ती संगीत

उत्तरवर्ती काल में 'मुहम्मद जी' सम्पूर्ण भारत में सर्वोत्कृष्ट तबला वादक के रूप में विख्यात थे।

## संगीत-वाद्ययंत्र

गायन कला में संगीत के दो तत्त्वों सुर तथा लय में किसी एक का भी बिगड़ना अक्षम्य दोष है। इसलिए सुर तथा लय दोनों को ठीक रखने के लिए दो वाद्ययंत्रों की आवश्यकता अनुभव की गई। सुर बनाए रखने के लिए सारंगी तथा लय बनाए रखने के लिए तबला का आविष्कार हुआ। प्राचीन काल में सुर की सहायता के लिए बीन होती थी जो अन्दर से खोखली लकड़ी की नली होती थी जिसके प्रत्येक छोर पर एक तूंबा जड़ा रहता था। इसमें सात सुरों के लिए सात डोरियां होती थीं तथा जब इन डोरियों को छेड़ा जाता था तो उससे उत्पन्न होने वाली ध्वनि नली में होकर तूंबों में गूंजती थी। मुस्लिम अपने साथ रबाब, चंग तथा सरोद लाए थे। रबाब संभवतः एक अरबी वाद्य था जिसमें इस्लामी खलीफाओं के दरबार काल में सुधार किया गया था। चंग और सरोद गैर-अरबी वाद्य थे। चंग एक अतिप्राचीन वाद्य था जिसका संबंध प्राचीन पश्चिम एशिया बेबीलोन, मिश्र, यूनान और लघु एशिया से था। वस्तुतः इसका उपयोग सभी पूर्व नस्लों द्वारा किया

जाता था। सरोद विशुद्ध रूप से फारसी वाद्य है जिसको इस्लामी खलीफाओं के संगीतज्ञों द्वारा अंगीकार किया गया तथा उसमें एक सीमा तक सुधार किया गया। मुस्लिमों के भारत आने तथा उनके संगीत का मिलन हिन्दुओं के संगीत के साथ होने के पश्चात् तम्बूरे का आविष्कार हुआ। यह वस्तुतः बीन का ही एक छोटा रूप था जिसका उपयोग गायक की संगत मात्र के लिए किया जाता था। यह अलग से अकेले बजाया जाने वाला वाद्य नहीं था। इसके तुरन्त पश्चात् अमीर खुसरो द्वारा सितार का आविष्कार किया गया जो बीन और तम्बूरा दोनों का आभास देने वाला सादा वाद्ययंत्र था। लेकिन बीन, तम्बूरा अथवा सितार में से कोई भी मानव-स्वर के लिए आदर्श संगत वाद्य सिद्ध नहीं हो सकता।

इस कमी को देखते हुए, मियां सारंग, जो मुहम्मद शाह रंगीले के दरबार के अतिकुशल एवं प्रसिद्ध संगीतज्ञ थे, ने सारंगी का आविष्कार किया, जिसका नाम उनके नाम पर रखा गया था। सारंगी ने बीन, तंबूरा तथा सितार को पृष्ठभूमि में धकेल दिया तथा गायन एवं नृत्य क्षेत्र में इसे इतना पसंद किया गया कि पुराने वाद्य दृष्टि से ओझल हो गए। लखनऊ में प्राचीन वाद्य 'कानून' बजाया जाता था जिसे मुस्लिम सीरिया तथा इराक से अपने साथ लाए थे। आज इस वाद्य को बजाने वाले लोग अत्यंत विरले हैं।

तबला चाल एवं ताल बनाए रखने के लिए अत्यंत महत्वपूर्ण है, लेकिन किसी अन्य देश की प्राचीन नस्लों में इसकी तरह के वाद्य को कोई स्मृतिचिह्न नहीं मिलता है। प्राचीन काल में दूसरे देशों में युद्ध काल में ढोल पीटे जाते थे, चंग बजाई जाती थी तथा प्रहरी-गृहों में नगाड़े बजाए जाते थे। प्राचीन काल में ही मृदंग का विकास हुआ, यद्यपि यमुना के किनारे ब्रज के वनों में श्रीकृष्ण की मुरली की तान की संगत के लिए इसका श्रीकृष्ण के काल में विद्यमान होने की पूर्ण संभावना है। मृदंग के पश्चात् पखावज के विकास के साथ एक सुधार आया, इस परखावज का उपयोग शास्त्रीय संगीत के लिए प्रभावपूर्ण ढंग से किया जा सकता था। आने वाले समय में साधारण लोगों तथा महिलाओं के लिए घर में ढोल का उपयोग एक सामान्य बात हो गई। यह ढोल मृदंग और पखावज से विकसित हुआ है तथा अत्यंत लोकप्रिय है। आखिरकार अति उच्च कोटि के संगीत समारोहों के लिए तबले का आविष्कार हुआ। इसका निर्माण पखावज के दो टुकड़े कर दो अलग ढोलों के रूप में किया गया। इनमें एक को दायाँ तथा दूसरे को बायां कहा जाता था। तबले का आविष्कार निश्चित रूप से मुसलमानों के भारत आगमन के पश्चात् हुआ था, लेकिन इन वाद्ययंत्रों में सुधार कब और किसके द्वारा किए गए, यह वास्तव में कोई ठीक-ठीक नहीं जानता है।

## सोज़ ख्वानी अथवा मरसिया पढ़ना

अब हम सोज़ ख्वानी अथवा मरसिया पढ़ने की चर्चा संगीत की दृष्टि से करेंगे। यद्यपि इस नई धार्मिक कला को गायन तथा नृत्य, जो मुस्लिम धर्म-कानून के खिलाफ है, की कला में सम्मिलित करना धृष्टता होगी, लेकिन तथ्यात्मक रूप से निश्चय ही यह संगीत है। यह शिया मुसलमानों द्वारा, भारत में, पैगम्बर परिवार की शहादत की याद ताजा रखने के लिए, प्रारंभ किया गया था। जब मरसिया गोई, शोकगीतों के पाठ तथा तहत-उल-लफ्ज ख्वानी के प्रति जोश पैदा हुआ तो संगीत के लिए सोज ख्वानी का जन्म हुआ। तहत-उल-लफ्ज ख्वानी, एक शोकगीत, साधारण रूप से पढ़ा जाता है एवं उसकी व्याख्या की जाती है जैसे कोई शायर मुशायरे में अपनी सम्बोध-नीति प्रस्तुत करता है।

सोज ख्वान शोकगीत को दर्दभरी लयसुर में गाता है। ये दोनों विधाएं विकास के पथ पर बढ़ते हुए कला रूप में ढल गईं जो शुरू से आखिर तक लखनऊवासियों के लिए अद्भुत थीं। प्राचीन तथा मूल मरसिया ख्वानी वास्तव में सोज ख्वानी थी। मजलिसों, शोक सभाओं में लयबद्ध तरीके से मरसिया पढ़ जाते थे। नोहा, मरसिया जिनकी रचना आज से लगभग दो सौ वर्ष पूर्व की गई थी, आज भी मौजूद हैं। काव्यात्मक आरोह-अवरोह में मरसिया पढ़ना लखनऊ की विशिष्ट प्रतिभा थी। मीर अनीस, मिर्जा दबीर तथा कुछ अन्य लोगों ने इसे नई ऊंचाइयां प्रदान की हैं।

## वर्तमान काल

सर्वसम्मति से, महाराष्ट्र के पंडित विष्णु दिगम्बर पालुस्कर तथा पंडित विष्णु नारायण भातखण्डे आधुनिक भारतीय शास्त्रीय संगीत के पुनर्जागरण के अग्रदूत थे, लेकिन उनका सपना केवल उत्तर प्रदेश में ही साकार हो सका था। यह कहना कोई अतिशयोक्ति नहीं होगी कि शास्त्रीय संगीत की परम्परा उत्तर प्रदेश में न केवल प्राचीनतम अपितु समृद्ध भी है। यहां गायन की ध्रुपद शैली भक्ति संगीत के रूप में अत्यंत लोकप्रिय थी तथा ग्वारिया बाबा, भूरे उस्ताद, रसधर, मदन मोहन पखावजी, गणेश लाल चौबे, गंजन मिश्रा, भवानी दास, गीरन लाल, बालकृष्ण, गोपाल लाल, बावली बाबा इत्यादि सर्वोत्कृष्ट कलाकार थे।

भारतीय शास्त्रीय संगीत, कंठ एवं वाद्य संगीत दोनों, काशी, बनारस अथवा वाराणसी जैसे विविध नामों से विख्यात शाश्वत मंदिर नगरी का प्रमाण-चिह्न रहा है। इस नगरी के मंदिर पंडित रवि शंकर, सियाराम तिवारी, फहीमउद्दीन डागर,

पागल दास पखावजी, उस्ताद बिस्मिल्ला खान, सुखदेव महाराज, सादिक अली खान, भूपत खान, पं. शम्भू नाथ मिश्र तथा उस्ताद अकबर अली खान (महान 'टप्पा' विशेषज्ञ) जैसे पारखी संगीतज्ञों के सम्मोहक संगीत से गुंजायमान हुए हैं। विद्याधर सरस्वती, छोटी मैना, बड़ी मैना, रसूलन बाई, बड़ी मोटी, गौहर, सिद्धेश्वरी देवी, बगलेश्वरी देवी, गिरिजा देवी, शान्ति देवी सरीखी काशी की महिला गायिकाओं के अतिरिक्त नृत्यांगना सितारा देवी और अलकनंदा ने भारतीय संगीत में अपना स्वयं एक विशिष्ट स्थान बना लिया है। युगल गायक बंधु राजन-साजन तथा अमर वती-पशुपति नाथ भारतीय शास्त्रीय संगीत के आधुनिक जगत में बेजोड़ हैं।

पहले अयोध्या तथा फैजाबाद और बाद में लखनऊ बिन्दा दीन, द्वारा संस्थापित नृत्य की कथक की शैली तथा शास्त्रीय संगीत के महत्वपूर्ण केन्द्र रहे हैं, रहीमुद्दीन खां, मुख्तारी बाई शोरी मियां, खुशी महाराज तथा गजलक्वीन एवं ठुमरी गायक बेगम अख्तर फैजाबाद द्वारा लखनऊ को दिए गए उपहार थे।

काशी, रामपुर, लखनऊ तथा आगरा भारतीय शास्त्रीय संगीत के उल्लेखनीय केन्द्र रहे हैं। भातखण्डे संगीत विश्वविद्यालय, जो विगत शताब्दी के द्वितीय चतुर्थांश में लखनऊ में मैरिस कालेज के रूप में प्रारंभ किया गया था, ने शीघ्र ही प्रख्यात संगीतविदों तथा गायकों को अपनी ओर आकर्षित कर लिया। प्रोफेसर रत्नझंकार इस कालेज के प्रथम प्राचार्य थे।

बहुत से लोग सितार-वादन, जो कोई सात पीढ़ी पुराना बताया जाता है, के विकास और परिमार्जन हेतु इटावा के योगदान से अवगत नहीं होंगे। राजपूत पूर्वज सुरजन सिंह से प्रारंभ होकर उनके पुत्र तुराब खां से प्रपौत्र इमदाद खां और उसके पौत्र विलायत खां, इमरत खां तथा अन्य वंशज राय खान ने सितार के तारों से अलौकिक झंकार पैदा कर उच्च्तम माधुर्य तथा आकर्षणयुक्त धुनें तैयार की थीं। उत्तर प्रदेश में एटा जनपद में 13 वीं सदी में सन् 1235 के करीब अमीर खुसरो जैसे बहुमुखी प्रतिभा के धनी व्यक्ति–जो एक योद्धा, प्रशासक, कवि दार्शनिक, संगीतविद तथा मानवप्रेमी थे–का जन्म आज के एटा जनपद के एक छोटे से कस्बे पटियाली में हुआ था। खुसरो ने अपने जीवनकाल में लगभग 100 पुस्तकें लिखीं, जिनमें से 22 फारसी की पुस्तकें तथा साधारण लेख ही उपलब्ध हैं। खुसरो ने संगीत पर विस्तारपूर्वक लिखा तथा भारतीय व फारसी संगीत के मिश्रण के प्रयोग से नए राग व रागिनियों का सृजन किया। वह भक्ति कव्वाली तथा गजलों में अग्रणी थे तथा उन्होंने कई वाद्यों एवं डोरी वाद्य जैसे तबला और सितार का आविष्कार भी किया था। खुसरो को भारतीय शास्त्रीय संगीत के एक शुद्धतम रूप ध्रुपद शैली का अग्रणी माना जाता है। डागर बंधुओं ने ध्रुपद की परंपरा को जीवित रखा है।

वस्तुतः उत्तर प्रदेश के प्रत्येक क्षेत्र ने संगीत के मूल को समृद्ध करते हुए तथा उसको अनन्यता प्रदान करते हुए कुछ न कुछ नया, श्रेष्ठ एवं मौलिक योगदान दिया है। लखनऊ, इटावा, अतरौली, सहसवान, किराना, रामपुर, आगरा, बनारस, इलाहाबाद, शाहजहांपुर, फैजाबाद, मथुरा, वृंदावन और अयोध्या आज भी तार वाद्यों अन्य व ाद्यों अथवा केवल कंठनली से सृजित मधुर धुनों से गुंजरित हैं।

सभी क्षेत्रों के जनसाधारण के बीच लोकप्रिय लोक संगीत बृज होली, रास नृत्य, मिर्जापुर-बनारस की क़जरी तथा बिरहा, कानपुर (श्री कृष्ण पहलवान) तथा हाथरस (पंडित नत्था राम) की नौटंकी, बुंदेलखंड में आल्हा, सावन, रामलीला, पहाड़ी धुनों इत्यादि के युगों-युगों से राज्य में संगीत को जीवन शैली में ढाल दिया है, जो मनोरंजन, प्रेरणा और देश में राजनीतिक उथल-पुथल के समय सांत्वना प्रदान करने वाला रहा है तथा पारसी और हिन्दी थियेटर का प्रमुख अंग रहा है। तथापि, सिनेमा के आगमन से थियेटर कम्पनियां एक के बाद एक बंद होती चली गईं।

केन्द्रीय सूचना मंत्रालय के अधीन नई दिल्ली में केंद्रीय संगीत नाटक अकादमी तथा राष्ट्रीय नाट्य विद्यालय के सृजन के पश्चात् राज्य में भी ऐसे निकायों का गठन किया गया जैसे कि यू.पी. संगीत नाट्य भारती (1963), रबीन्द्रालय का निर्माण (1964) तथा भारतेन्दु नाट्य अकादमी (1975)। इन निकायों के गठन से उत्तर प्रदेश में गायन, मंच अभिनय तथा नाटक लेखन कला को नया प्रोत्साहन मिला है।

## लोक संगीत

उत्तर प्रदेश के लोक गीत वहाँ के लोक जीवन की सम्पूर्ण छवि प्रस्तुत करते हैं। जिस तरह का अवसर होगा, उसी अवसर के लोक गीत हमें मिल जाएंगे यथा शादी-ब्याह, जन्म-मुन्डन, तीज-त्योहार आदि।

राज्य के लोक गीतों को हम तीन श्रेणियों में बाँट सकते हैं।

1. ऋतु विशेष पर (सावन आदि)
2. अवसर विशेष पर (शादी-ब्याह आदि)
3. कभी-कभी

कुछ गाने एकल होते हैं, कुछ समूह गान होते हैं। कुछ गाने पुरुषों के लिये नियत होते हैं तो कुछ गाने महिलाऐं ही गाती हैं। इन गानों की संगत के लिये

चिमटा, मंजीरा, बांसुरी, शंख रबाब, इकतारा, ढोलक आदि वाद्य यंत्र प्रयुक्त होते हैं। ये लोक गीत सोहर, ब्याह, बन्ना-बन्नी, कोहबर, बिदाई, सावन, चैती, कजरी, चांचरी, जांगर, जैता, झूला आदि प्रमुख हैं।

उत्तर प्रदेश के ग्रामीण क्षेत्र में वीरगाथाएं अत्यंत लोकप्रिय हैं। वीरगाथाएं हिन्दी तथा अन्य भाषाओं में लोक कविताएं हैं जिनकी रचना दोहों तथा चौपाइयों के रूप में की गई है तथा जो सामूहिक तथा अकेले गाई जा सकती हैं। कहानी साधारण होती है जैसे नायक का कारनाम अथवा रोमांस। लेकिन लय दिल में बस जाने वाली होती है। वीरगाथा तथा प्रेम कथा पर आधारित सर्वाधिक महत्वपूर्ण गाथाएं क्रमशः आल्हा खण्ड और चन्दायन हैं। आल्हा खण्ड जागनिक भाट द्वारा रचित है जो महोबा के दो नायकों आल्हा और ऊदल के कारनामों का बखान है। यह गाथा सामान्यतः वर्षा ऋतु के दौरान उत्तर एवं मध्य भारत में गाई जाती है। चन्दायन (लोरिक और चांद के रूप में भी ख्यात) उत्तर प्रदेश तथा छत्तीसगढ़ में लोकप्रिय है तथा इसके मैथिली एवं बंगाली रूपांतरण भी विद्यमान हैं। बगड़ावत धार्मिक प्रसंग की एक अन्य गाथा है। लोरिक और चन्दा का प्रसंग प्रेम है। लोरिक कथा के केन्द्र में तथा नायक है। बगदावत गाथाएं पौराणिक तथा किंवदंतियों का लोक-साहित्य के साथ मिश्रण है। एक बगदावत देवनारायण द्वारा एक पंथ प्रारंभ किया गया था जिसके आज बड़ी संख्या में अनुयायी मौजूद हैं। अब यह गाथा सुनाई जाती है, यह पद्य में है तथा जंतर पर गीतों के साथ प्रस्तुत की जाती है। गाथा सुनाने वाला व्यक्ति नाचते, गाते हुए सुनाता है जिससे गाथा वर्णन का आकर्षण बढ़ जाता है।

सभी गाथाओं में आल्हा सबसे ज्यादा लोकप्रिय है। आल्हा की गाथा जागनिक और उसके भतीजे द्वारा सन् 1173 के आसपास रची गई थी। उस समय परमार वंश का राज्य था। आल्हा गाथा में आल्हा और ऊदल द्वारा लड़े गए 52 (बावन) युद्धों में वीरता के कारनामों का वर्णन है।

आल्हा गायकों में शौकिया, अर्द्ध पेशेवर तथा पेशेवर गायक सम्मिलित हैं। पेशेवरों में नट और जोगी शामिल हैं। प्रस्तुति परम्परा में क्षेत्रीय बोली, विषय अन्तर, माधुर्य, लय पद्धति तथा प्रस्तुति की शैली में क्षेत्र के अनुसार अन्तर होता है, जो एकल गान (मय ढोल) से लेकर पूरे वाद्यवृन्द सहित समूह गान तक विस्तृत है।

# 12

# आहार प्रकृति

उत्तर प्रदेश के शाकाहारी तथा मांसाहारी लोगों का प्रमुख खाद्यान्न गेहूं (राष्ट्रीय औसत 56.70 के समक्ष 99.35 प्रतिशत) तथा चावल है जबकि बाजरा और मक्का केवल शीतकाल में खाई जाती है। अधिकांश समुदाय उड़द, तुअर, चना, मूंग तथा मसूर की दाल और मौसमी साग-सबज्यिों का सेवन करते हैं। घरेलू स्तर पर खाना पकाने के लिए सरसों तथा मूंगफली के तेल का प्रयोग किया जाता है। जैन, बनिया अथवा अग्रवाल अनुसूचित जातियों में भगत वर्ग तथा प्राचीन पशुचारी वर्ग जैसे जाट, यादव तथा ग्वाल की गणना शाकाहारी समुदायों में की जाती है। उत्तर प्रदेश के मैदानी भागों में रहने वाले पंच गौड़ वर्ग के ब्राह्मण मांसाहारी माने जाते हैं।

तथापि, मैदानी भागों में रहने वाले, याजक अथवा गैर-याजक, सभी वर्गों के ब्राह्मण, पंच गौड़ वर्ग में वर्गीकृत होने के बावजूद, स्वयं को शाकाहारी घोषित करते हैं। इनमें कान्यकुब्ज, सरयूपारीण, सनाढ्य, जझौतिया प्रथम संवर्ग में आते हैं, जिसके पश्चात्, आध ब्राह्मण, जोशी, गंगापुत्र, कट्टा, भट्ट दूसरे संवर्ग में हैं। तगा, भूमिहार, ब्राह्मण/बाभन, गैर-याजक कृषि श्रेणी से सम्बद्ध होने के कारण, तीसरे संवर्ग में आते हैं जबकि परिभ्रामी डकौत ब्राह्मण जो शनि ब्राह्मण कहलाते हैं सबसे निचले संवर्ग में हैं। पहाड़ी ब्राह्मण मांसाहारी होते हैं। तथापि, हाल की सामाजिक प्रवृत्तियां आहार प्रकृति में दो-तरफा परिवर्तन (शाकाहारी से गैर-शाकाहारी तथा विपर्यण) दर्शाती हैं।

ब्राह्मण, जैन, जाट तथा यादव इत्यादि पारम्परिक शाकाहारी वर्गों में लोग, विशेषकर युवा पीढ़ी, मांसाहार को फैशन के तौर पर अपना रहे हैं, जबकि अनुसूचित जातियों जैसे मांसाहारी समुदाय शाकाहार को प्राथमिकता दे रहे हैं। वर्तमान में नियमित मांसाहारियों की संख्या शाकाहारियों से अधिक है। हिन्दू उच्च जाति समुदायों में महिला मांसाहारियों की संख्या बहुत कम है। मुस्लिम राजपूतों के कुछ तबके जैसे 'गढ़ा' गोमांस का भक्षण नहीं करते हैं।

विभिन्न मौसमी सब्जियों तथा फलों का भक्षण, जो सामान्य रूप से अधिकांश समुदायों, विशेषतः दुर्बल आय वर्ग तथा दूर देहात निवासी लोगों, की पारम्परिक भोजन सूची में शामिल नहीं होते, को पोषण स्तर का संकेतक मानने का चलन बढ़ रहा है। राज्य के 257 समुदायों में इनकी खपत मामूली है। बड़ी संख्या में समुदाय कन्द, मूल का भक्षण करते हैं तथा मटर एवं सेम कम समुदायों में खाए जाते हैं।

लोग अल्कोहल का सेवन कभी कभार करते हैं जो बाजार से क्रय की जाती है। देश में अन्य स्थानों की अपेक्षा उत्तर प्रदेश में दूध तथा दूध से बने उत्पादों का सेवन अधिक समुदायों द्वारा किया जाता है। धूम्रपान, बीड़ी, सिगरेट अथवा तम्बाकू, चर्वण तम्बाकू तथा पान मसाला इत्यादि की खपत भारी पैमाने पर होती है। यही स्थिति पान चबाने की है जो वाराणसी तथा लखनऊ जैसे स्थानों पर विशेष ढंग से बनाया जाता है। आजकल सुंघनी (नसवार) का चलन भी बढ़ रहा है।

## विशिष्ट आहार प्रकृति

उत्तर प्रदेश में समाज धर्म, जाति, उप-जाति तथा आर्थिक हैसियत इत्यादि में उच्च विभेदकारी होने के साथ पोषकत्व तथा आहार प्रकृति में वैभिन्यता रखता है। आहार में भी क्रम परम्परा है जो जाति क्रम परम्परा से जुड़ी प्रतीत होती है। यद्यपि शाकाहारी भोजन को मांसाहारी भोजन से श्रेष्ठ विचारित किया जाता है, लेकिन मांसाहार में भी क्रम-परम्परा है। गोमांस निम्नतम है। हिन्दू जातियों में कोई भी गोमांस का भक्षण नहीं करता है। पहले चमार गोमांस का भक्षण किया करते थे, लेकिन अपनी सामाजिक प्रतिष्ठा बढ़ाने के लिए गोमांस भक्षण का पूर्ण परित्याग कर दिया है तथा उनकी जाति का कोई भी व्यक्ति, अन्य गांव में, गोमांस का भक्षण करता है, उसको किसी भी प्रकार के सामाजिक सम्बन्ध के योग्य नहीं समझा जाता है।

सभी हिन्दू लोग पशुओं को पवित्र मानते हैं तथा कोई भी हिन्दू जीवित गाय अथवा बैल को भोजन के लिए वध नहीं करता है, केवल भूइयां लोग मृत पशु का मांस खाते हैं। पालतू सूअर अन्य पदार्थों के साथ मानव विष्टा भी खाते हैं तथा इसी कारण से सूअर का मांस भक्षण निकृष्टतम स्तर का प्रतीक माना जाता है। भूइयां लोग भी पालतू सूअर का मांस नहीं खाते हैं। डोम और ढरकार पालतू सूअर

खाते बताए जाते हैं, तथा इसी कारण उन्हें अस्पर्श्य माना जाता है। मांस भक्षण नीची जाति का प्रतीक माना जाता है क्योंकि हिन्दू धर्म में किसी भी रूप में प्राणी की जान लेना पापकर्म बताया गया है। कुछ जनजातीय लोगों ने, हिन्दू धर्म के उपदेशकों के प्रभावाधीन मदिरापान तथा मांसभक्षण का परित्याग कर दिया है।

## हुक्के का प्रयोग

हुक्के का प्रयोग जाति का एकाधिकार का विषय होता है तथा इसका प्रयोग किसी अन्य के द्वारा नहीं किया जा सकता है। अधिकतर ग्रामीण बीड़ी पीते हैं। अस्वच्छ जातियों से बीड़ी, सिगरेट उनकी नीची सामाजिक स्थिति तथा उनके रहन-सहन का तरीका स्वच्छ नहीं होने के कारण स्वीकार नहीं की जाती है। नीची जाति के लोगों के लिए मदिरा पान आम बात है। ब्राह्मणों तथा ठाकुरों के लिए मदिरा पान वर्जित है। शेष सभी जातियां मदिरापान कर सकती हैं। ब्राह्मण तथा ठाकुर जाति के कुछ लोग गुप्त रूप से मदिरा सेवन करते हैं। मदिरा सेवन सभी जातियों द्वारा बहुत बुरा माना जाता है तथा जो लोग इसका सेवन करते हैं उन्हें समाज के लिए उपयुक्त नहीं माना जाता है। भूइयां तथा चमार जैसी नीची जाति की कुछ महिलाएं भी मदिरा पान करती हैं।

चबाने वाली तम्बाकू का सेवन प्रायः सभी जातियों द्वारा किया जाता है। यह केवल स्वच्छ जातियों से स्वीकार किया जाता है। महुआ पत्तियों के बदले मदिरा प्राप्त की जा सकती है तथा यह अधिक महंगी भी नहीं होती है तथा लोग इसे आसानी से जुटा सकते हैं। ऊंची जाति के लोग इसका खुला सेवन नहीं करते हैं इसलिए किसी अन्य से स्वीकार करने का प्रश्न नहीं उठता है।

मदिरा सेवन करना नीची हैसियत का प्रतीक माना जाता है। जाति क्रम परम्परा में सर्वोच्च स्थान प्राप्त ब्राह्मण मांसाहार तथा अण्डा सेवन आदि नहीं करते हैं तथा मदिरापान से भी दूर रहते हैं। क्षत्रिय भी आमतौर पर मदिरापान नहीं करते, लेकिन वे मांस भक्षण करते हैं। मदिरापान करना मांस भक्षण से भी अधिक बुरा माना जाता है। ब्राह्मण और क्षत्रियों को छोड़कर जो, गुप्त रूप से, मदिरापान से स्पष्ट इनकार करते हैं, उनको ऐसा करने की अनुमति है।

लेकिन अनेक जातियों ने अपनी सामाजिक प्रतिष्ठा में वृद्धि के लिए मांसाहार तथा मद्यसेवन दोनों का परित्याग कर दिया है। गुप्त रूप से कुछ मांसाहार तथा मद्यसेवन किया जाता है।

## राजसी चटोरापन

उत्तर प्रदेश में लोगों की सामान्य आहार प्रकृति के विषय में इम्पीरियल गजटीयर आफ इंडिया में उल्लेख किया गया है, प्रातः काल तथा सांध्यकाल में दो मुख्य भोजन किए जाते हैं तथा इन भोजनों में चपाती जो गेहूं, जौर अथवा बाजरा, ज्वार या महुआ की बनी होती है, उपभोक्ता की सामर्थ्य के अनुसार, सम्मिलित होती है। इन्हें सब्जी तथा दाल के साथ खाया जाता है। राज्य के मध्य तथा पूर्वी जनपदों में चावल का उपयोग किया जाता है, जिसका उपयोग सम्पन्न लोगों को छोड़कर पश्चिमी जनपदों में कम लोगों द्वारा किया जाता है। मध्याह्न अथवा पूर्वाह्न में मिठाई का सेवन किया जाता है। मिठाई का सेवन बहुधा सांध्यकाल में भी किया जाता है। मुसलमान सर्वत्र बकरे तथा भैंस के मांस का भक्षण करते हैं, तथा शैव सम्प्रदाय के उच्च जाति के हिन्दू बकरे का गोश्त खाते हैं। हिन्दुओं की नीची जातियाँ अपनी सामर्थ्य के अनुसार बकरे का मांस खाते हैं। निर्धन वर्ग अपना मुख्य भोजन सांध्यकाल में तैयार करते हैं तथा प्रातः काल में पश्चिमी जनपदों में भुने दाने अथवा चने, मध्य तथा पूर्वी जनपदों में भुने जौ अथवा चावल और भुनी मक्का सर्वत्र खाई जाती है। ग्रीष्म ऋतु में आम और महुआ (जहाँ पाए जाते हैं) खाद्य सूची में महत्वपूर्ण वृद्धि होते हैं आलू का सेवन सामान्यतः पहाड़ी क्षेत्रों में किया जाता है तथा आलू का उपयोग मैदानी क्षेत्रों में तेजी से बढ़ रहा है।

भोजन मानव-जीवन की सर्वाधिक महत्वपूर्ण गतिविधि है। किसी समुदाय अथवा राष्ट्र की प्रगति के साथ उसके खान-पान में भी परिवर्तन आता है।

रसोईघरों में भोजन पर प्रतिदिन दो हजार रुपए खर्चा आता था, इस प्रकार रसोइयों की पगार से अलग 60,000 रुपया प्रतिमाह भोजन व्यंजनों पर व्यय किया जाता था। इस रसोईघर पर भोजन के मद में तीन सौ रुपए प्रतिदिन खर्च किए जाते थे।

उच्च मुस्लिम समाज में घर पर अथवा बाहर भेजने हेतु चयनित खाद्य पदार्थों को एक सामूहिक नाम 'तोड़ा' दिया गया था। तोड़ा में पुलाव; मुजफ्फर एक मीठे चावलों का व्यंजन मय केसर; मुतन्जन, मीट, चीनी, चावल मसालेदार; शीर माल; सफेदा, एक सादा, मीठे चावल की डिश; शीर बरेज, दूध में पकाए चावलों का मीठा व्यंजन; कोरमा; अरवी, मीट के साथ तली गई सब्जी; शामी कबाब, मीट के टुकड़े तथा मसूर की दाल मय मुरब्बा, अचार, चटनी शामिल होते थे। अधिकांश स्थानों पर तोड़ा में ये सब खाद्य पदार्थ होते थे, लेकिन लखनऊ में ये सभी व्यंजन

घर में खाए जाते थे तथा अतिथियों को भेजे जाते थे। अन्य खाद्य सामग्रियां विरले ही परोसी जाती थीं। ये व्यंजन प्रत्येक अतिथि के सामने दस्तरख्वान पर परोसे जाते थे। इन व्यंजनों को बाहर भेजने के लिए बड़ी अष्टभुज लकड़ी की ट्रे में सावधानी के साथ ले जाया जाता था।

प्रतिष्ठित गृहस्थियों की खाद्य सामग्री की विविधता उनके वर्ग तथा हैसियत के अनुसार होती थी तथा 'तोड़ा' भी तदनुसार तैयार किया जाता था।

अति लोकप्रिय ख्वान (ट्रे) लकड़ी की बनी होती थी जिस पर रंग किया जाता था, गुम्बदाकार ढक्कन होता था, जिसके ऊपर सफेद रंग का दुपट्टा बंधा होता था। शाही रसोई तथा उच्चवर्गीय घरों में इस दुपट्टे को सीलबंद करने का रिवाज था, ताकि ट्रे के साथ कोई व्यक्ति किसी प्रकार की छेड़छाड़ नहीं कर सके। दुपट्टे के शीर्षपर अति अलंकृत, रंगीन कपड़ा ढका होता था, जो आमतौर पर सिल्क का होता था। बड़े घरानों में यह साटन, सिल्क अथवा जरी का होता था, कभी-कभी सोने या चांदी का गोटा लगा होता था। यह रिवाज संभवतः मुगल दरबार में चलन में था और वहां से यह लखनऊ पहुंचा था। यहां खाने पीने के साधारण मामलों में भी शिष्टाचार अनिवार्य था और आदत में शुमार हो गया था। एक साधारण व्यक्ति को भी जल छोटी ट्रे में रखकर, ऊपर ढककर आदर एवं सम्मान के साथ दिया जाता था।

शिष्टाचार के इस परिष्करण तथा प्रदर्शन ने लखनऊ में अनेक उत्कृष्ट रसोइयों को जन्म दिया जो समस्त भारत में सभी मुस्लिम दरबारों तथा राज्यों में मशहूर हुए। लखनऊ के अनेक रसोइयों ने शासकों तथा समृद्ध लोगों को खासा प्रभावित किया और उनसे सम्मान प्राप्त किया।

लखनऊ में जलेबी, इमरती तथा बालूशाही बढ़िया बनाई जाती हैं।

तार हलवा, शुद्ध घी से बनी एक मिठाई, जो आमतौर पर सभी हलवाइयों की दुकानों पर उपलब्ध होता है तथा पूड़ियों के साथ खाया जाता है, शुद्धतः हिन्दू मिठाई है। इसको मोहन भोग भी कहा जाता है। लेकिन चार प्रकार को सोहन हलवा नामतः पापड़ी, जौजी, हब्शी, दूधिया मुस्लिम मिठाइयां प्रतीत होती हैं। समकालीन हिंदू हलवाइयों द्वारा तैयार की जाने वाली अधिकांश मिठाइयां भारत में मुस्लिमों के आगमन काल से बनानी प्रारंभ की गई प्रतीत होती हैं।

उदाहरण के लिए बर्फी अपने नाम से फारस (फारस में हिम को बर्फ कहा

जाता है) मूल की लगती है। बालूशाही, खुर्मी, नुक्ती, गुलाब जामन तथा दर बहिश्त मुस्लिम काल में विकसित प्रतीत होती हैं। ये मिठाइयां, इस प्रकार, उन मिठाइयों में शामिल की जानी चाहिए जो अरब और फारस से आई हैं। पायरस तथा इमरती हिन्दू मिठाइयां हैं। आश्चर्यजनक रूप से लखनऊ में आगरा और पंजाब की मिठाइयां सबसे ज्यादा मशहूर हैं। लखनऊ और इसके आस-पास की मिठाइयां आम जनता में बहुत लोकप्रिय हैं। समस्त बातों के दृष्टिगत तथा कुल मिलाकर हिन्दू हलवाई मुसलमानों की अपेक्षा बेहतर हैं तथा हिन्दू लोग मिठाइयों के ज्यादा शौकीन हैं। ऐसा संभवतः मुसलमानों के मांसाहारी होने के कारण है कि वे लवणयुक्त भोजन अधिक पसन्द करते हैं। दूसरी तरफ, हिंदू लोग मीठे स्वाद को तरहीज देते हैं। हिंदू मिठाई खाकर अपना पेट भर सकते हैं जबकि मुसलमानों के साथ ऐसा नहीं है। हिन्दुओं की इस अभिरुचि के कारण हिन्दुओं के धार्मिक केन्द्र मथुरा, बनारस तथा अयोध्या विभिन्न प्रकार की मिठाइयों के निर्माण में अन्य सभी नगरों से श्रेष्ठतर हैं। मुस्लिम रसोइयों के अतिरिक्त बहुत से लोग सोहन हलवा बनाने के लिए प्रसिद्ध हैं। हाल ही में प्रतिष्ठित सुलेखक मुंशी हादी अली पापड़ी हलवा सोहन बनाने के क्षेत्र में बहुत ख्याति अर्जित कर चुके हैं। वह एक किलो बेसन में बीस-पच्चीस से तीस किलो घी मिलाते थे तथा प्रत्येक मिठाई को अपने उतकृष्ट तुगरा लेखन से सज्जित करते थे ताकि उनके हलवा सोहन के साथ-साथ उनके सुलेखन तथा डिजाइन का नमूना भी पेश किया जा सके। मटिया बुर्ज में लखनऊ के सम्भ्रान्त परिवार के एक वजीर ने मात्र दो आउन्स अन्य अवयवों में लगभग ढाई किलोग्राम घी मिलाया था। उसका पापड़ी सोहन हलवा सामान्य पीला दीखने के स्थान पर नए सफेद धुले कपड़े जैसा नजर आ रहा था।

### गैर-शाकाहारी आहार

हाल में नयी पीढ़ी में अंगरेजी तथा अमेरिकी संस्कृति के प्रभाव के अधीन मांस-भक्षण का फैसन लोकप्रिय हो गया है। अतः, अधिकांश अंगरेजी शिक्षित वर्ग मांसाहारी व्यंजन परोसने वाले रेस्तराओं में भीड़ लगाए देखे जा सकते हैं। उत्तर प्रदेश में श्रेष्ठ मीट बनाने तथा परोसने वाले मुस्लिम हैं, जबकि हिंदू तथा अन्य बहुत कम हैं। उनके द्वारा बनाए जाने वाले कुछ श्रेष्ठ मांसाहारी व्यंजन इस प्रकार हैं : कुन्दन कालिया, मुर्ग मुसल्लम, शामी कबाब, जरदा, जमीनदोज, शब देग, पसंदा कबाब, लखनवी बिरयानी, पतीली कबाब, नेहारी खास, काकोरी कबाब और नर्गिसी कोफ्ता इत्यादि।

## काकोरी कबाब

अवध की पाककला की विशेषता इसमें प्रयुक्त होने वाले अवयवों तक सीमित नहीं है बल्कि व्यंजनों की विविधता में भी है। यदि कुछ व्यंजन शुद्ध घी तथा मक्खन की सुवास से स्वादिष्ट होते हैं, तो कुछ ऐसे अतुलनीय व्यंजन भी हैं जो साधारण सरसों के तेल में बनाए जाते हैं। सरसों का तेल समग्र उत्तर भारत में भोजन बनाने का एक साधारण माध्यम है। इन क्षेत्रों में व्यापक रूप से बोई जाने वाली सरसों की फसल की कटाई फरवरी तथा मार्च माह में की जाती है।

अवध में, सरसों के श्रेष्ठतम दानों से निकाला गया तेल कड़ाहों में तब तक गर्म किया जाता है जब तक उसमें से धुआं न उठने लगे। तब इसकी अशुद्धियां दूर करने के लिए मलमल के कपड़े में धोकर छाना जाता है। इस छने हुए तेल को मिट्टी के बड़े पात्रों में भरकर, पात्रों का मुंह भली प्रकार बंद कर, धरती में, किसी पेड़ के नीचे अथवा ठंडे स्थान पर, दबा दिया जाता था। इस तेल को तैयार होने के लिए 9-10 माह तक ऐसे ही दबा हुआ छोड़ दिया जाता है, ताकि वर्षा ऋतु में तेल और अधिक ठंडा हो जाए। जब वर्षा का जल रिसकर जमीन में भीतर पहुंच जाता है तब तेल के इस पात्र को जमीन खोदकर बाहर निकाल लिया जाता है तथा यह उपयोग के लिए तैयार हो जाता है।

धरती के भीतर दबाकर रखने से इस तेल में रवा पड़ जाता है, जिसे भोजन पकाने के लिए इस्तेमाल किया जाता है। तीखे कच्चे सरसों के तेल के मुकाबले इस तेल में हल्की सुवास उत्पन्न हो जाती है तथा इसकी उष्णता कम हो जाती है। सरसों के तेल का उपयोग 'करी' बनाने तथा सूखी सब्जियां बनाने हेतु किया जाता है।

अवध की बिरयानियाँ पूरे विश्व में अपना कोई सानी नहीं रखती हैं। आमतौर पर बिरयानी मांसाहारी ही होती है, परन्तु विकल्प के रूप में शाकाहारी बिरयानी भी अलग-अलग सब्जियों के साथ बनाई जाती है। दम पुख्त बिरयानी अपना विशेष स्थान रखती है। कोरमा, रूमाली रोटी, कबाब, शीर माल, जर्दा, वर्की परांठा आदि प्रमुख नवाबी खाने में शामिल किये जाते हैं। सन् 1805 में स्थापित लखनऊ की राम आसरे हलवाई की "मलाई-गिलौरी व मक्खन-मलाई तथा अकबरी गेट पर हाजी मुराद अली के टुण्डे के कबाब" विशेष रूप से पूरे लखनऊ में प्रसिद्ध है। इसके अतिरिक्त लखनवी पान तथा वहाँ की चाट उल्लेखनीय है।

# 13

# वस्त्र और आभूषण

भारतीय वेशभूषा का इतिहास अन्धकार के पर्दे में छिपा है। प्राचीन मूर्तिकला तथा एलोरा व अजंता के भित्तिचित्रों के अध्ययन से यह स्पष्ट हो जाता है कि मुस्लिम काल से पूर्व भारत में सिले हुए वस्त्र पहनने का चलन नहीं था। महिलाएं तथा पुरुष अपना बदन कपड़े की बिना सिली चादर, साड़ी तथा धोतियों से ढकते थे। भारत पहुंचने वाले प्रथम अरबी मुसलमान कुर्ता और तहमद तथा लबादा पहना करते थे थोड़े ही समय में मुसलमानों द्वारा सर्वत्र धारण की जाने वाली पोशाक भारत पहुंच गई।

भारतीय सुल्तान, हिन्दू राजाओं के उदाहरण का अनुकरण करते हुए, अपने शरीर पर हीरे जवाहरात धारण करते थे। दिल्ली में मुगल दरबार का फैशन में, एक पगड़ी, एक छोटा कोट, टखनों तक लम्बाई का चुस्त पायजामा, ऊंची एड़ी के जूते तथा कमरे पर एक पेटी शामिल थी। यह दिल्ली में उच्च वर्ग के लोगों का पहनावा था, जो मुहम्मद शाह रंगीले के समय तक अपरिवर्तित रहा, अथवा यदि उसमें कोई परिवर्तन आए तो वे चलन में नहीं आ सके।

यह दरबारी पोशाक थी, जो दिल्ली से अवध आने के समय नवाब बुरहान-उन-मुल्क तथा शुजा-उद-दौला पहना करते थे। जामा (बिना कालर की कमीज) का कपड़ा आमतौर पर बढ़िया मलमल होता था, जो भारत के विभिन्न नगरों में बनाया जाता था तथा पूरे विश्व में सुप्रसिद्ध था। ढाका की मलमल तथा कशीदाकारी युक्त कपड़ा अभिजात वर्ग तथा शाही लोगों के लिए होता था। बाद में, बलबर, जो फारसी लबादे की नकल थी, का आविष्कार हुआ।

बलबर में सुधार कर दिल्ली में अंगरखा तैयार किया गया, जो जामा और बलबर का संयोजन था तथा जिसने एक नए चलन को जन्म दिया। दिल्ली में पहना जाने वाला अंगरखा पूरे भारत में फैल गया। जब अंगरखा लखनऊ पहुंचा तो इसको ज्यादा चुस्त बना दिया गया।

लखनऊ में चोली की जगह शलूका (गरदन तक की फतूही) पहना जाता था,

जिसमें सामने की तरफ बटन लगे होते थे। बटन उसी समय यूरोप से भारत पहुंचे थे। इन फतूहियों में विशेष शैलियां प्रदर्शित की गई थीं। उच्च वर्ग के लोग मलमल की चुस्त फतूही पहनते थे, जिस पर कसीदा होता था। कुछ लोग 'रंगीन फतूही पहनते थे, जिस पर कसीदाकारी कपड़े की सुकोमलता उभर जाती थी। लखनऊ पहुचने के बाद बलबर में दूसरा सुधार चपकन (चुस्त लबादा) के रूप में हुआ। यह चपकन अंगरेजों द्वारा पसंद की गई तथा कुछ समय तक अंगरेजों ने चपकन को अपने नौकरों की ड्रेस बनाए रखा।

हाल के समय में चपकन और अंगरखा की लीक पर अचकन का विकास हुआ। अचकन अत्यंत लोकप्रिय थी तथा यह शहरों से गांवों तक सब जगह पसंद की जाती थी। यह लखनऊ समेत सभी जगह इतनी लोकप्रिय हो गई कि भारत में अब यह हिंदुओं तथा मुसलमानों की पसंदीदा पोशाक बन चुकी है। अंगरखा के नीचे पहना जाने वाला शलूका को पहली बार बदलकर ढीले छोटे कुर्ते का रूप दिया गया। अंगरेजी प्रभाव के चलते थोड़े समय के बाद इसका स्थान कालन तथा कफ युक्त अंगरेजी  कमीज ने ले लिया।

भारत में विविध वर्गों के लोग अलग-अलग ढंग से धोती बांधते हैं; इसका एक छोर सदैव पीछे ठूंसा जाता है, लेकिन कुछ लोग दूसरे छोर को पेट के चारों तरफ लपेटकर रखते हैं जबकि अन्य लोग इसे नाभि के निकट खोंसते हैं।

भारत में मुसलमानों के आगमन से पूर्व टांगो को ढकने का एकमात्र साधन धोती ही था। मुस्लिम विजेता अपने साथ यहां पायजामा लेकर आए, यद्यपि कुछ ऐसे धार्मिक नेता भी थे, जो तहमद पहन कर भारत आए थे।

## शीर्ष-परिधान

प्राचीन काल में ही भारत में पगड़ी पहनने की परम्परा रही है। मुसलमान अमामा पहन कर भारत पहुंचे थे। अमामा एक बड़ी पगड़ी होती थी। मुसलमानों के प्रभावाधीन भारत के सिर के पहनावे में अनेक परिवर्तन आए थे। जो भी, पहाड़ी भारत में सिर पर धारण करने हेतु पहले ही से एक प्रतिष्ठापित रूप था। प्रारंभिक मुस्लिम शासकों अमामा बहुत बड़ा होता था। संभवतः इसी कारण अभिजात वर्ग के लोगों की पगड़ी भी बड़ी होती थी। वे पगड़ी के नीचे पुरानी तुर्की शैली की शंक्वाकार नोक की टोपी धारण करते थे। इसको 'फेज' कहा जाता था तथा ब्रिटिश भारतीय फौज की वर्दी का हिस्सा भी बनाई गई थी।

अनुवर्ती काल में भारत की गर्म पगड़ियां छोटी होती चली गईं। पगड़ियों के

अतिरिक्त टोपी भी सर पर धारण की जाती थी। इसमें भी समय के साथ अनेक परिवर्तन हुऐ। ताज नुमा कमरखी टोपी, चार कोनी, पंच कोनी, दोपलड़ी, नुक्कादार टोपी, मंडल नामक गोल टोप, जनरल की टोपी तथा दरबार हैट या आलम पसंद प्रमुख रूप से सर पर शान के साथ पहनी जाती थीं।

इस बीच शिक्षित हिंदुओं ने मंडल जैसी दिखने वाली फेल्ट कैप पहननी शुरू कर दी थी, जो मुस्लिम लोग भी पहनते थे। अंगरेजों ने इसे 'बाबू कैप' नाम दिया था। पश्चिमी शिक्षा प्राप्त लोगों ने पायजामा, अंगरखा, भारतीय जूते, भारतीय टोपी अथवा पगड़ी पहनना छोड़ अंगरेजी कोट, ट्राउजर्स, बूट तथा हैट पहनना प्रारंभ कर दिया था। अधिकांश लोग अपने परम्परागत फैशन को कायम रखने के इच्छुक थे, फिर भी बदलाव हुआ। यद्यपि लखनऊ में परम्परावादी लोगों के बीच टोपी फैशन की चीज बन चुकी थी पर सुंदरता की चाह भी पगड़ी को चलन से बाहर नहीं कर पाई थी।

## विशेष फैशन

लखनऊ में, कपड़ों के भिन्न प्रकार के डिजाइन एवं फैशन में अनेक सुधार किए गए थे। चूंकि भारत एक गर्म देश है, यहां के गरीब लोग तन ढकने के लिए अनिवार्यता पूरी करने वाले कपड़े पहनते हैं तथा शरीर का बाकी हिस्सा अनावृत्त छोड़ देते हैं। इसका कारण केवल उनकी गरीबी या रुचि की कमी ही नहीं बल्कि भारत की जलवायु भी है। विशेषकर लखनऊ में सैन्य गतिविधि अथवा युद्ध का विचार अधिक नहीं था, अतः पुरुष वर्ग विलासिता का जीवन बिताने लगा तथा उनका अधिकांश समय महिलाओं के सन्निध्य में बीतने के कारण उनमें महिलाओं के फैशन का प्रभाव उत्पन्न हो गया।

उनके रहन-सहन के तरीके तथा वस्त्रों में तड़क-भड़क और सजधज नजर आने लगी। जो वस्तुतः महिलाओं के लिए ही उचित थी।

चूंकि उन्हें शहर में फैशन का नायक माना जाता था, अतः अधिकांश लोगों ने उनका अनुसरण किया। वे अपने बालों की मांग बीच से निकालने लगे, सोने व चांदी के कामवाली टोपी पहनने लगे, अपने बालों को लहरदार बनाकर माथे पर रखने लगे, मुंह में सुपारी चबाने लगे तथा होठों पर लाली लगाने लगे। वे तीन जेबों वाला चुस्त अंगरखा और नीचे सिल्क का बना चुस्त पायजामा पहनते थे। हाथों पर मेंहदी रचाते थे तथा जड़ाऊ जूते पहनते थे। सर्दियों में अंगरखा के स्थान पर वे लोग जदी अथवा मखमल के रंगीन कोट पहना करते थे, जिनमें रूई के पैड

लगे होते थे। सर्दियों में उच्च वर्ग के कुछ लोग शाल के कपड़े से बना काबा पहना करते थे। शाल तथा कशीदा युक्त ऊनी चौकोर गुलबन्द सर्वत्र लोकप्रिय थे।

मुर्हरम, लखनऊ में एक विशेष अवसर होता है। दस अवसर के लिए उपयुक्त ऐसे वस्त्र तथा आभूषण तैयार किए जाते थे, जिनसे दुख एवं वेदना की अभिव्यक्ति हो सके। इसलिए मुर्हरम के लिए महिलाओं के वस्त्र हरे, नीले, तथा काले रंग में तैयार किए जाते थे तथा इनमें कतिपय कारणों से पीला रंग भी होता था, जबकि लाल रंग निषिद्ध था। जेवरात नहीं पहने जाते थे। यहां तक की चूड़ियां भी उतार दी जाती थीं तथा उनके स्थान पर कलाइयों पर काले या हरे रंग की पट्टी होती थी। सिल्क के काले या हरे रंग के लटकनेवाले कर्णफूल सोने तथा चांदी के जेवरात से भी अधिक नजाकत के साथ तैयार किए जाते थे।

## केश-सज्जा

जब महिलाओं ने अंगरेजी फैशन के अनुसार बालों को पीछे की तरफ कंघी कर माथे को खाली छोड़ना प्रारंभ किया तो कुछ पुरुषों ने भी उनका अनुसरण किया। अब अंगरेजी फैशन तथा शैली का चलन बढ़ने लगा था सो पूरे भारत की तरह लखनऊ के लोगों ने भी अपने बाल अंगरेजों की तरह कटवाना शुरू कर दिया तथा दाढ़ी भी छोटी रखने लगे। महिलाओं की केश सज्जा की शैली लखनऊ तथा दिल्ली में शायद एक समान थी। समारोह आदि के अवसर पर वे चांदी का कमखाब इस्तेमाल करती थीं, जिससे पूरी वेणी चांदी की बनी प्रतीत होती थी। केश माथे के दोनों तरफ लहराते थे। तथा ललाट पर सोने तथा चांदी के पाउडर से अनेक प्रकार की सज्जा की जाती थी। महिलाओं के हाथों और पैरों पर मेंहदी रचाई जाती थी, जबकि कुछ रसिक पुरुष भी मेंहदी का उपयोग करने लगे थे। यह सब देखकर दूसरे शहरों के लोग लखनऊ के पुरुषों को जनाना मानते लगे।

## पदत्राण (जूता इत्यादि)

मुस्लिमों के आगमन से पूर्व, भारत में जूते कभी नहीं पहने गए थे क्योंकि धार्मिक कारणों से चमड़ा हिंदुओं के लिए असंगत है। राजाओं समेत सभी लोग लकड़ी निर्मित पादुका (खड़ाऊं) पहनते थे। मुस्लिम शासन काल में कफ्श, (ऊँची एड़ी के जूते), चढ़वाँ जूते, सलीम शाही, खुर्द नौ, शागरीन के जूते, घटेला जूते तथा महिलाओं में घटेला के अतिरिक्त टरि बानी (जरीदार जूते) विशेष रूप से चलन में आये।

## महिला-परिधान

प्राचीन काल में हिन्दू महिलाओं का परिधान महज एक लम्बी बिना सिली चादर होती थी जो कमर पर बांधकर कंधों अथवा सिर के ऊपर पहनी जाती थी। इसके साथ, प्रारंभिक हिंदू काल में, एक वस्त्र पहना जाता था जिसको उत्तर भारत में अंगिया तथा दक्षिण भारत में चोली कहा जाता था। यह वस्त्र भगवान श्री कृष्ण के काल में विद्यमान बताया जाता है। बाद में अंगिया और चोली में अन्तर हो गया। दक्षिण भारत की चोली में पीछे से आगे की तरफ कपड़े की एक पट्टी लगाई जाती थी जो स्तनों के बीच बांधी जाती थी ताकि आवृत्त करने के पश्चात् भली भांति ढंक जाए। उत्तर की अंगिया में स्तनों को आवृत्त करते दो निधान होते थे, जो सिलाई किए जाते थे तथा उन पर दो तीन इंच का उभार रखा जाता था। यह अंगिया पीठ पर बंद होती थी। इसके साथ दो आधी बाजू लगी रहती थीं तथा इन बाजुओं में हाथ डालकर पहनी जाती थी। चोली के उलट अंगिया में स्तनो को प्रमुखता दी गई थी। यह प्राचीन हिन्दू वस्त्र था तथा समय के साथ हुए परिवर्तनों तथा सुधारों के विषय में किसी को कुछ ज्ञात नहीं है। प्रथम दृष्टि में अंगिया हाल विगत में विकसित हुई प्रतीत होती है। हिंदू काल में महिलाओं के वस्त्रों में इसके अतिरिक्त अन्य किन्हीं परिवर्तनों का कोई आभास नहीं होता है।

मुस्लिम लोग सिले हुए वस्त्र भारत लाए थे जिनमें कुर्ता तथा पायजामा शामिल थे। जब वे भारत आए थे उस समय मुस्लिम महिलाएं ढीला फारसी पायजामा पहनती थीं जो इकट्ठा कर टखनों के पास बांधा जाता था। बाद में घेरा कम तथा पायंचे चुस्त कर दिए गए पर बीच में ढीला ही रखा गया। धीरे-धीरे इसके निचले छोर इतने अधिक चुस्त रखे जाने लगे कि पहनते एवं उतारते समय खोलने पड़ते थे।

लखनऊ में मुस्लिम महिलाओं की प्रारंभिक पोशाक पायजामा जो कूल्हों पर काफी चुस्त होता था, आधी बाजू की चुस्त अंगिया तथा सामने व पीछे का नीचे का हिस्सा ढकने के लिए कुर्ता था। कुर्ते में बाजू नहीं होती थीं, यह स्तनों को नहीं ढकता था तथा सामने की तरफ अंगिया के नीचे काफी नीचा कटा होता था। सामने तथा पीछे का हिस्सा यथास्थान रखने के लिए कंधे से दो लम्बे पट्टे लटके रहते थे। इसके ऊपर एक दुपट्टा होता था जो हल्के कपड़े का लगभग तीन गज लम्बा होता था। पहले यह दुपट्टा सिर के ऊपर से ओढ़ा जाता था, लेकिन बाद में केवल कंधों पर लटकाया जाता था। गर्म जलवायु तथा सुन्दर दिखने की चाह में ये सब कपड़े हल्के तथा घेरे छोटे होते चले गए। उच्च वर्ग की महिलाओं ने सिल्क

की अंगिया तथा क्रेप का लबादा फैशन में शामिल कर लिया। नासिर उद् दीन हैदर के जमाने में घुटन्ना का फैशन समाप्त हो गया तथा उसके स्थान पर महिलाएं ढीले चौड़े पायंचे का पयजामा कमर पर बांधती थीं तथा इस सलीके के साथ पहनती थीं कि किनारी जमीन से छूकर मैली न हो सके। नवाबी शासन की समाप्ति तक शलूका (छोटी बाजू का चुस्त ब्लाउज) पहना जाता था। पहले यह अंगिया के ऊपर कुर्ते की जगह पहना जाता था।

लेकिन यह पोशाक अपर्याप्त सिद्ध हुई क्योंकि यह बहुत महीन कपड़े की बनी होती थी तथा इससे बाजू नहीं ढकी जाती थी। आखिरकार इसका स्थान ढीले कुर्ते ने ले लिया। तथापि इन सभी वस्त्रों का स्थान एक के बाद एक करके अंगरेजी जैकेट तथा ब्लाउज ने ले लिया। लेकिन वर्तमान समय में कुछ मुस्लिम महिलाओं ने साड़ी को सबसे आकर्षक पोशाक मानकर अपना पुराना पहनावा छोड़ साड़ी को अपना लिया है। आमतौर पर कहा जाता है कि साड़ी सबसे सादा वस्त्र है।

## आभूषण

एक महिला के लिए अपने पहनावे के पश्चात् सबसे महत्वपूर्ण चीज आभूषण है, जिसे वह अपनी सम्पदा तथा विरासत मानती है। भारत में अधिकांश क्षेत्र में आमतौर पर भारी आभूषण पहने जाते थे, चूंकि वे कीमत में ज्यादा होते हैं। भारी आभूषणों की लालसा अवध के ग्रामीण हिस्सों के साथ-साथ भारत के ज्यादातर उपनगरों में भी बढ़ रही है। जब कुलीन वर्ग की महिलाएं दिल्ली से लखनऊ पहुंची थीं तब उन्होंने भारत में आमतौर पर पहने जाने वाले भारी आभूषण धारण कर रखे थे। तथापि, लखनऊ में जीवन के हर क्षेत्र में नई रुचियों के विकास के साथ नाजुक तथा सुन्दर आभूषणों का फैशन चल पड़ा था। गहने हल्के, शानदार तथा उत्कृष्ट कोटि के होने लगे। वर्तमान समय में महिलाओं में बना अलंकरण की सादा ड्रेस पहने तथा हल्के व नाजुक लेकिन कीमती गहनों के एक या दो पीस धारण करने का फैशन है। यदि वे ज्यादा संख्या में गहने पहनती हैं तो उनका आकार बहुत छोटा होता है।

लखनऊ में बने जेवरात अन्य स्थानों के जेवरातों की तुलना में अधिक उत्कृष्ट एवं सुकोमल होते हैं। लखनऊ में स्वाभाविक रूप से नाक के बाएं नथुने में पहनी जाने वाली सोने की रिंग (नथ), जिसमें बहुमूल्य रत्न जड़ा होता है, हिन्दू काल से ही महत्वपूर्ण शृंगार तथा विवाह का प्रतीक मानी जाती है। मुस्लिम तथा ग्रामीण महिलाएं चार से पांच तोले तक की नथ धारण करती थीं। पर बाद में

लखनऊ की महिलाओं ने नथ पहनना छोड़कर कील को अपना लिया। बीस-पच्चीस साल तक बुलाक (बहुमूल्य नग जड़ा सोने का छोटा झूलता सेट) का फैशन भी बहुत बढ़ा।

ग्रामीण क्षेत्रों में महिलाएं अब भी नूपुर, कंकण, बिछुए, जुगनूं, कण्ठी, चांदी की हंसुली तथा अनेक प्रकार के कर्णफूल जैसे पारम्परिक आभूषण धारण करती हैं। तथापि, शहरी महिलाओं ने बढ़ते अपराध के कारण असली आभूषणों के स्थान पर कृत्रिम आभूषण पहनना प्रारंभ कर दिया है।

लखनवी वस्त्रों में बेहतरीन कढ़ाई के नमूने देखे जा सकते हैं। महिलाओं तथा पुरुषों दोनों के वस्त्रों के ऊपर चिकन की कढ़ाई से अलंकरण किया जाता है। इस कशीदाकारी की 36 से भी अधिक शैलियाँ होती हैं जिसमें—मुर्रे, जाली, बखिया, टप्पा, टेप्चो आदि प्रमुख हैं। इस कला को हसन मिर्जा तथा फयाज़ खान ने अपनी कारीगरी से नये आयाम दिये।

सम्पूर्ण उत्तर प्रदेश में आज यदि महिलाओं के वस्त्र विन्यास को देखा जाऐ तो शहरी महिलाऐं साड़ी या सलवार सूट पहनती हैं, आधुनिकताऐं पाश्चात्य पोशाक यथा—जींस, टी शर्ट या स्कर्ट आदि धारण करती हैं। ग्राम्य जीवन अभी भी आधुनिकता व पारम्परिकता के बीच संघर्ष करता नजर आता है। अधिकांश महिलाऐं सीधे पल्ले की साड़ी ही पहनती है। लहंगा व ओढ़नी भी आम वस्त्र है।

पुरुष वर्ग में केवल पुरानी पीढ़ी ही ऐसी है, जो धोती व अंगरखा पहनती है, अन्यथा गाँव तथा शहर सभी में पतलून-शर्ट एक आम पोशाक है। जिससे अनुमान लगाया जा सकता है कि उत्तर प्रदेश में लोग पारम्परिक के मुकाबले सहज पहनावे को अपना रहे हैं।

# 14

# दलित वर्ग संस्कृति

वर्तमान काल की अवधि में जीवन के सभी क्षेत्रों में आश्चर्यजनक प्रगति के बावजूद जाति भेद उत्तर प्रदेश में अपनी जड़ें जमाए हुए है। निस्संदेह, ग्रामीण जीवन का अभिप्राय सामाजिक घनिष्ठता होता है जो जमींदारों तथा कृषकों के बीच तथा उच्च एवं निम्न जातियों के बीच खाई को पाटने का कार्य करता है।

उत्तर प्रदेश में सामाजिक ढांचा वंचितों, दुर्बलों तथा दलितों के लिए दमनकारी तथा शोषणकारी रहा है। अंग्रेजों के आगमन से पूर्व राज्य में कानून और व्यवस्था नाम की कोई चीज नहीं थी। अतः वंचित अथवा दलित वर्ग के पास सामाजिक अथवा आर्थिक रूप से उच्च वर्ग के विरूद्ध न्याय मांगने हेतु कोई जगह नहीं दी। उत्तर प्रदेश में निरन्तर उत्पीड़ित लोगों को दो वर्गों में बांटा जा सकता है : (1) भूमिहीन कृषक तथा (2) सामाजिक पड़िया जिन्हें हरिजन अथवा दलित कहा जाता है।

जहां तक जाति का संबंध है, यह हिन्दू सामाजिक ढांचे में विकट रूप से बुनी गई एक व्यवस्था है। साधारण शब्दों में, यह ऐसा साम्प्रदायिक वर्ग है, जिसमें हिंदू जन्म के साथ ही प्रविष्ट हो जाता है। हिंदुओं की चार प्रमुख जातियां अथवा वर्ण हैं (1) ब्राह्मण (याजक), (2) क्षत्रिय (शासक और योद्धा), (3) वैश्य (व्यवसायी और कृषक) तथा (4) शूद्र (सेवक अथवा दास)। एक पांचवां वर्ग (पंचमास), जाति से बाहर अथवा अस्पर्श्य के रूप में जाना जाता है, जाति संरचना से बाहर था तथा उसी रूप में उस वर्ग के साथ व्यवहार किया जाता था। प्रथम तीन जातियां शुद्ध आर्य रक्त मानी जाती हैं तथा 'द्विज' कहलाती हैं। इनका यज्ञोपवीत संस्कार किया जाता है, जो द्वितीय जन्म का प्रतीक होता है। शूद्रों को यह अधिकार प्रदान नहीं किया गया है, अतः उन्हें 'एकज' कहा जाता है।

हिंदू जाति प्रथा उत्तर प्रदेश में इतिहास से अधिक पुरानी है। हिंदूओं के पावन धर्मग्रन्थों में उल्लेख है कि वेद भगवान ब्रह्मा द्वारा रचित हैं, जिनको सृष्टि के निर्माण का श्रेय है तथा उनके द्वारा ही धरती पर मानव को उत्पन्न करने के साथ

यह व्यवस्था प्रतिष्ठापित की गई है। ब्राह्मण भगवान ब्रह्मा के मस्तिष्क से, क्षत्रिय और राजा उनके कंधों से, वैश्य उनके उदर से तथा शूद्र उनके चरणों से उत्पन्न हुए हैं।

उस काल में शूद्रों अर्थात इन सामाजिक जातिच्युतों का तिरस्कार और उनके प्रति विद्वेष चरम पर था तो दूसरी ओर ब्राह्मणों को दिया जाने वाला आदर और सम्मान भी चरम पर था। पूरे उत्तर प्रदेश में पड़ियाओं को दूसरी जातियां दास के रूप में देखती थीं तथा उनके साथ अत्यंत तिरस्कार पूर्ण भाव रखा जाता था। उन्हें अपने हित के लिए भूमि जोतने तक का अधिकार नहीं था, लेकिन वे दूसरी जातियों के लिए स्वयं को किराए पर उपलब्ध कराने हेतु बाध्य थे, जो उनसे कठोरतम काम लेकर न्यूनतम मजदूरी का भुगतान करती थीं।

शूद्र वर्ग की जनसंख्या सबसे अधिक है तथा मोचियों को साथ जोड़कर ये हिन्दू जनसंख्या का एक चौथाई भाग हैं।

वे पूरे वर्ष के दौरान कभी नहीं सोचते कि अगले दिन का भोजन कैसे प्राप्त होगा। जब उनके पास कहीं से कोई धन आता है तो वे उसे तुरंत खर्च कर डालते हैं तथा जब तक उनके पास जीवित रहने का कोई साधन है तो वे कोई कार्य करना पसंद नहीं करते। कुछ जनपदों में उन्हें अपने लिए भूमि पर खेती करने की अनुमति है, लेकिन ऐसे मामलों में वे अपने वर्ग का लगभग सबसे निर्धन व्यक्ति होते हैं। पड़िया लोग खेतों में मजदूरी के लिए उपलब्ध होते हैं। लेकिन वे लोग जो स्वयं अपने स्वामी हैं तथा अपने लिए खेती करते हैं इतने लापरवाह होते हैं कि सब कुछ अनुकूल होने पर भी वे अपने आधे वर्ष के गुजारे लायक ही पैदावार ले पाते हैं।

### अस्पर्श्यता एवं उत्पीड़न

यदि कोई व्यक्ति जाने अनजाने किसी पड़िया से छू जाता तो वह स्नान द्वारा अथवा उसकी जाति की प्रथा के अनुसार महत्वपूर्ण अन्य प्रकार से शुद्धि करने तक किसी भी व्यक्ति से किसी भी प्रकार का कोई सम्पर्क नहीं रख सकता था। इस वर्ग के किसी सदस्य के साथ भोजन करना, उनके द्वारा तैयार किया गया भोजन छूना, उनके द्वारा लाया गया जल ग्रहण करना, उनके द्वारा स्पर्श किए गए मिट्टी के बरतन का उपयोग करना, उनके घर के भीतर कदम रखना अथवा उन्हें घर में प्रवेश की अनुमति देना सदूषण माना जाता था।

उपरोक्त प्रत्येक कार्य द्वारा प्रभावित व्यक्ति सदूषित माना जाता था तथा उस व्यक्ति को अपनी जाति में पुनः प्रवेश पाने के लिए अनेक कठिन एवं व्ययकारी औपचारिकताऐं पूर्ण करनी होती थी। यदि किसी व्यक्ति का किसी पड़िया महिला से संबंध सिद्ध हो जाए तो उसको और अधिक गंभीर दृष्टि से देखा जाता था।

तदपि इन पड़ियाओं के प्रति घृणा देश के कुछ हिस्सों में इतनी नहीं है। यह भावना देश के दक्षिणी तथा पश्चिमी जनपदों में अत्यंत तीव्र थी जबकि उत्तर जनपदों में अपेक्षाकृत कम दिखाई देती थी। मैसूर के उत्तरी भाग में शूद्रों के अन्य वर्ग के लोग पड़िया लोगों को अपने पास आने देते थे तथा उन्हें अपने घर में पशु बांधे जाने की जगह तक प्रवेश की अनुमति देते थे। वास्तव में कुछ स्थानों पर प्रथा में ढील दी गई थी कि पड़िया गृह स्वामी के घर में अपना सिर और एक पैर, लेकिन केवल एक पैर, अन्दर रख सकता थी। कहा जाता है कि और उत्तर की तरफ इनमें तथा अन्य शूद्रों में यह अन्तर कम होते हुए अन्ततः बिल्कुल समाप्त हो जाता है।

**पड़िया**

ये अभागे लोग भारी संख्या में अपनी पत्नी तथा बच्चों के साथ किसानों अथवा कृषक वर्ग के बंधुआ हो जाते थे, जो इनसे कठोरतम श्रमकार्य करवाते हैं तथा अत्यंत व्यवहार करते थे। ग्रामीण सफाईकर्मी सार्वजनिक शौचालय की सफाई, सड़कें बुहारने तथा कूड़ा करकट साफ करने हेतु बाध्य थे।

ऐसा पड़िया लोग, जो कृषकवर्ग के दास नहीं हैं निजी व्यक्तियों अथवा फौजी घोड़ों की देखभाल करते हैं, कुछ हाथियों की देखभाल करते हैं, अन्य पशुओं की देखभाल करते हैं, दूसरे संदेशवाहक तथा भारिक होते हैं, जबकि अन्य पड़िया लोग साधारण शारीरिक श्रम के कार्य करते हैं।

फिर भी उनका पालन पोषण उनके अच्छा सैनिक बनने के लिए आवश्यक अन्य योग्यताएं प्राप्त करने में बड़ी बाधा रहता है, उन्हें सैनिक अनुशासन सिखाना बहुत कठिन काम होता है तथा उनमें सम्मान भाव की बेहद कमी होती है।

आज भी उनकी अस्वच्छता की आदतें घृणास्पद हैं। उनकी झोपड़ियों में अक्सर कचरे तथा कीड़े मकोड़ों का एक ढेर होता है, कभी-कभी तो स्वयं उन व्यक्तियों से भी अधिक घृणास्पद होता है। वे शराब पीने के आदी होते हैं जबकि

अन्य हिंदू लोग इससे नफरत करते हैं। पड़िया लोग आमतौर पर महुआ से बनी ताड़ी पीते हैं। इसकी तीखी दुर्गन्ध के बावजूद वे इस बदजायका ताड़ी को ऐसे पीते हैं मानों वे अमृतपान कर रहे हैं।

ताड़ी पीकर आपस में लड़ाई करना उनके लिए एक साधारण बात है तथा इस मामले में पीड़ित व्यक्ति अधिकतर उनकी पत्नी और बच्चे होते हैं यहां तक कि उन्हें अपनी पत्नी के गर्भवती होने का भी ख्याल नहीं होता है। अन्य जातियों के लोग पड़िया लोगों के भोजन की घृणित प्रकृति के कारण अधिक घृणा करते हैं। वे अर्द्ध-दूषित मांस को बांटकर अपनी झोंपड़ियों में ले जाते हैं, जहां वे उस मांस को बड़े चाव से खाते हैं। उन्हें इस बात से कोई सरोकार नहीं होता कि जानवर किसी रोग से मरा हो सकता है, बल्कि वे स्वयं कभी-कभी गुप्त रूप से गायों अथवा भैंसों को विष दे कर मार डालते हैं ताकि अपनी दावत का प्रबंध कर सकें। गांव में मरने वाले पशु का अधिकार होता है जो उस पशु का मांस दूसरे पड़ियाओं को बहुत कम कीमत पर बेच देता है। जब इस मांस को एक दिन में उपभोग करना संभव नहीं होता तो वे इस मांस को धूप में रखकर सुखाकर अपने घरों में रख लेते हैं जिसका उपयोग तब किया जाता है जब उनके पास भोजन का अन्य कोई विकल्प नहीं होता है।

## सर्वाधिक महत्वपूर्ण विकास

तथापि, सन् 1980 से पिछड़े वर्गों तथा दलितों का उत्थान और लगभग अहिंसक रूप से इन वर्गों को राजनैतिक सत्ता का अंतरण सर्वाधिक महत्वपूर्ण घटना रही है। कुछ दशकों के दौरान अल्पसंख्यकों तथा अन्य की सहायता से लोकतांत्रिक तरीके से सत्ता में आए इन वर्गों ने अपने लोगों को सामाजिक न्याय प्राप्त करने की दिशा में महत्वपूर्ण कार्य किया है। पिछड़े वर्गों तथा दलितों के आंदोलन के ऐतिहासिक नेताओं को याद कर स्थानों तथा जनपदों का नामकरण उनके नाम पर करने, मूर्तियां लगाने तथा आक्रामक उल्लेखों को मिटाने व इतिहास को पुनः लिखने के कार्य इसका प्रतीक हैं। सांस्कृतिक पुनर्जागरण निरन्तर चल रहा है। अब नेताओं ने अन्य सामाजिक वर्गों तथा मानवीय वास्तविकता को समझकर अपने द्वार अन्य उच्च जातियों के लिए खोल दिए हैं। 'बहुजन' का स्थान 'सर्वजन', 'बहुत' का स्थान 'सब' ने ले लिया है।

इस बीच दलित एवं वंचित वर्ग को अपनी ओर आकृष्ट करने के लिए राज्य में अन्य पार्टियों ने भी इनका भाग्य बदलने के लिए प्रशासनिक तथा सामाजिक प्रयास किए हैं।

## दलितों के लिए कल्याण उपाय

उत्तर प्रदेश सामाजिक कल्याण विभाग, आज, अनुसूचित जातियों तथा अनुसूचित जनजातियों को शैक्षिक, सामाजिक तथा आर्थिक रूप से समाज की मुख्यधारा में लाने के लिए कल्याण कार्यों की देखभाल करता है। इस वर्ष एक महत्वपूर्ण सरकारी निर्णय के अधीन सभी गरीब छात्रों जिनके माता-पिता/संरक्षकों की वार्षिक आय रु. 25,476(शहरी क्षेत्र) तथा रु. 19,884/– (ग्रामीण क्षेत्र) से अधिक नहीं है, जो अ.जा/अ.ज.जा. छात्रों के बराबर छात्रवृत्ति पाने का अधिकार होगा।

समाज-कल्याण विभाग 1991-92 में एक पृथक इकाई के अस्तित्व में आया था। इससे पूर्व यह हरिजन सहायक विभाग की इकाई था। सन् 1940-41 में इसके अग्रदूत सुधार विभाग को इन पूर्वतः 'आपराधिक जातियां' के रूप में ख्यात जातियों के कल्याण का कार्य सौंपा गया था। कुछ समय तक समाज-कल्याण तथा सुधार ने साथ मिलकर काम किया, लेकिन उसके पश्चात् विभाग के समस्त कार्य हरिजन सहायक विभाग के सुपर्द कर दिए गए। सन् 1955 तथा 1961 में कुछ प्रशासनिक परिवर्तन किए गए तथा बेहतर समन्वय और कार्य सुविधा के लिए हरिजन सहायक तथा समाज-कल्याण का पूर्व विलय कर 1977-78 में एक संयुक्त विभाग हरिजन सहायक तथा समाज कल्याण विभाग बना दिया गया। चार वर्ष पश्चात् समाज कल्याण विभाग को इसका वर्तमान नाम मिला था। तथापि, 1995-96 में इस विभाग को क्षीण कर दिया गया तथा पिछड़े वर्ग, अपंग तथा अल्पसंख्यकों के कल्याण की जिम्मेदारी नव निर्मित संबंधित निदेशालयों को सौंप दी गई।

अ.जा./अ.ज.जा. छात्रों को छात्रावास उपलब्ध कराना, उत्पीड़न के मामले में क्षतिपूर्ति तथा चिकित्सा एवं पुत्री विवाह हेतु अनुदान दिलाना, अनुसूचित जाति/जन जातियों वित्तीय निगमों द्वारा संचालित सामाजिक अवयव योजना के अंतर्गत रोजगार तथा स्व-रोजगार उपलब्ध कराना इत्यादि समाज कल्याण विभाग के महत्वपूर्ण कार्य हैं। पेयजल के लिए मुफ्त बोरिंग का कार्य भी इसी विभाग द्वारा किया जाता है। इसके अलावा अ.जा./अ.ज.जा. के मेघावी छात्रों के लिए आई ए एस तथा पी सी एस कोचिंग के लिए केन्द्र भी स्थापित किए गए हैं। इनके लिए आश्रम विद्यालय भी खोले गए हैं।

विगत कई सदियों से निर्धनता और उत्पीड़न भरा जीवन जीने को बाध्य अ. जा./अ.ज.जा. के लिए शिक्षा सुनिश्चित करने हेतु प्राथमिक स्तर से विश्वविद्यालय के स्तर तक अ.जा./अ.ज.जा. छात्रों को छात्रवृत्तियां प्रारंभ की गई हैं। छात्रवृत्ति की

राशि वास्तविक लाभार्थी के हाथों में पहुंचना सुनिश्चित करने के लिए एक पारदर्शी व्यवस्था बनाई गई है जिसके अंतर्गत छात्रों का छात्रवृत्तियां स्कूल स्तर पर ही वितरित की जाती हैं। ग्रामों में इनका वितरण पंचायतों के माध्यम से किया जाता है। यह कक्षा प्रथम से कक्षा आठ तक किया जाता है। शहरी क्षेत्रों में छात्रवृत्ति वितरण में निगम पार्षद, वरिष्ठ अ.जा./अ.ज.जा. शिक्षक (संबंधित कालेज का) तथा एक अल्पसंख्यक सदस्य को छात्रवृत्ति वितरण कार्य में सम्मिलित किया जाता है, जिसके लिए धन समाज कल्याण विभाग द्वारा खोले गए संयुक्त डाकघर खाते में जमा किया जाता है। सरकार द्वारा एस.सी.एफ.डी.सी. के पर्यवेक्षण के अधीन अनुसूचित जातियों के नसीब की बेहतरी के लिए पर्याप्त वित्तीय सहायता के साथ उदारतापूर्वक नई योजनाएं बनाई गई हैं।

सफाईकर्मियों के बच्चों के लिए महान समाज सुधारक ज्योतिबा फुले के नाम पर कक्षा I से XII तक आश्रम विद्यालय लखनऊ में मोटाना रोड पर खोला गया है। छत्रपति साहूजी महाराज अनुसंधान एवं प्रशिक्षण संस्थान, गोमती नगर, लखनऊ काफी समय से बेरोजगार अ.जा./अ.ज.जा. युवाओं को परीक्षा पूर्व प्रशिक्षण प्रदान करने, प्रतियोगी परीक्षाओं हेतु तैयारी करने का कार्य कर रहा है। ऐसे प्रशिक्षण केन्द्र इलाहाबाद, गोरखपुर, वाराणसी, झांसी, अलीगढ़, तथा आगरा में भी विद्यमान हैं। इन केन्द्रों में प्रवेश योग्यताक्रम के आधार पर दिया जाता है तथा प्रशिक्षुओं को प्रशिक्षण समाप्त होने तक मुफ्त आवास तथा भोजन उपलब्ध कराया जाता है। लखनऊ में एक आदर्श प्रशिक्षण केन्द्र के संचालनार्थ 1.5 करोड़ रुपए का एक विशेष कोर्ष स्थापित किया गया है, जिसका संचालन मूलधन पर प्राप्त होने वाली ब्याज राशि से किया जाएगा। आगरा, अलीगढ़ और वाराणसी में प्रशिक्षण केन्द्रों के निर्माण हेतु एक करोड़ रु. की राशि की व्यवस्था की गई है। एक औद्योगिक प्रशिक्षण केन्द्र भी निम्न तीन कार्यव्यवसायों में प्रशिक्षण प्रदान कर रहा है :– (1) हैण्डलूम पर सूती कपड़े की बुनाई (2) सिलाई (3) हिन्दी टाइपराइटिंग। प्रशिक्षुओं को रु. 150/- प्रति प्रशिक्षु प्रति माह की छात्रवृत्ति प्रदान की जाती है।

सन् 1976 में गठित निगम का प्रमुख कार्य अ.जा./अ.ज.जा. तथा अन्य कमजोर वर्गों के लिए मकानों के निर्माण तथा सम्बद्ध गतिविधियों का उत्तरदायित्व संभालना है। यद्यपि इसके प्रयासों में विविध प्रकार के निर्माण कार्य जैसे सड़कें, बांध, बंध, जलमार्ग, पुलिया रज्जुमार्ग, निर्माण सामग्री की आपूर्ति और अन्य

ग्रामीण कार्य आदि सम्मिलित हैं।

यह विभाग वृद्ध जनों तथा अकिंचनों हेतु गृहों की देखभाल भी करता है।

## जनजातीय कल्याण

भारत सरकार के अनुसार सन् 1967 में उत्तर प्रदेश में कुल पांच अनुसूचित जनजातियाँ थीं। जो नामतः थारु, बुक्सा, भोटिया, जामसारी तथा दर्जी थीं। उत्तरांचल राज्य के गठन के पश्चात् केवल दो जनजातियां थारु और बुक्सा शेष हैं। तथापि भारत सरकार द्वारा 2003 में जब उत्तर प्रदेश की अनुसूचित जनजातियों की संशोधित सूची तैयार की गई तो उसमें दस जनजातियां उनके निवास के जनपदों सहित दर्शाई गई थीं। ये जनजातियां निम्नानुसार हैं।

| *क्र.सं.* | *जनजाति* | *इन जनजातियों के निवास का जनपद* |
|---|---|---|
| 1. | गोंड, धूरिया, नाइक, ओझा देवरिया, राज-गोंड | महराजगंज, गोरखपुर, सिद्धार्थनगर, बस्ती, मऊ, आजमगढ़ जौनपुर, बलिया गाजीपुर, वाराणसी, मिर्जापुर, सोनभद्र। |
| 2. | खरवार/खैरवार | देवरिया, बलिया, गाजीपुर, वाराणसी, सोनभद्र। |
| 3. | शारिया | ललितपुर |
| 4. | पंखा, पनिका | सोनभद्र, मिर्जापुर |
| 5. | चेरो | सोनभद्र, वाराणसी |
| 6. | पड़िया | सोनभद्र |
| 7. | बैगा | सोनभद्र |
| 8. | अगरिया | सोनभद्र |
| 9. | पठारी | सोनभद्र |
| 10. | भूइया/भूनिया | सोनभद्र |

## नई योजनाएं

सरकार द्वारा चलाए जा रहे 9 आश्रम विद्यालयों में दो जूनियर हाई स्कूल तथा एक प्राइमरी स्कूल कन्याओं हेतु अभिप्रेत हैं। सभी 9 विद्यालयों में छात्रों (बालक एवं बालिकाओं) को शिक्षा, भोजन, वस्त्र, निवास, स्टेशनरी, चिकित्सा आदि निःशुल्क उपलब्ध कराई जाती है। इन विद्यालयों की कुल क्षमता 1060 छात्र

है। बलरामपुर जनपद में 50 छात्रों की क्षमता का एक छात्रावास भी है। स्वैच्छिक संगठनों द्वारा चलाए जा रहे विद्यालयों को भी अनुदान दिया जाता है। जनजातीय छात्रों को हाई स्कूल से पूर्व तथा हाईस्कूल के पश्चात् छात्रवृत्ति की व्यवस्था है।

- एकीकृत जनजातीय विकास परियोजना, चंदन चौकी, लखीमपुर खीरी।
- थारू विकास परियोजना, बिशुनपुर, विश्राम, बलरामपुर।
- बुक्सा आदिम जनजाति विकास परियोजना, नजीबाबाद, बिजनौर।
- यायावर जनजाति विकास (बहराइच तथा महाराजगंज)।

वर्ष 2000-2003 के दौरान जनजातीय कल्याण हेतु रु. 2,89,88,000/- के गैर-योजना मद सहित रु. 4,37,39000/- की कुल राशि व्यय की गई थी। इसी प्रकार 2003-04 के दौरान (दिसम्बर 2003 तक) रु. 1,26,26,000- की राशि व्यय की जा चुकी हैं।

उत्तर प्रदेश की ऊपर सूचीबद्ध अनुसूचित जनजातियां शैक्षिक, आर्थिक तथा सामाजिक दृष्टि से अति पिछड़ी जातियां हैं उनके विकास की दर अत्यंत निम्न है। तथापि, चौथी पंचवर्षीय योजना से सरकार उनके विकास पर विशेष ध्यान दे रही है। तथा उसके पश्चात् वर्षानुवर्ष अनेक महत्वपूर्ण योजनाएं प्रारंभ एवं परिपूर्ण की जा चुकी हैं।

उत्तर प्रदेश में अनुसूचित जनजातियों की जीविका का प्रमुख स्रोत कृषि है। अनुसूची में शामिल नहीं की गई जनजातियों की दशा सुधारने के लिए सोनभद्र, मिर्जापुर, वाराणसी, इलाहाबाद, बांदा, झांसी और ललितपुर जनपदों में समतल भूमि में कृषि तथा बागबानी के माध्यम से अनुदान स्वीकृत किए गए हैं। यह अनुदान भूमि के नए आवंटी व्यक्तियों को दिया जाता है, जो वित्तीय अभाव में उत्पादन बढ़ाने में असमर्थ हैं। बीहड़ जनजातीय विकास निदेशालय को जनजातीय क्षेत्रों में कृषि विकास परियोजनाओं के पर्यवेक्षण का कार्य सौंपा गया है।

### शैक्षिक कार्यक्रम

अनुसूचित जनजाति के छात्र और छात्राएं शैक्षिक कार्यक्रम के अधीन निःशुल्क शिक्षा तथा छात्रवृत्तियों के हकदार हैं। शिक्षा प्राप्त करने के लिए दूरस्थ स्थानों से आने वाले छात्रों के लिए छात्रावास सुविधा उपलब्ध है। उदाहरणार्थ बलरामपुर में 50 शय्यायुक्त छात्रावास मौजूद है।

वस्तुतः राज्य में कुल मिलाकर नौ आश्रम विद्यालय हैं जहां अनुसूचित जनजातियों के छात्रों को मुफ्त आवास, भोजन, शिक्षा तथा लेखन सामग्री उपलब्ध कराई जाती है। इनमें से तीन आश्रम विद्यालय लखीमपुर खीरी, बलरामपुर तथा बहराइच में दो-दो तथा बिजनौर और महाराजगंज में एक-एक आश्रम विद्यालय है।

बलरामपुर टाउन (मुख्यालय) स्थित छात्रावास में अनुसूचित जनजाति के छात्रों हेतु मुफ्त आवास सुविधा उपलब्ध है।

सरकार द्वारा संचालित नौ आश्रम विद्यालयों में छात्रों एवं छात्राओं को सभी सुविधाएं बिल्कुल मुफ्त उपलब्ध कराई जाती हैं।

## अनुसूचित जनजातियों हेतु विद्यालय

राज्य में निम्नलिखित नौ विद्यालय केवल अनुसूचित जनजाति के विद्यार्थियों के निमित्त हैं :

| *क्र.सं.* | *विद्यालय का नाम* | *कक्षा* | *क्षमता* |
|---|---|---|---|
| 1. | गव. आश्रम टाइप स्कूल, लखीम्पुर खीरी | 1-8 | 175 लड़के |
| 2. | गव. आश्रम टाइप स्कूल, चंदन चौकी, लखीमपुर खीरी | 6-8 | 105 बालिका |
| 3. | गव. आश्रम टाइप स्कूल, बिशुनपुर, विश्राम, बलरामपुर | 6-8 | 105 बालिका |
| 4. | गव. आश्रम टाइप स्कूल, बिछिया, बलरामपुर | 1-5 | 150 बालिका |
| 5. | गव. आश्रम टाइप स्कूल, बेलपरसुआ, लखीमपुर खीरी | 6-8 | 105 बालक |
| 6. | गव. आश्रम टाइप स्कूल, बालापुर, बलरामपुर | 6-8 | 105 बालक |
| 7. | गव. आश्रम टाइप स्कूल, सिरसिया, बलरामपुर | 6-8 | 105 बालक |
| 8. | गव. आश्रम टाइप स्कूल, नजीबाबाद, बिजनौर | 6-8 | 105 बालक |
| 9. | गव. आश्रम टाइप स्कूल, नौतनवां, महाराजगंज | 6-8 | 105 बालक |

## उत्पीड़ित अनुसूचित जनजातियों हेतु सहायता

राज्य सरकार ने पुरुषों द्वारा उत्पीड़ित अनुसूचित जनजाति के सदस्यों/परिवारों को तत्काल वित्तीय सहायता उपलब्ध कराने की योजना प्रारंभ की गई है।

## वर्तमान स्थिति

एक सर्वे के अनुसार 1990 से 2008 के बीच 4.2% दलित अपना व्यवसाय करते थे पर 2008 में ये 11% तक पहुँच गये। कृषि कार्य व मजदूरी करने वाले दलितों का प्रतिशत 76% से कम होकर 45.6% पर आ गया तथा आर्थिक

सुधारों के अन्तर्गत इन लोगों ने अपना पारम्परिक पेशा बदल लिया। इनके पक्के मकानों का प्रतिशत 18.1 से बढ़कर 64.4 हों गया है। इन सबके अतिरिक्त अच्छा भोजन तथा शहरों में मिलने वाली नौकरियों के लाभ का प्रतिशत 1990 में 14% था जो 2008 तक 50.5% हो गया।

ये समस्त तथ्य इंगित करते है कि उत्तर प्रदेश के दलित समाज के लोग तेजी से एक बेहतर स्थिति प्राप्त कर रहे हैं।

# 15

# सगोत्रीय सम्बन्ध

संयुक्त हिन्दू परिवार ऐसी व्यवस्था है, जिससे लोगों के साथ मिलकर रहते समूह और उनके उभय पुरुष पूर्वज का पता सरलता से लगाया जा सकता है। इस व्यवस्था की शक्ति का स्रोत परम्परा एवं प्रथाएं हैं जो अति प्राचीन काल से विद्यमान बताई जाती हैं। इस व्यवस्था को न केवल धर्म अपितु विविध समाजशास्त्रीय घटकों से भी मंजूरी प्राप्त है। संयुक्त हिंदू परिवार में आयु में सबसे बड़ा पुरुष सदस्य घर का मुखिया होता था तथा उसके छोटे भाई और उसके पुत्र अपनी पत्नियों एवं बच्चों सहित साझा पैतृक घर के हिस्सेदार होते थे। पैतृक सम्पत्ति में परिवार के सभी सदस्य हिस्सेदार होते थे, प्रत्येक सदस्य जो भी अर्जित करता था परिवार के मुखिया को देता था तथा उसको जो कुछ चाहिए होता था, वह परिवार के मुखिया से प्राप्त करता था बल्कि परिवार का मुखिया, जो उसके लिए उपयुक्त समझता था, सो प्रदान करता था।

परिवार की एकता संरक्षण के दबाव इतने अधिक थे कि परिवार के सदस्य को पैतृक घर से दूर करने वाले व्यवसायों को निरुत्साहित किया जाता था तथा कार्य आर्थिक दृष्टि से कितना भी आकर्षक हो उसको पैतृक निवास से दूर रहने की कीमत पर स्वीकार करना अपुत्रोचित कार्य माना जाता था। संयुक्त परिवार एक इकाई के रूप में सेवकों तथा गरीब संबंधियों का भी भरण पोषण करता था। सेवक न केवल घर को चलाने तथा बच्चों के पोषण में सहायता करते थे अपितु परिवार की परम्परा एवं प्रथाओं से अनभिज्ञ नव विवाहित वधुओं को परिवार की परम्पराओं तथा प्रथाओं से परिचित कराने की महत्वपूर्ण भूमिका भी निभाते थे। ऐसी पारिवारिक इकाई के सदस्य परस्पर शिष्टाचार के अलिखित नियमों से बंधे होते थे जिनके अनुसार आयु, बुद्धिमत्ता अथवा अर्जन क्षमता से सम्बद्ध होना आवश्यक नहीं, अधिकार प्रदान करती थी तथा निर्विवाद सम्मान प्राप्त करती थी। छोटे पुत्रगण पहले अपने पिता फिर अपने चाचा (काका) और तब अपने सबसे बड़े भाई को सम्मान देते थे।

पुरुष वंशानुक्रम व्यवस्था के नियम बनाते थे तथा ऐसी पारिवारिक इकाई द्वारा उनको सौंपे गए दायित्वों और अनुशासन को स्वीकार करते थे। जिस प्रकार आयु में सबसे बड़ा पुरुष सदस्य परिवार का निर्विवाद मुखिया होता था, उसी प्रकार उसकी पत्नी परिवार की महिला सदस्यों एवं उनके बच्चों की निर्विवाद मुखिया होती थी। परिवार की महिला सदस्यों द्वारा परिवार की परम्पराओं का पालन, परिवार के देवों का पूजन तथा परिवार के मृतकों को श्रद्धांजलि अर्पित करने का निरीक्षण परिवार की मुखिया महिला का उत्तरदायित्व होता था।

संयुक्त परिवार में प्रत्येक महिला को स्वयं को सभी बच्चों की माँ समझने हेतु प्रोत्साहित किया जाता था तथा चचेरे भाई बहनों का लालन पालन सगे भाई बहनों की भांति किया जाता था। परिवार के जीवित सदस्यों को अपने पूर्वजों के घर का न्यासी माना जाता था और वे इस घर का संरक्षण परिवार के भावी सदस्यों के निमित्त करते थे।

जीवित और मृतक को परस्पर बांधने वाले पवित्र संस्कार परिवार के सदस्यों को अपनी न्यासिता के प्रति और जागरूक बनाते थे। अपने परिवार की प्रतिष्ठा बनाए रखना तथा परिवार के जीवित अथवा मृतक सदस्य को कलंकित नहीं करना सर्वाधिक महत्वपूर्ण विचारित किया जाता था। इस प्रकार, पारिवारिक इकाई की अवधारणा संयुक्त परिवार के प्रत्येक सदस्य के मन में भली भांति बैठी होती थी। पुत्रों को शैशवकाल से ही परिवार के दायित्वों को स्वीकार करने तथा अपने स्वयं अधिकार का दावा करने का प्रयास किए बिना परिवार के दायित्वों की पूर्ति हेतु पिता अथवा चाचा (काका) के आदेशों का पालन करने हेतु सावधानीपूर्वक प्रेरित किया जाता था।

ऐसी व्यवस्था के अंतर्गत महिलाओं से आत्म-संयम, संतुलन तथा लज्जा, पुरुष प्रभुत्व को स्वीकार्य करना तथा महिला वंशानुक्रम का सम्मान जैसे अपेक्षाएं की जाती थीं। देवों का विधिवत पूजन, पारिवारिक उदारता का अनुरक्षण, संदिग्ध दिवसों का पालन इत्यादि महिला मुखिया का दायित्व था। इसके अतिरिक्त परिवार में परस्पर सौहार्द्र बनाए रखना, अपने पति के विस्तारित परिवार के सदस्यों के प्रति अपने उत्तरदायित्वों का निर्वाह करना तथा जन्म, विवाह एवं मृत्यु जैसे अवसरों पर उनको सहायता उपलब्ध कराना भी महिला मुखिया का उत्तरदायित्व था।

## प्रतिमान परिवर्तन

अंग्रेजों के आगमन से हिन्दू संयुक्त परिवार के अनुशासन तथा संरचना के क्षय की प्रवृत्ति बढ़ गई। अंग्रेज अपने साथ अपनी स्वयं की परिवार व्यवस्था लाए थे और सबसे बढ़कर, अपनी सरकार लेकर आए थे। भारत के प्रभावी प्रशासन हेतु उन्हें शिक्षित भारतीयों की आवश्यकता थी। इसलिए उनके द्वारा ऐसी शिक्षा प्रणाली लागू की गई, जिसमें प्रथा परिवर्तन की कोई जरूरत नहीं थी, पर उसका परिणाम वही हुआ। शिक्षा के माध्यम से रोजगार के नए अवसर उत्पन्न हुए, जो जाति अथवा पारिवारिक स्थिति से संबंध न रखते हुए प्रतिभा के आधार पर उपलब्ध थे। ब्रिटिश शासन द्वारा नई मान्यताएं भी लागू की गईं जो संयुक्त परिवार की मान्यताओं के प्रतिकूल थीं। नए समाज में सफल होने के लिए व्यक्ति को आत्म-निर्भर बनने तथा अपने बड़ों के निर्देश के बिना निर्णय लेने की क्षमता अपेक्षित थी।

यद्यपि परिवार से अलग होना पीड़ादायी तथा परम्परा के विरुद्ध था, लेकिन भविष्योन्मुखी व्यक्तियों के लिए यह अपरिहार्य था। हालांकि परिवारीजन भी यह मानते थे कि अंग्रेजों की नौकरी प्रतिष्ठापूर्ण है। सिविल सेवा चूंकि अखिल भारतीय दायित्व की थी, अतः पदाधिकारी को एक नगर से दूसरे नगर तथा एक राज्य से दूसरे राज्य में स्थानांतरित किया जाता था। इसके साथ, शुद्ध रूप से ग्रामीण अथवा सामंती व्यवस्था से पूंजीवाद की ओर शनैः शनैः परिवर्तन से व्यक्ति प्रगतिशील नगरीकरण की ओर मुड़ा जिसका परिणाम सामाजिक सक्रियता के रूप में सामने आया। इस विकास से संयुक्त परिवार का सुव्यवस्थित अनुशासन और परिवार के मुखिया का परिवार के सदस्यों पर प्रभुत्व कमजोर होता चला गया।

परिवार के सदस्यों के बिखराव की परिणिति कारक इन विघटनकारी प्रभावों के बावजूद नए केन्द्रकीय परिवारों में भी मूल व्यवस्था के अनुरूप संयुक्त परिवार बनने की प्रवृत्ति विद्यमान है। इसके शिष्टाचार तथा गृहस्थ के वित्तीय प्रबंधन के नियम पारम्परिक संयुक्त परिवार के नियमों की भांति कठोर नहीं हैं। इस नए परिवार में व्यक्ति को अधिक स्वतंत्रता है तथा उससे परिवार के लिए अपनी पहचान खोना अपेक्षित नहीं है। 'नए परिवार' में साधारणतः विवाहित पुत्र, पुत्रवधू तथा पोती-पोता होते हैं तथा अगली पीढ़ी के पुरुष सदस्यों के विवाह के समय पर स्वतः पृथक केन्द्रकीय परिवार के रूप में विभाजित नहीं होते हैं।

पारम्परिक संयुक्त परिवार में सभी भाई तथा उनकी पत्नियां साथ मिलकर रहते थे। जबकि, 'नए परिवार' में विवाहित भाइयों का एक ही घर में रहना आवश्यक नहीं है। विचलन उस समय उत्पन्न होता है जब विवाह के समय एक पुत्र अपना स्वयं का केन्द्रकीय परिवार स्थापित करता है, लेकिन अपने माता-पिता तथा अविवाहित भाइयों तथा बहनों के प्रति उत्तरदायी बना रहता है। 'नए परिवार' में भावनात्मक बंधन अपने स्वयं के बच्चों के प्रति अधिक अनन्य रूप में मान्य होते हैं। लेकिन 'नए परिवार' से पारम्परिक परिवार की भांति इसके सदस्यों (जिनमें अब सभी संबंधी सम्मिलित नहीं होते हैं) को सामाजिक सुरक्षा तथा भरण-पोषण व्यवस्था उपलब्ध कराने की अपेक्षा की जाती है। इन पारिवारिक संवेदनाओं के प्रोत्साहन हेतु आधुनिक सांसारिक समाज भी अपना समर्थन प्रदान करता है। यह समाज अपने परिवार के दायित्वों का निर्वाह करने वाले व्यक्ति को स्वीकार करता है तथा अपने पुत्रोचित दायित्वों का निर्वाह नहीं करने वालों की ओर अपनी भृकुटि तान देता है।

यद्यपि आधुनिकीकरण, उद्योगीकरण तथा नई अवधारणाओं एवं मूल्यों ने संयुक्त परिवार व्यवस्था को हिला दिया है, आधुनिक घर में अभी तक अनेक वही मनोवैज्ञानिक कारक मौजूद हैं जो कभी परिवार के सदस्यों को बांध कर रखते थे। लेकिन पुरुषों तथा महिलाओं की बदलती अभिलाषाओं तथा बदलते लक्ष्यों के दौर में यह भावनात्मक बंधन किस सीमा तक बांध कर रखता है, यह अभी देखा जाना शेष है।

## हिन्दू परिवार में महिलाओं की स्थिति

भारतीय महिलाएं सदैव हिंदू संयुक्त परिवार व्यवस्था का प्रमुख अवलम्ब रही है। यद्यपि परिवार पितृसत्तात्मक था जिसमें पुरुष की इच्छाएं सर्वोच्च थीं, लेकिन महिलाएं ही परिवार के अनेक सदस्यों को भावनात्मक बंधन में बांध रखती थीं। तदपि, ऐसे पारिवारिक संगठन में अपने स्वयं के अधिकार विहीन महिला मिलना स्वाभाविक था। संयुक्त परिवार की पूरी बुनियाद इसके सदस्यों की परिवार के मुखिया के प्रति समर्पण की भावना पर टिकी थी।

इस प्रकार की परिवार इकाई में महिला को आज्ञाकारी तथा आत्म-संयमी होना आवश्यक था।

## विवाह

हिन्दू धर्म के अनुसार विवाह अपनी ही जाति की उपजाति में किया जाना चाहिए। विवाह एक ही गोत्र के दो व्यक्तियों के बीच नहीं हो सकता है (उभय वंशी), इस प्रकार कुछ विशिष्ट परिभाषित संबंधों द्वारा परस्पर संबंधित दो व्यक्तियों के बीच वैवाहिक संबंध पर प्रतिबंध है। संभावित वर स्वयं उसके गुण-दोष के आधार पर नहीं, बल्कि उसके परिवार के बारे में ही प्रमुखता के साथ विचार किया जाता था। व्यवस्थित विवाहों में एक परिवार अपने बराबर के अथवा उच्चतर प्रतिष्ठा के परिवार के साथ संबंध कायम करने हेतु उत्सुक रहता था।

## पुरुष-महिला-सम्बध

माता-पिता द्वारा विपरीतलिंगियों के बीच कृत्रिम अवरोध सृजित किए जाने के कारण अधिकांश लड़कियां पुरुषों की संगति में संकोची एवं अनाड़ी सिद्ध होती हैं। उनका पालन-पोषण इस अहसास के साथ होता है कि पुरुषों के साथ उन्मुक्त तथा सहज होना अनैतिक होता है। लड़कियां अपनी आयु के चचेरे भाइयों को अपने संगी की बजाय अपने संरक्षक के रूप में देखती हैं।

अधिकांश लड़कियों को लड़कियों के कालेज में पढ़ाया जाता है जहां कोई पुरुष संगी नहीं होता है। कोई ऐसा पुरुष परिचित नहीं होता है जिसके साथ वे अस्थाई मैत्रीसंबंध स्थापित कर सकें। इसके परिणामस्वरूप ये लड़कियां पुरुष वर्ग के साथ बातचीत में कभी सहज महसूस नहीं करती हैं। यह भीरूता तथा संकोच विवाह के पश्चात् भी बना रहता है उनके पतियों द्वारा स्वीकार किया तथा सराहा जाता है।

वास्तव में, वर्तमान दौर में पुरुष मित्रों के चलन के प्रति उनकी प्रतिक्रिया में इस बात के साक्ष्य मौजूद हैं कि वे पुरुष मित्रता को यदि प्रत्यक्ष अनैतिक नहीं मानती तो भी उसे गलत अवश्य मानती हैं। पारम्परिक हिंदू महिला द्वारा पुरुष से शालीनतापूर्ण दूरी बनाए रखने से आकर्षण तथा प्रतिष्ठा दोनों में वृद्धि होती है।

इसी प्रकार के माहौल में पली बढ़ी ऐसी लड़कियां भी हैं जिन्हें सह-शिक्षा कालेजों तथा विश्वविद्यालयों में पढ़ने के कारण पुरुष संगति के बहुत अवसर प्राप्त हुए थे। तथापि, इसके कारण लड़कों के साथ उनके संबंधों पर कोई प्रभाव नहीं पड़ा। उन्होंने बताया कि वे लड़कों की संगति में काफी रहीं थीं। वे लड़कों के प्रति

आकृष्ट थीं, लेकिन उनके साथ मित्रता जैसी कोई बात नहीं थी। इसके अतिरिक्त लड़कों की संगति की इच्छा मात्र के प्रति भी उनके मन में लज्जा भी गुप्त भावना विद्यमान थी।

## बाल-अभिभावक संबंध

माता-पिता तथा विशेषकर पिता का आदर तथा उनसे प्रेम किया जाता था, लेकिन अधिक अंतरंगता की अनुमति नहीं थी। बच्चों तथा उनके अभिभावकों के बीच स्पष्ट अवरोधों के कारण अपनी व्यक्तिगत समस्याओं पर, खासकर किशोरावस्था में, विचार विमर्श करने हेतु स्वतंत्र महसूस नहीं करते थीं। तथापि, श्रद्धा की मूर्ति के रूप में उनका आदर और सम्मान किया जाता था।

बदलते समय में अनेक लड़कियां अपने पिता के साथ अपेक्षाकृत अधिक सहज महसूस करती हैं। उनके बीच संवाद को रोकने वाले अभेद्य अवरोध अब विद्यमान नहीं है। बच्चों तथा माता-पिता के बीच विचार-विमर्श को प्रोत्साहन दिया जाता है तथा पुरानी कठोर पारम्परिक औपचारिकता अस्तित्व लगभग मिट चुकी है। अभिभावक अपने बच्चों की गतिविधियों में रुचि लेते हैं तथा उनके मनोरंजन की दुनिया में भी शामिल होते हैं। वे अपने बढ़ते बच्चों की जरूरतों के प्रति अधिक जागरूक हैं तथा उनके संभावित विकास हेतु प्रोत्साहन देना अपना उत्तरदायित्व मानते हैं। बच्चों की प्रारंभिक अवस्था में उनके लिए उपयुक्त दिनचर्या अपनाई जाती है जबकि पुराने जमाने में बच्चों की नित्यचर्या वयस्कों की उपयुक्तता के अनुरूप होती थी।

अभिभावक यह भी निदर्शित करते हैं कि उनके बच्चे बड़े होने के लिए बस ऐसे ही नहीं छोड़ दिए गए हैं, बल्कि उनके विकास पर पूरा ध्यान दिया जाता है।

यद्यपि अधिकांश पिता अपने बच्चों के विकास पर ध्यान दे रहे हैं, इससे उनके प्रति सम्मान में कोई कमी नहीं आई है तथा उनके प्रभुत्व को चुनौती देना सरल नहीं है। बच्चों से पारम्परिक सम्मान के कुछ रूपों, यदि सभी नहीं, के पालन की अपेक्षा की जाती है।

वर्तमान समय में बच्चे को अपनी समस्या पर विचार-विमर्श करने की स्वतंत्रता है, बल्कि उसको इस हेतु प्रोत्साहित भी किया जाता है, परन्तु तरीका सम्मानजनक होना चाहिए। असहमति में परिणित होने वाला कोई भी विचार-विमर्श को नियंत्रित रखा जाता है तथा शब्दों अथवा लहजे में संयम के अभाव में डांट भी

पड़ती है। यद्यपि अभिभावक कम औपचारिक संबंधों में विश्वास करते हैं तथा अधिकांश अभिभावक बच्चों को बराबरी का दर्जा देते हैं तथा जीवन भर उस दर्जे को निभाते हैं, हालांकि अभिभावकों का सक्रिय नियंत्रण पुत्र के व्यवसाय में स्थापित हो जाने तथा पुत्री के विवाह के उपरान्त समाप्त हो जाता है।

## पारम्परिक सामाजिक मूल्य

बहुचर्चित पश्चिमी शिक्षा के प्रभाव, सामाजिक परिवर्तन तथा आधुनिकीकरण के बावजूद अनेक वैदिक संस्कार तथा परम्परागत धार्मिक मूल्य राज्य में समाज के लिए आज भी सत्य हैं। हम, यहां नीचे दिए गए, सामाजिक तथा कौटुम्बिक मुद्दों का संक्षिप्त उल्लेख करेंगे :–

(i) वधू की स्थिति।

(ii) विधवा महिला की स्थिति।

(iii) पुनर्विवाह तथा विवाह-विच्छेद।

वैदिक काल में सामाजिक स्थितियां बिल्कुल भिन्न थीं। उस काल में कन्या अपनी स्वयं की पसंद के व्यक्ति से विवाह कर सकती थी। उस पुरातन काल में वयःसन्धि काल को प्राप्त कन्या विवाह के योग्य थी तथा विवाह का समापन विवाह के चौथे दिन होता था।

## वधू की स्थिति

स्मृतिकारों के युग में वधू एक आठ या दस वर्ष की बालिका होती थी। मनु स्मृति के अनुसार वर तथा वधू की आयु में लगभग पंद्रह वर्ष का अंतर होता था। विवाहित कन्या अपने माता-पिता की स्नेहमयी देखरेख से निकलकर, अपने बालपन में ही, ससुराल गमन कर जाती थी।

इसके परिणामस्वरूप वह शिक्षा से वंचित रह जाती थी, जो उसे सामाजिक अथवा आर्थिक रूप से आत्मनिर्भर बना सकती थी। उसका अस्तित्व, सामाजिक हैसियत, वित्तीय स्थिति, यहां तक कि मानसिक एवं शारीरिक स्वास्थ्य भी उसके पति पर निर्भर था। वह अपने पति की छाया मात्र थी तथा समस्त शक्ति और अधिकार उसके पति में समाहित थे। उसके अपने पिता उसे विश्वास में लिए बिना जीवन साथी चुनते थे। वस्तुतः वह अपने पति के चयन हेतु पर्याप्त प्रौढ़ नहीं थी।

इस प्रकार वह अपनी स्वतंत्रता से वंचित कर दी जाती थी तथा जीवनभर के लिए पराधीन हो जाती थी। बचपन में वह पिता के अधीन होती थी, विवाह के पश्चात् पति के अधीन तथा वृद्धावस्था में अपने स्वयं के पुत्रों के अधीन रहती थी। यह स्थिति भारतीय समाज का अर्द्धस्थायी पक्ष हो गया था तथा आज भी बड़ी संख्या में महिलाएं अपनी ताबेदारी की स्थिति के कारण कष्ट भोगती हैं।

## विधवा महिला की स्थिति

एक विवाहित महिला की हेय स्थिति किसी विधवा की स्थिति का पूर्वानुमान लगाने हेतु पर्याप्त है। क्या पुत्रहीन विधवा पुनर्विवाह कर सकती थी, अथवा नियोग के माध्यम से पुत्र प्राप्त करे, अथवा सन्यासिनी का जीवन व्यतीत करे, अथवा आत्मोत्सर्ग द्वारा जीवन का अंत करे, ये सभी मामले विवादास्पद हैं। यद्यपि मनु तथा अन्य स्मृतिकारों ने सफलतापूर्वक 'नियोग' को इसका निराकरण बताया था

प्रारंभिक स्मृतिकारों ने विधवा को सन्यासिनी का जीवन व्यतीत करते हुए अपना तन क्षीण करना निर्धारित किया था

मृतक पति की चिता में विधवा के सती होने के मुद्दे पर स्मृतिकार साधारणतः मौन साधे हुए हैं। केवल दो वेदव्यास और विष्णु कहते हैं, "अपने पति की मृत्यु होने पर एक विधवा को अविवाहित जीवन व्यतीत करना चाहिए अथवा पति की चिता में भस्म हो जाना चाहिए।"

विधवा मुंडन, सती प्रथा और सन्यासिनी जीवन व्यतीत करने जैसे आदेशों से हिंदू विधवा का जीवन कठोर, अंधकारपूर्ण, आशाविहीन तथा मूल्यहीन था।

आधुनिक समाज में भी विधवा को अशुभ तथा अपवित्र माना जाता है। पूर्व काल में विधवा को उसके कुरूप मुंडित सिर के साथ उत्सव में शामिल नहीं किया जाता था। इन सब कारणों से जीवित पति का महत्व बहुत अधिक हो गया था, चाहे वह कितना भी निकम्मा क्यों न हो, क्योंकि उसकी मृत्यु से उत्तर प्रदेश तथा समग्र भारत में विधवा पत्नी की स्थिति और बदतर हो जाती थी। हाल के समय तक विधवा समाज का एक अपेक्षित एवं अवांछित वर्ग थी।

## पुनर्विवाह तथा विवाह विच्छेद

यद्यपि शास्त्रकार पुनर्भव पुत्र अर्थात् दो बार विवाहित स्त्री के पुत्र को स्वीकार

करते हैं यद्यपि यह पूर्णतया स्पष्ट है कि वे विधवा के पुनर्विवाह तथा विवाह विच्छेद को अस्वीकार करते हैं। इसी प्रकार शास्त्रकार महिलाओं को पुरुष के नपुंसक होने अथवा कुष्ठ रोग जैसे भयावह रोग से ग्रसित होने जैसे विरल मामलों को छोड़कर विवाह विच्छेद की अनुमति नहीं थी। आज भी विवाह विच्छेद में महिला को ही प्रमुख दोषी माना जाता है तथा पुनर्विवाह को पूर्ण रूप से मान्यता नहीं मिली है।

## अन्तर-जातीय विवाह

यद्यपि शास्त्रकार अनुलोम प्रकार के अन्तर-जातीय विवाह को स्वीकार करते हैं, लेकिन, निश्चित रूप से, वे इसका अनुमोदन नहीं करते हैं। उनके मतानुसार इससे वर्ण अंतर्मिश्रित हो जाएंगे तथा समाज में अव्यवस्था फैल जाएगी। वे मगध, सूत, कंडाला इत्यादि उप-जातियां स्वीकार करते हैं, लेकिन उनकी राय में ब्राह्मण को ब्राह्मणी तथा क्षत्रिय को क्षत्राणी के साथ ही विवाह करना चाहिए। बाद का इतिहास साक्षी है कि यह सजातीय विवाह का प्रतिबंध कठोर हो गया। आज तक हिन्दू समाज अन्तर्जातीय विवाह को नापसंद करता है। इस प्रकार शास्त्रकारों के कार्य हिन्दुओं के सामाजिक इतिहास में युगांतरकारी घटना बन गए हैं।

# 16

# भाषा और साहित्य

उत्तर प्रदेश में संस्कृत भाषा और इसकी साहित्यिक कृतियां प्राचीन भारतीय संस्कृति एवं सभ्यता की कुंजी हैं। 'देव-वाणी' मानवीय विकास के अध्ययन हेतु सर्वश्रेष्ठ स्रोत है। इसकी खोज से सापेक्ष भाषा-शास्त्र के विज्ञान को प्रोत्साहन तथा वेदों—मानव सभ्यता की प्राचीनतम कृतियां—का परिचय प्राप्त हुआ। संस्कृत की प्रमुख शक्ति इसके धार्मिक चरित्र में विद्यमान है। इसके द्वारा आंशिक व्याख्या की गई है कि किस प्रकार भारतीयों ने, भारत-यूरोपियन परिवार का अंग बनकर—न केवल महान राष्ट्रीय धर्म-ब्राह्मणवाद—अपितु एक महान विश्व-धर्म-बौद्धमत का सृजन किया। संस्कृत भाषा और इसका साहित्य धार्मिक तथा दार्शनिक विचार के विकास के प्रत्येक कदम को स्पष्ट करते हैं। संस्कृत साहित्य उत्तर प्रदेश द्वारा विश्व को दिया गया प्रमुख योगदान है। संस्कृत भाषा के महाकाव्य तथा नाटक, कथाएं और लोक साहित्य युगों से प्रकृति के साथ समन्वय और मस्तिष्क की समपूर्णता के महान आदर्श संचारित करते रहे हैं।

साहित्य, भाषा और कला किसी नस्ल की जीवनशक्ति को दर्शाते हैं और किसी सभ्यता तथा मानव इतिहास में उसके स्थान के निर्धारण हेतु एकमात्र मानदण्ड होते हैं। उत्तर प्रदेश की प्राचीन भाषा वास्तव में संस्कृत (सम-स्कृत) है जिसका अर्थ परिष्कृत अथवा विस्तृत है। शास्त्रीय संस्कृत तथा वैदिक संस्कृत दो संस्कृत हैं। तथापि, ये दोनों ध्वन्यात्मक रूप से एक ही हैं। भाषायी परिवर्तन प्रमुखतः शब्दावली में पाए जाते हैं। परिष्कृत अथवा विस्तृत संस्कृत प्राकृत के विपरीत है। प्राकृत का उपयोग प्राचीनकाल के भारतीय नाटकों में संस्कृत के अतिरिक्त लोकप्रिय स्थानीय भाषा के रूप में किया गया है तथा यह दो गैर-ब्राह्मणवादी धर्मों—जैनमत तथा बौद्धमत—की प्रमुख वाहक भी रही है। साहित्यिक प्राकृत का प्राचीनतम रूप पाली है। पाली बौद्धमत प्रकार की पावन भाषा है, जो आज भी श्रीलंका में संरक्षित है। यह संस्कृत से उसी प्रकार सम्बद्ध है जिस प्रकार 'इटैलियन' 'लैटिन' से सम्बद्ध है। इसमें संयुक्त व्यंजनों से बचा गया है तथा अंतिम 'स्वरों' को अधिमान दिया गया है। भारत-आर्य भाषा को साहित्यिक

संस्कृति अति प्राचीन काल में प्राप्त हुई थी। अपने साहित्यिक रूप में इसको कीथ द्वारा संस्कृत के अक्षरशः अनुवाद 'शुद्धिकृत भाषा' के रूप में जाना गया। यह परिष्कृत साहित्यिक बोली स्थिर रही, लेकिन लोगों की साधारण बोली, जिसे प्राकृत कहा जाता था तथा जिसका अर्थ प्राकृतिक अथवा अकृत्रिम था, धीरे-धीरे परिवर्तित हो गई। संयुक्त स्वरों तथा व्यंजनों के कठिन संयोजनों को मृदु कर दिया गया, परन्तु भाषा संस्कृत जैसी ही संश्लिष्ट बनी रही। प्राकृत के कुछ प्राचीन रूप तथा विभिन्न क्षेत्रों में जन्मीं इसकी देशी बोलियां स्थिर हो गई तथा साहित्यिक रूप से संस्कृत होकर 'पाली' के रूप में उदित हुईं। प्राकृत के अंतिम चरण में, उनसे आधुनिक भारत-आर्य भाषाओं के विकास से पूर्व, उन्हें अपभ्रंश के रूप में जाना गया।

ये आधुनिक प्रादेशिक बोलियों की प्रत्यक्ष पद्धतियां हैं जैसे कि हिन्दी, पंजाबी, मराठी, गुजराती इत्यादि, जिनका विकास सन 1000 के आसपास हुआ है। हिन्दी सर्वाधिक महत्वपूर्ण भाषा है, जो अब भारत की सामान्य भाषा है तथा भारत के उत्तरी राज्यों में सामान्य रूप से बोली तथा समझी जाती है। तथापि इसकी अनेक प्रादेशिक बोली हैं जैसे राजस्थानी, खड़ी हिंदी, ब्रजभाषा, अवधी तथा बिहारी-जिसमें भोजपुरी तथा मैथिली शामिल हैं। हिन्दी साधारणतः सम्पूर्ण उत्तर भारत पश्चिम में पंजाब और सिंध तथा पूर्व में बंगाल के बीच बोली जाती है।

उत्तर प्रदेश में कविता के लिए पश्चिमी हिन्दी के मुख्य बोली ब्रजभाषा है, जो मथुरा और इसके आस-पास के जनपदों में बोली जाती है। मध्य दोआब के निचले हिस्से में तथा इसके उत्तर में देहात में कन्नौजी बोली जाती है। बुंदेली बुंदेलखण्ड की बोली है जिसमें झांसी तथा निकटवर्ती क्षेत्र तथा मध्यप्रदेश में नर्मदा घाटी का बड़ा भाग सम्मिलित है। 'खड़ी बोली' नाम दिल्ली, मेरठ, बिजनौर, सहारनपुर तथा लल्लूजी लाल द्वारा विकसित आधुनिक उच्च हिंदी दोनों के लिए प्रयोग किया जाता है यद्यपि दोनों में अन्तर है। पश्चिम में बोली जाने वाली बोली में अरबी तथा फारसी शब्दों का अच्छा मिश्रण है जो धीरे-धीरे संस्कृत की व्युत्पत्तियों द्वारा प्रतिस्थापित कर दिए गए हैं। पूर्वी हिन्दी की बोली में अवधी, बघेली तथा छत्तीसगढ़ी शामिल हैं। इनमें से मुख्य बोली अवधी अयोध्या और इसके आसपास के क्षेत्रों में बोली जाती है। अवधी को बैस्वरी भी कहा जाता है। भोजपुरी बोली पूर्वी उत्तर प्रदेश, दक्षिण पश्चिम बिहार तथा निकटवर्ती क्षेत्रों में बोली जाती है।

## हिन्दी–उत्तर प्रदेश की राज्यभाषा

उत्तर प्रदेश को हिन्दी भाषा को राज्य भाषा का स्तर प्रदान करने वाला देश का प्रथम राज्य होने का गौरव प्राप्त है। उत्तर प्रदेश में समस्त सरकारी कार्य हिन्दी में

किया जाता है। तथापि, राष्ट्र के साथ भावनात्मक एकीकरण हेतु लखनऊ, इलाहाबाद, आगरा, वाराणसी तथा मुरादाबाद में 13 भारतीय प्रादेशिक भाषाओं में निःशुल्क शिक्षण हेतु केन्द्र संचालित किए जा रहे हैं। सरकार की घोषित नीति के अनुरूप विभिन्न जनपदों में छह केन्द्रों में हिन्दी टंकण तथा आशु लेखन का प्रशिक्षण दिया जाता है। ऐसा एक केन्द्र सचिवालय स्तर पर भी विद्यमान है। इनके कार्यों के अच्छे परिणाम सामने आए हैं। हिन्दी, उर्दू तथा अन्य भारतीय प्रादेशिक भाषाओं के प्रोत्साहन हेतु राज्य भाषा विभाग द्वारा आठ स्वायत्त संस्थाएं स्थापित की गई हैं:

(*i*) उत्तर प्रदेश भाषा संस्थान
(*ii*) उत्तर प्रदेश हिंदी संस्थान
(*iii*) उत्तर प्रदेश संस्कृत संस्थान
(*iv*) उत्तर प्रदेश उर्दू अकादमी
(*v*) हिन्दुस्तानी अकादमी
(*vi*) सिंधी अकादमी
(*vii*) पंजाबी अकादमी
(*viii*) फखरुद्दीन अली अहमद स्मारक समिति

## पुरस्कार

उत्तर प्रदेश हिन्दी संस्थान उत्तर प्रदेश सरकार के "भाषा विभाग" के अधीन हिन्दी भाषा के प्रचार प्रसार के लिये कार्यरत है। इसके द्वारा साहित्यक केन्द्रों की स्थापना, शोध कार्यों हेतु छात्रों को सहायता, साहित्यकार कल्याण को बाल साहित्य हिन्दी प्रकाशन तथा विश्व हिन्दी सम्मेलन का आयोजन किया जाता है। इस संस्थान द्वारा भारत भारती, हिन्दी गौरव आदि 52 लाख रु. के कुल 83 पुरस्कार प्रदान किये जाते हैं।

उत्तर प्रदेश सरकार ने हिंदी भाषा तथा साहित्य को प्रोत्साहित तथा संरक्षित करने हेतु 1982-83 में रु. 10 करोड़ की राशि के साथ एक भाषा कोष का सृजन किया था। बाद में यह राशि 2003-04 में रु. 20 करोड़ निर्धारित की गई।

हिन्दी को वास्तविक प्रोत्साहन देने तथा असाधारण लेखकों एवं सुप्रतिष्ठित साहित्यिक व्यक्तियों के योगदान को मान्यता प्रदान करने के लिए हिन्दी संस्थान द्वारा सम्पूर्ण भारत के हिंदी साहित्यकारों के लाभार्थ अखिल भारतीय स्तर पर

पुरस्कारों की योजना प्रारंभ की गई है। ये पुरस्कार प्रति वर्ष 18 संवर्गों में दिए जाते हैं तथा पुरस्कारों की कुल संख्या 109 है। प्रत्येक संवर्ग हेतु निर्धारित पुरस्कार राशि निम्नानुसार है :

| *क्र.सं.* | *पुरस्कार का नाम* | *पुरस्कारों की संख्या* | *पुरस्कार राशि (लाख रुपए)* |
|---|---|---|---|
| 1. | भारत भारती सम्मान | 1 | 2.51 |
| 2. | हिन्दू गौरव सम्मान | 1 | 2 |
| 3. | महात्मा गांधी सम्मान | 1 | 2 |
| 4. | पं. दीनदयाल उपाध्याय सम्मान | 1 | 2 |
| 5. | अवन्ती बाई सम्मान | 1 | 2 |
| 6. | लोहिया साहित्य सम्मान | 1 | 2 |
| 7. | साहित्य भूषण सम्मान | 10 | 0.5 |
| 8. | लोक भूषण सम्मान | 1 | 0.5 |
| 9. | कला भूषण सम्मान | 1 | 0.5 |
| 10. | विज्ञान भूषण सम्मान | 1 | 0.5 |
| 11. | विद्या भूषण सम्मान | 1 | 0.5 |
| 12. | पत्रकारिता भूषण सम्मान | 1 | 0.5 |
| 13. | प्रवासी भारतीय हिन्दी भूषण सम्मान | 1 | 0.5 |
| 14. | बाल साहित्य भारती सम्मान | 1 | 0.25 |
| 15. | हिंदी विदेश प्रसार सम्मान | 2 | 0.25 |
| 16. | सौहार्द सम्मान | 15 | 0.15 |
| 17. | नामित पुरस्कार | 34 | 0.2 |
| 18. | सर्जन पुरस्कार | 34 | 0.08 |

## संस्कृत संस्थान और पुरस्कार

हिन्दी की भांति संस्कृत को प्रोत्साहित करने तथा लोकप्रिय बनाने के लिए इस प्राचीन भाषा के लेखकों और पंडितों को पुरस्कार प्रदान किए जाते हैं। प्रत्येक वर्ष संस्कृत की 48 रचनाओं को कुल 10.47 लाख रुपए के नकद पुरस्कारों द्वारा सम्मानित किया जाता है।

संस्कृत पुरस्कारों की संरचना का विवरण नीचे तालिका में दर्शाया गया है :

| क्र.सं. | पुरस्कार का नाम | पुरस्कारों की संख्या | पुरस्कार राशि |
|---|---|---|---|
| 1. | विश्व भारती पुरस्कार | 1 | रु. 1,51,000/- |
| 2. | महर्षि बाल्मीकी पुरस्कार | 1 | रु. 1,00,000/- |
| 3. | विशिष्ट पुरस्कार | 5 | रु. 51,000/- |
| 4. | नामित पुरस्कार | 5 | रु. 25,000/- |
| 5. | विशेष पुरस्कार | 6 | रु. 11,000/- |
| 6. | बेद पंडित पुरस्कार | 10 | रु. 25,000/- |
| 7. | विविध पुरस्कार | 20 | रु. 5,000/- |

उत्तर प्रदेश सदैव संस्कृत का गढ़ रहा है। यजुर्वेद में वह भौगोलिक क्षेत्र दर्शाया गया है, जो सभ्यता और साहित्यिक एवं धार्मिक गतिविधियों का केन्द्र कुरु-पांचाल क्षेत्र, दिल्ली से उत्तर प्रदेश में बरेली स्थानांतरित होने का संकेत देता है। ब्राह्मण साहित्य की रचना भी इस क्षेत्र में ही हुई थी। यह साहित्य अनुवर्ती काल में पूर्व की ओर अथवा मध्यप्रदेश से कौशल (अयोध्या) तथा विदेह (मिथिला) (बिहार) तक फैल गया था। समस्त उपनिषदों का महान मूलभूत सिद्धान्त प्रसिद्ध मंत्र 'तत्त्वमसि' में समाहित होकर आत्मा को परमात्मा से मिलाना हैं यह सिद्धान्त आत्माओं के आवागमन के सिद्धान्त से सम्बद्ध है। हिन्दू धर्म में कुल 18 प्रमुख उपनिषद् हैं जिनमें 'बृहद्अरण्यक उपनिषद' तथा 'चण्डोग्य उपनिषद' दीर्घतम और महत्वपूर्ण हैं।

गृह सूत्र मानव जीवन में जन्म से मृत्यु तथा उसके उपरान्त जीवन से संबंधित अनेक समारोहों हेतु नियमावली दी गई है। इसके अतिरिक्त सूत्रात्मक साहित्य की तीसरी शाखा औषध-सूत्र की विषय वस्तु प्रथा है। ये सबसे प्राचीन भारतीय कृतियां हैं जो धार्मिक पक्ष का पूर्ण निरुपण करती हैं, लेकिन इसके सांसारिक पक्ष के विषय में आंशिक और संक्षिप्त विवरण प्रस्तुत करती हैं। व्याकरण का प्रतिनिधित्व पाणिनि की युगान्तरकारी कृति करती है जिसके विषय में काव्यायन और पातंजलि ने भाष्य और महाभाष्य लिखे हैं।

## उर्दू संरक्षण

उत्तर प्रदेश की मिश्रित संस्कृति के अनुरक्षण प्रयोजनार्थ राज्य सरकार ने उर्दू को संरक्षण प्रदान किया है। सन् 1972 में प्रारंभ उ.प्र. उर्दू अकादमी ने राज्य में उर्दू के प्रचार और प्रसार के लिए काफी अच्छा काम किया है। सरकार ने मुस्लिम

लोगों की भावनाओं को सम्मान करते हुए 1989 में उर्दू को राज्य की द्वितीय भाषा घोषित कर दिया। इस हेतु सरकार ने विनिर्दिष्ट प्रयोजनों हेतु उ.प्र. राज्य भाषा (संशोधन) अधिनियम बनाया है।

उत्तर प्रदेश का भाषा विकास निरंतर प्रगति पर है तथा राज्य सरकार भाषा विभाग को नीचे दिए अनुसार उदारतापूर्वक वित्तीय सहायता उपलब्ध करा रही है।

## प्रादेशिक भारतीय भाषा संस्थान

भाषा विभाग द्वारा, हिन्दी तथा उर्दू के साथ, लखनऊ, इलाहाबाद तथा देहरादून में ये संस्थान स्थापित किए गए हैं, जहां प्रारंभ में आठ प्रादेशिक भारतीय भाषाएं पढ़ाई जाती हैं। तथापि, इन संस्थाओं में पढ़ाई जाने वाली भाषाओं की संख्या अब तेरह हो गई है। ये भाषाएं इस प्रकार हैं :– तमिल, तेलुगु, कन्नड़, मलयालम, गुजराती, मराठी, बंगला, उड़िया, पंजाबी, सिंधी, असमी, कश्मीरी तथा नेपाली।

## साहित्य-संस्कृत

उत्तर कालीन संस्कृत का साहित्यिक चरित्र पूर्ववर्ती काल की संस्कृत के साहित्यिक चरित्र से विषय, प्रवृत्ति तथा रूप में भिन्न है। वैदिक साहित्य धार्मिक है, संस्कृत साहित्य सांसारिक है। उत्तर काल में स्वयं धर्म के स्वरूप में परिवर्तन हुआ था। महाभारत वैदिक काल से सम्बद्ध है जबकि रामायण उत्तर काल से जुड़ी है। रामायण, प्रमुखतः एक कवि की कृति है जो योजना एवं निष्पादन में समरूप है। महाभारत 1,00,000 श्लोकों का पर्वत है, जो उपदेशात्मक विषय पर केन्द्रित है। सम्पूर्ण कृति पर नैतिक शिक्षा के विश्वकोश के पक्ष की छाप है। महाकाव्य महाभारत अथवा 'भरत के वंशजों का महान युद्ध' दो चचेरे भाइयों दुर्योधन (कौरवों के नायक) तथा युधिष्ठिर (पांडवों के प्रधान) के बीच हस्तिनापुर के सिंहासन के लिए अठारह दिन के युद्ध सार का अभिलेख है।

भगवद् गीता, अठारह सर्गों में विभक्त एक दार्शनिक कविता, इस महान महाकाव्य का महत्वपूर्ण भाग है।

जबकि उत्तर काल में संस्कृत का उपयोग ललित साहित्य के लिए किए जाने का प्रमाण अश्वघोष के महाकाव्य तथा उसके नाटकों में मिलता है जिसमें उसने संस्कृत भाषा का उपयोग बौद्धमत की लोकप्रियता बढ़ाने हेतु किया है। उसकी दो कृतियां 'बुद्धचरित' तथा 'सौन्दरानंद' काव्यात्मक साहित्य के बहुत अच्छे प्रतिमान

हैं। उसका नाटक 'साड़ी प्रकरण' भी इसी स्तर का है। इस प्रकार संस्कृत सांसारिक साहित्य के लिए एक उत्कृष्ट भाषा बन जाती है।

शिलालेख, विशषतः रुद्रदमन (दूसरी सदी) तथा समुद्रगुप्त (चौथी सदी) के शिलालेख भी काव्य कहे जाने वाले कृत्रिम अथवा दरबारी काव्य का प्रमाण प्रस्तुत करते हैं। विक्रमादित्य (कुछ लोगों के अनुसार चन्द्रगुप्त द्वितीय) के नौ रत्नों में सर्वाधिक प्रसिद्ध कालिदास (चौथी सदी ईस्वी) अपनी दो प्रसिद्ध कृतियों 'रघुवंश' तथा 'कुमार सम्भव' के लिए सुविख्यात हैं।

कन्नौज नरेश हर्षवर्द्धन (606-647 ईस्वी) केवल ज्ञान एवं साहित्य का महान संरक्षक ही नहीं बल्कि वह स्वयं एक स्तरीय कवि था। रत्नावली, प्रियदर्शिका नाटकों का श्रेय हर्षवर्द्धन को है। बाण कादम्बरी तथा हर्षचरित के रचयिता हैं। उन्होंने हर्ष की काव्य-विद्वता की सराहना की है। उनके नाटक प्रियदर्शिका में नाटक की नई विधि का परिचय है। बाद में भवभूति (8 वीं सदी) द्वारा इस विधि का उपयोग किया गया है। भदभूति कान्यकुब्ज के राजा यशोवर्मन (8 वीं सदी का प्रारंभ) के दरबार में कवि थे। राजा स्वयं एक राजसी कवि था तथा छह अंक के 'रामाभ्युदय' का लेखक था। भवभूति के सात अंकीय महावीर-चरित में राम के प्रारंभिक जीवन का वर्णन है जबकि उत्तर रामचरित (सात अंक) में रामायण का उत्तरकाण्ड है।

उत्तर प्रदेश में संस्कृत साहित्य के विकास के बावजूद, इसमें क्षेत्र का कोई प्रामाणिक विवरण नहीं है, क्योंकि लेखक दरबार के संरक्षण में कार्य करते थे। इसके अतिरिक्त संस्कृत भाषा का बोली के रूप में चलन बहुत तेजी से कम हो रहा था तथा बौद्ध जैनमत की धर्म वैधानिक भाषाएं विकसित हो रही थीं। इसके अलावा अन्य देशी भाषाएं भी विकसित हो रही थीं। तथापि शिक्षित व्यक्तियों के बीच विचारों के आदान प्रदान हेतु संस्कृत का उपयोग काफी समय बाद तक जारी था। संस्कृत साहित्य का प्रभाव जनसाधारण की अपेक्षा विद्वानों पर अधिक था। तथापि, विषय-प्रसंगों का चयन पुराणों तथा वीर गाथाओं इत्यादि से किया जाता था।

संस्कृत साहित्य में काव्य कालिदास के 'मेघदूत,' और 'ऋतुसंहार' के रूप में विद्यमान है। कश्मीरी कवि बिल्हण की 'चौरपंचासिका' अत्यंत सुंदर बन पड़ी है। संस्कृत काव्य का अधिकांश भाग साधारणतः एक बंद की कविताओं से भरा है। इस प्रकार के कवियों में भर्तृहरि सर्वश्रेष्ठ हैं जो एक प्रख्यात कवि और व्याकरणविद्

भी थे। उन्होंने 'शृंगार शतक' नामक तीन कविता संग्रह भी रचे हैं। वह प्रसिद्ध व्याकरण कृति 'वाक्यपदीय के भी रचयिता हैं। लेखक प्रेमियों के सभी भावों उल्लास, विषाद, क्रोध एवं भक्ति के चित्रण में महारती है।

बाद में कविता से नाटकों की ओर जाने की प्रवृत्ति का प्रतिनिधित्व जयदेव द्वारा रचित 'गीत गोविंद' द्वारा किया जाता है। इसका विषय राधा और कृष्ण का प्रेम उनका बिछोह और अंतिम मिलाप है।

## हिन्दी साहित्य

अवधी और खड़ीबोली में प्रारंभिक हिन्दी साहित्य धार्मिक था, जिसमें राम, कृष्ण तथा दुर्गा जैसे देवी, देवताओं की भक्ति के विषय थे। संस्कृत लेखकों के विपरीत महानतम हिन्दी कवियों का जन्म एवं लालन-पालन गरीबी की स्थितियों में हुआ था। उदाहरण के लिए तुलसीदास, यद्यपि जाति से ब्राह्मण थे, एक परित्यक्त बालक थे। उन्हें एक हिंदू संन्यासिनी ने उठाकर उनका पालन-पोषण किया था। कबीर, जो एक जुलाहा थे, की भी ऐसी ही पृष्ठभूमि थी तथा दादू एक साधारण रुई व्यापारी थे। सूरदास भी गरीब पृष्ठभूमि से थे। कबीर रामानन्द के शिष्य थे जो हिन्दुओं की मूर्तिपूजा तथा मुस्लिम धर्मगुरुओं की कृत्रिमता के विरोधी थे। वह मानवता और सत्य की सेवा पर जोर देते थे। कबीरदास बहुमुखी लेखक थे 'साखी' तथा 'रामिनी' उनकी श्रेष्ठ कृतियां हैं। कबीर की शिक्षा की मिश्रित बुद्धिमानी तथा वाग्विदग्धता उनकी अस्तिकता के साथ उनकी रचनाओं को शाश्वत प्रसिद्धि प्रदान की है। ये सभी रचनाएं पश्चिमी हिंदी में हैं।

तुलसीदास (1532-1623) गुरु-शिष्य परम्परा के अनुसार रामानन्द की उत्तराधिकारी सातवीं पीढ़ी के सदस्य थे। वह एक महान सुधारक तथा भारत के महानतम कवियों में एक थे। तुलसीदास के अनुसार धर्म के सभी रूप, सभी आस्थाएं तथा अनेक हिन्दू पंथों के साधारण बहुदेववाद में आस्था एवं अनास्थाएं सत्य में अविश्वास किए बगैर शुद्धतः दैवसंयोग थीं तथा परम दयालु राम की सत्ता के प्रति पूर्ण समर्पित थीं। उन्होंने अवधी भाषा में लिखित सबसे सुन्दर कविताओं के माध्यम से अपना संदेश दिया था। उनकी रामचरित मानस वाल्मीकि की रामायण से पूर्ण स्वतंत्र है। उनकी अन्य कृतियां गीतावली, कवितावली तथा विनयपत्रिका हैं। ये सभी कृतियां कवि द्वारा राम को सम्बोधित उस समय की प्रार्थनाएं हैं जब वह गहन मानसिक विषाद से संत्रस्त थे।

वल्लभाचार्य के सबसे प्रसिद्ध शिष्य आगरा के नेत्रहीन चारण सूरदास थे।

उनका सूर सागर (60,000 पंक्तियां) पश्चिमी हिन्दी की बोली ब्रजभाषा में लिखा गया है तथा उनकी भाषा ब्रज क्षेत्र में बोली जाने वाली बोली का शुद्ध प्रतिमान है। सूरदास के उत्तराधिकारी जयपुर के बिहारी लाल ने सत-शैव की रचना की थी। भक्ति साहित्य के अतिरिक्त पश्चिमी हिन्दी में चारण कालक्रम में चन्दबरदाई का "पृथ्वीराज रासो" सम्मिलित है। वह ब्रज भाषा बोली के पुराने रूप में लिखते थे। यह प्रारंभिक कृति 12 वीं सदी की है जिसमें स्वामी के कार्यों तथा उस समय के उत्तर भारत के समकालीन इतिहास का वर्णन है। एक चारण वीरगाथा काव्य, जो आज भी पेशेवर लोगों द्वारा गाया जाता है, जगनायक का आल्हाखंड है। यह बुंदेलखण्ड के दो बहादुरों आल्हा और ऊदल (उदय सिंह) की गाथा है।

बाद में 14 वीं सदी में चारण सारंगधर ने अपने 'हमीर रासो' तथा 'हमीर काव्य' में अला-उद्-दीन खिलजी के विरुद्ध अपने संरक्षक की शूरवीरता का वर्णन किया है। 15 वीं सदी से 17 वीं सदी के प्रारंभ तक की अवधि के सांसारिक काव्य की प्रतिनिधि रचनाएं कुरबान की मृगावती (सन 1500) तथा मलिक मुहम्मद जायसी (ग्राम जायसा जनपद रायबरेली, उत्तर प्रदेश) की पद्मावत (सन् 1540) है। बाद में मुस्लिम उस्मान, शेख नबी तथा नूर मुहम्मद द्वारा इस प्रकार की रचनाएं चित्रावली (1613), ज्ञानदीपक (1619) तथा इन्द्रावती (1744) क्रमानुसार लिखी गई हैं, जो सभी अवधी भाषा में हैं। हिन्दी साहित्य में भक्ति काल के पश्चात् रीतिकाल का उदय हुआ। केशव दास की रसिक-प्रिया (1591) तथा कवि-प्रिया (1601) और रामचंद्रिका (1601) संगीतमय तथा काव्य की विविधता लिए हुए हैं। अब्दुर रहीम खानखाना (1556-1613) की सतसई दरबारी तथा सांसारिक कृति है। इसी प्रकार बिहारी लाल ने सत सइया हैं जो राधा एवं कृष्ण की प्रणय अभिव्यक्ति पर केन्द्रित हैं।

कानपुर जनपद में टिकवांपुर के चिन्तामणि त्रिपाठी और उसके तीन भाई मताराम, भूषण और जटाशंकर की गणना प्रतिष्ठित हिन्दी कवियों में की जाती थी। इस अवधि में मताराम की ललितालालम तथा रसराज सर्वाधिक सुबोध अलंकारिक कृतियां हैं लाल कवि (1657-1707) बुंदेल राजाओं और विशेषकर अपने संरक्षक छत्रसाल के इतिहास पर छत्र प्रकाश के लिए जाने जाते हैं। देवा की 'प्रेम चंद्रिका' उनकी सर्वश्रेष्ठ पुस्तक है। उसके पश्चात् अठारहवीं सदी में काव्य का अभाव रहा था लेकिन धनानन्द (1689-1739) के सुजान-सागर में भ्रमरगीत, गिरिधर (1713) की कुंडलियां, पद्माकर भाटी की जगत-विनोद तथा पद्माभरण (1753-1833) उल्लेख के योग्य हैं।

## उत्तर काल

हिन्दी और उर्दू साहित्य सदियों से उत्तरप्रदेश में साथ-साथ विद्यमान रहे हैं, जहां संभवतः इन दोनों साहित्य की उत्पत्ति दो संस्कृतियों, एक देशी तथा दूसरी विदेशी, के संश्लेषण में जड़ें जमाए एक ही वृन्त से हुई थी। साथ रहते हुए, दोनों एक सुरुचिपूर्ण वातावरण सृजित करने में सफल हुईं, जिससे साझा लोकाचार की व्यापक परिदृश्य के भीतर दोनों की व्यक्तिगत विशेषताएं जारी रहीं, अन्यथा आगरा, मेरठ और बुलंदशहर की भाषा किस प्रकार धीरे-धीरे साहित्य में रूपांतरित हो सकती थी, और किस प्रकार कविता विशिष्ट लोगों की दूधिया महलों की दीवारें लांघकर दीनों के पुरवा और अकिंचन की मड़ैया तक की यात्रा पूरी कर सकती थी। भक्तिरस में डूबे अमीर खुसरो के कवाल, कबीर की साखी, तुलसीदास और सूरदास के रीतिकाव्य तथा मुल्ला दाऊद, कुरबान और मुहम्मद जायसी की सूफी रचनाओं तथा गायन जो प्रेम, सहनशीलता से ओतप्रोत ने मिलकर वह आधार तैयार किया जिस पर 'हिन्दी' और 'उर्दू' के दो स्तम्भ कम से कम वहां तो अवश्य खड़े हुए जिसे आज का उत्तर प्रदेश कहा जाता है।

बाद में रसखान, मंझन, उस्मान, केशवदास, बुलंदशहर के सेनापति ने हिन्दी को और उज्जवलता प्रदान की तथा यह प्रक्रिया रीति काल में जारी रही। रीतिकाल ने हिन्दी को जनसाधारण की भाषा बना दिया। आलोचक भले ही कुछ भी कहें, यह रीतिकाल की अवधि ही थी जिसने हिंदी साहित्य को सांसारिक स्वरूप प्रदान किया तथा हिन्दी को आमजन की भाषा बनाया। उस समय विवाह तथा जन्म इत्यादि के अवसर पर अपनी गंभीर भावनाओं को अभिव्यक्त करने तथा भाषा के अनेक अर्थभेदों के पांडित्य प्रदर्शन के लिए भी हिन्दी का प्रयोग सामान्य हो गया था। बिहारी, देवा, मतिराम, पद्माकर, चिन्तामणि, भूषण, सुखदेव मिश्र, दुलाह इत्यादि रीतिकाल के नायक कहे जाते हैं। मुंशी इंशा अल्लाखान (लखनऊ), लल्लुजीमल (आगरा) तथा सदासुखलाल नियाजी (प्रयाग) ने हिन्दी को सरल एवं लोकप्रिय बनाया तथा धार्मिकता और औपचारिकता से मुक्ति दिलाई थी। ठेठ क्षेत्रीय समकालीन हिन्दी में लिखी 'रानी केतकी की कहानी', 'प्रेम सागर' तथा 'सुख सागर' 19 वीं सदी में एक प्रकार से भाषा का मानकीकरण कर दिया था।

राजा लोकमल सिंह, भारतेंदु हरिशचन्द, बालकृष्ण भट्ट (प्रयाग), राधा चरण गोस्वामी (मथुरा), राधा मोहन गोकुल (आगरा), काशीनाथ खत्री (प्रयाग), रतन नाथ (इटावा), राम गोपाल वेदान्ती (लखनऊ), प्रताप नारायण मिश्र (कानपुर), तोता राम वर्मा (अलीगढ़) इत्यादि ने हिन्दी को लोगों के बीच संवाद का माध्यम बनाया। इन

लेखकों ने ब्रजभाषा, संस्कृत, बंगाली, अंग्रेजी तथा उर्दू का सर्वश्रेष्ठ हिन्दी में समाविष्ट कर न केवल भाषा को समृद्ध किया, बल्कि इसे दूसरे साहित्यों के साथ मिलकर उनकी गुणवत्ता को आत्मसात करने हेतु समर्थ भी बनाया था। श्रीधर पाठक (इलाहाबाद), मीश्राबन्धु (लखनऊ) तथा महावीर प्रसाद द्विवेदी, जयशंकर प्रसाद, हरिवंशराय बच्चन, महादेवी वर्मा, सुमित्रानंदन पन्त, निराला ने हिन्दी काव्य को रहस्यवादी प्रगीतत्व प्रदान किया। कवि मैथिलीशरण गुप्त, महान उपन्यासकार प्रेमचंद, भगवती चरण वर्मा, अमृतलाल नागर, इलाचन्द्र जोशी, अज्ञेय, हजारी प्रसाद द्विवेदी, रामचन्द्र शुक्ल, श्री नारायण चतुर्वेदी, राम बिलास शर्मा, श्याम सुन्दर दास, नन्द दुलारे बाजपेयी महान हिन्दी लेखक थे जिनने भाषा और साहित्य को एक नई पहचान प्रदान की थी।

## उर्दू साहित्य

पश्चिमी हिन्दी की तरह उर्दू भी मध्य तथा ऊपरी गंगा दोआब तथा इसके उत्तर तथा दक्षिण में पड़ने वाले क्षेत्र की भारत-आर्य बोली है। यह एक भारतीय भाषा है यद्यपि यह फारसी लिपि में तथा अंशतः फारसी शब्दावली के साथ लिखी जाती है। समय के साथ, उर्दू एक नए शब्दकोश तथा मुहावरों तथा मूलभाव एवं रूप के स्रोत के रूप में अधिक से अधिक फारसी पर निर्भर होती चली गई, जबकि प्रेरणा के लिए यह साधारणतः इस्लामी आस्था की ओर ताकती है। कुछ प्रमुख अपवादों को छोड़कर इसका साहित्य मुस्लिम लेखकों की कृतियां हैं।

उर्दू भाषा तथा साहित्य (गद्य एवं पद्य) के विकास में उत्तर प्रदेश का महत्वपूर्ण स्थान है। अमीर खुसरो, जिनका जन्म 13 वीं सदी में ग्राम पटियाली, जनपद एटा में हुआ था, को उर्दू भाषा की बुनियाद रखने का श्रेय दिया जाता है, हालांकि इसे वास्तविक शैली तथा संरचना 18 वीं सदी के प्रारंभ में प्राप्त हुई थी। उर्दू के दो महानतम शायर गालिब और नज़ीर अकबराबादी, जो अपनी व्यापक दृष्टि, उच्च कोटि की अलंकार योजना तथा पदयोजना के लिए सुविख्यात हैं, का जन्म आगरा, उत्तर प्रदेश में हुआ था। उर्दू के एक और प्रकाण्ड विद्वान तथा शायर मीर तकी मीर ने अपने आखिरी दिन लखनऊ में गुजारे थे। प्रसिद्ध नवाब आसफ-उद्-दौला (लखनऊ के नवाब) स्वयं एक अच्छे कवि थे तथा उनके शासनकाल में लखनऊ उर्दू काव्य का केन्द्र बन गया था। दिल्ली और देश के तमाम हिस्सों से प्रख्यात शायर लखनऊ आकर बस गए थे। फुगन, सौदा, मीर जाहिद तथा मीर हसन, मुसहफी, इंशा तथा जुरत नामक शायरों ने अपने फन को धार देने के लिए

लखनऊ शहर का चुनाव किया था। नासिख और आतिश, दयाशंकर नसीम, नवाब मिर्जा शौक तथा शौक किदवई ने कुछ यादगार शायरी लिखी है। इनके अलावा कुछ और जैसे दाग, असर, आमिर, जलाल तथा तस्लीम जो समान मेधावी थे रामपुर के नवाब के संरक्षण में थे। उर्दू नाटककारों तथा कथालेखकों के बीच अवध के अंतिम नवाब वाजिद अली शाह, जो 'अख्तर' के छद्मनाम से लिखते थे, ने अपने पीछे नाटक 'राधा-कन्हैया' छोड़ा है। आगा हसन-अमानत लिखित अन्य नाटक इन्द्रसभा उर्दू साहित्य में मील का पत्थर कहा जाता है। आगाहश्र कश्मीरी ने नाटक तथा कथालेखन की एक विशिष्ट शैली को लोकप्रिय बनाया जो पारसी थियेटर के माहौल के लिए उपयुक्त थी।

अलीगढ़ मुस्लिम विश्वविद्यालय के संस्थापक सर सैयद अहमद खान, जिन्होंने दिल्ली से उत्तर प्रदेश में रहना पसंद किया, ने उर्दू लेखन को एक नई दिशा दी है। सामाजिक विज्ञान, इतिहास, शिक्षा, राजनीति, राष्ट्रीयता, आत्मकथा इत्यादि विषयों पर पुस्तकों ने उर्दू में दिन का उजाला देखा तथा एक क्रान्ति को जन्म दिया। मुंशी नवल किशोर द्वारा लखनऊ में उर्दू का एक अग्रणी प्रकाशन गृह स्थापित किया। वह अवध अखबार का भी प्रकाशन करते थे।

# 17

# पुरातत्त्वीय और मानवशास्त्रीय खोज

पुरातात्विक महत्त्व रखने वाली खोजें मानव समाज के प्राचीन इतिहास की वास्तविक स्थिति प्रदर्शित करती हैं। ये ऐसी अनमोल सम्पदाएँ होती हैं, जो मूक होते हुए भी अपनी काल की गौरवगाथा का यशोगान करती हैं। इन धरोहरों को आवश्यकता होती है, एक ऐसे धैर्यवान व्यक्ति की जो इन्हें धरती के गर्भ से, समय की दीवारों के पार खींच कर ले आये। किसी भी पुरातात्विक वस्तु से उस समय के आर्थिक, सामाजिक, सांस्कृतिक तथा राजनैतिक स्वरूप का भली भाँति अन्दाजा लगाया जा सकता है। विश्व में कई सभ्यताएँ आईं और गईं बाढ़, भूकम्प महामारी आदि कई विभिन्न कारणों से ये विनाश को प्राप्त हो गईं, परंतु भूमि अन्दर दबे उनके अवशेषों के द्वारा हमें उनके बारे में जानकारी प्राप्त हुई।

"प्राचीनतम पुरातत्त्वीय अवशेष, जिनके काल के विषय में निश्चितता पूर्वक कहा जा सकता है, मौर्य राजा अशोक महान के बनारस और इलाहाबाद के स्तम्भों पर तथा देहरादून जनपद में कलसी में एक चट्टान पर मिले शिलालेख हैं, जो ईसा पूर्व तीसरी सदी के हैं। यह संभव हो सकता है कि बनारस के निकट सारनाथ में और गोरखपुर में कासिया में मिले सुंदरस्तूप इनसे भी अधिक प्राचीन हों। इसके अतिरिक्त बस्ती जनपद में पिपरहवा में स्तूप की खुदाई में एक मंजूषा मिली है जिसके ऊपर ईसा पूर्व तीसरी, चौथी अथवा पांचवीं सदी की लिपि में शिलालेख मिले हैं। प्रान्त के हिमालयी भाग को छोड़कर प्रत्येक हिस्से में बौद्ध धर्म के पाषाण रेलिंग तथा भवन, सिक्के, मिट्टी की मोहर तथा अन्य अवशेष पाए गए हैं। सेत-माहेत (गोंडा), अहिछत्र (बरेली), संकिसा (फर्रूखाबाद), मथुरा तथा भूइला डीह (बस्ती) ऐसे प्रमुख स्थल हैं, जहां नियमित खुदाई की गई है, लेकिन अन्य अनेक स्थलों पर खुदाई की जानी शेष है।"

मथुरा की खुदाई में जैन मूर्तियां तथा जैन मंदिरों के भग्नावशेष प्राप्त हुए हैं, जिनमें से कुछ अवशेषों पर महान कुषाण नरेशों (प्रथम अथवा द्वितीय ईस्वी सदी) के काल के लेख हैं। झांसी जनपद की ललितपुर तहसील में मध्यकाल (सन् 900

से 1100 तक) के सुंदर जैन मंदिर तथा मूर्तियां आज भी अच्छी संरक्षित स्थिति में हैं।

जबकि प्रान्त में ऐसे अनेक स्थल हैं, जिनकी लोकप्रिय परम्परा महान ग्रन्थों में वर्णित स्थानों की पहचान कराती है। प्राचीनतम शुद्धतः हिन्दू अवशेष चौथी और पांचवीं ईस्वी सदी के गुप्त काल से संबंध रखते हैं। प्रारंभिक गुप्त राजाओं के शिलालेख और एकल ताम्रपत्र पूर्व में गोरखुपर से गाजीपुर तक और पश्चिम में एटा से बुलंदशहर तक अनेक स्थानों पर मिले हैं। झांसी जनपद में देवगढ़ के निकट एक छोटा सुंदर मंदिर इसी काल का बताया जाता है। गुप्त सत्ता के विघटन के कारण फैली अव्यवस्था वास्तुकला तथा भवन निर्माताओं के अनुकूल नहीं थी, जबकि आठवीं तथा बारहवीं ईस्वी सदी के बीच, हिन्दू वंश की राजधानी तब कन्नौज थी, बनाए गए मंदिर अधिकांशतः मुस्लिम आक्रान्ताओं द्वारा तोड़ दिए गए अथवा मस्जिदों के रूप में परिवर्तित कर दिए गए थे। इस रूप में उपयोग किए जा रहे हिन्दू मंदिरों के अवशेष कन्नौज, जौनपुर, अयोध्या, मथुरा तथा बनारस में विशेष उल्लेखनीय हैं, हालाँकि कुमाऊं और बुंदेलखंड में मध्यकालीन मंदिर सुरक्षित हैं। वर्तमान काल में हिन्दू धार्मिक जीवन के मुख्य केन्द्रों में इस प्रकार मुश्किल से कोई हिन्दू भवन शेष हैं तथा हरिद्वार, अयोध्या, बनारस एवं मथुरा के अधिकांश मंदिरों का निर्माण हाल में किया गया है। अकबर के उदार शासनकाल में वृन्दावन में कुछ सुंदर मंदिरों का निर्माण किया गया था, जिनमें से एक (1590 के आसपास निर्मित) विशेष भव्य है। मध्यकालीन हिन्दू इतिहास की खोज अधिकांशतः शिलालेखों तथा सिक्कों के अध्ययन के आधार पर हुई है।

प्रारंभिक मुस्लिम शासकों ने मस्जिद, ईदगाह तथा मकबरों के रूप में अनेक स्मारक छोड़े हैं। इनमें सबसे प्राचीन तेरहवीं सदी के प्रारंभ में बादशाह अल्तमश द्वारा बदायूं में निर्मित कुछ भवन हैं। तथापि, शर्की राजाओं द्वारा बाद में दो सौ वर्ष बाद जौनपुर में बनवाई गई मस्जिदें श्रेष्ठतम उदाहरण हैं, जिनके विशाल पुराभाग और द्वार मण्डप विशेष भव्य है जो मिश्र के द्वार मंडपों की याद दिलाते हैं।

सोलहवीं तथा सत्रहवीं शताब्दी के दौरान बादशाह अकबर, जहांगीर तथा शाहजहां ने फतहपुर सीकरी और आगरा में शाही महलों के निर्माण पर भारी धनराशियां व्यय की थीं, जहां शाही महल, भव्य मकबरे तथा मस्जिदें बनवाई गई थीं, जो आज भी महान मुगलों की याद ताजा कर देती हैं। इन बहुमूल्य स्मारकों की मरम्मत एवं संरक्षण के लिए पिछले कुछ वर्षों में काफी काम किया गया है।

## कला रूप

जनरल अलेग्जेंडर कनिंघम के समय से विगत सदियों के दौरान की गई अनेक खुदाइयों से स्पष्ट हो गया कि प्राचीन भारत आध्यात्मिक कुतूहल तथा कलात्मक निष्ठा के समान स्तर को लक्ष्यकृत कला के सभी तीन स्वरूपों के उदाहरण और सचित्र उदाहरण उपलब्ध कराता है। उत्तर प्रदेश में भारतीय कला के विभिन्न पक्षों का अध्ययन ऐतिहासिक तथा प्रादेशिक रूपों में किया जा सकता है। ऐतिहासिक रूप में भारतीय कला के प्राचीनतम प्रतिमान मिर्जापुर जनपद में चट्टानों को तराशकर बनाई गई पेंटिंग्स में देखे जा सकते हैं, जो नवप्रस्तर पुरुष की अभिव्यक्ति और उसकी छैनी तथा रंगों के साथ खेलने की तकनीक का चित्रण करते हैं। पेंटिंग्स की प्रकृति सांसारिक है, जिसमें कुछ शिकार के दृश्य तथा मंगली पशुओं का चित्र है।

अशोक महान के काल की आधिकारिक कला प्रमुखतः एक प्रस्तरीय स्तम्भों पर देखी जा सकती है, जिनके ऊपर राज्य के पदाधिकारियों और जनसाधारण के लिए राजादेश उत्कीर्ण किए गए हैं। विद्यमान अनेक उदाहरणों में सर्वश्रेष्ठ सारनाथ स्थल पर उत्थापित सारनाथ है, जो बुद्ध के प्रथम उपदेश–धम्मचक्र से सम्बद्ध है। दण्ड सादा परिमार्जित बलुआ पत्थर का है, कटाई गोलाकार तथा हल्की शंक्वाकार है, शीर्ष पर चार सिंह हैं जो मूलतः धम्मचक्र पर आधारित हैं, धम्मचक्र शीर्षफलक पर अवलम्बित है, जिसके ऊपर छोटे धम्मचक्रों द्वारा पृथक्कृत हाथी, घोड़ा, वृषभ तथा सिंह हैं, इसके नीचे प्रतिलोम कमल है जो घंटी के रूप में दिखाई देता है। पत्थर तराशने तथा सतह पर पॉलिश का कार्य असाधारण बारीकी और सटीकता के साथ किया गया है।

## मथुरा में अन्वेषण

मथुरा में मूर्तियों की प्रथम खोज कोलकाता स्थित भारतीय संग्रहालय में संरक्षित है। जो कर्नल एल.ई. स्टैसी द्वारा एक स्तम्भ खोजा गया, जिसके एक ओर एक वामन की पीठ पर खड़ी महिला की आकृति थी जो अपने दाहिने हाथ में एक छोटा टोकरीनुमा पिंजरा थामे हुए थी, जिसका पक्षी बाएं कंधे पर बैठा हुआ था। इसके दूसरी ओर तीन पट्टी थीं जिन पर दृश्य उत्कीर्ण थे, ये दृश्य जनरल कनिंघम के अनुसार राजगृह के चमत्कार से संबंधित था–इसमें बुद्ध को अपने विद्वेषी चचेरे भाई देवदत्त द्वारा अपने विरुद्ध घोड़े गए हाथी को वश में करते

दिखाया गया था। यह स्तम्भ भी मथुरा संग्रहालय में रखे दो रेलिंगों से संबंधित बताया जाता है।

कटरा स्थल से प्राप्त की गई पहली मूर्ति एक रेलिंग स्तंभ का भाग था जिस पर एक वृक्ष के नीचे खड़ी महिला आकृति का एक हिस्सा था, उसी समय एक शिलालेख खण्ड प्राप्त हुआ जिसके ऊपर गुप्त सम्राटों की वंशावली (समुद्रगुप्त तक) उत्कीर्ण की गई थी तथा जो चन्द्रगुप्त II (लगभग 400 ईस्वी सन्) के शासनकाल से सम्बद्ध बताया जाता है। पहले ये दोनों वस्तुएं लाहौर संग्रहालय में रखी गई थीं, किन्तु बाद में मथुरा वापस भेज दी गईं तथा अब मथुरा संग्रहालय में सुरक्षित हैं। सन् 1862 में कनिंघम द्वारा कटरा स्थल की खोज फिर से प्रारंभ की गई तथा एक "बौद्ध प्रवेशद्वार का एक विलक्षण गोलाकार प्रस्तरपाद जिस पर दोनों तरफ भवनों, आकृतियों तथा वृक्षों और स्वयं प्रवेशद्वार का समृद्ध चित्रण था" प्राप्त किया।

यह मथुरा संग्रहालय में दिसंबर 1907 में इलाहाबाद से मथुरा वापस भेजी गई मूर्तियों के साथ रखा है। यहां की सर्वाधिक महत्वपूर्ण खोज खड़े होने की मुद्रा में बुद्ध की प्रतिमा है जो 4½× 3½ आकार की है तथा एक कुएं के भीतर से प्राप्त हुई थी। इस पर लिखा लेख गुप्त काल (549-50 ईस्वी सन) का है तथा लेख के अनुसार यह बौद्ध भिक्षुणी जयाभट्ट द्वारा यश बिहार को समर्पित की गई थी। इससे संकेत मिलता है कि कटरा स्थल पर कभी इस नाम का बौद्ध विहार था जो छठी शताब्दी के मध्य तक मौजूद था। बाद में इसके खण्डहरों पर विष्णु मंदिर का निर्माण केशब देव के नाम के अधीन किया गया था जिसे बाद में औरंगजेब द्वारा तुड़वा कर वहां मस्जिद बना दी गई थी। मंदिर की योजना अब भी देखी जा सकती है। शिलालेख युक्त बुद्ध की मूर्ति अब लखनऊ में राज्य संग्रहालय में संरक्षित है।

उसी कुएं से, जिसमें से बुद्ध की प्रतिमा निकाली गई थी, पांच अन्य प्रस्तर प्रतिमाएं भी प्राप्त हुई थीं। इनमें एक विराट बांह और हाथ, ध्यान मुद्रा में बुद्ध की एक लघुप्रतिमा शामिल थी जिसके आधार पर गुप्त काल के अक्षरों में अपूर्ण लेख विद्यमान था।

संक्षेप में मथुरा शैली का प्रतिनिधित्व ईसा पूर्व दूसरी सदी के मध्य काल की भंग मूर्तियों द्वारा किया जाता है। बलराम की खड़ी मुद्रा में मूर्ति जिसमें दो भुजाएं, सिर पर नाग के फन का छत्र, सिर और नाग की कुंडली पीठ और शरीर के दोनों

पाश्र्वों में उत्कीर्ण, दाएं हाथ में गदा तथा बाएं हाथ में हल है, लखनऊ संग्रहालय में रखी है। हिंदू, बौद्ध तथा जैन तीर्थंकरों की मुक्त-खड़ी-प्रतिमाएं शैलरूपकारों (मूर्तिकारों) की कला उपलब्धियों का बखान करती हैं। ये मूर्तिकार की धार्मिक अपेक्षाओं के अनुसार कार्य को अंजाम देते थे। कुषाण काल की कला की मथुरा शैली कला के धार्मिक और सांसारिक दोनों प्रतिमान उपलब्ध कराती है।

कुषाणकालीन कलाकारों ने दरवाजों के जोड़ों पर सांसारिक प्रकृति के भाग दृश्यों का चित्रण किया है तथा उस काल के सामाजिक जीवन के वर्णन हेतु दर्पण उपलब्ध कराया है। जबकि गुप्त काल भारतीय कला के समस्त पहलुओं के प्रस्फुटन का प्रतिनिधित्व करता है। मूल भाव निस्संदेह अत्यंत महत्वपूर्ण है, लेकिन कलाकार परिपक्व, अधिक बौद्धिक सचेत और अन्तर्दर्शी हो जाता है। गुप्त काल, इस प्रकार, अधिक परिष्कृत, लालित्यमय तथा उत्कृष्ट है। इस काल की बुद्ध मूर्ति एक कंधे पर पारदर्शी वस्त्र, छोटे घुंघराले केश कपालीय उभार लिए शीर्ष परिधान के साथ स्पष्टता और अपसरण हेतु उल्लेखनीय है। सारनाथ, मथुरा और अजन्ता के उभार में सर्वश्रेष्ठ उदाहरण देखे जा सकते हैं। उत्तर प्रदेश के सुल्तानगंज से मिली एक विराट कांस्य मूर्ति अब बार्मिंघम संग्रहालय में है। इस काल की ब्राह्मणवादी मूर्तियों में सराहनीय शिल्प का नमूना महालिंग (शिव), विष्णु, नरसिंह तथा दुर्गा और उदयगिरि में भव्य वाराहावतार, देवगढ़ स्थित गुप्तकालीन मंदिरों के तलघर में रामायण के दृश्य तथा एलोरा स्थित रामेश्वर गुफा की मूर्तियां सम्मिलित हैं।

## राज्य पुरातत्त्व

उत्तर प्रदेश राज्य का पुरातत्त्व विभाग 1951 में पुरातत्त्वीय खोज, पुरातत्त्वीय महत्व के स्थलों तथा स्मारकों की सुरक्षा तथा संरक्षण, पुरातत्त्व संबंधी साहित्य का प्रकाशन तथा पुरातत्त्व के प्रति जनता में जागरुकता पैदा करने हेतु स्थापित किया गया।

पुरातत्त्व निदेशालय तथा इसकी प्रादेशिक इकाइयां विभिन्न क्षेत्रों में नियमित अन्वेषण करती हैं तथा चुने गए स्थलों पर पुरातत्त्वीय खुदाई का कार्य करती हैं। इन अन्वेषण तथा खुदाई द्वारा प्रकाश में आए प्राचीन पुरातत्त्वीय स्थलों तथा अवशेषों को राज्य सरकार द्वारा संरक्षित घोषित कर दिया जाता है।

**अन्वेषण :** ग्राम-दर-ग्राम अन्वेषण परियोजना के अंतर्गत झांसी जनपद के गुरसराय तथा बामोर विकास खण्डों और यमुना घाटी में इकहत्तर ग्रामों तथा पुरवों

में अन्वेषण का कार्य किया गया था। ईसा पूर्व सन् 1000 तथा उत्तर मध्य कालीन अनेक पुरातत्त्वीय स्थल एवं अवशेष खोजे गए हैं।

**खुदाई :** पुरातत्त्वीय खुदाई का पूर्व कार्य (2001-02, 2002-03) जनपद संत कबीरनगर में लाहुशदेवा के प्राचीन टीले पर फिर से प्रारंभ किया गया। इस खुदाई के परिणाम ने पूर्व परिचालन में मिले पांच स्तरीय सांस्कृतिक शृंखला की पुष्टि की है। रेडियोकार्बन काल निर्धारण के आधार पर प्राचीनतम दौर से सम्बद्ध धान की खेती का प्रमाण इस परियोजना की महत्वपूर्ण उपलब्धि है।

**संरक्षण :** पुरातत्व निदेशालय द्वारा लगभग 840 स्मारकों व स्थलों का संरक्षण किया जा रहा है। लखनऊ मंडल द्वारा लगभग 300 व आगरा व परना मंडल द्वारा 400 के लगभग स्थलों व स्मारकों का संरक्षण हो रहा है। राज्य संरक्षित स्मारकों तथा स्थलों के वार्षिक अनुरक्षण के अलावा मिर्जापुर तथा झांसी जनपदों में स्थित चुनार तथा बरुनासागर दुर्गों में बड़े संरक्षण कार्यों का उत्तरदायित्व लिया गया है। मल्हार, जनपद चंदौली में खुदाई में प्राप्त आयन शिल्पतथ्य रसायनों द्वारा संरक्षित रखे गए हैं।

**मानव शास्त्रीय खोज :** आज के उत्तर प्रदेश के संघटक क्षेत्रों का मानवजाति-वर्णन संबंधी सर्वेक्षण विभिन्न प्रणालियों का उपयोग करते हुए औपनिवेशक काल में अनेक बार किया गया था। सर्वेक्षण संचालकों में अवध के विद्यालय निरीक्षक जे.एस. नेसफील्ड शामिल थे जो जातिगत सर्वेक्षण के संबंध में लोक अनुदेश निदेशक, पंजाब तथा एच.एच. रिजले के साथ विचार-विमर्श करते थे। इसके अलावा मिर्जापुर के जिला मजिस्ट्रेट विलियम क्रुक़, इ.ए.एच. ब्लंट तथा लखनऊ विश्वविद्यालय में मानवजाति विज्ञान के प्राध्यापक डॉ. डी.एन. मजूमदार थे। इन सभी शोधकर्ताओं ने जातिगत अध्ययन के भाग के रूप में हिन्दू वर्ण, जातियों के विविध सिद्धान्तों पर शोध किया था।

क्रुक ने विन्ध्यपर्वत शृंखला के किनारे स्थित मिर्जापुर को पावन गंगा यमुना घाटी के समांतर फैले वन क्षेत्रों तथा पर्वतों में रहने वाली द्रविड़ नस्ल का अंतिम आश्रयस्थल बताया है।

लेकिन क्रुक की आशंका निराधार नहीं थी क्योंकि आज सभी समुदाय अपनी पहचान के प्रति सचेत हैं। क्रुक संभवतः सर्वप्रथम एवं एकमात्र मानवजाति-वर्णनकार था, जो विधि संबंधी समस्याओं पर विचार-विमर्श करता था जैसे कि नीची जातियों का मौन, अनेक जातियों द्वारा उनको दिए जाने वाली हैसियत से उच्चतर के दावा

संबंधी आंदोलन तथा बनावट संबंधी छल-कपट और एक जनपद से दूसरे जनपद तक स्थानीय बोली का अन्तर थे।

सामाजिक संगठन के सुनिश्चयन हेतु मानवमिति कोई मार्गदर्शक नहीं थी। उच्चतम तथा शुद्धतम जन्मे आर्यों तथा निम्नतम और दीनतम जन्मे द्रविड़ों में बहुत कम महत्वपूर्ण अन्तर था। सभी नस्लों की उत्पत्ति एक जैसे प्रकार से हुई भारतीय सम्पूर्ण जाति व्यवस्था रक्तांतर नहीं बल्कि कार्य पर आधारित थी। जातियों में ऐतिहासिक परिवर्तन खासकर मध्यकाल में जिसमें नए व्यवसाय प्रारंभ हुए थे, पुराने व्यवसायों का तथा नए मुसलमान व्यवसाई समूहों का नया अरबी नामकरण हुआ था।

वास्तव में, इतिहास के मौन में, हमें भारतीय समाज में महमूद गजनी तथा साहब-उद्-दीन गोरी जैसे क्रूर आक्रान्ताओं के हमलों से पैदा हुई भारी उथलपुथल का अस्पष्ट दर्शन होता प्रतीत होता है। ये आक्रान्ता इस भूमि पर भयंकर बाढ़ की तरह आए तथा हिन्दू राजनैतिक तथा सामाजिक संगठन को एक खंडहर में बदल गए। सबसे पहले उन्होंने राजपूतों की ताकत को खत्म किया और उन्हें गंगा यमुना के उपजाऊ क्षेत्र से राजपूताना के रेगिस्तान तथा अवध के वनों में खदेड़ दिया। यह विस्मयकारी घटना आधुनिक भारतीय समाज के रूप की जिम्मेदार है।

इन गड़बड़ियों तथा अव्यवस्था के परिणामस्वरूप यहां विदेशियों का शासन स्थापित हो गया तथा देशी समाज का ऊपरी वर्ग बुरी तरह लड़खड़ा गया जबकि मैदानी भाग में रहने वाले समुदायों ने पर्याप्त लचीलापन दर्शाया था। आइना-ए-अकबरी में बताया गया है कि यहां देशी वंशज स्थानीय तथा प्रादेशिक स्तरों पर मौजूद थे। उनमें से कुछ घने जंगलों में छिप गए थे तथा तराईक्षेत्र में चले गए थे जो आज का उत्तराखंड है। उनका एक भाग इस्लाम कबूल चुका था। जबकि अन्य लोग शासकों की नौकरी में नियुक्त हो गए थे।

प्रो.डी.एन. मजूमदार द्वारा सरकार की सहायता से प्रांत का मानवजाति-वर्णन सर्वेक्षण तीसरी उपलब्धि थी। इस सर्वेक्षण में विभिन्न जातियों के जैविक तथा सांस्कृतिक आयामों को शामिल किया गया था। प्रो. मजूमदार ने अपनी पुस्तक 'आदिकालीन जनजातियों का भाग्य' (1944) में लिखा है :

भारत में देशी जनजातियां तथा ऐतिहासिक और पूर्व-ऐतिहासिक नस्लों के अवशेष आधुनिक समाज के पूर्वजों के रहन-सहन के तरीकों के साक्ष्य उपलब्ध करा सकते हैं।

## प्रादेशिक प्रवासी

ऐतिहासिक रूप से उत्तर प्रदेश अनेक समुदायों का निवास स्थान रहा है। कन्नौज में प्रतिहार शासकों के दरबारी कवि राजशेखर ने दसवीं सदी के प्रथमार्द्ध में मध्यदेश का वर्णन काशी अथवा प्रयाग से सरस्वती अथवा इसके विलुप्त होने के स्थान तक विस्तृत क्षेत्र, बहुभाषा भाषी (संस्कृत, प्राकृत, अपभ्रंश), बहुजातीय (लोगों की त्वचा के वर्ण काले, श्याम अथवा गोरे) भारतवर्ष के पांच क्षेत्रों में एक क्षेत्र के रूप में किया है। वर्ण व्यवस्था सुस्थापित थी तथा देश के लोगों के संदर्भ का संकेत देती थी। जातियों का मिश्रण हो रहा था तथा वैवाहिक नियमों में भारी छूट विद्यमान थी। दरबार में दो चाण्डाल कवियों की मौजूदगी सामाजिक गतिशीलता का संकेतक थी। यह एक समृद्ध एवं तुष्ट समाज था। राजशेखर द्वारा किसी अन्तर्विरोध अथवा तनाव का कोई विवरण नहीं दिया गया था।

उत्तर प्रदेश में समुदायों के आने तथा यहां से समुदायों के जाने दोनों प्रकार की गतिविधियां विद्यमान थीं। पहले कान्यकुब्ज से ब्राह्मण लोग गंगा किनारे पूर्व और उत्तर पूर्व और मध्य भारत की पहाड़ियों में जा बसे। वे लोग पश्चिमी क्षेत्र से सिंध तक फैल गए। उत्तर प्रदेश में बाहर से भी समुदाय आकर बस रहे थे। अनेक रियासतों के राजपूत राजस्थान, गुजरात और मध्य भारत से आकर पश्चिमी एवं पूर्वी उत्तर प्रदेश तथा इसकी पहाड़ियों में बस गए। ये लोग वंश आधारित ग्रामों का झुंड बनाकर रहने लगे तथा अपने नियम स्थापित कर लिए। ऐसे समुदायों का प्रवासन लहरों की भांति हो रहा था। बंगाल से आने वाले लोग काशी, मथुरा तथा वृन्दावन में आ बसे थे यद्यपि बंगाली समुदाय आगरा, लखनऊ तथा इलाहाबाद में भी हैं, लेकिन वे अंगरेजों के काल में प्रशासन में पदों की प्राप्ति हेतु यहां आए थे। स्वतंत्रता प्राप्ति के पश्चात् इनमें से अधिकांश लोग तराई क्षेत्र (अब उत्तराखंड) में जा बसे थे। 1857 के प्रथम स्वतंत्रता संग्राम के समय मराठा लोग भी भारी संख्या में उत्तर प्रदेश आकर बस गए थे। ये लोग कानपुर, इलाहाबाद तथा झांसी में स्थापित हो गए। महाराष्ट्र के ब्राह्मण पंत चांद साम्राज्य में सलाहकार तथा पदाधिकारियों के रूप में पहाड़ियों में आ बसे थे।

इनके अतिरिक्त पूर्व-औपनिवेशिक काल तथा औपनिवेशिक काल में कश्मीरी पंडित इलाहाबाद और लखनऊ में बस गए थे। पंजाब का व्यापारी वर्ग (खत्री एवं अन्य) तथा राजस्थान के व्यापारी मध्य काल में उत्तर प्रदेश के विभिन्न क्षेत्रों में आने प्रारंभ हो गए थे। मुस्लिम शासन काल में मध्य एशिया के लोग उत्तर प्रदेश

की ओर आकर्षित हुए। ईरान तथा इराक से आए लोग शिया मुसलमानों की राजधानी लखनऊ के आस-पास स्थापित हो गए थे। अफ़गान/पठान लोग रूहेलखण्ड (रामपुर, मुरादाबाद तथा बिज़नौर) में आकर बस गए। अनेक देशी समुदायों का जबरन धर्म परिवर्तन कर मुसलमान बना दिया गया था जिनमें राजपूतों के कई वंश जैसे रांघड़ पूर्व भाटी, लखानी पूर्व बडगुज्जर तथा चौहान इत्यादि शामिल हैं। कायस्थ, शिल्पकर्मी तथा सेवा वर्ग जैसे कि तेली, धोबी, नाई हलवाई भी इसमें शामिल हैं। लगभग सभी बुनकरों का धर्मपरिवर्तन कर दिया गया था।

मध्यकाल मुसलमानों द्वारा अपने साथ लाई गई प्रौद्योगिकी तथा व्यवसाय वर्गों से संबंधित नए व्यवसायों की वृद्धि का भी साक्षी रहा है। मुसलमान केवल शासकों तथा सैनिकों के रूप में ही नहीं अपितु किसान, साहूकार, व्यापारी, व्यवसायी, कारीगर, पेशेवर तथा नई प्रोद्योगिकी के विशेषज्ञों के रूप में भी स्थापित हो गए।

मध्यकाल में एक नया आविष्कार टायलेट (शौचालय) था जिसका अनुरक्षण भंगी की एक नई जाति तथा अन्य द्वारा किया जाता था। औपनिवेशिक काल में सर्विस लैट्रिन्स का विस्तार छावनी शहरों में तथा विशिष्ट वर्गों हेतु ग्रामों में हुआ तदनुसार सफाईकर्मियों की आबादी बढ़ी तथा उनका एक स्थान से दूसरे स्थान जाना भी प्रारंभ हुआ। कुछ ऐसे समुदाय भी थे जिनके द्वारा वेश्यावृत्ति को अपनी जीविका का साधन बना लिया। उत्तर-औपनिवेशिक काल में प्रव्राजन की गति तेज हो गई। विभाजन के पश्चात्, सिख लोग जो पहले हिमालय में अपने पवित्र स्थलों से जुड़े थे भारी संख्या में तराई क्षेत्र में बस गए तथा गतिशील किसानों के रूप में अपनी पहचान बनाने में सफल हुए, यद्यपि इस प्रक्रिया में बहुमूल्य वन सम्पदा नष्ट हो गई। पंजाबी हिंदू पूरे उत्तर प्रदेश में फैले हुए हैं। यद्यपि उत्तर प्रदेश में थोड़े से जनजातीय समूह और छोटा जनजातीय क्षेत्र भी है, डॉ. मजूमदार ने स्वतंत्रता प्राप्ति से पूर्व प्राचीनतम निवासियों, जनजातियों तथा जनजातीय क्षेत्रों की विस्तृत रूपरेखा प्रस्तुत की है। संयुक्त प्रान्त में जनजातीय जनसंख्या बहुत अधिक नहीं है। जनजातीय आबादी मुख्य रूप से मिर्जापुर जनपद में है, जो छोटा नागपुर पठार के निकटस्थ है दक्षिण तथा दक्षिण पश्चिम में अनेक सामंती रियासतों से घिरा है तथा जहां भारी जनजातीय आबादी है। जनजातीय आबादी के संबंध में राज्य के अधिकारियों द्वारा अपनाई गई अहस्तेक्ष की नीति से जनजातीय लोगों की एकता और अलगाव कायम है। वहां की स्थितियां भी राज्य के अन्य हिस्सों की अपेक्षा भिन्न है।

मिर्जापुर की जनजातियां मुंडा जनजातियों से सम्बद्ध हैं, जो अब बिहार में छोटा नागपुर में बसी हैं। उनमें अन्य सदृश समूहों जैसी समरूपता भी पाई जाती है। जनजातीय आबादी मिर्जापुर से प्रारंभ होकर इसकी एक भुजा पूर्व की ओर तो दूसरी उत्तर पश्चिम की ओर फैली प्रतीत होती है। इन लोगों में कुछ घुमक्कड़ जनजातियां भी मिश्रित हो गई हैं, यद्यपि इन सबकी कुल जनसंख्या बीस लाख से अधिक नहीं है। इन जातियों का संगठन पंचमेल खिचड़ी है। एक तरफ इनमें गोरे, चौड़े सिर वाले सरसिया लोग हैं तो दूसरी ओर काले, छोटा, कद, चपटी नाक के पासी तथा डोम हैं, जो प्रान्त के पूर्वी जनपदों के लोक कण्टक कहे जाते हैं।

## जातियों और समुदायों का शास्त्र

ई.ए.एच. ब्लंट ने उत्तर प्रदेश में पांच सौ से अधिक जातियों एवं उप-जातियों का उल्लेख किया है, लेकिन ये किसी भी प्रकार से स्थिर नहीं हैं। इनमें से अनेक जातियों ने समेकन कर लिया है अथवा स्वरूप ही परिवर्तित कर लिया है। अधिकांश समुदाय मध्य जलवायु क्षेत्र में जबकि 104 समुदाय गरम जलवायु क्षेत्र में और शीतोष्ण क्षेत्र में, 6 समुदाय शीत जलवायु क्षेत्र में तथा 17 समुदाय अतिशीत जलवायु क्षेत्र में रहते हैं। कुल 216 समुदाय गंगा के मैदानी भाग में हैं, जबकि 75 समुदाय उच्च क्षेत्रों में वास करते हैं। अधिकांश समुदाय मध्यम वर्षा क्षेत्र के वासी हैं, जहां आर्द्रता निम्न (26.2) रहती है। तंग घाटियां ब्रजक्षेत्र की विशेषता है। उत्तर प्रदेश भारत का सर्वाधिक आबादी वाला क्षेत्र है। लेकिन मानवजाति-वर्णन के अनुसार यह चौथे सर्वाधिक घनत्व वाला राज्य है। तमिलनाडु, आंध्र प्रदेश तथा मध्यप्रदेश क्रमशः पहले तीन स्थानों पर कायम हैं। ऐसा प्रतीत होता है कि प्रथम दो राज्यों के उत्तर प्रदेश में बड़े, जटिल तथा एकजातीय समुदाय अथवा जातियां जैसे कि चमार, ब्राह्मण, यादव, राजपूत, जाट इत्यादि बड़ी संख्या में मौजूद हैं। इन समूहों के समेकन की प्रवृत्ति बनी हुई है। बिग्स ने जाटव तथा मोची रविदास समेत इक्कीस चमार उप समूहों का उल्लेख किया है। ब्राह्मण सजातीय वैवाहिक 40 उप-वर्गों का समूह है तथा राजपूत और जाट बहिर्जातीय वैवाहिक प्रभावों का समूह हैं। यादव महासभा ने 350 गोत्रों की सूची तैयार की है। यादवों के उप-समूह हैं गो पालन (घोशी), तथा भैंस-पालन (धधोड़), छोटे किसान (ग्वालवंशी) दुग्ध उत्पादक तथा दुग्ध विक्रेता के रूप में उत्तर प्रदेश से बिहार तक फैले हुए हैं। यादव अब सभी क्षेत्रीय समूहों को अहीर, ग्वाल, गोप इत्यादि को समेकित कर चुके हैं।

राज्य में अनुसूचित जाति से सम्बद्ध कुल 88 समुदाय हैं। राज्य में प्रमुख नदियों के किनारे फैली अनुसूचित जातियों का उच्चतम घनत्व है। राज्य की प्रमुख अनुसूचित जातियों/समुदायों में चमार वर्ग, धनु, धोबा/धोबी, खटीक, कोरी, पासी, तरवाली तथा शिल्पकार वर्ग हैं।

अंग्रेजों के शासनकाल में दक्षिणी क्षेत्र में कुछ समुदायों को जनजातियों में अधिसूचित किया गया था। जैसे गोंड, चेरो, कोरवा, कोल, ढांगर इत्यादि। स्वतंत्रता प्राप्ति के पश्चात्, राज्य सरकार ने भारत सरकार के अधिनियम 1935 के अधीन गठित उ.प्र. पहाड़ियों तथा मिर्जापुर के आंशिक बाहर रखे गए क्षेत्र को समाप्त कर दिया तथा दक्षिणी पहाड़ी क्षेत्रों में जनजातियों को विसूचीकृत कर दिया। ये जनजातियां अनुसूचित जातियों के रूप में सूचीबद्ध थीं। सन् 1956 में राज्य सरकार ने सत्रह ऐसे समुदायों की एक सूची काका कालेलकर आयोग के समक्ष प्रस्तुत की जिनको अनुसूचित जनजाति घोषित किया जाना था, लेकिन तत्काल कुछ नहीं किया गया। सन् 1967 में पांच समुदाय थारु, बुक्सा, जौनसारी, भोटिया/भूटिया तथा राजी, जो सभी हिमालयी समूह थे, को अनुसूचित जनजाति अधिसूचित कर दिया गया। सन् 1978 में राज्य के भीतर भौगोलिक प्रतिबंधित क्षेत्र को समाप्त करते हुए दक्षिण की विसूचीकृत जनजातियों को अनुसूचित जाति होने का लाभ दे दिया गया। राज्य सरकार ने हाल में दक्षिणी क्षेत्र की तेरह अनुसूचित जातियों को गैर-अनुसूचित जनजाति पुनरूपदनामित किया गया। ये गैर-अनुसूचित जनजातियां हैं :– अगरिया, भूइया, चेरो (बैगा), घासिया, गोंड (मझावर), खरवार (खैरवार), कोल, कोखा, ओरावों (ढांगर), पड़िया, पनिका (पंखा), पठारी तथा सहरिया जो झांसी, ललितपुर, वाराणसी, बांदा और इलाहाबाद जनपदों में अवस्थित हैं। दस समुदायों को 8 जनवरी, 2003 के प्रभाव से अनुसूचित जनजाति का दर्जा दे दिया गया है। ये समुदाय गोंड, खरवार, सहरिया, पड़िया, बैगा, पंखा/पनिका, अगरिया, पटारी चेरो, भूइया/भूंइया उपरोक्त जनपदों में मौजूद हैं (सिवाय गोंड जो अनेक जनपदों में फैले हैं)। अनुसूचीकरण, विसूचीकरण तथा पुनः अनुसूचीकरण उत्तर प्रदेश में विगत 70 वर्षों में एक विलक्षण प्रक्रिया रही है।

# 18

# धार्मिक केन्द्र

उत्तर प्रदेश, धार्मिक स्थलों का ऐसा पवित्र व आध्यात्मिक स्थल है जहाँ हिन्दू धर्म की आत्मा बसती है।

पावन गंगा, यमुना व सरस्वती जैसी नदियों के जल से अभिसिक्त इस भूमि को भगवान राम तथा भगवान कृष्ण की जन्मभूमि बनने का गौरव भी प्राप्त है। इसके साथ ही ये प्रदेश भगवान महावीर तथा गौतम बुद्ध के उपदेशों से आज भी गुंजायमान है अर्थात् जैन व बौद्ध धार्मिक स्थलों की भी यहाँ भरमार है। बौद्ध धर्म तथा जैन धर्म उत्तर प्रदेश में ही पनपा था। भारत के प्रमुख तीन धर्मों के केन्द्र उत्तर प्रदेश में विभिन्न धार्मिक केन्द्र हैं, जो अनेकानेक कारणों से अपना धार्मिक महत्त्व रखते हैं, तथा तीर्थ यात्रियों को शान्ति की तलाश में अपनी ओर आकर्षित करते हैं।

उत्तर प्रदेश में हिन्दू, बौद्ध, जैन, तथा मुसलमानों के अनेक धार्मिक केन्द्र हैं। इनमें प्रमुख केन्द्र वाराणसी, इलाहाबाद, अयोध्या, मथुरा, कुशीनगर सारनाथ, बिठूर, चित्रकूट, कपिलवस्तु, देवगढ़ के अतिरिक्त आगरा, सीकरी, जौनपुर तथा लखनऊ की मस्जिद हैं।

## वाराणसी

वाराणसी विश्व में प्राचीनतम विद्यमान नगरों में एक नगर है। वाराणसी को अनेक नाम दिए गए हैं, यद्यपि हाल ही में फिर से दिए गए अधिकारिक नाम का उल्लेख महाभारत और बौद्धधर्म की जातक कथाओं में मिलता है। इस नाम की उत्पत्ति संभवतः इस नगर के दो तरफ बहने वाली नदियों के नाम से हुई है। नगर के उत्तर में वाराण तथा दक्षिण में असि प्रवाहित होती है। बहुत से लोग अभी तक इसके अंगरेजी नाम बनारस का प्रयोग करते हैं, जबकि तीर्थयात्री इस नगर को काशी पुकारते हैं, जिसका सर्वप्रथम प्रयोग तीन हजार वर्ष पूर्व साम्राज्य का वर्णन करते हेतु किया गया था। इसी नगर के बाहर भगवान बुद्ध ने अपना प्रथम उपदेश दिया था।

वाराणसी का भगवान शिव के साथ सम्बध अनन्त काल से है : गणेश के संरक्षण मंडल सहित तीन सौ पचास से अधिक देवी-देवता एक मण्डल के रूप में विराजमान हैं, जिसके केन्द्र में भगवान शिव विश्वनाथ प्रतिष्ठित हैं।

काशी की सीमा गोलाकार पंचक्रोशी मार्ग द्वारा निर्धारित है, वाराणसी मुख्य नगर है, जो असि घाट से गंगा और वरुणा के संगम तक फैला है। तदपि, एक छोटा क्षेत्र, जिसे अविमुक्त कहा जाता है, दक्षिण में केदारघाट से प्रारंभ होता है तथा त्रिलोचन घाट पर समाप्त होता है। इन सब में सर्वाधिक महत्वपूर्ण अन्तर्गृह है, जिसके घेरे में दशाश्वमेध घाट, सूर्य कुण्ड, भारभूत लिंगम् तथा मणिकर्णिका घाट आते हैं। बाद के समय की एक अन्य व्याख्या शिव के त्रिनेत्र के रूप में तीन खण्डों के तौर पर की गई है, प्रत्येक खण्ड एक मंदिर पर—उत्तर में ओंकार, मध्य में विश्वनाथ तथा दक्षिण में केदार पर केन्द्रित हैं।

इतिहासकारों के अनुसार यह नगर ईसा के जन्म से कोई दस सौ वर्ष पूर्व स्थापित हुआ था। इस नगर का वर्णन पवित्र पुस्तकों तथा 'वामन पुराण', बौद्ध धर्मग्रंथों और 'महाभारत' में किया गया है। अंगरेज लेखक एवं साहित्यकार मार्क ट्वेन, जो बनारस की पौराणिकता और पावनता से मंत्रमुग्ध था, ने एक बार लिखा था, "बनारस इतिहास से प्राचीन है, परम्परा से प्राचीन है, पुराणों से भी प्राचीन है तथा इन सबकी प्राचीनता से दोगुना प्राचीन प्रतीत होता है।"

हिन्दू पुराणों में वाराणसी का महत्व अद्वितीय है। हिन्दू श्रद्धालुओं के लिए इस नगर का सदैव एक विशेष महत्व रहा है। एक तीर्थस्थल होने के अतिरिक्त यहां आकर मृत्यु का वरण अति शुभ माना जाता है। आस्था के अनुसार काशी में प्राण त्यागने से तत्काल स्वर्ग की प्राप्ति होती है। श्रद्धा का यह प्राचीन नगर वाराणसी विश्वभर के हिन्दुओं का धार्मिक केन्द्र है। वाराणसी वह नगर है जहां अतीत और वर्तमान, शाश्वतत्व और सांतत्व का सह-अस्तित्व है।

मोक्ष दायिनी गंगा नदी के किनारे पर दाहन घाट हैं। इन घाटों में सबसे पवित्र मणिकर्णिका घाट माना जाता है, जो भगवान शिव की अर्द्धांगिनी पार्वती से सम्बद्ध हैं। प्रमुख पूजा स्थल विश्वनाथ मंदिर है, जो त्रित्व—ब्रह्मा, विष्णु तथा महेश—के सर्वाधिक महत्वपूर्ण भगवान शिव का निवास है। वाराणसी की आध्यात्मिक पहचान इसी मंदिर के आसपास विकसित हुई है।

प्रतिदिन नगर के हजारों निवासी और तीर्थयात्री गंगा में स्नान करते हैं,

प्रकृति के तत्वों, उदय होते सूर्य और इस पावन धारा में प्रवाहित अपने मृत पूर्वजों की प्रार्थना अर्चना करते हैं। मोक्षदायिनी गंगा स्नान से अनेक पीढ़ियों के पापों से मुक्ति की अटल धारणा लोगों को गंगा तक खींच लाती है।

बनारस में विश्वनाथ मंदिर सहित विभिन्न देवी-देवताओं व ग्रहों के हजारों मंदिर हैं।

## इलाहाबाद अथवा प्रयाग

इलाहाबाद उत्तर प्रदेश के वृहद्तम हिन्दू धार्मिक केन्द्रों में से एक है। हिन्दू पुराणों के अनुसार हिन्दू त्रित्व में एक सृष्टि रचयिता ब्रह्मा ने पृथ्वीलोक में एक स्थान का चयन किया, जहां तीन नदियों का शान्त संगम निर्धारित किया। ब्रह्मा ने इसको तीर्थराज के नाम से भी संबोधित किया। हिंदू धर्म के महान् ग्रन्थों–वेद और महाकाव्यों रामायण एवं महाभारत के अलावा पुराणों में भी इसके अस्तित्व का उल्लेख है, जिसे पूर्व काल में प्रयाग नाम से जाना जाता था। इलाहाबाद भारत की दो पावनतम नदियों गंगा तथा यमुना के मिलन स्थल पर स्थित है। इस मिलनस्थल को संगम कहा जाता है। यहां वर्ष भर तीर्थ यात्रियों का जमघट लगा रहता है। विश्वप्रसिद्ध कुम्भ-मेला के दौरान तीर्थयात्रियों की संख्या दस लाख और इससे अधिक पहुंच जाती है। एक तीसरी पौराणिक नदी सरस्वती भूमिगत जलधारा के रूप में संगम की ओर बहती है। इन तीन नदियों के संगम को त्रिवेणी नाम दिया गया है।

## संगम

वहां छोटे-छोटे आसन जमाए पंडा लोग विराजते हैं, जो पूजा कार्य तथा उथले जल के भीतर श्रद्धालुओं के धर्मसंस्कारों के कार्य सम्पन्न करवाने में सहायता करते हैं।

पवित्र संगम भारतीय पुराणों में वर्णित तीन पावनतम नदियों–गंगा जमुना तथा पौराणिक सरस्वती–का मिलन स्थल है। संगम पर गंगा और यमुना के जल को मिलता हुआ स्पष्ट देखा जा सकता है। कुम्भ/अर्द्ध कुम्भ के अवसर पर भारत के प्रत्येक कोने से पहुंचने वाले श्रद्धालुजनों के कारण संगम वास्तव में जीवन्त हो जाता है। पवित्र संगम स्थल वार्षिक माघ मेला/अर्द्ध कुम्भ/कुम्भ मेला आयोजन का स्थल है।

## अयोध्या

अयोध्या प्राचीनकाल में कौशलदेश के नाम से विख्यात थी। ये भगवान रामचन्द्र की जन्म स्थली है।

स्कन्द पुराण तथा अन्य पुराण अयोध्या की गणना भारत के सात पावन नगरों में करते हैं।

अयोध्या उत्कृष्ट मंदिरों की नगरी है तदपि यहां सभी पूजास्थल केवल हिन्दुओं के ही नहीं हैं। अयोध्या में अनेक धर्म साथ-साथ विकसित और समृद्ध हुए हैं। हिन्दू, बौद्ध, जैन तथा इस्लाम धर्म के अवशेष अयोध्या में देखे जा सकते हैं। जैन मान्यता के अनुसार अयोध्या में प्रथम तीर्थंकर आदिनाथ (ऋषभदेव) सहित पांच तीर्थंकरों का जन्म हुआ था।

अयोध्या का सर्वाधिक प्रसिद्ध मंदिर हनुमानगढ़ी नगर के मध्य भाग में स्थित है। इस मंदिर तक 76 सीढ़ियां चढ़कर पहुंचा जा सकता है। पुराणों के अनुसार यहां प्रभु हनुमान एक कन्दरा में रहकर जन्मभूमि अथवा राजकोट की रक्षा करते थे।

रामकोट का प्राचीन दुर्ग स्थल अयोध्या का मुख्य पूजा स्थल है, जो नगर के पश्चिमी भाग में एक ऊंचे चबूतरे पर स्थित है। यद्यपि तीर्थयात्री यहां वर्षभर आते रहते हैं, लेकिन चैत्र (मार्च-अप्रैल) माह में पूरी धूमधाम और भव्यता के साथ भगवान राम के जन्म दिवस के अवसर पर (राम नवमी) सम्पूर्ण भारत और विदेशों से भी तीर्थयात्री तथा पर्यटक यहां खिंचे चले आते हैं।

यह मंदिर उस स्थान पर स्थित बताया जाता है जहां भगवान राम द्वारा अश्वमेध यज्ञ किया गया था। आज से लगभग 300 वर्ष पूर्व कुल्लू के नरेश ने यहां एक नए मंदिर का निर्माण करवाया था, जिसमें सन् 1784 में इन्दौर की अहिल्याबाई होल्कर द्वारा सुधार कार्य करवाया गया था और उसी समय इसके निकटस्थ घाटों का निर्माण भी करवाया गया था। सरयू नदी से काले बलुआपत्थर की मूर्तियां मिली थीं जो कलेराम-का-मंदिर के नाम से प्रसिद्ध नए मंदिर में स्थापित की गई थीं। नागेश्वरनाथ मंदिर की स्थापना भगवान राम के पुत्र कुश द्वारा की गई बताई जाती है। चूंकि कुश भगवान शिव के उपासक थे, अतः कुश इस मंदिर का निर्माण कराया था। विक्रमादित्य के इसी मंदिर के आधार पर अयोध्या नगरी और इसके पूजा-स्थलों की खोज की थी। यहां शिवरात्रि पर्व अत्यंत भव्यता के साथ मनाया जाता है।

श्रद्धालुओं के लिए अयोध्या में अन्य स्थानों के साथ-साथ ऋषभदेव जैन मंदिर, ब्रह्म कुण्ड, आमवन मंदिर, तुलसी चौरा, लक्ष्मण किला, अंगद टीला, श्रीराम जानकी मंदिर, तुलसी स्मारक भवन, राम की पैड़ी, कालेरामजी का मंदिर, दातुवन कुण्ड, जानकी महल, गुरद्वारा ब्रह्मकुण्ड, राम कथा संग्रहालय, वाल्मीकि रामायण भवन इत्यादि दर्शनीय स्थल हैं।

## भगवान कृष्ण की पावन भूमि–मथुरा

मथुरा में ब्रजभूमि–यह भूमि जहां भगवान श्रीकृष्ण का जन्म हुआ तथा वे युवा हुए, आज वहां छोटे उपनगर तथा ग्राम हैं जो अभी तक कृष्ण कथाओं तथा उनकी वंशी की मथुर ध्वनि से प्रतिध्वनित हैं। यमुना नदी कि किनारे बसी एक शान्त नगरी भगवान श्री कृष्ण के जन्म के पश्चात् एक श्रद्धा की नगरी के रूप में परिवर्तित हो गई थी। वृन्दावन ग्राम–जो कभी अपने सुगंधित उपवनों के लिए विख्यात था–वह स्थान है जहां भगवान श्रीकृष्ण का घटनापूर्ण यौवन व्यतीत हुआ था।

उत्तर प्रदेश में ब्रजभूमि का केन्द्र मथुरा नगरी दिल्ली से दक्षिण-पूर्व में 145 कि.मी. तथा आगरा से उत्तर-पश्चिम में 58 कि.मी. की दूरी पर स्थित है। 3,800 वर्ग कि.मी. क्षेत्र में फैली ब्रजभूमि को दो विशिष्ट भागों में बांटा जा सकता है (1) यमुनापार क्षेत्र में पूर्वी भाग जिसमें गोकुल, महावन, बलदेव, माट तथा बाजना सम्मिलित हैं तथा (2) पश्चिमी भाग जिसमें मथुरा, वृन्दावन, कुसुम सरोवर, बरसाना तथा नन्दगांव सम्मिलित हैं।

ब्रजभूमि दिल्ली से लगभग 95 कि.मी. दूर होडल के निकट कोटबन से प्रारंभ होकर रुनकता में समाप्त होती है। रुनकता वह ग्राम है जहां कृष्ण के अनन्य भक्त संत कवि सूरदास का जन्म हुआ था।

## मथुरा

श्रीकृष्ण भगवान विष्णु के सुख्यात, सुप्रिय एवं जटिलतम रूप – की जन्म स्थली मथुरा नगरी हिन्दू तीर्थयात्रियों का एक महत्वपूर्ण तीर्थस्थल है। मथुरा नगरी यमुना नदी के दाएं तट पर बसी है तथा नदी किनारे बने घाटों की पंक्तियों के साथ मिलकर एक अत्यंत सुन्दर चित्र सरीखा दृश्य (दूसरे तट से देखे जाने पर) प्रस्तुत करती है।

मथुरा नगरी मंदिरों तथा पूजास्थलों से भरी नगरी है, जहां भगवान श्री कृष्ण

के हजारों भक्तों की भीड़ लगभग हर समय मौजूद रहती है। कटरा केशव देव में एक भव्य मंदिर जो भगवान श्रीकृष्ण का जन्म स्थान माना जाता है। मथुरा-वृन्दावन मार्ग पर अवस्थित एक अन्य सुन्दर पूजा स्थल गीता मंदिर के गर्भ गृह में श्रीकृष्ण की अति सुन्दर प्रतिमा विराजमान है। इस मंदिर की दीवारों पर सम्पूर्ण भगवद्गीता शिलालेख के समान उत्कीर्ण की गई है।

मथुरा का सर्वाधिक मान्य मंदिर नगरी के उत्तरी भाग में स्थित श्रीकृष्ण का द्वारिकाधीश मंदिर है। यह मंदिर 1815 में श्री कृष्ण के भक्त लक्ष्मीपति सेठ गोकुलदास पारिख ने बनवाया था जो पूर्ववर्ती ग्वालियर रियासत के खजांची थे।

विश्राम घाट के उत्तर में बारह घाट हैं, जिनमें गणेश घाट, नीलकंठेश्वर मंदिर पर दशाश्वमेध घाट, सरस्वती संगम घाट, चक्रतीर्थ घाट, कृष्णगंगा घाट, सोमतीर्थ अथवा स्वामी घाट, घंटाघरन घाट, धारापट्टन घाट, वैकुण्ठ घाट, नवतीर्थ अथवा वाराहक्षेत्र घाट, असिकुंडा घाट तथा मणिकर्णिका घाट हैं।

विश्राम घाट के दक्षिण में कुल ग्यारह घाट हैं, जिनमें गुप्ततीर्थ घाट, वेणीमाधव मंदिर पर प्रयाग घाट, श्याम घाट, राम घाट, कनखल घाट, जन्माष्टमी तथा झूला उत्सव स्थल, ध्रुव घाट, सप्तर्षि घाट, मोक्षतीर्थ घाट, सूर्य घाट, रावण कोटि घाट तथा बुद्ध घाट सम्मिलित हैं।

विश्राम घाट भव्य मंदिरों तथा मथुरा के सर्वाधिक पूज्य मंदिरों की पंक्ति में है जैसे मुकुट मंदिर, राधा-दामोदर, मुरली मनोहर, नीलकंठेश्वर, यमुना-कृष्ण, लांगली हनुमान तथा नरिसिंह मंदिर। यहां निकट की महान वैष्णव संत श्री चैतन्य की बैठक है।

मथुरा नगरी के कुण्डों को देखे बिना तीर्थयात्रा पूर्ण नहीं मानी जाती है। मान्यता है कि यहां कुल मिलाकर 159 प्राचीन कुंड हैं। इनमें से केवल चार शेष हैं तथा देखे जा सकते हैं। यहां भव्य शिवताल है,—श्री कृष्ण से सम्बद्ध विख्यात पोतड़ा कुण्ड, बलभद्र कुण्ड और सरस्वती कुण्ड है।

नगरी शैव सम्प्रदाय के भी अनेक मंदिर हैं। इन मंदिरों में सर्वप्रमुख मंदिर नगरी के पश्चिम भाग में भूतेश्वर महादेव मंदिर, उत्तर में कर्णेश्वर मंदिर, दक्षिण में रंगेश्वर महादेव मंदिर और पूरब में पिपलेश्वर महादेव मंदिर है।

## चित्रकूट

अपने प्राकृतिक सौन्दर्य के लिए वीरगाथाओं तथा धर्मग्रन्थों में प्रशंसित

रामायण महाकाव्य के साथ निकट सम्बद्ध चित्रकूट अथवा 'आश्चर्यों की पहाड़ी' हिन्दू तीर्थयात्रियों का एक अन्य पावन केन्द्र है। मान्यता है कि भगवान राम, लक्ष्मण और सीता ने अपने चौदह वर्ष के वनवास का समय यहां व्यतीत किया था तथा ऋषि अजि और सती अनुसूया यहीं पर तपस्या करते थे। यह पावन नगरी मंदाकिनी, जिसे पयस्वनी नदी के नाम से भी पुकारा जाता है, के किनारे पर वन संकुल के मध्य स्थित हैं। नदी के किनारे पर अनेक घाट बने हैं तथा नगरी में हिन्दू देवताओं के अनेक मंदिर हैं।

घने वनों से आच्छादित यह पहाड़ी हिन्दू श्रद्धालुओं का प्रमुख धार्मिक महत्व का स्थान है। यहां भरत मिलाप मंदिर अवस्थित है। तीर्थयात्री देव आशीर्वाद प्राप्त करने के लिए इस पहाड़ी की धर्मविधि के अनुसार परिक्रमा करते हैं। यहां धार्मिक महत्व का एक अन्य स्थल स्फटिक शिला है।

## बिठूर

शान्त और सुन्दर नगरी बिठूर कन्नौज मार्ग पर कानपुर से 27 कि.मी.दूर स्थित है। गंगा के किनारे स्थित यह शान्तिपूर्ण स्थल भारी ऐतिहासिक और धार्मिक महत्व रखता है।

हिन्दु धर्मग्रन्थों के अनुसार भगवान ब्रह्मा मानवजाति की रचना के लिए उत्पलारण्य (बिठूर का प्राचीन नाम) आए थे। जहां प्रथम बार मानव जाति की रचना हुई, उस स्थान को ब्रह्मवर्त के नाम से जाना गया। बाद में ब्रह्माजी ने वहां शिवलिंग की स्थापना की थी। हिन्दू श्रद्धालु आज भी बिठूर के प्रमुख घाट ब्रह्मावर्त घाट पर ब्रह्मेश्वर महादेव की पूजा करते हैं।

घाट की सीढ़ियों पर जड़ी घोड़े की नाल हिन्दू भक्तगणों के लिए विशेष श्रद्धा की वस्तु है। माना जाता है कि यह ब्रह्मा जी के घोड़े की नाल है तथा उस समय यहां रह गई थी जब ब्रह्माजी अश्वमेघ यज्ञ के लिए जा रहे थे।

वाल्मीकि आश्रम के भीतर एक छोटा ताल है, जो सीता कुण्ड के नाम से प्रसिद्ध है। इसके निकट सीता रसोई संरक्षित है तथा इसके पास ही 'स्वर्ग नसैनी' अथवा दीपमालिका स्तम्भ है जिसमें सभी ओर प्रकाश के लिए ताक बनी हुई हैं। अड़तालीस सीढ़ियां चढ़कर इस मीनार के शीर्ष पर पहुंचा जा सकता है, जहां गुम्बद निर्मित है। यहां खड़े होकर पूरे क्षेत्र का मनोरम दृश्य देखा जा सकता है। विद्यमान वाल्मीकि मंदिर का पुनर्निर्माण उन्नीसवीं सदी में बाजी राव पेशवा द्वारा कराया गया था।

सन् 175-75 तक नवाब शुजा-उद्-दौला के शासन काल में बिठूर का प्रशासन अलमास अली खान को सौंपा गया जिसने गंगा के दाएं तट पर लक्ष्मण घाट के निकट एक मस्जिद का निर्माण करवाया था।

किसी समय बावन घाट की नगरी के रूप में प्रसिद्ध बिठूर में अब केवल उनतीस घाट शेष हैं।

## कपिलवस्तु

आधुनिक काल का पिपरहवा जो प्राचीन काल में कपिलवस्तु के नाम से प्रसिद्ध था, उत्तर प्रदेश में सिद्धार्थनगर से 20 किलो मीटर दूर स्थित है। कपिलवस्तु प्राचीन काल में शाक्य वंश की राजधानी थी, जिसके शासक भगवान बुद्ध के पिता थे।

प्राचीन स्थल पर एक विशाल स्तूप खड़ा है। कहा जाता है कि उसमें भगवान बुद्ध की अस्थियां रखी हैं। इन स्मृतिचिह्नों की प्रामाणिकता पिपरहवा में मिले प्राचीन ब्राह्मी शिलालेखों से होती है। महल के खण्डहर अभी तक विशाल क्षेत्र में फैले देखे जा सकते हैं।

यह 1973-74 की खुदाई के दौरान मिला प्रमुख पुरातत्त्वीय स्थल है। एक पात्र के ढक्कन पर लेख तथा मुद्राएं मिली हैं जिनके ऊपर ब्राह्मी लिपि में अंकित है 'ओम देवपुत्र विहार कपिलवस्तु भिक्षु महासंघसा' तथा 'ओम देवपुत्र विहार कपिलवस्तु भिक्षु संघसा'। देवपुत्र की उपाधि से कनिष्क को संबोधित किया है, जो बौद्धधर्म का महान संरक्षक था। कनिष्क द्वारा कपिलवस्तु में विशालतम विहार का निर्माण करवाया गया था तथा यहां के प्रमुख स्तूप का नवीकरण करवाया गया था।

यहाँ खुदाई में राजकुमार गौतम के पिता राजा शुद्धोधन के महल के खण्डहर मिले हैं। कहा जाता है कि यही वह स्थान है जहां महात्मा बुद्ध ने अपने जीवन के प्रथम उनतीस वर्ष व्यतीत किए थे।

## देवगढ़

देवगढ़ उत्तर प्रदेश झांसी से 123 किलो मीटर दूर ललितपुर पर्वत शृंखला के पश्चिमी छोर पर बेतवा नदी के दाएं तट पर स्थित है। यहां गुप्त काल के एक सुंदर विष्णु मंदिर और अनेक जैन मंदिरों के अवशेष मौजूद हैं। इन मंदिरों की वास्तुकला तथा मूर्तिकला उच्चस्तरीय शिल्पकला का नमूना है।

गुप्त काल का यह सुन्दर विष्णु मंदिर उत्तर भारत का प्राचीनतम पंचायतन मंदिर है।

देवगढ़ की इकत्तीस जैन मंदिरों का निर्माण कुछ बाद के समय में हुआ है, लेकिन ये कम उल्लेखनीय नहीं हैं। ये मंदिर बेतवा को ओझल करती पहाड़ियों पर कनाली दुर्ग के भीतर स्थित हैं। यह स्थान छठी सदी से सत्रहवीं सदी तक जैनधर्म का केन्द्र रहा है। मंदिरों की दीवारों पर जैन मान्यताओं के अनेक सुन्दर दृश्य, तीर्थंकरों की प्रतिमाएं, व्रतानुष्ठित स्तम्भ, व्रतानुष्ठित पट्टिकाएं, जैन प्रतिमाएं तथा एक हजार जैन आकृतियां उत्कीर्ण स्तम्भ विद्यमान हैं।

## कुशीनगर तथा सारनाथ

बौद्ध तीर्थयात्रियों का एक प्रमुख केन्द्र कुशीनगर वह स्थान है जहां भगवान बुद्ध ने अपना शरीर त्यागकर महापरिनिर्वाण प्राप्त किया था। 1861 में इस स्थल की खुदाई के पश्चात् सर्वप्रथम बार इस स्थल की प्राचीनता प्रतिष्ठापित की गई थी। बाद में 1904 तथा 1912 के बीच कुशीनगर में भारतीय पुरातत्त्व सर्वेक्षण द्वारा कराई गई अनेक खुदाइयों इसकी पहचान की पुष्टि की गई थी।

कुशीनगर के बौद्ध स्मारक तीन विशिष्ट समूहों में स्थित हैं। निर्वाण मंदिर का मुख्य स्थल, केन्द्रीय स्तूप तथा आसपास के मठ, दक्षिण पश्चिम में मथाकुअर पूजा स्थल तथा पूर्व में एक किलोमीटर दूर रामभर स्तूप हैं।

विश्वभर के बौद्धधर्म अनुयायी भारत को बुद्ध की भूमि के रूप में देखते हैं तथा वे भारत की यात्रा को भगवान बुद्ध की स्मृति के पावन स्थलों की तीर्थयात्रा मानते हैं। भगवान बुद्ध बोधगया में ज्ञान प्राप्त करने के पश्चात् सारनाथ आ गए थे। यहां उन्होंने हरिणारण्य में अपना पहला उपदेश महा धर्मचक्र प्रवर्तन दिया था। अपनी मृत्यु से एक दिन पूर्व भगवान बुद्ध ने सारनाथ को अपने अनुयाइयों द्वारा पवित्र विचारित किए जाने वाले लुम्बिनी, बोध गया और कुशीनगर के साथ सम्मिलित किया था।

सम्राट अशोक ने अपने भगवान बुद्ध के प्रेम और करुणा के संदेश का प्रचार अपने विशाल सम्पूर्ण साम्राज्य में किया तथा ईसापूर्व 234 में सारनाथ पहुंचकर एक स्तूप का निर्माण करवाया था। ईसा पूर्व तीसरी सदी तथा ग्यारहवीं ईस्वी सदी के बीच अनेक निर्माण करवाए गए थे आज सारनाथ में बौद्ध धर्म के प्रतीक सर्वाधिक विशाल खण्डहर देखे जा सकते हैं। सारनाथ पावन नगरी वाराणसी से मात्र 10 किलोमीटर दूर एक अतिशान्त स्थान है।

सारनाथ में प्रवेश के साथ ही सबसे पहले चौखण्डी है। यह ईंटों की चिनाई से बना एक विशाल चबूतरा है जिसका वर्णाकार प्रासाद एक अष्टभुजीय मीनार से घिरा है, जिसका मूल निर्माण सम्राट अशोक द्वारा करवाया गया था।

सारनाथ में सबसे महत्वपूर्ण ढांचा बेलनाकार धमेक स्तूप है।

सारनाथ स्थित मूलगंध कुटी बिहार, एक आधुनिक मंदिर, का निर्माण एक श्रीलंकाई मठाधीश तथा विद्वान अनाग्रिका धम्मपाला द्वारा संस्थापित भारतीय महाबोधि सोसायटी द्वारा कराया गया है। यहां जापान के सुप्रसिद्ध पेन्टर कोसेत्सु नोसु द्वारा उत्कृष्ट भित्तिचित्र बनाए गए हैं तथा बौद्ध साहित्य का समृद्ध कोष मौजूद है, जबकि प्राचीन मूलगंध कुटी मंदिर सारनाथ के ईंटों के खण्डहर के नीचे दफन है।

## श्रावस्ती

प्राचीन कौशल साम्राज्य की राजधानी श्रावस्ती बौद्धधर्म के अनुयायियों के लिए एक पवित्र स्थान है, बौद्ध कला का लोकप्रिय विषय विचारित किया जाता है।

श्रावस्ती स्वयं भगवान बुद्ध के जीवन काल में बौद्ध धर्म का एक सक्रिय केन्द्र था। भगवान बुद्ध ने अनेक ग्रीष्मकाल यहां व्यतीत किए थे तथा महत्वपूर्ण उपदेश दिए थे। भगवान बुद्ध के स्वागतार्थ राजकुमार जेटा के उद्यान में एक विशाल मठ अनाथपिंडका का निर्माण किया गया था। बाद में यहां अनेक श्रद्धास्थल एवं मठों का निर्माण हुआ था।

श्रावस्ती की पहचान उत्तर प्रदेश में गोंडा तथा बहराइच जनपदों की सीमा पर साहेथ-माहेथ के अवशेषों से की जाती है। यह ताप्ती नदी के तट पर स्थित है। श्रावस्ती को भगवान बुद्ध के जन्म, पोषण तथा ज्ञान प्राप्त होने का यश प्राप्त है। जैन श्रद्धालु कार्तिक मास (अक्टूबर-नवम्बर) में यहां आयोजित होने वाले विशाल जैन मेला में (भगवान सम्भवनाथ के जन्मदिन के अवसर पर) भाग लेने के लिए श्रावस्ती आते हैं।

## फतेहपुर सीकरी

आगरा से मात्र 40 किलोमीटर दूर स्थित फतेहपुर सीकरी को संत शेख मोइनुद्दीन चिश्ती की दरगाह के लिये जाना जाता है। अकबर के काल में निर्मित इस दरगाह पर हिन्दू तथा मुस्लिम श्रद्धालु समान रूप से अपनी आस्था लेकर आते थे।

# 19

# संग्रहालय और पुस्तकालय

संग्रहालयों को यदि हम "अतीत का दर्पण" कहें तो कुछ अतिशयोक्ति न होगी। संग्रहालयों में मानव तथा पर्यावरण से जुड़ी विरासतों के संरक्षण हेतु संग्रह, शोध या प्रचार व प्रदर्शन किया जाता है, जिसके द्वारा शिक्षा अध्ययन तथा मनोरंजन का उद्देश्य साधा जाता है। भारत में संग्रहालयों का स्वरूप चित्रदीर्घा (चित्रशाला) के रूप में बहुत प्राचीन काल से अस्तित्व में था। वहीं दूसरी ओर पुस्तकालयों की बात की जाऐ तो पुस्तकालय, पुस्तक प्रेमियों के लिये ऐसे स्वर्ग से कम नहीं है, जहाँ उन्हें ज्ञान, शिक्षा तथा मनोरंजन के उद्देश्यों की पूर्ति के साथ कई प्रकार की सूचनाएँ तथा पांडुलिपियाँ उपलब्ध होती हैं।

उत्तर प्रदेश में मथुरा और सारनाथ के अंतर्राष्ट्रीय ख्याति प्राप्त संग्रहालयों सहित कुल 85 संग्रहालय हैं। ये संग्रहालय कला, शिल्प, संस्कृत, पुरातत्त्व, इतिहास, विज्ञान, चिकित्सा, शैक्षिक महत्व की वस्तुओं तथा अन्य विशिष्ट क्षेत्रों को समर्पित हैं। इन संग्रहालयों में राज्य संग्रहालय लखनऊ सबसे पुराना संग्रहालय है। इस संग्रहालय की स्थापना 1863 में की गई थी तथा इसकी दीर्घाएँ लखनऊ और इलाहाबाद में थीं। बाद में सन् 1880 में लखनऊ तथा इलाहाबाद की शाखाओं का विलय कर दिया गया और इसको प्रान्तीय संग्रहालय नाम दिया गया, जो वर्तमान राज्य संग्रहालय का केन्द्र बन गया। आज इस संग्रहालय में पुरातत्त्व विज्ञान, मुद्राशास्त्र, अनुपयुक्त कला, पेंटिंग्स, टेक्सटाइल्स, मानवजाति विज्ञान, प्राकृतिक इतिहास तथा सम्बद्ध विषयों के अनुभाग विद्यमान हैं।

यह संग्रहालय छात्रों एवं जनसाधारण के लिए प्रदर्शनियों तथा व्याख्यानों का आयोजन करता है और चुनिंदा विषयों पर वार्षिक संवादगोष्ठियां भी आयोजित करता है। इसके द्वारा ग्रामीण छात्रों के लिए शैक्षिक अभिरूचि की सचल प्रदर्शनियां भी आयोजित की जाती हैं। संग्रहालय द्वारा उत्तर प्रदेश में संग्रहालय तथा पुरातत्त्व विज्ञान शीर्षक का शोध बुलेटिन भी प्रकाशित किया जाता है। फोटोग्राफी अनुभाग द्वारा पेंटिंग्स, मूर्तियों तथा सिक्कों इत्यादि के एक हजार से अधिक फोटोग्राफ

तैयार किए गए हैं। यह कार्य शोध कार्यों को सुविधाजनक बनाने के लिए कुछ वर्ष पूर्व प्रारंभ की गई प्रलेखन योजना का अंग है।

87 से अधिक संस्थाओं के छात्रों को शैक्षिक प्रयोजनार्थ संग्रहालय में निःशुल्क प्रवेश की अनुमति है। वर्तमान समय में 181 छात्र संग्रहालय की ज्ञानदीर्घा का लाभ उठा रहे हैं। संग्रहालय द्वारा भारी संख्या में उपयोगी पुस्तकें तथा 47 शोध पत्रिकाएं क्रय की गई हैं। स्थानीय क्रय समिति की अनुशंसा पर संग्रहालय द्वारा दो कलात्मक वस्तुएं क्रय की गई हैं, जो कि कुषाणकालीन टेराकोटा निर्मित मातृ देवी तथा एक मध्यकालीन मिट्टी से मिर्मित मदिरा पात्र है।

इन वस्तुओं के अतिरिक्त संग्रहालय ने क्रमशः मीर्जापुर और बिजनौर जनपदों से प्राप्त गणेश की विशाल धातुमूर्ति तथा 38 तांबे एवं चांदी के सिक्के भी अर्जित किए हैं। संग्रहालय द्वारा राजस्थानी, मुगल, पहाड़ी तथा अवध शैली की 92 लघु पेंटिंग्स भी क्रय की हैं जिनमें देवी भागवत, ब्रह्मसा, राग-रागिनी, राजा, सामाजिक दृश्य इत्यादि के चित्रण के अतिरिक्त पाषाण मूर्ति, धातु मूर्ति, मृदा मूर्ति, लेखयुक्त मनकाओं की माला, कांच का हुक्का तथा सोने के सिक्के जैसी अन्य अनेक वस्तुएं हैं।

इनके अलावा अन्य अनेक वस्तुएं भेंट स्वरूप प्राप्त हुई हैं। इस संग्रहालय के प्रतिदर्श अनुभाग द्वारा भारतीय ज्ञान पीठ के वास्ते प्रतिमाओं के 118 प्लास्टर ढांचे तथा प्रतिमाओं के पांच सांचे तैयार किए गए हैं। प्रतिमाओं के तीन अन्य प्लास्टर ढांचे उत्तर प्रदेश के सांस्कृतिक निदेशालय के अलंकरण हेतु तैयार किए गए हैं। रासायनिक प्रयोगशाला में 35 धातु मूर्तियों तथा कृपाणों और 1141 तांबे के सिक्कों की सफल अभिक्रिया की गई है। संग्रहालय के रसायनयज्ञ को 25 पाषाण मूर्तियों को खराब होने से बचाने हेतु मथुरा स्थित सरकारी संग्रहालय भेजा गया था। राज्य संग्रहालय को सीतापुर, लखनऊ तथा बाराबंकी सहित राज्य के विभिन्न जनपदों से चांदी के तीन, तांबे एवं पीतल के पांच सौ सिक्के प्राप्त हुए हैं। कुल 1440 सिक्कों के संबंध में (30 सोने के सिक्के तथा शेष तांबे के सिक्के) एक रिपोर्ट सरकार को भेजी गई थी। संग्रहालय ने 2809 सोने, चांदी तथा तांबे के सिक्के अन्य संग्रहालयों तथा शैक्षिक संस्थाओं को निःशुल्क वितरित किए हैं।

संग्रहालय को महान शहीद चन्द्र शेखर आजाद का 'अस्थि कलश' जनता के दर्शनार्थ रखे जाने हेतु प्राप्त हुआ था। संग्रहालय में धातु पात्रों, प्रतिमाओं तथा हथियारों जिनमें बौद्धकला की वस्तुएं भी सम्मिलित हैं, की प्रदर्शनी भी आयोजित की जाती है।

## मथुरा संग्रहालय

एफ.एस. ग्राउज, जो एक पुरातत्त्वविद् तथा प्रख्यात लेखक थे, ने अन्वेषण और खुदाई के दौरान बड़ी संख्या में मूर्तियां, टेराकोटा और शिलालेखों की खोज की थी। लेकिन उनके द्वारा, अन्य लोगों की तरह, इन वस्तुओं को अन्य संग्रहालयों (भारत और विदेश स्थित) को भेजने को तरहीज नहीं दी गई थी। वह इन पुरातत्त्वीय महत्व की वस्तुओं का बहिर्प्रवाह रोकने के लिए स्वयं मथुरा में ही संग्रहालय स्थापित करने के इच्छुक थे। वर्तमान न्यायालय के निकट एक छोटा लेकिन खूबसूरती से तराशे गए पाण्डु पत्थरों से निर्मित भवन का चयन ग्राउज द्वारा संग्रहालय के लिए कर लिया गया। यह भवन मूलतः उस समय के जिला मजिस्ट्रेट तथा कलक्टर थॉर्नहिल द्वारा विश्रामगृह के रूप में उपयोग हेतु बनवाया गया था। कतिपय अनिवार्य संशोधनों तथा उत्कृष्ट शिल्प उत्कीर्ण अग्र द्वार मंडप के साथ 1874 में संग्रहालय की स्थापना कर दी गई, लेकिन स्थान के अभाव के कारण यह संग्रहालय 1880 तक केवल गोदाम बना रहा। सन् 1881 में यह जनता के दर्शनार्थ खोल दिया गया।

यद्यपि नगर में संग्रहालय की स्थापना हो चुकी थी, लेकिन सन् 1889-91 के दौरान डॉ. फहरर द्वारा संचालित खुदाई में कंकाली टीला से प्राप्त समस्त सामग्री राज्य संग्रहालय, लखनऊ भेज दी गई थी। राय बहादुर स्वर्गीय पंडित राधा कृष्ण द्वारा माट ग्राम में इटो कड़ी अथवा टोकी गांव से कुषाण शासक कनिष्क की नामांकित सिर विहीन मूर्ति प्राप्त की थी। कनिष्क की एकमात्र यही मूर्ति उपलब्ध है। उनके द्वारा 600 के लगभग कलात्मक वस्तुएं खोजी गईं जो मथुरा जनपद के कूपों से सफाई के दौरान कठिन परिश्रम द्वारा प्राप्त की गई थीं। संग्रहालय में अन्य स्रोतों से भी वस्तुओं की वृद्धि होती रही।

कर्जन पुरातत्त्व संग्रहालय के नाम से प्रारंभ यह संग्रहालय 1973 तक प्रदेश का एकमात्र पुरातत्व संग्रहालय था। सन् 1973 में उत्तर प्रदेश सरकार ने इसके विस्तार का निर्णय किया तथा इसका नाम सरकारी संग्रहालय पर किया गया।

संग्रहालय में उपलब्ध वस्तुओं में पाषाण मूर्तियां, शिला लेखा, नक्काशी, पॉटरी, अंकित ईंटें, टेराकोटा, मृदा मुद्राएं, सिक्के तथा कुछ कांस्य वस्तुएं सम्मिलित हैं। अधिकांश मूर्तियां लाल बलुआ पत्थर से निर्मित हैं जो मथुरा क्षेत्र में प्रचुरता से पाया जाता है।

## वाराणसी संग्रहालय

वाराणसी में दो संग्रहालय हैं—सारनाथ संग्रहालय तथा बनारस हिंदू विश्वविद्यालय में कला और पुरातत्त्वविज्ञान का भारत कला भवन संग्रहालय। सारनाथ संग्रहालय वर्ष 1904 में स्थापित किया गया था। इस संग्रहालय में ईसा पूर्व तीसरी सदी से बारहवीं ईस्वी सदी तक की लगभग 1500 वस्तुएं हैं, जिनमें भगवान बुद्ध की प्रतिमाएं, नक्काशी, वास्तुकला की वस्तुएं, उत्कीर्णन युक्त शिला पट्ट, प्रस्तर एवं धातु मुद्राएं, उनके खिलौने, टेराकोटा की मूर्तियां तथा पॉटरी सम्मिलित है।

भारत कला भवन संग्रहालय श्री राय कृष्णदास के निजी संग्रह से अस्तित्व में आया था। संग्रहालय में कला और पुरातत्त्व महत्व की वस्तुएं रखी हैं, जिनमें पेंटिंग्स, टेक्सटाइल्स, आभूषण, मुद्रा, मूर्ति, टेराकोटा, तथा अन्य पुरातत्त्वीय वस्तुएं और ऐतिहासिक प्रलेख, साहित्यिक पाण्डुलिपियां इत्यादि सम्मिलित हैं।

## इलाहाबाद संग्रहालय

इलाहाबाद संग्रहालय की स्थापना इलाहाबाद नगरपालिका परिषद् द्वारा सन् 1931 में की गई थी। इस संग्रहालय में पुरातत्त्व, कला और शिल्प संबंधी वस्तुएं संरक्षित हैं। यहां मूर्तियों तथा पेंटिंग्स का उत्तम संग्रह है। इस संग्रहालय में एक विशेष दीर्घा है, जहां पंडित जवाहर लाल नेहरू को भेंट स्वरूप प्राप्त वस्तुएं प्रदर्शित की गई हैं। उनके निजी संग्रह के अलावा उन्हें प्रधानमंत्री के रूप में प्राप्त वस्तुएं भी संरक्षित हैं।

राहुल सांस्कृत्यायन संस्थान, गोरखपुर में पुरातत्त्वीय वस्तुओं यथा मुद्रा, पॉटरी, मनकों, टेराकोटा, सिक्कों, पाषाण मूर्तियों, पांडुलिपियों इत्यादि का बहुमूल्य संग्रह है।

बुंदेलखंड छत्रसाल संग्रहालय, बांदा मूर्तियों, सिक्कों, टेराकोटा, मुद्राओं, मनकों, मानवविज्ञान नमूनों तथा बुंदेलखंड क्षेत्र की ऐसी अन्य वस्तुओं से समृद्ध है।

पांचाल इतिहास परिषद् संग्रहालय, बरेली में भी टेराकोटा, मूत्तियों, सिक्कों, पॉटरी, मनकों इत्यादि सहित ऐतिहासिक महत्व की उल्लेखनीय वस्तुओं का संग्रह है।

झांसी स्थित रानी महल संग्रह संग्रहालय में अधिकांशतः चांदपुर, दुधाई, बरुआसागर तथा देवगढ़ के आसपास के क्षेत्र से प्राप्त मध्यकालीन हिन्दू तथा जैन मूर्तियों का संग्रह है।

लखनऊ में एक बच्चों का संग्रहालय है जिसे मोतीलाल नेहरु बाल संग्रहालय के नाम से जाना जाता है। मोती लाल नेहरू ट्रस्ट द्वारा यह संग्रहालय 1957 में खोला गया था। इस संग्रहालय में खगोल-विज्ञान, भू-विज्ञान, भूगोल, सामाजिक विज्ञान, व्यक्तिगत स्वच्छता, खिलौने, कला और संस्कृति विषयक अनेक अनुभाग और दीर्घाऐं हैं।

## राज्य संग्रहालय झांसी

अपने ऐतिहासिक और मुद्राशास्त्र संबंधी महत्व के लिए प्रसिद्ध झांसी स्थित संग्रहालय मध्यकालीन मूर्तियों के अतिरिक्त 'पंचमार्क' से वर्तमान काल तक के सिक्कों का अद्धितीय संग्रह तथा बुंदेलखंड की विगत एवं वर्तमान संस्कृति के समृद्ध कोष के लिए विख्यात है।

## बौद्ध संग्रहालय

उत्तर प्रदेश बौद्ध धर्म और संस्कृति के सम्बन्ध में विशेष रूप से समृद्ध है तथा राज्य के तीन प्रमुख बौद्ध संग्रहालयों (गोरखपुर, कुशीनगर तथा पिपरहवा सिद्धार्थनगर) में भगवान बुद्ध के जीवन एवं दर्शन के विभिन्न पहलुओं पर विशेष प्रकाश डालने वाली ऐसी स्मरणीय वस्तुओं की भारी मात्रा एवं विविधता संरक्षित है, जो अन्यत्र कहीं उपलब्ध नहीं है।

लोक कला संग्रहालय, लखनऊ तथा जनपद संग्रहालय, सुल्तानपुर में स्थानीय शिल्प तथा लोक संस्कृति के बहुमूल्य नमूने सुरक्षित हैं। लोक खिलौने, परिधान, नकाब, संगीत उपकरण, लोक आभूषण, टेराकोटा की वस्तुएं तथा अन्य अनेक प्रदर्शन योग्य वस्तुएं लोक जीवन शैली, जो अब पूर्णरूपेण विलुप्त हो चुकी है, के तात्कालिक दर्शन कराती हैं।

राज्य जैन संग्रहालय, मथुरा जैन धर्म, दर्शन कला और संस्कृति को प्रतिबिम्बित करने में बौद्ध धर्म के संग्रहालयों की बराबरी करता है। सन् 1883 से 1891 के बीच आज भी मथुरा के दक्षिण पश्चिम में हुई व्यापक खुदाई के दौरान कंकाली टीला से भिन्न प्रकार की 737 पाषाण मूर्तियां प्राप्त हुई थीं। ये मूर्तियां बहुमूल्य बताई जाती हैं। इनके अतिरिक्त अन्य वस्तुएं भी जैन संग्रहालय में मौजूद हैं। संग्रहालय की दीर्घाओं में प्रथम जैन तीर्थंकर ऋषभनाथ, बाईसवें तीर्थंकर नेमिनाथ, तेईसवें तीर्थंकर पार्श्वनाथ तथा अंतिम तीर्थंकर भगवान महावीर के सम्मोहक मूर्तियां प्रदर्शित की गई हैं।

लखनऊ में एक प्रांतीय स्वच्छता संस्थान संग्रहालय है। इस संग्रहालय की स्थापना 1928 में की गई थी, जिसमें मौसम विज्ञान, भौतिक विज्ञान, रसायन विज्ञान, शरीर रचना विज्ञान, रोग निवारण, जल आपूर्ति, वायु तथा वातायन, अवजल तथा अपवहन और पोषण इत्यादि विषयों से संबंधित सामग्री रखी गई है।

उपरोक्त के अलावा राज्य में और भी अनेक संग्रहालय हैं, जिनमें से कुछ का संचालन विश्वविद्यालयों तथा महाविद्यालयों द्वारा छात्रों एवं अन्य इच्छुक व्यक्तियों को लाभार्थ किया जाता है। इनमें शरीर-रचना विज्ञान, विकृति विज्ञान, औषध विज्ञान, न्यायिक विज्ञान, चिकित्सा विज्ञान, लोक स्वास्थ्य, प्राणि विज्ञान, भू-विज्ञान, मानवजाति विज्ञान, जीव विज्ञान, वनस्पति विज्ञान, वाणिज्य, भारतीय पेंटिंग्स, पुरातत्त्व विज्ञान और विशिष्टीकृत अध्ययन से संबंधित अन्य वस्तुएं प्रदर्शित की गई हैं।

## पुस्तकालय

उच्च ज्ञानार्जन के प्रयास तथा सभी क्षेत्रों में सफलता के लिए पुस्तकालयों की आवश्यकता होती है तथा उत्तर प्रदेश में ऐसे पुस्तकालय भारी संख्या में मौजूद हैं और उनमें पुस्तकों का विशाल संग्रह उपलब्ध है। विधान सभा भवन में विद्यमान पुस्तकालय विशालतम है जहां अनेक प्राचीन, दुर्लभ और जाति मूल्यवान पुस्तकें तथा ब्रिटिश काल तक के विवरण उपलब्ध हैं।

उत्तर प्रदेश में सामाजिक तथा सांस्कृतिक गतिविधियों से साहित्यिक एवं शैक्षिक विशिष्टता की दिशा में आन्दोलन धुंधला नहीं हुआ है। ज्ञानार्जन तथा विद्वत् संस्थाओं के प्रोत्साहन हेतु पुस्तकालय आंदोलन एक ऐसा ही कदम है। राज्य में पूर्व काल के नवाब शासक खास कर लखनऊ, बनारस तथा रामपुर के नवाबों के राज्य में शास्त्रीय भाषाओं संस्कृत, अरबी तथा फारसी और स्थानीय भाषाओं में हिन्दी तथा उर्दू की पांडुलिपियों के राज्य पुस्तकालय मौजूद थे। वर्तमान में काशी राज ट्रस्ट पौराणिक पुस्तकों के प्रकाशन में व्यस्त है, जबकि रजा पुस्तकालय, रामपुर एक ऐसी संस्था है जहां उर्दू, अरबी तथा फारसी पांडुलिपियों का विशाल संग्रह मौजूद है। तालुकदारों के निजी पुस्तकालयों जैसे कि महमूदाबाद, सिस्सेंदी तथा सिधौली और अन्य पुस्तकालयों में भी श्रेष्ठ संग्रह उपलब्ध है। राज्य सरकार ने लखनऊ तथा राज्य के अन्य नगरों में अपने पुस्तकालयों तथा सांस्कृतिक केन्द्रों के लिए प्राचीन पांडुलिपियों तथा नव प्रकाशनों के अर्जन एवं संग्रहण हेतु

एक कोष स्थापित किया है। अमीर-उद्-दौला पब्लिक लाइब्रेरी, गंगा प्रसाद वर्मा मेमोरियल लाइब्रेरी, तथा आचार्य नरेन्द्र देव लाइब्रेरी, लखनऊ, सी बी गुप्ता मेमोरियल ट्रस्ट लाइब्रेरी, इलाहाबाद पब्लिक लाइब्रेरी, कानपुर महत्वपूर्ण पुस्तकालय हैं। हिंदी संस्थान, उर्दू अकादमी तथा संस्कृत अकादमी सरकारी सहायता प्राप्त संस्थाएं हैं। ये संस्थाएं प्रकाशन सुविधाएं उपलब्ध कराती हैं तथा व्यक्तिगत लेखकों और प्रकाशकों द्वारा पुरस्कार हेतु प्रस्तुत पुस्तकों के भंडारगृह भी हैं। ये संस्थाएं युवा लेखकों को उनके प्रकाशनों पर पुरस्कारों के माध्यम से प्रोत्साहित भी करती हैं। ये संस्थाएं विख्यात विद्वानों को सामान्य रुचि के विषयों पर तथा विशिष्ट विषयों पर भी पुस्तक लेखन हेतु प्रोत्साहन देती हैं।

## साहित्यिक और सांस्कृतिक संस्थाएं

उत्तरप्रदेश में ऐसी अनेक संस्थाएं और स्वैच्छिक संगठन हैं, जिनका लक्ष्य राष्ट्रीय एकीकरण, साम्प्रदायिक सौहार्द, राष्ट्रीय भाषा एवं संस्कृति, ऐतिहासिक अनुसंधान तथा लोक साहित्य को प्रोत्साहन प्रदान करना है। दक्षिण भारतीय भाषाओं के अध्ययन और नृत्य, संगीत एवं नाटक के माध्यम से सांस्कृतिक प्रोत्साहन के माध्यम से उत्तर दक्षिण एकीकरण के प्रयास भी निरंतर जारी हैं। उत्तर प्रदेश ऐतिहासिक सोसायटी ऐसी प्राचीनतम संस्था है, जो ऐतिहासिक अनुसंधान विशेषतः उत्तर प्रदेश के अपने इतिहास एवं संस्कृति के अनुसंधान—के प्रोत्साहन का लक्ष्य लेकर चल रही है। इतिहास अकादमी तथा उत्तर प्रदेश हिस्ट्री कांग्रेस जैसी कुछ नई संस्थाएं भी गठित हुई हैं। विभिन्न क्षेत्रों में लोगों की जीवन शैली पर ध्यान केन्द्रित करते हुए लोक साहित्य संस्था एक पत्रिका 'पूर्वी मानव विज्ञानी' का प्रकाशन कर रही है। भुवन वाणी न्यास, लखनऊ भिन्न भारतीय भाषाओं की असाधारण कृतियों का हिन्दी अनुवाद करने में संलग्न है। मौलाना अबुल कलाम आजाद और फखरुद्दीन अली अहमद की स्मृति में गठित अकादमी उर्दू भाषा एवं साहित्य और इन दो प्रख्यात राष्ट्रवादी मुस्लिमों की कृतियों एवं व्यक्तित्व और राष्ट्रीय एकीकरण में उनकी भूमिका के प्रोत्साहन में योगदान दे रही हैं। इन वाक्पीठों के अन्तर्गत संवादगोष्ठियों तथा व्याख्यानों का आयोजन भी किया जाता है। अंजुमन-ए-तरक्की उर्दू बहुत प्राचीन संस्था है जो उर्दू भाषा एवं साहित्य को लोकप्रिय बनाने में जुटी है। अखिल भारतीय संस्कृत परिषद् संस्कृत पाठों के अनुवाद तथा प्रकाशन में संलग्न है तथा विचार गोष्ठियों तथा व्याख्यानमाला का भी आयोजन करती है।

उत्तर प्रदेश की सांस्कृतिक विरासत के प्रदर्शन तथा प्रचार आयोजन में जुटी संस्थाओं की संख्या काफी बड़ी है तथा शायद ही कोई ऐसा जनपद होगा जहां साहित्यिक और सांस्कृतिक प्रसंग पर संगठित और अपने विशिष्ट क्षेत्र में कार्यक्रमों को कार्यान्वित करने वाली कोई संस्था मौजूद नहीं है। कुछ जाति संस्थाएं भी अपने समुदाय के सदस्यों की देखभाल करती हैं। ये संस्थाएं विशेषकर जाति समूहों में सामाजिक प्रकार की समस्याओं को सुलझाकर तनाव दूर करने का कार्य करती हैं।

## उत्तर प्रदेश के पुरालेखागार

प्राचीन संस्कृति के बिखरे अवशेषों तथा पुरातन मान्यताओं की अप्रतिस्थापनीय सम्पदा को संरक्षित करना कोई सहज कार्य नहीं हैं। उत्तर प्रदेश पुरातत्त्व विभाग और इसकी इकाइयों द्वारा यह कार्य निष्पादित किया जा रहा है। पुरालेखागार समय-समय पर महत्वपूर्ण प्रकाशनों का उत्तरदायित्व भी संभालता है। पुरालेखागार में सन् 1876 तक के प्रलेख सुरक्षित हैं, जबकि व्यक्तियों से प्राप्त अथवा उनके द्वारा दान किए गए प्रलेख सन् 1540 ईस्वी तक पुराने हैं।

प्रलेखों के विषय में लोक जागरुकता पैदा करने के लिए समय-समय पर भिन्न स्थानों पर इनकी प्रदर्शनी भी लगाई जाती है। मुख्य पुरालेखागार के अधीन तीन प्रादेशिक पुरालेखागार इलाहाबाद, वाराणसी तथा आगरा में होने के अतिरिक्त इलाहाबाद में पांडुलिपियों का एक पुस्तकालय भी मौजूद है।

## आचार्य नरेन्द्र देव बौद्ध शिक्षा एवं अनुसंधान संस्थान, लखनऊ

यह संस्थान सोसायटी अधिनियम के अनुसार 1985 में संस्कृति विभाग के अधीन एक स्वायत्त संस्था के रूप में पंजीकृत हुआ था। इसका अपना स्वयं का एक संदर्भ पुस्तकालय है जिसमें बौद्ध धर्म एवं संस्कृति, शिक्षा एवं दर्शन तथा हिन्दी साहित्य, विश्व शब्दकोश सहित अनेक शब्द-कोश कला, मूर्तिकला, पुरातत्त्वीय सर्वेक्षण, संस्कृत एवं पाली में ग्रन्थों समेत 2500 पुस्तक तथा पत्रिकाएं संग्रहीत है। यह संस्थान और इसका पुस्तकालय सभी अनुसंधान छात्रों और पाठकों के लिए सभी कार्यदिवसों को खुला रहता है। यह संस्थान समय-समय पर बौद्धधर्म तथा चीनी संदर्श में भारतीय बौद्ध संस्कृति विषय पर अंतर्राष्ट्रीय विचारगोष्ठियों का आयोजन भी करता है।

## अयोध्या अनुसंधान संस्थान, अयोध्या (फैजाबाद)

अयोध्या अनुसंधान संस्थान अगस्त 1986 में राज्यपाल के आदेश द्वारा तुलसी भवन की प्रबंध समिति को भंगकर तथा उसकी समस्त चल एवं अचल सम्पत्तियां अनुसंधान संस्थान के पक्ष में अधिग्रहीत कर राज्य सरकार के संस्कृति विभाग के अधीन एक स्वायत्त संस्था के रूप में प्रारंभ और ऐतिहासिक तुलसी स्मारक भवन परिसर में स्थापित किया गया था। अयोध्या अनुसंधान संस्थान का पदेन अध्यक्ष उत्तर प्रदेश सरकार के संस्कृति विभाग का प्रधान सचिव है।

## जैन शिक्षा अनुसंधान संस्थान

सोसायटी पंजीकरण अधिनियम 1860 के अधीन सन् 1990 में गठित, उत्तर प्रदेश सरकार के संस्कृति विभाग के अधीन, यह संस्थान जैन धर्म के धर्म और दर्शन के विषय में जानकारी के लिए एक मातृ संस्थावत है। यहां जैन संस्कृति पर पुस्तकों, पत्रिकाओं, दुर्लभ लेखों से युक्त समृद्ध एवं सुसज्जित पुस्तकालय मौजूद है।

## जनजातीय तथा लोक कला सांस्कृतिक संस्थान, लखनऊ

लगभग एक दशक पूर्व 1996 में यह संस्थान जनजातीय तथा लोक संस्कृति के सर्वेक्षण एवं प्रलेखन तथा उनके महत्व, प्रासंगिकता और जनाकर्षण की विशिष्टता पर प्रकाश डालकर राज्य में विलुप्त हो रही जनजातीय एवं लोक कलाओं की पुनर्जीवित करने हेतु स्थापित किया गया था।

## वृन्दावन शोध संस्थान, वृन्दावन (मथुरा)

वृन्दावन शोध संस्थान की स्थापना 1968 में की गई थी तथा ब्रज संस्कृति एवं कृष्ण भक्ति संस्कृति के संबंध में यह अंतिम कार्य कहा जाता है। इस संस्थान में दुर्लभ पुस्तकें, अनेक मूल प्रलेख तथा सदियों पुरानी बृज संस्कृति के अध्ययन तथा गंभीर अनुसंधान हेतु आधार सामग्री तैयार करने के लिए श्रमसाध्य तरीके से विभिन्न स्रोतों से प्राप्त पुरातत्त्व की दृष्टि से बहुमूल्य पांडुलिपियां मौजूद हैं।

## सूचना व जनसम्पर्क विभाग

सूचना और जन सम्पर्क विभाग का प्रकाशन ब्यूरो सरकारी नीतियों तथा गतिविधियों पर प्रचुर सामग्री प्रकाशित करता है। यह ब्यूरो पुस्तिका, संचिका पोस्टर, विज्ञापन परचे इत्यादि समय-समय पर मुद्रित एवं प्रकाशित करता है, जो

लोगों के बीच अधिकांशतः निःशुल्क वितरित किए जाते हैं, यद्यपि इसके कुछ प्रकाशन, जिनकी मांग अधिक है, समूल्य होते हैं। समूल्य संवर्ग में वार्षिक रिपोर्ट, वार्षिक डायरी तथा पंचांग इत्यादि होते हैं, जिनमें अन्य विषयों के अलावा राज्य तथा राज्य सरकार के बारे में विस्तृत जानकारी दी जाती है। दो साहित्यिक पत्रिकाएं हिंदी में "उत्तर प्रदेश" तथा उर्दू में "नया दौर" प्रत्येक माह नियमित रूप से प्रकाशित की जाती हैं। एक अन्य पत्रिका 'उत्तर प्रदेश' संदेश प्रत्येक माह हिन्दी भाषा में प्रकाशित की जाती है, जिसमें विकास गतिविधियों की जानकारी दी जाती है। मुख्य मंत्री/राज्यपाल द्वारा दिए गए मुख्य भाषण भी प्रकाशित किए जाते हैं जो स्थायी रिकार्ड का हिस्सा होते हैं। इनमें दिए गए तथ्य, संख्याएं तथा आंकड़े मूल स्रोतों से संग्रहीत किए जाते हैं।

मुख्य मंत्री की अभिलेखन इकाई मुख्य मंत्री के महत्वपूर्ण भाषणों की कैसेट तैयार करती है जो समय-समय पर सरकारी अधिकारियों विभागों, अनुसंधान छात्रों तथा मीडिया को उपलब्ध कराई जाती है।

## संदर्भ पुस्तकालय

सूचना एवं जन सम्पर्क विभाग का संदर्भ अनुभाग वास्तव में संदर्भ पुस्तकों, सरकारी रिपोर्टों (राज्य तथा केन्द्रीय सरकार दोनों) और पत्रिकाओं तथा विविध विषयों पर विशिष्ट प्रकार के साहित्य का कीमती खजाना है। इसके एक वाचनालय तथा पुराने एवं नए ग्रन्थों से सज्जित पुस्तकालय है। इस समय अनुभाग में पुस्तकों के सूचीयन की सुविधाजनक एवं मितव्ययी व्यवस्था का कार्य प्रगति पर है।

सूचना क्रान्ति के इस युग में पुस्तकालयों पर भी पर्याप्त पड़ा है। सन् 1950 के बाद हर दस वर्षों में ज्ञान दुगुना होता था परन्तु अब ये हर छह महिने में दुगुना हो रहा है। और इसी के चलते आज डिजिटल लाइब्रेरी का महत्त्व बढ़ता जा रहा है तथा नये वेब पोर्टल बन रहे हैं।

# 20

# मेले और उत्सव

उत्तर प्रदेश में लगभग सभी धर्मों के मेलों और उत्सवों का आयोजन होता है। राज्य की मिश्र संस्कृति राष्ट्रीय और अन्तरराष्ट्रीय स्तर पर प्रसिद्ध है। विभिन्न धार्मिक समुदाय लगभग 40 उत्सव उल्लास एवं साम्प्रदायिक सौहार्द के साथ मनाते हैं। शीतला अष्टमी, रक्षाबंधन, जन्माष्टमी, बैसाख पूर्णिमा, गंगा, दशहरा, नागपंचमी, रामनवमी, गणेश चतुर्थी, विजयादशमी, दीपावली, कार्तिक पूर्णिमा, मकर संक्रान्ति, बसंत पंचमी, शिवरात्रि तथा होली हिंदुओं के प्रमुख त्योंहार हैं।

ईद, मुहर्रम, बकरीद, बारावाफात, शब-ए-बारात मुसलमानों के प्रमुख पर्व हैं। न्यू ईयर्स डे, गुड फ्राइडे, ईस्टर तथा क्रिसमस ईसाइयों के प्रमुख त्योहार हैं। बौद्धों की बुद्धपूर्णिमा, जैनियों की महावीर जयंती तथा सिख धर्म के अनुयाइयों के प्रमुख त्योंहार गुरु नानक जयंती, गुरु तेग बहादुर शहीदी दिवस तथा बैसाखी हैं।

दैनिक दिनचर्या के एक रंगी स्वरूप से उकता कर एक आम व्यक्ति ने कुछ मेल-मिलाप कुछ मनोरंजन के बारे में सोचा तो मेले का जन्म हुआ। मेला, जहाँ भाँति-भाँति के लोग भिन्न-भिन्न स्थानों से देवताओं के दर्शन करने, कुछ खरीदने, कुछ बेचने मनोरंजन करने तथा एक दूसरे से मिलने के लिये एकत्रित होते हैं। मेले कई कारणों से लग सकते हैं किसी धार्मिक विभूति या देवी देवता से संबंधित दिवस पर किसी वीर पुरुष या महिला के जन्म दिवस पर, पशु मेला, हाट बाजार आदि। कुछ लोग अपना रोजगार करने के लिये आते हैं, तो कुछ मनोरंजन के उद्देश्य को लेकर मेले में आते हैं।

उत्तर प्रदेश में प्रति वर्ष लगभग 2,250 मेलों का आयोजन होता है। मथुरा में सबसे अधिक 86, कानपुर वह हमीरपुर में 79, झांसी में 78, आगरा में 72 फतेहपुर में 70 मेले लगते हैं। हिन्दू, मुस्लिम, जैन, बौद्ध तथा ईसाइयों के अधिकांश मेले धार्मिक प्रकृति के हैं।

## कुंभ मेला, इलाहाबाद

उत्तर प्रदेश अपनी समृद्ध सांस्कृतिक धरोहर तथा अध्यात्म परम्परा के आधार पर समूचे विश्व को अपनी ओर आकर्षित करता रहा है। कुंभ मेला इन सभी विशेषताओं का एक अद्वितीय, अद्‌भुत मिश्रण है, जो अपने अनन्य व्यापकत्व, महत्ता तथा विशाल जनसमूह, रंग और भव्यता से उत्तर प्रदेश ही नहीं भारत के समस्त मेलों को बौना सिद्ध कर देता है। वस्तुतः इलाहाबाद में एक माह तक चलने वाला यह कुंभ मेला विश्व का सबसे बड़ा मेला है। इस मेले में सम्पूर्ण भारत के अतिरिक्त विश्व के अन्य भागों से लाखों की संख्या में श्रद्धालु तथा पर्यटक पधारते हैं।

कुंभ मेला में विश्व में सबसे विशाल जनसमूह एकत्र होता है। मेला के चरम दिवसों में साढ़े तीन करोड़ श्रद्धालु इलाहाबाद पहुँचते हैं। कुंभ मेला का आयोजन प्रत्येक बारह वर्ष के अंतराल पर होता है, जबकि अर्द्ध-कुंभ मेला कुंभ मेला के छह वर्ष पश्चात् लगता है। इन मेलों का आयोजन जनवरी-फरवरी माह में गंगा, यमुना एवं पौराणिक सरस्वती नदी के संगम स्थल पर होता है।

ग्रह जब भी उसी राशिचक्र की स्थिति में आते हैं, तब प्रयाग में कुंभ का आयोजन होता है। ब्राह्मण ज्योतिषियों तथा हिन्दू धर्मगुरुओं के अनुसार कुंभ मेला का आयोजन बृहस्पति के कुंभ राशि में प्रवेश तथा सूर्य के मेष राशि में प्रवेश के समय पर होता है। कुंभ मेला का मुख्य स्नान मौनी अमावस्या को होता है। मकर संक्रान्ति, पौष पूर्णिमा, बसंत पंचमी, माघ पूर्णिमा तथा महाशिवरात्रि स्नान की अन्य महत्वपूर्ण तिथियाँ हैं। यदि कुंभ मेला अवधि में धार्मिक महत्त्व की कोई अन्य तिथि पड़ती है तो वह तिथि भी पवित्र स्नान हेतु शुभ विचारित की जाती है। हिन्दू साधु, संत तथा तीर्थयात्रियों का जनसमूह कुंभ मेला स्थल पर इस दैवीय घटना की स्मृति में पावन संगम में स्नान हेतु एकत्रित हो जाता है। भारतीय समाज की धार्मिक तथा सामाजिक विष्टिताओं का संगम इस पावन संगम स्थल पर होने का यह अद्‌भुत अवसर होता है।

कुंभ मेला प्रत्येक तीन वर्ष बाद बारी बारी से इलाहाबाद हरिद्वार, उज्जैन तथा नासिक में आयोजित होता है। इलाहाबाद में कुंभ मेला की अवधि हिन्दू पंचाग का माघ माह (जनवरी-फरवरी) है।

पूर्व निर्धारित समय व स्थान पर धर्मविधि के अनुसार स्नान के अतिरिक्त अन्य गतिविधियों में धार्मिक प्रवचन, भजन कीर्तन, पुरुष/महिलाओं और गरीब

बच्चों को भोजन खिलाना तथा धार्मिक सभाओं का आयोजन, जहाँ धर्म सिद्धांतों पर शास्त्रार्थ करने के पश्चात् उनका मानकीकरण किया जाता है, सम्मिलित हैं। हिन्दू तीर्थयात्राओं में कुंभ मेला को पावनतम माना गया है। कुंभ मेला की मांगलिकता का आंशिक श्रेय श्रद्धालुओं के जनसमुद्र को भी दिया जाता है।

## अर्द्ध-कुंभ, इलाहाबाद

अर्द्ध-कुंभ मेला कुंभ मेला के छह वर्ष पश्चात् आयोजित किया जाता है अर्थात् यह दो कुंभ मेलों के बीच पड़ता है। अर्द्ध-कुंभ मेला का भी वही धार्मिक महत्व है तथा लाखों श्रद्धालु भक्तगण मेला पहुँचते हैं। अर्द्ध-कुंभ के मुख्य स्नान दिवस भी कुंभ मेला के समान ही होते हैं।

## माघ मेला-वार्षिक लघु कुंभ मेला, इलाहाबाद

कुंभ मेला तथा अर्द्ध कुंभ मेला के वर्षों को छोड़कर पूरे एक माह की अवधि का माघ मेला का आयोजन प्रतिवर्ष इलाहाबाद में संगम तट पर होता है। चूँकि इस मेले का आयोजन हिन्दू पंचांग के अनुसार माघ माह में होता है अतः इसको माघ मेला कहा जाता है। माघ मेला के दौरान एक माह के लिए संगम तट पर शिविर नगर स्थापित हो जाता है, जहाँ हजारों भक्तगण निवास करते हैं। विभिन्न हिन्दू धर्म के संगठन इस अवधि के दौरान अपने शिविर स्थापित करते हैं। लोक थियेटर ग्रुपों द्वारा मेला क्षेत्र के अलग-अलग स्थानों पर हिन्दू धर्म कथाओं और दृश्यों का मंचन किया जाता है।

अनेक श्रद्धालु मेले की पूर्ण अवधि इन शिविरों तथा आश्रमों में व्यतीत करते हैं तथा जीवन को पावन बनाते हैं। यह तपस्या कल्पवास कहलाती है तथा एक माह की इस तपस्या करने वाले व्यक्ति को कल्पवासी कहा जाता है। इस मेला को लघु कुंभ मेला भी कहा जा सकता है क्योंकि इस मेले में भारी भीड़ जुटती है तथा मुख्य स्नान दिवस भी कुंभ मेला की भाँति मकर संक्रान्ति, पौष पूर्णिमा, मौनी अमावस्या, बसंत पंचमी, माघ पूर्णिमा तथा महाशिवरात्रि होते हैं। मौनी अमावस्या प्रधान स्नान दिवस होती है तथा उस दिन संगम तट पर अपार जनसमूह एकत्र होता है।

## रामनवमी मेला, अयोध्या

हिन्दुओं के पावन तीर्थ केन्द्र की पवित्र नगरी अयोध्या अप्रैल माह में रामनवमी उत्सव के मेजबान होती है जब हजारों श्रद्धालु भगवान राम की पूजा अर्चना के लिए कनक भवन पहुँचते हैं।

## देवी पाटन मेला, तुलसीपुर

चैत्र नवरात्रि के दौरान तुलसीपुर (बलरामपुर, गोंडा) में आयोजित यह मेला माँ पाटन देवी को समर्पित है। इस अवसर पर भारत के विभिन्न भागों तथा नेपाल से तीर्थयात्री यहाँ पधारते हैं। मेला में सांस्कृतिक कार्यक्रमों तथा धार्मिक समारोहों का आयोजन किया जाता है।

## कम्पिल मेला, कम्पिल

काम्पिल्य, जो आज कम्पिल के नाम से विख्यात है, एटा जनपद की कासगंज तहसील में एक ग्राम है, जो गंगा के तट पर बसा हुआ है। महाभारत काल में यह रानी द्रौपदी के पिता महाराज द्रुपद की राजधानी थी। यह जैनधर्म के 13 वें तीर्थंकर का जन्म स्थान भी है। एक बार भगवान महावीर यहां स्वयं पधारे थे। इस के आसपास के टीलों तथा अवशेषों में जैन काल की मूर्तियां तथा अन्य स्मृति चिह्न मौजूद हैं। यहां प्रत्येक वर्ष मार्च माह में पाँच दिवसीय जैन मेला आयोजित किया जाता है, जिसमें जैन श्रद्धालु भारी संख्या में भाग लेते हैं।

## बटेश्वर मेला, आगरा

आगरा से 70 किलोमीटर दूर यमुना नदी के किनारे बसा बटेश्वर एक महत्वपूर्ण आध्यात्मिक एवं सांस्कृतिक केन्द्र है। इस स्थान का नाम क्षेत्र का प्रधान देवता बटेश्वर महादेव के नाम पर रखा गया है, जहाँ हिंदू देवकुल के देवी-देवताओं के 108 मंदिर हैं। यहाँ अक्टूबर तथा नवम्बर के महीनों में कार्तिक माह की षष्ठी से मार्गशीर्ष माह की पंचमी तक अर्थात् एक माह की अवधि तक चलने वाला एक विशाल मेला लगता है। श्रद्धालुजन भगवान शिव की पूजा और यमुना नदी में स्नान हेतु भारी संख्या में मेला स्थल पहुँचते हैं।

यहाँ इस अवसर पर एक पशु मेला भी आयोजित किया जाता है, जिसमें पशुधन स्वामी और क्रेतागण सुन्दर सजेधजे बाजार में गंभीर व्यवसाय सम्पादित करते हैं।

## देवा मेला, बाराबंकी

बाराबंकी से दस किलोमीटर दूर देबा में अक्टूबर-नवम्बर माह के दौरान हाज़ी वारिस अली शाह का सालाना उर्स मनाया जाता है। इस मेले में भाग लेने पाकिस्तान तथा मध्य-पूर्व तक के लोग आते हैं। सूफी संत की समाधि तमाम दुनिया में बहुत आदर से देखी जाती है।

## श्रावण झूला मेला, अयोध्या

यह मेला देवगणों के आमोद-प्रमोद का उत्सव है। श्रावण माह के द्वितीय पक्ष के तीसरे दिन देवगणों की मूर्तियाँ (विशेषतः राम, लक्ष्मण और सीता) मंदिरों में झूलों में झुलाई जाती हैं ये मूर्तियाँ मणिपर्वत पर भी ले जाई जाती हैं तथा वहां वृक्षों की शाखाओं पर डाले गए झूलों पर उन्हें झुलाया जाता है।

बाद में ये मूर्तियाँ वापस मंदिर में यथास्थान स्थापित कर दी जाती हैं। यह मेला श्रावणमास के अन्त तक चलता है।

## शाकम्भरी देवी मेला, सहारनपुर

हरिद्वार से 95 किलोमीटर तथा सहारनपुर से 45 किलोमीटर दूर शाकम्भरी देवी के प्रसिद्ध शक्तिपीठ स्थल पर वर्ष के दोनों नवरात्रि के अवसरों पर विशाल मेलों का आयोजन किया जाता है। देश के विभिन्न भागों के लोग अपने सुख-समृद्धि की कामना लिए मातृ देवी का आशीर्वाद पाने की अभिलाषा लिए यहाँ बड़ी संख्या में पधारते हैं।

## कार्तिक पूर्णिमा तथा लोलार्क षष्ठी, वाराणसी

वाराणसी उत्सवों की भूमि है। अंग्रेजी माह नवम्बर-दिसम्बर में पड़ने वाली कार्तिक पूर्णिमा एक पावन दिवस है, जब वाराणसी के घाट जगमगाते मिट्टी के हजारों दीपकों के प्रकाश के प्रकाश में जीवंत हो जाते हैं। श्रद्धालुजन इस भव्य दृश्य को देखने के लिए भारी संख्या में यहाँ पहुँचते हैं। स्थानीय रूप से यह देव दीपावली के नाम से प्रसिद्ध है।

भाद्रपद के शुक्ल पक्ष की षष्ठी को पड़ने वाली लोलार्क षष्ठी वाराणसी का एक अन्य त्योहार है। हजारों की संख्या में लोग स्नान करने तथा सूर्य देव की पूजा करने हेतु लोलार्क कुण्ड भदैनी पहुँचते हैं। डाला छठ, रंग भरी एकादशी, बुढ़वा मंगल तथा अन्नकूट वाराणसी के अन्य महत्वपूर्ण त्योहार हैं।

## उत्सव

उत्तर भारत में लगभग पूरे साल कोई न कोई उत्सव चलता है। या यूँ कहें कि हर महिने कोई न कोई प्रमुख त्योहार अवश्य मनाया जाता है तो कुद अतिशयोक्ति न होगी। ऋतुओं के बदलने पर, फसल कट जाने पर, तथा कई धार्मिक कारणों से मन में हुलसते उल्लास की अभिव्यक्ति किसी न किसी उत्सव के रूप में ही की

जाने की परम्परा सदियों से निर्बाध रूप से चली आ रही है। उत्तर प्रदेश में एक ओर हिन्दू समुदाय में होली, दिवाली, रामनवमी, दशहरे आदि की धूम रहती है वहीं दूसरी ओर दूसरे सबसे बड़े सम्प्रदाय मुस्लिम वर्ग मैं ईद-उल-फितर तथा ईद-उल-अजहा बड़े उल्लास के साथ मनाई जाती है। जिसे मीठी ईद (सिवइयों वाली ईद) तथा बकरा ईद भी कहा जाता है। अन्य छोटे मोटे मनोरंजन करते हैं। पट्टियाँ तथा ख्यात स्थान पर दिए जाते हैं। इसमें शामिल रमजान यानी रोजे का महीना खत्म होने पर ईद-उल-फितर मनाई जाती है। जबकि ईद-उज्-जुहा अब्राहम द्वारा इस्माइल के बलिदान की स्मृति में मनायी जाती है। पैगम्बर की मौत (बारावफात) तथा अगले वर्ष के लिए मानवजाति के भाग्य का निर्धारण (शब-ए-बारात) का पर्व है। निम्नवर्ग के लोग समूहगत होकर निश्चित दिवसों पर सन्तों की मजारों पर जाते हैं। इनमें हिन्दू लोग भी शामिल होते हैं। जैन त्योहारों का विशेष आकर्षण बड़ी गाड़ियों में मूर्तियों का ले जाया जाना है।

## जन्माष्टमी तथा कृष्णा लीला, मथुरा

भगवान कृष्ण का जन्म दिवस जन्माष्टमी सम्पूर्ण उत्तर भारत में भाद्रपद माह के कृष्ण पक्ष की अष्टमी को भक्ति और श्रद्धा के साथ मनायी जाती है। यह पर्व दो दिन मनाया जाता है प्रथम दिवस कृष्णाष्टमी अथवा गोकुलाष्टमी होती है तथा दूसरे दिन कालाष्टमी अथवा अधिक लोकप्रिय जन्माष्टमी होती है।

इस अवसर पर मंदिर तथा घर सजाए जाते हैं तथा प्रकाश व्यवस्था की जाती है। इस त्योहार का प्रमुख आकर्षण इस अवसर पर प्रस्तुत की जाने वाली झांकियाँ है।

इस अवसर पर रासलीलाओं का भी आयोजन किया जाता है, जिनमें जन्म लीला, शंकर लीला, पूतना लीला और नागलीला प्रमुख हैं। संध्या के समय भक्त जन भजन-कीर्तन करते हैं, जो अर्द्ध-रात्रि तक चलता है। तब वह शुभ समय आता है जब भगवान श्रीकृष्ण का जन्म हुआ था। पुजारीवर्ग तथा ब्राह्मणों द्वारा श्रीकृष्ण जन्म की घोषणा के उपरान्त श्रीकृष्ण भगवान की आरती की जाती है, भक्तजनों को प्रसाद वितरीत किया जाता है तथा भगवान श्रीकृष्ण की मूर्तियों पर पुष्पवर्षा की जाती है।

मथुरा में जन्माष्टमी का आयोजन पूर्ण भव्यता के साथ किया जाता है। मुख्य आयोजन द्वारकाधीश मंदिर, मथुरा में झूलनोत्सव तथा घटाओं के रूप में पूरे श्रावण मास में मनाया जाता है। पूरे माह चलने वाले आयोजन में 'घटाएँ' प्रमुख आकर्षण

होती हैं। घटा के दौरान प्रत्येक दिन एक विशेष रंग का चयन किया जाता है तथा पूरा मंदिर उसी रंग से अलंकृत किया जाता है। भगवान श्रीकृष्ण का चोला भी उस रंग का ही होता है।

## होली का त्योहार

होली वसंत का आगमन का अग्रदूत है तथा होली का पर्व पूरे भारतवर्ष में विशेष. उत्साह के साथ मनाया जाता है। पौराणिक कथा के अनुसार दैत्यराज हिरण्य कश्यप, जो 'सप्त दीप' का शासक था, स्वयं को भगवान से भी अधिक शक्तिशाली मानता था। उसने भगवान विष्णु के परम भक्त अपने सबसे छोटे पुत्र द्वारा स्वयं की पूजा करने से इनकार किए जाने के पश्चात् उसका वध करने का निश्चय कर लिया था।

दैत्य हिरण्य कश्यप की बहन होलिका के पास अग्नि से रक्षा करने हेतु एक दैवीय वस्त्र था। हिरण्य कश्यप ने अपनी बहन को प्रहलाद को अपनी गोद में बैठाकर जलती चिता में प्रवेश हेतु सहमत कर लिया, परन्तु वह स्वयं चिता में जल कर भस्म हो गई तथा प्रहलाद सुरक्षित बच गया। इस दिन को होली के रूप में मनाया जाता है। यह बुराई पर अच्छाई की विजय का प्रतीक है तथा पूरे भारत में तथा ब्रज प्रदेश में खासतौर पर जोश और उल्लास के साथ मनाई जाती है।

ऐसी मान्यता है कि भगवान श्रीकृष्ण भगवान विष्णु के अवतार हैं तथा उन्होंने मानव रूप में गोपियों के साथ होली खेली थी। ब्रज में इस परम्परा को कायम रखते हुए होली का उत्सव एक सप्ताह से अधिक समय तक जारी रहता है तथा इस अवसर पर लोग पिचकारियों आदि से एक दूसरे पर रंग डालते हैं तथा परस्पर गले मिलकर एक दूसरे को गुलाल लगाते हैं।

गोपों द्वारा गोपियों को आमोदपूर्ण सताना आजकल पुरुषों एवं स्त्रियों के समूहों द्वारा होली के गीत तथा नृत्य (रसिया) रूप से साकार किया जाता है।

## बरसाना होली

बरसाना गाँव में 'ब्रज की लठमार होली' अत्यंत प्रसिद्ध है। मान्यता है कि भगवान श्री कृष्ण राधा और उनकी सखियों के साथ होली खेलने नन्दग्राम से बरसाना आया करते थे। गोपियाँ आमोद-प्रमोद के उपरान्त नंदगाँव के गोपों को लाठियों से पीटकर खदेड़ दिया करती थीं। इसलिए इस होली को बरसाना की 'लट्ठमार होली' कहा जाता है।

इस दिन गाँव की स्त्रियों को पुरुष समूहों के सामने लाठी उठाने की पूरी स्वतंत्रता है तथा वे अपने इस अधिकार का उपयोग पूर्ण उत्साह के साथ करती हैं और अपनी प्रसन्नता की अभिव्यक्ति स्वरूप उन पर रंगों की बौछार कर देती हैं। मुख्य आयोजन श्री राधा रानी को समर्पित 'लाडलीजी मंदिर' में सम्पन्न होता है।

**नंदगाँव**

बरसाना की होली के अगले दिन होती के अनंत रंगों में सराबोर होने की बारी नंदगाँव की होती है। बरसाना के पुरुष एवं स्त्रियाँ परस्पर लठमार होली खेलने के लिए बरसाना से नंदगाँव (7 किलोमीटर दूर) पहुँचते हैं

**दाऊजी का हुरंगा (बल्देव)**

मथुरा से लगभग बीस किलोमीटर दूर यह उपनगर भगवान श्री कृष्ण के अग्रज बलराम के नाम पर बसा है। शहर के भध्य भाग में बलदेव मंदिर स्थित है। यहाँ होली का उत्सव दाऊजी का हुरंगा के नाम से विख्यात है। यहाँ पुरुष, स्त्रियाँ, तीर्थयात्री भारी संख्या में एकत्र होकर होली खेलते हैं।

**फालेन**

फालेन गाँव कोसी से 15 किलोमीटर दूर स्थित है। यहाँ होली का आयोजन विशेष ढंग से किया जाता है तथा अत्यंत महत्वपूर्ण है। इस अवसर पर यहाँ एक पण्डा नंगे पाँव जलती चिता से गुजरता है तथा उसका तनिक भी क्षति नहीं पहुँचती है, जो जलती चिता से प्रह्लाद के अनाहत, अक्षत रूप से निकलने का प्रतीक है।

## श्री राम नवमी उत्सव

श्री रामनवमी उत्सव का आयोजन भगवान राम की स्मृति को समर्पित है। यह उत्सव ग्रीष्म के प्रारंभ में सूर्य के उत्तरी गोलार्द्ध की ओर बढ़ने के समय आयोजित किया जाता है। यह उत्सव राम के जन्म के उपलक्ष्य में मनाया जाता है।

प्रातः काल के समय सूर्य की प्रार्थना के साथ उत्सव प्रारंभ होता है। मध्याह्न में भगवान राम के जन्म के समय पर विशेष प्रार्थना की जाती है। उत्तर भारत में विशेष रूप से इस अवसर पर रामनवमी जुलूस का आयोजन होता है। इस जुलूस का प्रमुख आकर्षण एक भव्य अलंकृत रथ होता है जिसके ऊपर राम, लक्ष्मण,

सीता और हनुमान के वेश में चार व्यक्ति बैठे होते हैं। रथ के साथ श्री राम के जीवन से संबंधिम अन्य झांकियाँ इत्यादि भी होती हैं। यह जुलूस एक भावपूर्ण अवसर होता है, जिसमें भाग लेने वाले व्यक्ति भजन-कीर्तन तथा राम राज्य की प्रशंसा से गलियों, मार्गों को गुंजायमान करते चलते हैं।

## नवरात्रि तथा दशहरा

नवरात्रि तथा दशहरा उत्सव का आयोजन भी दस दिन किया जाता है। पहले नौ दिन नवरात्रि उत्सव चलता है और दसवें दिन दशहरा मनाया जाता है। नवरात्रि का अर्थ 'नौ रात' है। शब्द दशहरा अथवा विजयादशमी की उत्पत्ति अंक शब्द (हिन्दी) तथा दश (संस्कृत) से हुई है।

नवरात्रि त्योहार मातृ देवी को समर्पित है, जिसके दुर्गा, काली, भवानी, अम्बा तथा चण्डिका इत्यादि अनेक नाम हैं। उत्तर प्रदेश में रह रहे बंगाली मूल के लोगों के लिए नवरात्रि का पर्व प्रधान पर्व है, जो जन समारोहों के रूप में भक्ति और भव्यता के साथ मनाया जाता है। इन समारोहों के लिए पंडाल बनाए जाते हैं। समारोहों के आयोजन में देवी माँ की पूजा अर्चना तथा भोज-भंडारों का आयोजन किया जाता है। बंगाली बन्धु इस पर्व को दुर्गा पूजा कहते हैं।

## रामलीला

भगवान राम की कथा का नाटक रूप रामलीला सन्त तुलसीदास द्वारा प्रारंभ किया गया माना जाता है। उनके द्वारा रचित रामचरित मानस रामलीला प्रदर्शनों का आधार है। इसको भगवान राम के जन्मदिवस समारोह रामनवमी से सम्बद्ध किया जाता है।

रामलीला, जो मूलतः रामायण की कथा का नाटक रूप है, सात से इकतीस दिन तक चलने वाली चक्रीय कथा के रूप में प्रस्तुत की जाती है। यह वेशभूषा, आभूषण, मुखौटे, शीर्ष परिधान, रूप सज्जा तथा अलंकरण की दृष्टि से अत्यंत समृद्ध होती है।

रामलीला की चार प्रमुख शैलियाँ विद्यमान हैंः (1) मूकाभिनय शैली-जिसमें झाँकियों आदि की प्रधानता होती है, (2) संवाद आधारित शैली, बहु-स्थापित मंचन के साथ, (3) सांगीतीय शैली—जिसमें लोक नाटकों के संगीत तत्व सम्मिलित होते हैं तथा (4) पेशेवर दलों जिन्हें मंडली कहा जाता है द्वारा प्रस्तुत मंच-रामलीला।

## चित्रकूट रामलीला

चित्रकूट रामलीला का आयोजन महाशिवरात्रि के दिन से प्रारंभ होकर पाँच दिन तक चलता है। ऐसी मान्यता है कि भरत मिलाप के दौरान, एक महत्वपूर्ण लीला है, जिसमें राम स्वयं राम के स्वरूप में लीला करने का संदेश देते हैं।

## वाराणसी रामलीला

वाराणसी में रामलीला उत्सव (अक्टूबर-नवम्बर) भारी उत्साह के साथ मनाया जाता है। भगवान राम के जीवन की झाँकियाँ आदि जुलूस के रूप में निकाली जाती हैं। वाराणसी रामलीला के कुछ प्रकरण श्रद्धालुओं द्वारा भारी दिलचस्पी के साथ देखे जाते हैं। नाटी-इमली का भरत मिलाप और चेतगंज की नककटिया बहुत प्रसिद्ध है।

वाराणसी से 15 किलोमीटर दूर राम नगर में काशी के पूर्व महाराजा द्वारा प्रारंभ की गई रामलीला पारम्परिक शैली में प्रस्तुत की जाती है। यह रामलीला 31 दिन तक चलती है, जिसमें विस्तृत संवाद और प्रभावशाली अभिनय देखा जा सकता है। रामायणी कहलाने वाले सैकड़ों साधु रामलीला देखने तथा महाकाव्य के गायन हेतु रामनगर पहुँचते हैं।

## इलाहाबाद दशहरा

इलाहाबाद दशहरा उत्सव के अवसर पर दशहरा से चार दिन पहले से प्रतिदिन सांध्यकाल में सुन्दर सजाई गई चौकियाँ जिनके साथ राम दल होता है भिन्न स्थानों से जुलूस रूप में ले जाई जाती हैं।

## अयोध्या रामलीला

यह स्थान मण्डली रामलीला के लिए प्रसिद्ध है। यहाँ रामलीला संवाद आधारित होती है, जिसका प्रदर्शन मंच से किया जाता है। इसके उच्च स्तरीय प्रदर्शन के साथ गीत, कथक नृत्य और नयनाभिराम सजावट होती है।

अयोध्या की रामलीला देखने के लिए भारत के सभी भागों से दर्शक अयोध्या पहुँचते हैं।

## दशहरा तथा दीपावली

दीपावली हिन्दू पंचांग का सबसे प्रमुख त्योहार है। यह पर्व अक्टूबर-नवम्बर माह मे चार दिन की अवधि का होता है। इसका पहला दिन धनतेरस (धन

त्रयोदशी) बल्कि पहली संध्या होती है जब यह पर्व आरम्भ होता है। नरकचतुदर्शी जो कालीचौदस अथवा बलि प्रतिपदा के नाम से भी जानी जाती है पर्व का दूसरा दिन होता है। लक्ष्मी पूजन तथा नव वर्ष (पड़वा) सामान्यतः (हिन्दू पंचांग पर निर्भर) तीसरा दिन और भैया दूज अंतिम दिन होता है। यह भारत के अन्य भागों की भाँति उत्तर प्रदेश का भी अत्यंत लोकप्रिय पर्व है।

दीपावली पर घर के प्रत्येक कोने में बाहर अनगिनत दीये जलाए जाते हैं तथा पटाखे फोड़े जाते हैं। सभी पर्वों की भाँति मिठाइयाँ, नए वस्त्रों की भी धूम रहती है। दीपावली का आनन्द प्रमुखतः प्रातः काल और सांध्यकाल में लिया जाता है। प्रकाश करने तथा पटाखे चलाने के लिए अँधेरे समय का चयन किया जाता है, अतः लोग जल्दी जागते और देर से सोते हैं।

दीपावली के समय खरीफ की पैदावार किसान के घर पहुँचती है। संभवतः इसी कारण समृद्धि की देवी महालक्ष्मी का इस अवसर पर विशेष पूजन किया जाता है।

## शिवरात्रि पर्व

यह पर्व फाल्गुन (फरवरी-मार्च) के कृष्ण पक्ष की त्रयोदशी (अथवा चतुर्दशी) को मनाया जाता है। शिवरात्रि का मुख्य आयोजन रात्रि के समय होता है। यह पर्व भगवान शिव के सम्मान में मनाया जाता है। इस दिन भगवान शिव का पार्वती से विवाह सम्पन्न हुआ था।

लोग इस दिन कठोर व्रत का पालन करते हैं। कुछ भक्तगण इस दिन जल की एक बूँद भी ग्रहण नहीं करते हैं। वे रात्रि जागरण भी करते हैं। 'ओउम् नमः शिवाय' मन्त्र का जाप रात्रि भर चलता है तथा इस मन्त्र के जाप के बीच प्रत्येक तीन घंटे के अन्तराल पर दुग्ध, दही, मधु, गुलाब जल इत्यादि के मिश्रण की धर्मविधि अनुसार आहुति के साथ शिवलिंग का पूजन किया जाता है। शिवलिंग पर बिल्व पत्र अर्पित किए जाते हैं।

## गुरु गोविंद सिंह जयन्ती

गुरु गोविन्द सिंह गुरु नानक देव की पावन परम्परा में सिखों के नवम् एवं अंतिम गुरु थे। गुरु गोविंद सिंह को निर्भयता अपने पिता गुरु तेग बहादुर की बेखौफ शहादत से विरासत में मिली थी। गुरु तेग बहादुर ने औरंगजेब की धर्मान्ध नादिरशाही तथा कश्मीरी हिन्दुओं को जबरन मुसलमान बनाने की धमकी का सामना करने के लिए कश्मीरी हिन्दुओं में साहस तथा आत्मविश्वास पैदा करने

हेतु मुगल सम्राट औरंगजेब को चुनौती दी कि वह पहले उन्हें मुसलमान बनाकर दिखाएँ। और महान गुरु ने अपना धर्म त्यागने के स्थान पर चांदनी चौक, दिल्ली में अपना शीश कटवा दिया था।

गुरु गोविंद सिंह का जन्मदिन सभी गुरुद्वारों में मार्गशीर्ष शुक्ल सप्तमी को धार्मिक रीति से पूर्ण भव्यता के साथ मनाया जाता है।

## महावीर जयंती

महावीर, जो वर्द्धमान के नाम से भी जाने जाते हैं, 24 तीर्थंकरों (जैन पैगम्बर) के विशिष्ट समुदाय में अंतिम तीर्थंकर हैं। उनका जन्म ईसा पूर्व 599 में हुआ था तथा वह भारत में जन्मे शान्ति और समाज सुधार के महानतम देवदूत माने जाते हैं।

## वैशाख पूर्णिमा पर बुद्ध जयंती

भगवान बुद्ध निस्संदेह भारत में जन्मे मानवजाति के महानतम आध्यात्मिक गुरुओं में एक थे। बुद्ध का संदेश दूर-दूर तक प्रचारित एवं प्रसारित हुआ है तथा इस पृथ्वी पर करोड़ों लोग उनके संदेशों को अपने मन मस्तिष्क में आत्मसात् किए हुए हैं। उत्तर प्रदेश में बौद्ध धर्म के अनुयायी वैशाख पूर्णिमा को बुद्ध जयंती रीति परम्परा के अनुसार मनाते हैं। वे मंदिरों में बुद्ध की प्रतिमा के समक्ष दीप प्रज्वलित करते हैं तथा विशेष साधना सत्र आयोजित करते हैं।

# 21

# प्रथाएँ

किसी समाज की सांस्कृतिक धरोहर अक्सर किसी प्रथा के रूप में हमें देखने को मिलती है। ये प्रथाएँ पीढ़ी दर पीढ़ी स्वीकार तथा हस्तांतरित किये जाने वाले नियम होती हैं। ये ऐसी अतर्कसंगत जनरीति-रिवाजों व रूढ़ियों का रूप है जिन्हें समाज अपने अनुभव तथा व्यवहारिकता के बल पर अपना लेता है। ये प्रथाएँ वैवाहिक हो सकती हैं धार्मिक हो सकती हैं पारिवारिक हो सकती हैं तथा त्योहारों की सामाजिक प्रथाएँ भी हो सकती हैं।

उत्तर प्रदेश में भी शेष भारत की भाँति सभी हिंदू प्रथाओं के स्रोत ब्राह्मण हैं। ब्राह्मण के सामान्य शीर्ष के अंतर्गत विविध श्रेणियाँ सम्मिलित हैं जो प्रायः सामान्यतः पृथक मूल की स्वीकार की जाती हैं जैसे कि महाब्राह्मण अथवा अंतिम संस्कार कराने वाले याजक जो अपने कार्य प्रकृति के आधार पर, स्वयं को शुद्ध कहने पर भी सभी हिन्दुओं द्वारा, तिरस्कृत किए जाते हैं; अनेक भिक्षुक और ज्योतिषी जैसे कि जोशी, डकौत तथा उसकी बिरादरी और ओझा अथवा दुष्टात्माओं के याज़क जो निश्चित रूप से बैगा अथवा द्रविड़ नस्ल के भूत-खोजी है, जो हिन्दू धर्म में बाहर से आए हैं।

पुराणों के अनुसार ब्राह्मणों की उत्पत्ति भगवान के मुख से, क्षत्रियों की उत्पत्ति भुजाओं से, वैश्यों की उत्पत्ति जंघाओं से तथा शूद्रों की उत्पत्ति चरणों से हुई है। ऋग्वेद के पुरुष सूक्त के अनुसार ईश्वर द्वारा आदिम पुरुष को चार भागों में विभक्त किया गया है, जो मानव जाति चार प्रमुख प्रभाग हैं। बाद की एक किंवदन्ती के अनुसार इसका आधार शुद्ध रूप से नैतिक आचरण है तथा क्रोध करने वाले को ब्राह्मण, घमंड करने वाले को क्षत्रिय, कृषि तथा पशुधन से निर्वाह करने वालों को वैश्य तथा झूठ बोलने एवं अनैतिक कार्यों में लगे शूद्रों को उनके पद से च्युत माना गया है।

## रजोदर्शन की प्रथा

"जिसको साधारणतः रजोदर्शन कहा जाता है वह समय है जब महिला मासिक धर्म के पश्चात् चार दिन तक अशुद्ध रहती है तथा इस अवस्था में पेय जल को स्पर्श नहीं करती है तथा गृहस्थी के लिए भोजन तैयार नहीं करती है। यह प्रथा अति प्राचीन जनजातियों में सामान्य प्रचलन में है। यह प्रदूषण चौथे दिन सांस्कारिक स्नान द्वारा दूर किया जाता है। विवाह के तत्काल पश्चात् गर्भाधान की प्रथा होती है। प्राचीन काल में कोई वर विवाह समापन के पश्चात् चार रात्रि तक वधू के पास नहीं जाता था। धनवंतरि ने सुश्रुत में घोषणा की है कि कन्या की वय सोलह वर्ष होने तक गर्भाधान नहीं होना चाहिए। प्राचीन काल में कन्या का विवाह वय संधि काल के पश्चात् लम्बे समय बाद किया जाता था तथा शिशु विवाह की प्रथा नहीं थी और मानव पति को कन्या का चौथा पति माना जाता था। कन्या के विवाह योग्य होने तक की अवधि में उसके पहले तीन पति सोम, विश्ववसु तथा अग्नि होते थे। चूँकि यह कर्म चौथे दिन होता था अतः इसको चतुर्थी कर्म भी कहा जाता था। इससे पूर्व नववधू को सूर्य की ओर देखने को कहा जाता था अथवा कि सूर्य की किरणों का स्नान कराया जाता था। उसका सांध्यकाल में स्नान करना होता था। उसके पति को भी अपनी धार्मिक क्रियाएँ करनी होती थीं; अपनी पत्नी के पास जाने से पूर्व उसे उस कार्य हेतु धर्म की पवित्र अनुमति लेनी होती थी जिसके परिणामस्वरूप एक अन्य मानव इस संसार में जन्म ले सकता था। अतः वह ऋग्वेद के दो मंत्रों का पाठ करता था। पहले मंत्र का भावार्थ है कि, "सर्वव्यापी भगवान विष्णु उसका गर्भाशय तैयार करें; सृष्टिकर्ता उसको स्वरूप प्रदान करें; प्रजापति उसका संसेचन करें! सृष्टिकर्ता उसको भ्रूण प्रदान करें।" ऊपरी भारत में कुल देवता की पूजा की जाती है तथा यदि गृहस्वामी सम्पन्न अथवा निरक्षर है तो इस हेतु एक ब्राह्मण की नियुक्ति दुर्गापाठ हेतु की जाती है। इस धर्मक्रिया का अभिप्रेत गर्भपात का निराकरण है।

इसके आगे, गर्भधारण के छठे माह में, नर संतान की प्राप्ति, जो प्रत्येक हिन्दू माता की इच्छा होती है, हेतु धर्मकार्य किया जाता है। गर्भवती माता को स्नान के पश्चात्, उसके पिता के घर से आए, लाल वस्त्र धारण कराए जाते हैं तथा फल आदि उसकी गोद में रखे जाते हैं। तदुपरान्त वह परिवार के पूजास्थल जाकर कुल देवता की पूजा करती है।

## नंदी मुख श्राद्ध

जब शिशु का जन्म होता है तब नाल काट जाने से पूर्व घर के मुखिया द्वारा नंदी मुख श्राद्ध किया जाता है। घर का मुखिया भूमि पर कुशा रखता है और उसके ऊपर पिंड अर्पित करता है। तदुपरान्त नाल काट कर उस स्थान पर दबा दिया जाता है जहाँ शिशु का जन्म हुआ है। इसके ऊपर तेंदू वृक्ष की लकड़ी से अग्नि प्रज्वलित की जाती है। यहाँ बारह दिन तक नीम के तेल का दीपक जलाया जाता है। इस अवधि में शिशु की माता को पूरी, हलवा, हरीरा तथा सोंठ खिलाई जाती है। इस अवधि में दाल व रोटी नहीं खिलाई जाती है प्रदूषण की इस अवधि में घी, दूध से बने पदार्थ, अथवा भुना अन्न दिया जाता है। परिवार के सदस्य बारह दिन तक अशुद्ध माने जाते हैं तथा घर में ही रहते हैं। इस अवधि में देव पूजा नहीं की जा सकती है तथा उनके हाथों से कोई अन्न, जलादि ग्रहण नहीं कर सकता है। छः दिन के पश्चात् चमार 'दाई' की छुट्टी कर दी जाती है, माता एवं शिशु को स्नान कराया जाता है और उसके बाद उनकी देख भाल नाइन (नाई की पत्नी) द्वारा की जाती है। परंतु यह आवश्यक नहीं कि यह संस्कार छठे दिन ही किया जाए, प्रतिकूल लक्षण की स्थिति में इसे एक या दो दिन के लिए टाला जा सकता है। इस रीति के अनुसार घर की महिलाएँ एक चलनी में जौ भरकर माँ एवं शिशु के ऊपर वार कर 'दाई' को दान कर देती हैं।

जन्म के पश्चात् बारहवें दिन 'बरही' में माता एवं शिशु को स्नान कराया जाता है तथा शिशु पुरुष संबंधियों को दिखाया जाता है जो शिशु को देखने के पश्चात् उसको भेंट स्वरूप कुछ राशि शिशु के हाथ पर रखते हैं। शिशु की नानी शिशु के लिए छोटा झबला तथा टोपी और शिशु की माता के लिए पीली धोती भेजती है। उस दिन सभी महिला सखियाँ एकत्र होकर अपने नाखून कटवाती हैं, जबकि नाइन उनकों उबटन लगाती है। यदि शिशु लड़का है तो महिला सखियाँ नाइन को दो दो आना देती हैं तथा शिशु यदि लड़की है तो यह राशि आधी होती है। यह प्रथा नाखून कटाई कही जाती है। इस अवसर पर प्राप्त होने वाली राशि की एक सूची तैयार की जाती है ताकि प्राप्तकर्ता दानदाता के घर ऐसा अवसर आने पर अपनी दानराशि दे सके। महिलाएँ मालिश करने वाली नाइन को भी एक या दो पैसा देती हैं। सभी महिलाएँ मिलकर बैठती हैं तथा सोहर के गीत गाती हैं। यह एकमात्र ऐसा राग है जो किसी भी समय गाया जा सकता है अन्यथा सभी रागों के लिए समय निर्धारित है।

## मूल शान्ति अनुष्ठान

यदि शिशु का जन्म मूल नक्षत्रों में हुआ है तो इस अवधि से जुड़े अशुभ के निराकरण हेतु मूल शान्ति अनुष्ठान आवश्यक होता है। ऐसी स्थिति में नवजात शिशु एवं माता को सत्ताईस दिन तक प्रसूति गृह में रखा जाता है तथा इस अवधि के दौरान पिता को शिशु का मुख देखने की अनुमति नहीं दी जाती है। पिता को इस अवधि में दाढ़ी कटवाने अथवा वस्तु बदलने की भी अनुमति नहीं होती है। मूल नक्षत्र दो प्रकार के होते हैं (1) हल्के (2) भारी। मूल भारी होने की स्थिति में पिता को बारह वर्ष तक शिशु को देखना वर्जित होता है तथा इस अवधि में पिता अपनी दाढ़ी नहीं कटवा सकता और अपने वस्त्र भी नहीं बदल सकता है। ऐसी दुर्भाग्यपूर्ण परिस्थिति में अनेक व्यक्ति जोगी हो जाते हैं। मूल शान्ति अनुष्ठान के दिन सभी कार्य सत्ताईस की संख्या में किए जाते हैं चूँकि नक्षत्रों की संख्या सत्ताईस होती है। सत्ताईस कुँओं का जल, सत्ताईस प्रकार के पेड़ों की लकड़ी, सत्ताईस प्रकार के सूप, सत्ताईस अर्ज के कम्बल, गंगा के दोनों तटों की मिट्टी, हाथी अथवा घोड़े के पाँव के नीचे की मिट्टी तथा राजमहल के प्रवेश द्वार की मिट्टी एकत्र की जाती है। शिशु का पिता स्नान करने के पश्चात घर के आँगन में जाता है। वहाँ नाइन आटे का चौक पूरती है तथा उस चौक में पिता के बैठने हेतु एक आसन रखती है। उसके निकट गंगाजल से भरा एक कलश रखा जाता है। पुरोहित अथवा परिवार का याजक गौरी एवं गणेश का पूजन करता है। मिट्टी और कम्बल सूप में रखकर पिता के सिर पर रखे जाते हैं जबकि पिता के ऊपर सत्ताईस कुँओं का जल छिड़का जाता है। इसके पश्चात् नाइन अपनी माँग के अनुसार कम्बल प्राप्त करती है तथा उसके साथ उसको थोड़ी धनराशि भी भेंट की जाती है। इस सबके उपरान्त पिता को शुद्ध माना जाता है तथा उसका बाहर आने तथा दाढ़ी कटवाने एवं स्नान करने की अनुमति होती है। तब वह फिर चौक पर लौटकर भगवान विष्णु की पीतल अथवा स्वर्ण प्रतिमा का पूजन करता है। उसके निकट काली गाय के घी से भरी एक कटोरी रखी जाती है। इस घी को गर्म कर तरल रूप दिया जाता है। यह कटोरी पिता के सामने रख दी जाती है, जो अपनी दृष्टि कटोरी पर स्थिर रखता है। माता अपने शिशु को गोद में लिए पीछे की ओर से आती है तथा शिशु को इस प्रकार बाँहों में थामती है कि पिता को शिशु की परछाईं घी में दिखाई दे सके। तत्पश्चात् शिशु को पिता की गोद में दे दिया जाता है, जो उसको कुछ धनराशि भेंट करता है। शिशु का जन्म मूल नक्षत्रों में होने की स्थिति में बारहवें दिन का अनुष्ठान प्रास्थगित कर दिया जाता है तथा यह

अनुष्ठान सत्ताईसवें दिन किया जाता है। अनुष्ठान का समापन सत्ताईस ब्राह्मणों को भोजन कराने उन्हें दक्षिणा प्रदान करने तथा अनुष्ठान में उपस्थित मित्रों एवं संबंधियों को भेंट देने के साथ हो जाता है।

विद्वान ब्राह्मणों, जैसे कि पंडित, के परिवारों में शिशु दो माह का होने के पश्चात् उसको नए वस्त्र पहनाकर हिंडोला में लिटाया जाता है। उस समय तक शिशु एक शय्या पर रहता है। यह अनुष्ठान डोलारोहण कहलाता है। इस दिन कुल देवता की पूजा की जाती है तथा गृहस्थी के लिए पूड़ी, खीर आदि बनाए जाते हैं।

## पूर्वज पूजा

हिन्दुओं में अनेक प्रकार की पूजा पद्धतियों का व्यापक प्रचलन था। इन सबमें पूर्वज पूजा सबसे महत्वपूर्ण थी। प्राचीन ग्रीक्स तथा रोमन्स की भाँति हिन्दू अपने पूर्वजों की पूजा को विशेष महत्व प्रदान करते थे। लगभग सभी हिन्दू वार्षिक 'श्राद्ध' क्रिया का आयोजन करते थे। स्वयं पूर्वजों के हितार्थ आनन्द के विभिन्न चरणों के माध्यम से आत्मा की उन्नति को त्वरण प्रदान करना इसका उद्देश्य था। इस धार्मिक कृत्य में केवल पूर्वजों नहीं अपितु देवों को भी अर्पण किया जाता था। कुछ नीची जाति के हिन्दू अपने पूर्वजों की पूजा उनके भय के कारण करते थे।

ब्राह्मण पूर्वज पूजा को शास्त्र सम्मत बताकर प्रोत्साहित करते हैं। 'महाभारत' महाकाव्य में भी भीष्म ने युधिष्ठिर को वार्षिक 'श्राद्ध' क्रिया के विषय में धर्मोपदेश दिया है। लेकिन नीची जाति के हिन्दुओं ने इसका स्वरूप कुरूपतम अवस्था में पहुँचाकर सम्पूर्ण धार्मिक अनुष्ठान को हास्यास्पद बना दिया है।

हिन्दू सन्तजन के अतिरिक्त उस समय हिन्दू समुदाय मुस्लिम पीरों (सन्तों) तथा सैयदों (नायकों) की पूजा करता था। गाजी मियाँ (सैयद सदर मसौद), सखी सखर सुल्तान (सैयद अहमद) मियाँ अमरोहा (शेख सादो), अजमेर के मियाँ, साहिब, गूगापीर उर्फ जाहिरपीर अथवा जाहिर दीवान शाह, लखनऊ के मियाँ, मकनपुर (कानपुर) के वहाउद्-दीन-मदेर शाह, पीरान कलियर (रुड़की) के अला-उद्-दीन साबिर हिन्दुओं में लोकप्रिय मुसलमान सन्त थे।

अनेक जातियाँ, जिनमें से कुछ ऊँची स्थिति में थीं, अपने उपयोग के उपकरणों तथा हथियारों की पूजा करती थीं। राजपूत अपनी तलवार, कायस्थ अपनी कलम तथा कलमदान, स्वर्णकार अपनी चिमटी तथा फूँकनी, बैंक अपने खातों, अनाजव्यापारी अपने बाट, बढ़ई अपनी आरियों तथा छेनियों और नाई अपने

उस्तरों व कैंचियों की पूजा करते थे। कुछ मामलों में यह पूजा अर्द्ध-पारम्परिक प्रचलन के रूप में विद्यमान थी। इसका श्रेष्ठतम उदाहरण ठग हैं। वे अपनी गैंती की पूजा करते थे जिसका उपयोग वे अपने शिकार को दफनाने में करते थे। अमेठिया राजपूत रॉपी (मोची का औजार) की पूजा करते थे। यदा-कदा औजार को देव वाहन माना जाता था। बढ़इयों द्वारा 'गजमाप' के रूप में विश्वकर्मा की पूजा की जाती थी। इसी प्रकार लोहार महादेव और देवी की पूजा अपने आसन तथा निहाई के रूप में करते थे।

## अन्न प्राशन

पंडित लोग एक अन्य अनुष्ठान भी करते हैं जिसे 'वहर्निसरण' कहा जाता है। अन्न प्राशन अनुष्ठान से पूर्ण शिशु को घर से बाहर नहीं लाने की सामान्य प्रथा है। परन्तु यदि ऐसी अनिवार्यता उपस्थित होती है तो अन्न प्राशन अनुष्ठान किया जाता है। शिशु को आसमानी नीले रंग का झबला तथा टोपी पहनाई जाती है। ये वस्त्र पहले घर के पूजागृह को समर्पित किए जाते हैं और तब बच्चे के ललाट पर काजल का टीका लगाया जाता है। बच्चे के गले में नजरबट्टा पहनाकर उसमें बघनखा बाँधा जाता है। ये सब युक्तियाँ बच्चे को बुरी नजर से बचाने के लिए हैं। तब बच्चे को बाहर लाया जाता है, पर अतिरिक्त सावधानी के तौर पर बच्चे के गले में काले रंग का कपड़े का टुकड़ा लटका दिया जाता है। प्राचीन काल में बच्चे को बाहर लाने की धर्मरीति को 'निष्क्रमण' कहा जाता था।

प्रारंभिक धर्मप्रथा के अनुसार अन्न प्राशन बच्चे के जन्म के छह माह पश्चात् किया जाता था। बच्चे का पिता बच्चे को अपनी गोद में लेकर अपने मित्रों तथा परिवार पुरोहित की सभा में पहुँचता था जहाँ सब लोग उसके कल्याण की कामना करते थे और बच्चे को उपहार देते थे। तब थोड़ा सा आहार (सामान्यतः चावल) बच्चे के मुँह में सर्वप्रथम बार दिए जाते थे। इसके साथ ही बच्चे को घी, शहद, दूध इत्यादि दिया जाता था। आजकल बच्चे के जन्म के पश्चात् छठे माह में एक शुभ दिन का चयन कर लिया जाता है। पूरी, खीर इत्यादि बनाए जाते हैं, परिवार के किसी बुजुर्ग सदस्य की कोंधनी तोड़कर बच्चे की कमर पर बाँध दी जाती है ताकि बच्चा दीर्घायु को प्राप्त हो। तब भोजन की थाली परिवार के सबसे बुजुर्ग सदस्य के समक्ष रखी जाती है वह बुजुर्ग उसमें से थोड़ा सा अंश लेकर या एक हाथ में जल लेकर देवमूर्ति की परिक्रमा कर भगवान विष्णु को अर्पित करता है। इसके पश्चात्, यदि परिवार की सामर्थ्य है तो ब्राह्मणों को भोजन कराया जाता है। यदि परिवार गरीब है तो अनुष्ठान का तैयार भोजन परिवार ग्रहण कर लेता है तथा

ब्राह्मण को अन्न दान किया जाता है। अन्न प्राशन होने तक बच्चे को कभी अकेला नहीं छोड़ा जाता है। बच्चे की शय्या के निकट एक कजरौटा रखा जाता है तथा बच्चे को चार-पाँच बार उबटन (तेल और हल्की का मिश्रण) लगाया जाता है। ऐसी मान्यता है कि उबटन लगाने से बच्चा शारीरिक रूप से सुदृढ़ होगा।

## मुंडन की प्रथा

पाँचवें वर्ष में बच्चे के मुंडन तथा कर्णच्छेदन का अनुष्ठान किया जाता है। नियम के अनुसार मुंडन, हजामत तथा केशकर्तन पृथकतः किए जाने चाहिए। इन्हें चैनल, चूड़ाकर्म, केशान्त तथा क्षौर के नाम से जाना जाता था। प्रथम बार इन्हें पूर्ण चरित्र पर शुद्धता के प्रभाव हेतु सम्पन्न किया जाता था। ब्राह्मण के मामले में मुंडन समारोह तीसरे वर्ष में किया जाता था, जिसमें बहुधा विलम्ब होता था तथा सातवें, आठवें साल तक किया जाता था। अस्वालयन के अनुसार बच्चे को माता की गोद में पवित्र अग्नि की पश्चिम दिशा में बैठाया जाता था। पिता को माता के दक्षिण में बैठाया जाता था। पिता के हाथों में इक्कीस कुशा होती थीं। वह इन कुशाओं द्वारा गुनगुना जल, घी तथा दही के मिश्रण को बच्चे के सिर पर तीन बार छिड़कता था। वह बच्चे के सिर पर दाएँ भाग में तीन कुशा "हे दैवीय कुशा! उसकी रक्षा करो।" कहते हुए केशों में अंतर्वेशित करता था। तब वह बालों का एक भाग काट कर बच्चे की माता को देता था। इस दौरान मंत्रोच्चार जारी रहता था। सिर के शीर्ष भाग में एक शिखा तथा कभी-कभी पारिवारिक परम्परा के अनुसार तीन या पाँच शिखाएँ छोड़ दी जाती थीं। पूर्वी ब्राह्मण यह अनुष्ठान किसी पूजा स्थल यथा विंध्याचल देवी मंदिर पर करवाते थे। अनुष्ठान के तीन दिन पूर्व से देवी के सम्मान में गीत गाए जाते थे, तथा अनेक ब्राह्मण जिनके बच्चे मृत्यु को प्राप्त हो चुके थे, व्रत लेते हैं कि यदि इस बच्चे का जीवन रहा तो माता मंदिर के पूरे रास्ते एक बुर्सी (अग्नि पात्र) सिर पर रखकर चलेगी तथा रास्ते भर सिवाय भुने दानों के कुछ नहीं खाएगी। जब वे लोग मंदिर प्रांगण में पहुँचते हैं तो बुर्सी पंडे के सामने रख देते हैं, जिसके वे यजमान होते हैं। अगले दिन बच्चे का गंगा स्नान करवाकर माता-पिता बच्चे को लेकर मंदिर जाते हैं जहाँ पंडा उनसे विधि अनुसार परिक्रमा करवाता है। इसके पश्चात् पिता, मंदिर के निकट, बच्चे को गोद में लेकर बैठता है तथा नाई उस बच्चे का मुंडन करता है। बच्चे को कुछ मिठाई दी जाती है और तभी सुनार आकर बच्चे के दोनों कान छेद देता है। वे लोग अपने साथ एक चुनरी घर ले जाते हैं जिसे सौभाग्य के लिए अपने गले पर धारण करते हैं तथा कुछ मिठाइयाँ एवं प्रसाद अपने मित्रों के बीच बाँटते हैं। बचपन के

अनुष्ठान पाठन अर्थात् ज्ञानार्जन का प्रारंभ के साथ समाप्त हो जाते हैं। किसी शुभ दिन का चयन कर गंगा से मिट्टी और जल लाकर एक चबूतरा बनाया जाता है। फिर उसके ऊपर सूखी मिट्टी डाली जाती है। चबूतरे के नीचे बच्चे को पूर्व की ओर मुख कर बैठाया जाता है। परिवार के याजक पश्चिम की ओर मुख कर बैठते हैं। सर्वप्रथम गणेश पूजन किया जाता है। तब एक कौड़ी चबूतरे पर रखकर उसका पूजन किया जाता है। पुरोहित यह कौड़ी उस बच्चे के हाथ में देकर पाँच बार 'श्री गणेशाय नमः' लिखवाता है, जो उसको दाएँ हाथ से मिटाना होता है। यदि परिवार की सामर्थ्य हो तो ब्राह्मणों को भोज कराया जाता है और उस दिन से बच्चे की शिक्षा प्रारंभ हो जाती है।

## यज्ञोपवीत संस्कार

इसके पश्चात् दीक्षा का महत्वपूर्ण अनुष्ठान आता है जिसे उपनयन संस्कार कहा जाता है। एक ब्राह्मण को आठ वर्ष की आयु में दीक्षा प्रारंभ करनी चाहिए। यह आठ वर्ष की आयु गर्भधारण के समय से गणनाकृत होती है। इसके लिए शुभ मुहूर्त का चयन किया जाना चाहिए तथा यह संस्कार संध्या के समय अथवा आँधी-वर्षा के दौरान सम्पादित नहीं किया जाना चाहिए। सबसे पहले बाँस के आधार पर एक छप्पर (शेड) तैयार किया जाता है। इसके केन्द्र भाग में हल का फल और उसके निकट जल से भरा कलश रखा जाता है। इस छप्पर के नीचे आटे से चौक पूरा जाता है तथा पत्तियों से निर्मित दो आसन बिछाए जाते हैं तथा इन आसनों के नीचे जौ के दाने बिखेरे जाते हैं। इन आसनों पर लड़के के माता-पिता पूर्व की ओर मुख कर बैठाए जाते हैं, जिनके वस्त्रों में परस्पर गाँठ लगाई जाती है। पिता पीली धोती धारण करता है तथा बाएँ कंधे पर अंगोछा होता है। माता पीली धोती धारण करती है। तब पुरोहित मंत्रोच्चारण के साथ पिता के दाएँ हाथ पर अक्षत और पुष्प रखता है तथा उसको ये वस्तुएँ भूमि पर अर्पित करने का निर्देश देता है। इसके उपरान्त पुरोहित उसके हाथ में स्वर्ण अथवा ताम्र सिक्के रखकर संकल्प मंत्र का पाठ करता है तथा पिता वह राशि भूमि को अर्पित कर देता है। तब वह कुशा की सहायता से मिट्टी एवं जल का छिड़काव करता है तथा चंदन और अगर धरती माँ को अर्पित करता है। तब कलश पर बने गज रूपी गजानन की पूजा की जाती है। राज की आकृति लाल सिंदूर अथवा हल्दी से बनाई जाती है। तब गाय के गोबर से गौरी की मूर्ति बनाकर जल कलश के निकट स्थापित की जाती है। कुछ लोग गाय के गोबर से गौरी और उनकी बहनों की प्रतीक सात मूर्तियाँ बनाते हैं।

इसके पश्चात् लड़के का पिता कलश को जल से भरकर उसके ऊपर एक तश्तरी रखी जाती है जिसमें पावन अन्न के दानों सवां, बाजरा, धान अथवा जौ रखे जाते हैं। तदुपरांत नवग्रह की पूजा की जाती है। कलश के उत्तर पूर्व में एक वेदी बनाई जाती है जिसके ऊपर चून से चौक पूरा जाता है, जिसके भीतर नवग्रहों की आकृतियाँ बनाई जाती हैं। सूर्य चून द्वारा, मंगल सिंदूर द्वारा, चन्द्रमा चावल के चून द्वारा, बृहस्पति हल्दी द्वारा, बुध हल्दी द्वारा, शुक्र चावल के चून द्वारा, शनि एवं राहु केतु, आरोही तथा अवरोही पात तिल द्वारा बनाए जाते हैं। तब मंत्रोच्चारण करते हुए प्रत्येक को उपयुक्त अर्पण दिया जाता है यथा सूर्य को गौ, ताम्र गेहूँ, लाल चंदन तथा लाल वस्त्र; मंगल को लाल बैल, लाल वस्त्र, ताम्र, शीरा तथा चावल; बुध को कपूर, मूँग की दाल, हरा कपड़ा, काली गाय तथा स्वर्ण; बृहस्पति को पीली गाय, पीला कपड़ा, चना तथा हल्दी; शुक्र को चंदन, सफेद कपड़ा, चावल तथा श्वेत अश्व; शनि को तेल, तिल, काला कपड़ा, काली गाय तथा लोहा; राहु को भैंस अथवा बकरी, कम्बल, रुई, बिनौला, उड़द की दाल तथा तिल; केतु को विभिन्न रंगों का कपड़ा, अन्न, लोहा, तिल तथा उड़द की दाल।

अंतिम तीन के दान को छोड़कर शेष समस्त दान साधारण ब्राह्मणों द्वारा स्वीकार किए जाते हैं जबकि शनि का दान भड्डारी अथवा डकौतों द्वारा स्वीकार किया जाता है।

इन अर्पणों के समापन पर माता-पिता को उठा दिया जाता है तथा दीक्षार्थी लड़के को बुलाया जाता है। उसका मुंडन किया जाता है तथा कमर में मूँज का करधरना पहनाया जाता है एक कोपीन पहनाया जाता है तथा हाथ में दण्ड पकड़ा दिया जाता है जिसके एक सिरे पर एक कपड़ा बँधा होता है जिसमें दाल और चावल बँधे होते हैं। इसका अर्थ होता है कि उसने संन्यास ले लिया है। पुरोहित मंत्रपाठ करता है तथा पाँच ब्राह्मण उसके शरीर के आठ अंगों पर अक्षत एवं हल्दी का मिश्रण छिड़कते है। फिर एक अन्य चौक पूरा जाता है और सात दीपक तथा आम की टहनियाँ परस्पर बाँधकर इसके भीतर रख दिए जाते हैं। इसके एक ओर गाय के गोबर से बनी गौरी की सात प्रतिमाएँ होती हैं तथा वह दीपक तथा देवी प्रतिमाओं का पूजन करता है। फिर वह जल प्रकाश की पूजा कर घर के द्वार पर जाता है जिसके सब तरफ गौरी की सात प्रतिमाएँ बनी होती हैं। वह इन प्रतिमाओं का पूजन पूरी, सिंदूर, कुशा, अगर, दीपक, नैवेद्य, दही, घी, मधु और जल के साथ करता है। इसके पश्चात् वह घर वापस लौटता है तथा भीतर के कमरे में गौरी की दस प्रतिमाओं का इसी विधि से पूजन करता है। तब वह इस समय

पूजित समस्त देवों की मूर्तियों पर घी अर्पित करता है। फिर उसके माता-पिता बुलाए जाते हैं, उनके वस्त्रों में गाँठ बाँधी जाती है तथा उन्हें एक चौक में दक्षिण की ओर मुख करके बैठाया जाता है। सभी पूर्वजों का आह्वान किया जाता है तथा उनको उनके स्वागतार्थ निकट रखे पत्तियों के आसन पर विराजमान करवाया जाता है। जब उनकी आत्माओं द्वारा आसन ग्रहण किया मान लिया जाता है तब कुछ चावल, फल, शीरा, घी, मधु तथा तिल लेकर उन्हें गूँध कर लड्डू बनाया जाता है। यह मृत पूर्वजों को अर्पित किया जाता है तथा बाद में छप्पर में रख दिया जाता है। माता-पिता को फिर उठा दिया जाता है और लड़के को बुलाया जाता है। आठ ब्राह्मणों को बुलाकार उन्हें छप्पर के नीचे पक्का भोज कराया जाता है। लड़का उनके बीच बैठता है तथा प्रत्येक ब्राह्मण अपने भोजन में से एक कौर उस लड़के को देता है, जिस वह लड़का खा लेता है। इस अवसर पर लड़के को नमक खाने की अनुमति नहीं होती है। भोजन के उपरान्त फर्श को फिर से लीप दिया जाता है।

तदुपरान्त छप्पर में तीन वेदियाँ बनाई जाती हैं। प्रत्येक वेदी की लम्बाई एक बालिश्त होनी चाहिए। पिता अपना पुत्र आचार्य स्तर के याजक को सौंप देता है तथा लड़के को अनुदेशित कर पूर्ण ब्राह्मण बनाने का विनम्र अनुरोध करता है। आचार्य लड़के को अपनी बाँहों में लेकर अपनी सहमति व्यक्त करता है तथा लड़के को आठ जनेऊ अर्पित करने होते हैं। लड़का एक जनेऊ (यज्ञोपवीत) जल कलश को एक गणेश जी को पाँच पाँचों ब्राह्मणों को अर्पित करता है तथा एक वह स्वयं अपने पास रखता है। इसके पश्चात् लड़का पुरोहित, गुरु तथा आचार्य और एक अन्य ब्राह्मण, जो ब्रह्म का प्रतिनिधि माना जाता है, को पूरे वस्त्र अर्पित करता है। उत्तर पूर्व से प्रारंभ करते हुए वह कुशा तीनों वेदियों पर बराबर मात्रा में रख देता है। आचार्य अग्नि मँगाते हैं, जो कांसे के पात्र में लाई जाती है। इसके ऊपर मदार, पलाश, खैर, चिरचिरी, पीपल, गूलर, रामी की लकड़ियाँ तथा कुछ दूब घास रखी जाती है। लकड़ियों के इस ढेर को समिधा कहा जाता है। जब यह तैयारी पूर्ण हो जाती है तब लड़का ब्रह्म के प्रतिनिधि ब्राह्मण से यज्ञ का निरीक्षण करने तथा इस निर्विघ्न सम्पन्न कराने का अनुरोध करता है। तब आचार्य लकड़ियों पर घी डालते हुए उपयुक्त मंत्र का एक सौ आठ बार पाठ करते हैं। लकड़ियों पर घी डालना आहुति कहलाता है। यज्ञाग्नि में सबसे ऊपर पान और नारियल रखा जाता है। इसके ऊपर पाँच ब्राह्मण हाथ में जनेऊ लिए खड़े होते हैं तथा मंत्रोच्चार के साथ लड़के को जनेऊ (यज्ञोपवीत) पहना देते हैं।

इसके उपरान्त लड़का स्नान करता है। स्नान के लिए आठ कलशों का जल प्रयोग किया जाता है। स्नान के बाद लड़का दूसरा जनेऊ धारण करता है। वह पीले वस्त्र, स्वर्णाभूषण तथा पैरों में खड़ाऊँ पहने होता है। जिस पर हल्दी लगी होती है। एतद्पश्चात् वह समस्त उपस्थित जन से भिक्षा माँगता है।

वह तब धार्मिक ज्ञान प्राप्त करने के उद्देश्य से ब्रह्मचारी के वेश में भाग खड़ा होता है तथा उसके माता-पिता उसको गृहस्थ जीवन अपनाने के लिए समझा कर रोकते हैं। जब वह लौटने हेतु सहमति देता है तो घर की स्त्रियाँ उसके हाथों में शीरा और धुले चावल रखती हैं और उसकी देह के आठ भागों को चूमती हैं। देवगण और पूर्वज जो अनुष्ठान में आशीर्वाद प्रदान करने हेतु उपस्थित हुए हैं, उनसे विनम्र प्रार्थना की जाती है कि वे अपने-अपने स्थान को वापस पधारें तथा अनुष्ठान पूर्ण हो जाता है।

यज्ञोपवीत संस्कार को द्वितीय जन्म माना जाता है अतः ब्राह्मण, राजपूत और वैश्य दो जन्मा माने जाते हैं। चूंकि यज्ञोपवीत संस्कार का अधीक्षण सदैव ब्राह्मणों द्वारा ही किया जाता है, यह प्रक्रिया सभी तीन वर्णों के लिए वैसी ही रहती है। चौथे वर्ण शूद्र को यज्ञोपवीत धारण करने का अधिकार नहीं है।

## अंतिम संस्कार

उपरोक्त की भाँति मृत्यु एवं मृत्यु उपरान्त संस्कार की ब्राह्मणवादी धर्मविधियाँ एवं रीति काफी विस्तृत एवं जटिल हैं। संक्षेप में, मृत्यु संस्कार के विषय में इम्पीरियल गजेटियर कहता है, "हिन्दू लोग मृत व्यक्ति का दहन नियमानुसार करते हैं। संन्यासी व्यक्ति दफन किए जाते हैं तथा अविवाहित बच्चे तथा चेचक से मृत्य को प्राप्त व्यक्ति भी दफन किए जाता है। कुछ नीची जातियों में मृत व्यक्ति को हमेशा दफन किया जाता है। दाह संस्कार में दहन के उपरान्त अस्थियाँ किसी पवित्र नदी, यदि संभव है तो गंगा, में प्रवाहित कर दी जाती हैं। निर्धन लोग मृत व्यक्ति का दहन अपूर्ण प्रकार से करते हैं तथा अधजली लाश को नदी अथवा नहर में फेंक देते हैं। मुलसमान हमेशा दफन प्रक्रिया अपनाते हैं तथा दहन को श्रेष्ठ नहीं मानते हैं। वे मृतकों की याद में स्मृति शिला अथवा स्मारक भवन भी बनवाते हैं, जबकि हिन्दुओं में ऐसा अपवाद स्वरूप किया जाता है।

चमार अथवा मोची जाति के मृत्यु एवं मृत्यु, उपरान्त संस्कारों के विषय में डब्ल्यू, क्रुक ने लिखा है "रायदास अथवा सन्त रविदास द्वारा प्रारंभ किए गए शिव नारायणी अथवा श्री नारायणी सम्प्रदाय कबीरपंथी अथवा रामानंद सम्प्रदाय के लोग, यदि उनके द्वारा अन्यथा इच्छा व्यक्त नहीं की गई है, दफन किए जाते हैं। उनके शव भव्य सज्जित अर्थी पर रखकर शोक प्रकट नहीं करते हुए केवल राम

"नाम सत्य है" के उच्चारण के साथ श्मशान भूमि ले जाए जाते हैं। साधारण चमारों को सामान्य रूप से जलाया जाता है। अति निर्धन लोग केवल मुखाग्नि देते हैं। समुचित दहन के उपरान्त अस्थियाँ निकटवर्ती नदी में प्रवाहित कर दी जाती हैं। चिता को अग्नि देने वाला व्यक्ति दाह के अगले दिन घर के बाहर दूध एवं चावल या दलिया से भरा मिट्टी का पात्र और जल घर रखता है जो मृतक की आत्मा के उपयोग हेतु रखा जाता है। मृत्यु के तीसरे दिन तिरात्रि आयोजन में दिवंगत आत्मा को आहुति एंव पिंड दान किया जाता है। दसवें दिन यह क्रिया दोहराई जाती है तथा अपनी जाति के लोगों को भोजन कराया जाता है। इस दिन मुखाग्नि देने वाले व्यक्ति की शुद्धि दाढ़ी कटवा कर की जाती है। ग्यारहवें दिन मृतक के बरतन तथा निजी सम्पत्ति उसके बहनोई को दी जाती है, जो स्थानापन्न याजक का कार्य करता है। जब यह कार्य जनजाति के सदस्य द्वारा किया जाता है तो वह कहता है–"आर गंगा, पार गंगा; बिहारी (या जो भी नाम हो) का बेटा रामबख्श (या जो भी नाम हो) का नाती, पिंड देत; गंगा माई बुजबुजी देत;" कुछ लोग तालाब के निकट घास उगाते हैं जो मृतक आत्मा के वास का स्थान (अंतिम संस्कार के समापन तक) होता है। इस पर लगातार दस दिन तक पानी डाला जाता है। कुछ लोग बारहवें दिन फिर जातिभोज तो कुछ लोग सोलहवें दिन जातिभोजन का आयोजन करते हैं। मृतक की बरसी पर बारह पिंड दिए जाते हैं तथा सामर्थ्यानुसार जातिभोजन दिया जाता है।

अहीर अथवा यादवों के अंतिम संस्कार के बारे में डब्ल्यू क्रुक लिखता है, "विवाहित मृतकों का दहन किया जाता है; बच्चे तथा महामारी रोगों से मरने वाले दफन किए जाते हैं। दाह संस्कार रूढ़िवादी तरीके से किया जाता है। दहन के बाद, मुखाग्नि देने वाला व्यक्ति नदी या तालाब के किनारे दूब घास रोपता है जो अंतिम संस्कार के समापन तक दिवंगत आत्मा का वास माना जाता है। वह अपने लिए भोजन बनाता है तथा प्रतिदिन पत्ते के दोने में, मृत व्यक्ति की आत्मा के लिए, भोजन रखकर एक बिटौरे के ऊपर रखता है। दसवें दिन वह, मृत व्यक्ति की आत्मा के लिए, खीर के दस गोले तालाब में अर्पित करता है। इस बीच ब्राह्मण मंत्रोच्चार करता है तथा बन्धु बान्धव दाढ़ी बाल कटवाकर घट लौटते हैं। किसी महा ब्राह्मण को कपड़े, बरतन, गाय तथा अन्य वस्तुएँ दान दी जाती हैं। ऐसी मान्यता है कि ये वस्तुएँ परलोक में मृत व्यक्ति द्वारा उपयोग में लाई जाएँगी।

# 22

# लोक साहित्य तथा लोक कथाएँ

लोक साहित्य अर्थात वह साहित्य जिसकी रचना आम लोगों या लोक द्वारा होती है। लोक जीवन की जो निष्कपट छवि लोक साहित्य, लोक गीतों व लोक कथाओं में मिलती है वह निःसंदेह सत्य का दर्शन है। वस्तुतः लोक साहित्य में लोक मानव का हृदय बोलता है।

"लोक मनुष्य समाज का वह वर्ग है, जो अभिजात्य संस्कार शास्त्रीयता व पांडित्य की चेतना व अहंकार से शून्य है, जो एक परम्परा के प्रवाह में जीवित रहता है।"

**–डॉ. सत्येन्द्र**

लोक साहित्य उतना ही प्राचीन है, जितना कि मनुष्य स्वयं। साधारण जन के दैनिक जीवन तथा उनमें घटने वाली कुछ असामान्य घटना चक्र का क्रम बद्ध रूप ही लोक साहित्य है। किसी क्षेत्र विशेष के बारे में, वहाँ की संस्कृति के बारे में जानना हो तो वहाँ के लोक साहित्य का अध्ययन करना आवश्यक है। ये साहित्य अधिकांशतः मौखिक ही होता है, हालाँकि काफी लोक साहित्य लिपिबद्ध भी किया गया है, परंतु लोक साहित्य की अनवरत व अबाध बहने वाली धारा इतनी विस्तृत है कि इसे इतनी आसानी से समेटा नहीं जा सकता। इतना तो निश्चित है कि यह किसी एक व्यक्ति द्वारा रचित नहीं है। लोक साहित्य, विशिष्ट साहित्य की भाँति एकान्त में नहीं रचा जाता, घर का आँगन, गाँव की चौपाल, खेत खलिहान आदि इनकी जन्म स्थलियाँ हैं। हमारे रीति-रीवाज़, शादी-ब्याह, देवी-देवता, धर्म-आस्था, खेती-बाड़ी, टोने-टोटके, भूत-प्रेत इन सबके लिये हमारे पास प्रचुर मात्रा में लोक साहित्य भी है, लोक गीत भी हैं, पहेलियाँ भी हैं और लोक कथाएँ भी।

लोक कथाएँ हमारी वंशानुगत वसीयत है। मैंने मेरी नानी से सुनी, मेरी नानी ने अपनी नानी से और उनकी नानी ने अपनी नानी से सुनी। पीढ़ी-दर-पीढ़ी ये क्रम चलता रहता है।

एक दुखद वातावरण का अन्त करके सुख समृद्धि की बरसात करना किसी मनुष्य के लिये कल्पना लोक में ही सम्भव होता है और किसी लोक कथा में वो ये काम बखूबी करता है। आमतौर पर लोक कथाओं का अन्त कुछ शुभेच्छाओं के साथ होता है जैसे–"उसके दिन फिरे वैसे सबके दिन फिरें।"

बहुधा ये कथाएें उपदेशात्मक, धार्मिक, प्रेमप्रधान मनोरंजक, पशु-प्रधान, भूत-प्रेत, जातीय पात्र यथा, ब्राह्मण, धोबी, अहीर, मल्लाह, कोल, खरबार, किरात आदि की होती है। इन कहानियों को आम तौर पर तीन प्रकार की शैलियों में कहा जाता है (1) गद्य शैली (2) पद्य शैली (चम्पू शैली) तथा तीसरी प्रकार की शैली की कथाओं में गद्य-पद्य के स्थान पर एक प्रवाह सा होता है, परंतु इनमें गेयता नहीं होती–

"जात रहे डाँडे-डाँडे
एक ठौ पावा कौड़ी
उन कौड़ी गंगा के दिहा
गंगा बेचारी बालू दिहनी
ऊ बालू मैं भुँजवा के दिहा
भुँजवा बेचारा दाना दिहेसे"

इसके अतिरिक्त हुंकारा भराना तो लोककथा की जान है। कथा कहने वाला कथा कहता जाता है और हुँकारा देने वाला हुँकारा दिये जाता है।

आधुनिक उत्तर प्रदेश में लोक कथाओं और कहानियों की परम्परा अति प्राचीन कालीन पंचतंत्र तथा हितोपदेश में सन्निहित संस्कृत कहानियों के समय से विद्यमान है। इस संग्रहों के निश्चित समय के बारे में कहना अत्यंत कठिन है। इनका अनुवाद छठी शताब्दी में पहलवी भाषा में किया गया था, जो फारस की साहित्यिक भाषा थी तथा बाद में इनका अनुवाद सीरियाई भाषा तथा अरबी भाषा में भी किया गया था। हितोपदेश भी भारत में सर्वाधिक लोकप्रिय संस्कृत कृतियों में एक है। यह मूलत; पंचतन्त्र पर आधारित है, जिसमें तिरेपन में से पच्चीस कहानियाँ तदाधारित हैं। दोनों कृतियाँ ब्राह्मणों से संबंध रखती हैं। नीतिकथा और कहानियाँ बौद्ध लोगों के बीच भी प्रचलित थीं। जातकों में बुद्ध के पूर्व जन्म की ऐसी कहानियाँ है। वेताल पंच विंशति, सिंहासन द्वत्रिंशिका और शुक-सप्तति भी इसी स्तर की कृतियाँ हैं। इन कृतियों के लेखकों की खोज करना एक कठिन कार्य

है, यद्यपि प्रथम दो कृतियों का श्रोता उज्जयिनी का विक्रम रहा है। 'तूतीनामा' शुक-सप्तति का फासरी अनुवाद है। शुक-सप्तति का अनुवाद उर्दू में भी किया गया है।

इन कहानियों में समकालीन शास्त्रीय संस्कृत कृतियों की भाँति नैतिक शिक्षा का सुर विद्यामान है। संस्कृत कृतियों में श्लोकों मे नैतिक चिंतन तथा सूक्ति दर्शन की विशिष्टिताएँ मौजूद हैं। साहित्य की इस शाखा का विशिष्ट आकर्षण एकल कथा के भीतर अनेक जटिल कथाओं का अन्तर्वेशन है। एक गौण कहानी में अन्य कहानियाँ सन्निविष्ट करने की यह प्रक्रिया अनेक बार दोहराई गई है। पंचतंत्र इस शैली की सर्वाधिक महत्वपूर्ण और रुचिपूर्ण रचना है।

यहाँ कुछ कहानियाँ दी जा रही हैं जो उत्तर प्रदेश में बुजुर्गों द्वारा उत्सुक बच्चों को रात को सोते समय सुनाई जाती है।

किसी समय बांदा नगर में एक धनी व्यापारी रहता था। वह अत्यंत कृपण था। उसके पाँच पुत्र थे। एक बार उसने अपने पाँचों पुत्रों के बुला कर व्यापार करने हेतु एक-एक हजार रुपये दिये। इस पर उसके चार बड़े बेटों ने तो गाँवों में दुकानें खोल ली परन्तु पाँचवें पुत्र ने अपने पैसे लिये और घूमता घूमता एक नगर में पहुँचा, वहाँ एक ब्राह्मण एक कागज पर कुछ लिख रहा था। उस पाँचवें पुत्र जयकुमार ने ब्राह्मण से पूछा कि आप क्या लिख रहे हैं? "ब्राह्मण ने जवाब दिया कि ये अत्यंत कीमती सलाह वाक्य है जिनको मैं बिना मूल्य लिये किसी को नहीं बता सकता।" इस पर जयकुमार ने एक हजार रु. देकर वे सलाह वाक्य खरीद लिये। उस कागज पर लिखा था–

1. कभी अकेले यात्रा मत करो।
2. शय्या पर शयन करने से पहले उसकी भली भाँति जाँच कर ले।
3. खतरे के समय जागते रहो।
4. जब स्नान करना हो तो एकान्त स्थान पर करो।

जब जयकुमार घर पहुँचा तो उसके पिता ने पूछा, "पुत्र, तुम्हारे भाइयों ने अपने धन से अपनी दुकानें खोल ली हैं, तुमने क्या किया है?" जयकुमार ने कागज निकाल कर कहा, "पिताजी, मैंने एक हजार रुपये में यह कागज खरीदा है।"

यह सुनकर व्यापारी अपने पुत्र की मूर्खता पर अत्यंत क्रोधित हुआ तथा उसको अपने घर से निकाल दिया। जयकुमार थोड़ी दूर ही चला था कि उसने तालाब के किनारे एक नेवला बैठा देखा। उसे कागज पर लिखी सलाह याद आई कि यात्रा कभी अकेली नहीं करनी चाहिए, अतः उसने नेवले को उठाकर अपने कोट की जेब में रख लिया।

जयकुमार थका हुआ था सो एक छायादार वृक्ष देखकर उसके नीचे बैठ गया। उसने अपना भोजन निकाला और भोजन खाकर आराम करने हेतु लेट गया तथा नेवले को कोट की जेब से निकाल कर बगल में छोड़ दिया। जब वह सोया हुआ था तो एक काला नाग वहाँ आया तथा उसे डंक मारने ही वाला था कि नेवले ने उस पर आक्रमण कर दिया। उनकी लड़ाई की आवाज से जयकुमार जाग गया। उसने अपनी लाठी उठाई तथा नाग को मार दिया। उस नाग को मारने के पश्चात् उसे पहली सलाह की कीमत का अहसास हो गया क्योंकि उस सलाह ने ही उसके जीवन की रक्षा की थी।

वह आगे बढ़ता गया और जब रात्रि हुई तो उसको एक घर दिखाई दिया जहाँ प्रकाश हो रहा था। उसने रात वहीं गुजारने का विचार कर घर का द्वार खटखटा दिया। एक सुन्दर युवा स्त्री ने द्वार खोला।

जयकुमार बोला, "मैं सारा दिन चलते चलते थक गया हूँ, क्या आप एक रात्रि मुझे यहाँ विश्राम करने देंगी?" वह स्त्री जितनी सुन्दर थी उतनी ही दुष्ट थी, उसने जयकुमार को देखकर उसका सारा माल हड़पने का विचार किया। अतः उस स्त्री ने जयकुमार का स्वागत किया तथा उसको आराम से बैठाकर अच्छा भोजन कराया। भोजनोपरांत उस स्त्री ने सोने के लिए एक सुन्दर सज्जित शय्या दिखाई। जयकुमार उस शय्या पर सोने के लिए तैयार था तभी उसे ब्राह्मण की दूसरी सलाह याद आ गई कि "शय्या पर जाने से पहले उसकी जाँच कर लेनी चाहिए।" उसने शय्या का आवरण हटाकर उसके नीचे झाँका। उसने देखा कि नीचे एक गहरा गड्ढा था जिसके तल पर लोहे के नुकीले भाले गड़े हुए थे। वह स्त्री भय से काँपने लगी तथा जयकुमार ने उसका षड्यंत्र देखकर कहा, "तु अब तक कितने आदमियों की हत्या कर चुकी हो?"

उस स्त्री ने भय के कारण काँपती आवाज में कहा, 'मुझे छोड़ दो, नौजवान, मैं वादा करती हूँ कि आज से ऐसा कभी नहीं करूँगी। जयकुमार ने कहा, "ठीक है,

किन्तु आज तक जो माल तुमने लूटा है सब मेरे हवाले कर दो।" स्त्री ने संदूक खोला और उसे एक हजार रुपये दे दिए।

जयकुमार धन देख कर हर्षित हो गया क्योंकि ब्राह्मण से कागज प्राप्त करने के लिए खर्च की गई राशि उसे वापिस मिल गई थी। ब्राह्मण की सलाह पर चलकर उसके अच्छे परिणामों से प्रसन्न जयकुमार और आगे बढ़ता चला तथा एक बड़े नगर पहुँच गया। वह रात्रि गुजारने के लिए स्थान की खोज करते हुए एक वृद्धा विधवा के घर पहुँचा। जब उसने रात गुजारने को पूछा तो वृद्धा ने उसका स्वागत किया लेकिन वृद्धा अत्यंत दुखी देखकर जयकुमार ने पूछा कि मामला क्या है।

वृद्धा बोली, "बेटा, मैं तुम्हें देखकर इसलिए प्रसन्न हुई क्योंकि तुम बिलकुल मेरे पुत्र जैसे दिखते हो। लेकिन जब मैं उस पर आई महाविपत्ति के बारे में विचार करती हूँ तो दुखी हो जाती हूँ।"

"क्यों, क्या मामला है माँ?" जयकुमार ने पूछा।

वृद्धा ने उत्तर दिया, "राजा की पुत्री के शरीर में एक राक्षस नागवेश में प्रवेश कर गया है तथा प्रसन्न करने के लिए हर रात्रि एक व्यक्ति की बलि चढ़ जाती है। आज मेरे पुत्र की बारी है जिसके कारण मैं रो रही हूँ।"

जयकुमार इस करुण कहानी को सुनकर व्यथित हो गया तथा विधवा का पुत्र के स्थान पर स्वयं को प्रस्तुत करने का प्रस्ताव किया। यह सुनकर वृद्धा का दुख हर्ष में परिवर्तित हो गया तथा उसने जयकुमार को आशीर्वाद दिया। जयकुमार ने राजकुमारी के कक्ष में अनेक दीपक रखवा लिए तथा हाथ में एक तलवार लेकर बैठ गया। उसे ब्राह्मण की तीसरी सलाह का स्मरण हो आया था। वह रात भर सावधानी के साथ जागता रहा। जब राक्षस आया तो वह दीपकों की रोशनी से चौंधिया गया तथा एक पल के लिए उसे कुछ भी दिखाई नहीं पड़ा। जयकुमार ने इस पल का लाभ उठाकर अपनी तलवार से उस राक्षस के दो टुकड़े कर दिए। राजा अपनी पुत्री को राक्षस से मुक्त देखकर अत्यंत प्रसन्न हुआ तथा जयकुमार को बहुत सा धन दे कर विदा किया।

जयकुमार ने अपना भाग्य आजमाने के पश्चात् अब घर लौटने का विचार किया। जब वह अपने गाँव लौट रहा था तो वह रात्रि व्यतीत करने हेतु एक नदी किनारे रुक गया। प्रातः काल वह स्नान करने गया तथा अपना धन शिविर में असुरक्षित छोड़ने की बजाय एक कपड़े में बाँधकर अपने साथ ले गया। ब्राह्मण की

चौथी सलाह को ध्यान में रखकर वह घाट पर लगी भीड़ से बचकर थोड़ी दूर जाकर एक एकांत स्थान पर स्नान करने लगा। जब वह लौट रहा था तो अचानक उसे ध्यान आया कि वह अपने धन की पोटली नहाने के स्थान पर भूल आया था। वह जल्दी से चलकर उस स्थान पर पहुँचा तथा देखा कि पोटली वहीं रखी हुई थी क्योंकि आसपास वहाँ कोई नहीं था। वह अपना धन पाकर बहुत राहत महसूस कर रहा था तथा यह सोचकर अत्यंत प्रसन्न था कि उसने एक हजार रुपये देकर ब्राह्मण से वह कागज खरीद लिया था। वह गर्व के साथ अपने घर वापस लौटा क्योंकि उसने अपने भाइयों द्वार अर्जित कुल धन से अधिक धन अर्जित कर लिया था।

## ईमानदारी (धर्मपरायणता)

पहाड़ी जनपद अल्मोड़ा में एक गाँव में दो भाई मनिन्द्र और दया रहते थे। उनका मकान एक ही जगह बना हुआ था, जहाँ वह अपनी पत्नियों तथा बच्चों के साथ रहकर कृषि कार्य तथा पशु चराने का कार्य करते थे। दया, जो बड़ा भाई था, परिश्रमी था तथा सदैव कुछ न कुछ करता रहता था, किन्तु मनिन्द्र बहुत आलसी था तथा अधिक कुछ नहीं करता था। वह सोता रहता था फिर खाट पर लेटा धूप सेकता रहता था। उसकी सुस्ती की आदतों को देखकर उसकी पत्नी कई बार उसे ताने भी देती थी। वह उसके बड़े भाई दया का उदाहरण देती थी, किन्तु मनिन्द्र कहता था, "भाग्यवान, तुम सारा दिन क्यों मुझे तंग करती हो? धन सम्पदा, हानि लाभ, जीवन मरण, अच्छी प्रतिष्ठा अथवा बदनामी सब ईश्वर के हाथ में है। यदि भगवान मुझसे प्रसन्न होगा तो किसी न किसी रास्ते मुझे धन सम्पदा प्रदान कर देगा।

उसकी पत्नी इस सिद्धान्त में विश्वास रखती थी कि भगवान उसकी सहायता करते हैं जो अपनी सहायता स्वयं करता है। वह अपने पति का उपहास करते हुए कहती थी, "आप यह सोचते हैं कि भगवान के पास लोगों के घरों में स्वर्ण कलश उलटने के अतिरिक्त और कोई कार्य नहीं है।" मनिन्द्र मौन साधकर अपना हुक्का गुड़गुड़ाता रहता था। एक दिन जब मनिन्द्र की पत्नी जंगल में अपने पशु चरा रही थी, उसने देखा कि जमीन के एक हिस्से से घास बिल्कुल हाल में काटी गई है। उसने कौतुहल वश वहाँ से मिट्टी हटानी प्रारंभ की। थोड़ी ही देर में उसके आश्चर्य का ठिकाना नहीं रहा जब मिट्टी खोदते समय उसका हँसिया किसी कठोर वस्तु से टकराया। थोड़ी मिट्टी और हटाने पर उसे सोने के सिक्कों से भरा एक धातु कलश दिखाई दिया। उसने चोर नजरों से इधर उधर ताका तथा जब

देख लिया कि वहाँ और कोई नहीं है तो उसने मिट्टी वापस डाल कर उस जगह को पत्तियों और सूखी टहनियों से ढँक दिया ताकि वह कलश किसी को दिखाई न दे सके। वह दौड़कर अपने घर पहुँची तथा अपने पति को सारी कहानी सुना दी। वह कलश बहुत भारी है तथा मैं अकेली उसे नहीं ला सकती हूँ, अतः आप मेरे साथ चलो, हम दोनों मिलकर उस कलश को ले आएँगे। उसके इन शब्दों का उसके पति पर कोई प्रभाव नहीं पड़ा तथा उसने उदासीन भाव से उत्तर दिया, "मैं एक अधम चोर की तरह उस धन को घर नहीं लाऊँगा। यदि यह हमारे भाग्य में है, प्रभु स्वयं हमारे पास भेज देंगे। उसकी पत्नी ने उसे समझाने का बहुत प्रयास किया, परन्तु सब निष्फल रहा, अन्ततः वह दया की पत्नी के पास पहुँची और उस पर भरोसा कर सारी कहानी सुना दी। वह बहुत चालाक स्त्री थी, उसने सारा वृत्तांत पूछकर कहा बहन, अभी रात्रि का समय है तथा राह में जाने क्या स्थिति होगी सो हम लोग प्रातः काल वहाँ जाकर कलश ले आऐंगे।"

मनिन्द्र की पत्नी "ठीक है" कहकर घर वापस लौट गयी। कुछ देर बाद जब उसे भरोसा हो गया कि मनिन्द्र और उसकी पत्नी सो गए हैं तो उसने सारी दास्तान अपने पति को बताकर उससे अपने साथ चलकर कलश लाने को कहा। उन दोनों ने खेत पर जाकर ज्योंही मिट्टी हटाकर कलश तक पहुँचे त्योंही ततैयों के झुंड ने उन पर आक्रमण कर दिया जिसने वहाँ अपना छत्ता बना लिया था। उन दोनों का शरीर सूज गया तथा भीषण दर्द हो रहा था। दर्द से चीखते दया ने कहा, ऐसा लगता है कि तुम्हारी देवरानी ने तुम्हारे साथ मजाक किया है। इस कलश में तो ततैये भरे हैं। उसने जान बूझकर तुमसे झूठ बोला है। चलो उसका बदला लेते हैं। दया ने अपना अंगोछा निकालकर उसका पुलिंदा बनाकर कलश के मुँह में घुसेड़ दिया तथा कलश का मुँह पूरी तरह बंद कर दिया। तब दया अपनी पत्नी के साथ मिलकर उस कलश को घर ले आया।

घर पहुँचकर वे दोनों चुपके से छत पर चढ़े तथा कलश को धुएं की चिमनी के मुँह पर औंधा कर अंगोछा हटा दिया ताकि कलश में भरे ततैये उड़कर मनिन्द और उसकी पत्नी को काटें। कलश मय सिक्कों के नीचे फर्श पर भारी आवाज के साथ गिरा तथा कलश से सोने के सिक्के गिरकर फर्श पर बिखर गए। शोर सुनकर मनिन्द्र जागा तथा सोने के सिक्कों को देखकर अपनी पत्नी को जगाकर कहने लगा कि देखो भगवान मुझसे प्रसन्न हो गए हैं, प्रभु ने स्वयं यह सोने के सिक्के मेरे घर भेज दिए हैं।

## चार नेत्रहीन पुरुष

एक समय की बात है कि उत्तर प्रदेश में एक बुद्धिमान तथा प्रजा का हितैषी राजा राज्य करता था। वह अपनी प्रजा के कल्याण को सर्वोच्च प्राथमिकता देता था तथा उसकी प्रजा भी अपने राजा से बहुत प्यार करती थी। एक दिन जब राजा शिकार से वापस लौट रहा था, उसको रास्ते में चार नेत्रहीन व्यक्ति मिले। वे भूख से बेहोश थे और राजा के घोड़े की टापों की आवाज सुनकर भिक्षा माँगने लगे। राजा को उन पर दया आ गई तथा उसने अपने सैनिकों से उन्हें अपने साथ ले चलने को कहा ताकि नगर से कुछ खाने के लिए उन्हें दिया जा सके। कुछ दूर चलकर वे नगर में पहुँचे तथा मिष्ठान्न की एक दुकान देखकर राजा ने चार किलो ग्राम मिठाई खरीदकर उन चारों को देने का आदेश अपने सैनिकों को दिया।

जब राजा चलने को तैयार हुआ तो वे व्यक्ति बोले, "महाराज, आप अपनी उदारता के लिए विख्यात हैं, यदि आप अपने महल में हमें रहने के लिए जगह दे दें तो हम जीवन भर आपके लिए दुआ करेंगे। हम आपके लिए उपयोगी भी हो सकते हैं। राजा ने पूछा, 'वह कैसे' यह देखकर कि तुम चारों नेत्रहीन हो, क्या कर सकते हो? नेत्रहीन व्यक्तियों ने उत्तर दिया, "हममें से प्रत्येक में एक विलक्षण दैवीय गुण है। सच! राजा ने अविश्वास भरी नजरों से देखते हुए कहा, "और वे गुण क्या हैं?" उन नेत्रहीन पुरुषों ने कहा, "हममें से एक असली तथा नकली मोती की परख कर सकता है, एक केवल स्पर्श से बता सकता है कि घोड़ा अच्छी जाति का है अथवा नहीं, एक सच्ची तथा झूठी स्त्री के बीच अन्तर कर सकता है तथा एक अपनी सहजबुद्धि से बता सकता है कि व्यक्ति स्वामिभक्ति है अथवा नहीं।" राजा बोला, "मित्रों, किसी भी व्यक्ति के लिए यह विश्वास करना कठिन है कि एक नेत्रहीन व्यक्ति ऐसा कर सकता है। मैं तुम्हे महल में रहने की अनुमति देने से पूर्व तुम्हारी परीक्षा लूँगा।

'हम किसी परीक्षा से घबराते नहीं हैं' नेत्रहीनों ने उत्तर दिया। उन चारों नेत्रहीनों को दरबार में उपस्थित करने का आदेश दिया गया। जब वे दरबार में पहुँचे तो राजा ने स्वर्णकार को बुलवाया तथा उसको दिखने में बिल्कुल एक जैसे दो मोती जिनमें एक नकली हो मखमली कुशन पर रखकर पेश करने का आदेश दिया। ये मोती उन नेत्रहीन व्यक्तियों के सामने रख दिए गए। उनमें से एक व्यक्ति ने उन दोनों मोतियों को अपने हाथ से छूकर देखा तथा असली मोती की ओर संकेत कर बता दिया कि यही असली मोती है। राजा की सभा में उपस्थित समस्त सभासदों ने नेत्रहीन व्यक्ति की प्रशंसा की तथा राजा ने कहा, "तुम आज

से मेरे मंत्री रहोगे।" तब राजा ने अश्वपाल को उच्च संकर प्रजाति का अश्व लाने को कहा। जब अश्व लाया गया तो राजा ने दूसरे नेत्रहीन से पूछा कि वह बतलाए कि यह अश्व उच्च प्रजाति का है अथवा नहीं। नेत्रहीन ने घोड़े की कमर, गर्दन पर अच्छी तरह हाथ फिराकर कहा, "महाराज, यह अश्व निम्न प्रजाति का है, यह आपकी अश्वशाला के योग्य नहीं है।"

राजा को बहुत आश्चर्य हुआ। राजा ने उस अश्व व्यापारी को बुलवाया जिससे वह घोड़ा खरीदा गया था। राजा ने उसका वध करने की चेतावनी देते हुए उससे सच्चाई बयान करने को कहा कि वह घोड़ा उच्च प्रजाति का है अथवा नहीं। व्यापारी ने घोड़े को देखकर कहा, "महाराज, यह वह घोड़ा नहीं है जो मैंने अश्वपाल को दिया था। यह कोई दूसरा घोड़ा है।" राजा की भृकुटि अश्वपाल की ओर तन गई। अश्वपाल भय से थरथर काँपने लगा तथा राजा के पैरों पर गिरकर बोला, "महाराज, क्षमा कीजिए। मैं व्यापारी द्वारा दिए गए घोड़े की बढ़िया नस्ल देख लालच में पड़ गया था, सो मैंने उसकी जगह यह घोड़ा बाँध दिया। व्यापारी द्वारा दिया गया घोड़ा मेरे घर पर है।"

राजा ने अश्वपाल को सेवा से हटाकर सख्ती के साथ घोड़ा तुरंत लाने का आदेश दिया। फिर नेत्रहीन की ओर मुड़कर कहा, "तुम्हारे पास बेशक विलक्षण प्रतिभा है। आज से मैं तुम्हें अपना मंत्री नियुक्त करता हूँ।"

तब तीसरे नेत्रहीन की बारी आई। राजा यह जानने को उत्सुक था कि वह किस प्रकार एक अच्छी एवं बुरी स्त्री के बीच अन्तर कर सकता था।

नेत्रहीन बोला, "महाराज, मुख्य सेविका को बुलावाइये।"

राजा ने मुख्य सेविका को बुलवाया। नेत्रहीन व्यक्ति ने उसकी पीठ अपने हाथ से टटोलकर कहा, "तुम्हारी योजना विफल हो चुकी है। तुमने राजा के मुकुट से जो रत्न चोरी किए हैं, राजा को वापस कर दो।"

सभा में उपस्थित हर व्यक्ति भौंचक्का था तथा वह स्त्री एकदम मुर्झा गई। राजा ने अपने पुत्र को मुकुट के रत्नों की सुरक्षा की जानकारी के लिए भेजा। वह लौटकर आया तथा उसने बताया कि रत्न मौजूद नहीं हैं। तब राजा ने सेविका के वकक्ष की तलाशी लेने का आदेश दिया। रत्न एक आले में रखे मिल गए। राजा ने उस सेविका को अपने राज्य से निर्वासित कर दिया और नेत्रहीन से कहा, "आप अपनी असाधारण प्रतिभा का प्रमाण दे चुके हो। मैं तुमको भी अपना मंत्री नियुक्त करता हूँ।"

अन्त में चौथे नेत्रहीन को सभा में उपस्थित किया गया। राजा तीन नेत्रहीनों की दैवीय प्रतिभा को देखकर इस व्यक्ति की विशिष्टता के विषय में आवाक् बैठा सोच रहा था। नेत्रहीन ने कहा, "महाराज, यदि आप इसे अन्यथा न लें तो मैं अपनी परीक्षा की प्रक्रिया प्रारंभ करूँ। राजा ने उसे आश्वस्त किया तो वह बोला, "यदि आप प्रसन्न हैं तो कृपा कर अपने मुख्यमंत्री को बुलवाइये।"

राजा को उस नेत्रहीन की गुस्ताखी पर आश्चर्य हुआ, लेकिन चूँकि राजा वचन दे चुका था, अतः उसने मुख्यमंत्री को बुलवाया, जो राजा का स्वामिभक्त तथा सबसे बड़ा विश्वासपात्र था। जब वह आया तो नेत्रहीन ने उसकी पीठ और सीने को भली भांति स्पर्श कर देखा और कहा, "तुम्हें ऐसे परोपकारी तथा विश्वासी राजा के प्रति गद्दारी करना शोभा नहीं देता।"

मुख्यमंत्री क्रोध में तमतमाते हुए बोला, "तुम अपने ढीठतापूर्ण शब्दों से कहना क्या चाहते हो। मैं तुम्हें सूली चढ़वा दूँगा।"

नेत्रहीन व्यक्ति ने कहा, "यदि तुम निर्दोष हो तो तुमने अपने बटुए में विष की शीशी किस लिए छुपा कर रखी है?" यह सुनकर मुख्यमंत्री भय के कारण थरथराने लगा। राजा ने उसके बटुए की तलाशी लेने का आदेश दिया तथा उसके बटुए से विष की शीशी बरामद हो गई। नेत्रहीन बोला, "महाराज, यह मुख्यमंत्री आपकी हत्या का षड्यंत्र बना रहा था। यह आपकी हत्या कर सिंहासन हथियाना चाहता था। वह आज रात यह विष आपकी मदिरा के प्याले में घोलने वाला था।"

राजा अवाक् और स्तब्ध रह गया। राजा ने मुख्यमंत्री को काल कोठरी में डलवा कर मृत्युदंड का आदेश दिया। तब राजा नेत्रहीन की ओर मुड़ते हुए बोला, "तुमने आज मेरे जीवन तथा राज्य की रक्षा की है। मैं तुम्हें अपना मुख्यमंत्री नियुक्त करता हूँ। वे चारों नेत्रहीन राजा की सेवा करने लगे तथा राजा को जीवन भर अपने निर्णय पर पछताने का अवसर नहीं आया।

## धर्मनिष्ठ युवक

मुगल साम्राज्य जब पतन की ओर अग्रसर था तथा छोटे-छोटे नायकों ने अपने स्वयं के राज्य स्थापित कर लिए थे, उस समय बाराह नामक नगर में सावंत नाम का एक युवक रहता था। वह एक ईश्वर भक्त तथा धार्मिक व्यक्ति था। लेकिन युवक होने के कारण वह छोटी-छोटी बातों पर क्रोधित हो जाता था। वह एक लम्बा और निर्भीक युवक था। उसकी भुजाएँ कुछ अधिक लम्बी थीं।

एक दिन वह युवक रोजगार की तलाश में दिल्ली पहुँचा और वहाँ चाँदनी चौक में घूमते हुए उसे एक अन्य युवक दिखाई दिया जो उसी ओर जा रहा था। उस युवक ने सावंत से पूछा कि वह कहाँ का रहने वाला है। सावंत ने गर्व से अपना सीना तान कर कहा कि मैं बाराह नगर का रहने वाला हूँ। उस युवक ने सावंत की खिल्ली उड़ाते हुए कहा कि यदि तुम बाराह के रहने वाले हो तो मैं तेरह का रहने वाला हूँ।

सावंत उस युवक की टिप्पणी से बौखला गया और उसने किसी परिणाम की चिन्ता किए बिना अपनी तलवार निकालकर उस युवक का सिर धड़ से अलग कर दिया। राजा के सिपाही वहाँ पहुँचे तथा हथकड़ी लगाकर सावंत को राजा के दरबार में पेश कर दिया। राजा ने दरबार में सावंत से प्रश्न किया कि उसने युवक की हत्या क्यों की है तो सावंत ने पूरी कहानी सच-सच बयान कर दी। राजा ने अपने मूल निवास पर स्वयं गर्व करता था, सावंत की कहानी विशेषकर उसके सच्चाई बयान करने से अत्यंत प्रसन्न हुआ और उसको सजा देने के स्थान पर लगान वसूली के लिए अपनी सेवार्थ नियुक्त कर लिया। इस प्रकार सावंत को राजा की सेवा करते हुए काफी समय बीत गया।

एक दिन राजा के मंत्री ने कहा, "महाराज, मैं सावंत को, यदि आपकी अनुमति हो, शहजादा गाँव भेजना चाहता हूँ ताकि लगान वसूली हो सके। बहुत समय से कोई भी अधिकारी वहाँ से लगान वसूली में सफल नहीं हो सका है। राजा ने अनुमति प्रदान कर दी तथा सावंत को इस कठिन अभियान पर भेज दिया गया।

गाँव के लोग लगान वसूली के लिए राजा के प्रतिनिधि को गाँव के बाहर एक पुराने विशाल शीशम के वृक्ष के नीचे शिविर में ठहराया करते थे। संभवतः गाँव के लोग ऐसा जानबूझकर करते थे और यही उनके लगान नहीं देने का रहस्य था, क्योंकि उस वृक्ष पर एक जिन्न रहता था। जब लगान वसूलने आया अधिकारी वहाँ रात्रि को ठहरता था और रात को सो जाता था तो जिन्न पेड़ से उतरकर उस अधिकारी को खा जाता था।

जब सावंत शहजादा गाँव पहुँचा तो हमेशा की तरह शीशम के पेड़ के नीचे उसका शिविर स्थापित कर दिया गया। एक धर्मनिष्ठ व्यक्ति होने के कारण सोने की बजाय जमीन पर आसन बिछाकर बैठ गया तथा साधना करने लगा। जब जिन्न पेड़ से उतरकर आया तो उसने सावंत को साधना में लीन देखा जिसके

कारण वह उसको कोई क्षति नहीं पहुँचा सका। इसलिए वह वापस चला गया। अगली सुबह जब गाँव वालों ने सावंत को जीवित देखा तो वे भयभीत हो गए क्योंकि उस समय तक कोई भी व्यक्ति जिन्न के हाथों जिन्दा नहीं बचा था।

गाँववासियों ने बिना कोई प्रतिरोध किए सारी बकाया राशियों का भुगतान कर दिया। जब सावंत अपना कार्य पूर्ण कर वापस पहुँचा तो राजा ने अत्यंत प्रसन्न होकर कहा, "तुमने बहुत अच्छा कार्य किया है। मैं तुम्हें इनाम देना चाहता हूँ, तुम क्या लोगे?"

सावंत ने कहा, "महाराज, यदि आप मुझ पर प्रसन्न हैं तो कृपा कर शाहजादा गाँव के बाहर शीशम के पेड़ की लकड़ी मुझे दिलवा दीजिए। राजा ने तुरंत अपनी सहमति व्यक्त कर दी। सावंत ने वह पेड़ कटवा दिया और उसकी लकड़ी से मंदिर के विशाल कपाट बनवा दिए जो आज भी मौजूद हैं।

# 23

# संस्कृति का वैश्वीकरण

भगवान बुद्ध के काल से ही उत्तर प्रदेश की संस्कृति का वैश्वीकरण हो चुका है। भगवान बुद्ध के चिन्तन मनन की विधियां और उनके शिष्यों की खोज अब सम्पूर्ण संसार की धरोहर हो चुकी है। आज भी अमेरिका, स्विटजरलैंड, ब्रिटेन, फ्रांस, आस्ट्रेलिया, कनाडा तथा शेष विश्व के लोग उत्सुकता के साथ बौद्ध साधना की विधियाँ सीख रहे हैं। साथ ही वे अपने धर्म का पालन भी कर रहे हैं। बौद्ध धर्म अनेक एशियाई देशों जैसे चीन, श्रीलंका, जापान, कम्बोडिया, लाओस, वियतनाम, भूटान, कोरिया, बर्मा का राष्ट्रीय धर्म बन चुका है तथा विश्व के अन्य देशों में भी फैल चुका है।

इसके अतिरिक्त, वेद, उपनिषद और पुराणादि ग्रंथ विश्व के प्रमुख विश्वविद्यालयों में भारत विद्या के भाग रूप में पढ़ाए जा रहे हैं तथा वाराणसी अथवा बनारस हिन्दुओं को ज्ञानार्जन केन्द्र होने के कारण भारी संख्या में विदेशी अध्येता, शोधकर्ता और छात्र संस्कृत भाषा और प्राचीन भारतीय ग्रन्थों के अध्ययन के लिए यहाँ आते हैं।

अनेक साधुओं तथा भगवा वस्त्रधारी गुरुओं यथा महेश योगी तथा इस्कॉन के स्वामी भक्ति वेदान्त ने हिन्दू धर्म और भारतीय संस्कृति को सम्पूर्ण विश्व में लोकप्रिय बना दिया है। महेश योगी पहले इलाहाबाद के अलोपी बाग क्षेत्र में रहते थे। सन् 1940 के दशक में वह शंकराचार्य ज्योतिषपीठ स्वामी ब्रह्मनन्द सरस्वती के निजी सचिव थे। उन दिनों वह ब्रह्मचारी महेश के रूप में जाने जाते थे।

इसके अलावा जिस प्रकार भगवान कृष्ण को वृन्दावन से पृथक नहीं किया जा सकता है उसी प्रकार इस्कॉन के संस्थापक स्वामी ए.सी. भक्तिवेदान्त का वृंदावन के साथ सम्बन्ध रहा है, जो अपनी पश्चिमी देशों की यात्रा पर जाने से पूर्व कोई दस वर्षों तक वृन्दावन के वासी रहे थे। वे 1967 में अपने अमेरिकी शिष्यों के प्रथम समूह के साथ उत्तर भारत की इस तीर्थनगरी में वापस पधारे थे। भारतीय

धर्म को नई मजबूती प्रदान करने तथा कृष्ण बोध का प्रसार सम्पूर्ण विश्व में करने की व्यापक दूरदर्शिता के साथ 1967 में राधा-दामोदर मंदिर में दो श्रद्धालुओं के संग साधारण प्रारंभ करने वाली संस्था अन्तर्राष्ट्रीय कृष्ण बोध संस्था (इंटरनेशनल सोसायटी फॉर कृष्ण कॉन्शसनेस...इस्कॉन') ने इस नगरी की सांस्कृतिक बनावट को ही परिवर्तित कर दिया, जिससे उत्साहित एक स्थानीय ब्राह्मण ने 1970 के दशक को "वृन्दावन में इस्कॉन का दशक" घोषित कर दिया।

सन् 1975 में कृष्ण-बलराम मंदिर संकुल के प्रारंभन से हरे कृष्ण आन्दोलन को परिवर्तित की प्रक्रिया पूर्ण करने तथा अपने सदस्यों संस्कृति परिवर्तन का एक प्रमुख स्रोत मिल गया और साथ ही एक आधार उपलब्ध हो गया जहां से भारतीय तीर्थयात्रियों तथा वृन्दावनवासियों के साथ अन्योन्यक्रियाओं का सम्पादन किया जा सकता था।

## वर्तमान समय में वृन्दावन में विदेशीजन

अन्तर्राष्ट्रीय कृष्ण बोध संस्था (इस्कॉन) के अनुयाइयों के अतिरिक्त वृन्दावन में अनेक अन्य विदेशी लोग भी हैं। जबकि यदा-कदा पश्चिमी देशों के ऐसे लोग, जो किसी धार्मिक खोज से सम्बद्ध नहीं हैं, अल्पावधि के लिए यहाँ ठहरते हैं, वृन्दावन के अधिकांश दीर्घावधि से निवासी विदेशी यहाँ आध्यात्मिक उत्कर्ष के लिए यहाँ रह रहे हैं तथा किसी न किसी मंदिर अथवा गुरु से सम्बद्ध है। कुछ इस्कॉन के ऐसे पूर्व सदस्य वृंदावन में वास कर रहे हैं जो विभिन्न विवादों अथवा अन्य भारतीय गुरुओं से शिक्षा प्राप्त करने हेतु अथवा किसी ऐसे कारण से, जो इस्कॉन में क्षम्य नहीं है, इस्कॉन छोड़ चुके हैं।

इस्कॉन के दो उत्सवों के दौरान एक सप्ताह के लिए हरे कृष्ण श्रद्धालुओं की संख्या में भारी वृद्धि हो गई थी। प्रत्येक वर्ष अप्रैल के प्रारंभ में वृन्दावन में लगभग दो सौ अतिरिक्त श्रद्धालुजन मार्च के अन्त में चैतन्य महाप्रभु का जन्मोत्सव मनाने हेतु पहुंचते हैं। लगभग इतने ही विदेशी श्रद्धालु नवम्बर के अन्त में भक्तिवेदान्त की पुण्य तिथि पर वृन्दावन आते हैं।

## इस्कॉन आन्दोलन

अन्तर्राष्ट्रीय कृष्ण बोध संस्था (इस्कॉन) 1966 में गठित एक अमेरिकी पुनरुज्जीवन आन्दोलन है जो गौड़िया वैष्णव सम्प्रदाय के महंत ए.सी. भक्तिवेदांत स्वामी के अनुरोध पर गठित किया गया था। चैतन्य महाप्रभु द्वारा सोलहवीं

शताब्दी में संस्थापित गौड़िया सम्प्रदाय भारतीय संदर्भ में एक क्रान्तिकारी सम्प्रदाय था क्योंकि इसमें जाति अथवा आर्थिक हैसियत को नहीं देखते हुए समाज के प्रत्येक स्तर को शामिल किया गया था।

इस सम्प्रदाय का एक मूल सिद्धान्त था कि कोई व्यक्ति जन्म से नहीं बल्कि भगवान कृष्ण का भक्ति के माध्यम से विकसित व्यक्तिगत गुणों के आधार पर ब्राह्मण होता था।

उनके द्वारा चैतन्य की शिक्षा के प्रसार हेतु अंगरेजी सहित अनेक भाषाओं में पुस्तकों का प्रकाशन किया गया तथा यह निष्कर्ष निकाला गया कि चैतन्य का धर्म एक वैश्विक धर्म था जो सांस्कृतिक अन्तरों को पाट सकता था। उनके द्वारा अन्ततोगत्वा सभी राष्ट्रीयताओं के लोगों के इस धर्म को अपनाने की भविष्यवाणी की गई। भक्तिविनोद के पुत्र भक्ति विद्वान्त सरस्वती ने गौड़िया मठ (मठ-विषयक प्रवचन संस्था) की स्थापना कर अपने पिता के मिशन को जारी रखा। भक्तिसिद्धान्त ने पूरे भारत में मंदिर स्थापित किए तथा इंग्लैंड एवं जर्मनी में केन्द्र स्थापित किए। उनके द्वारा विदेशों में भारी संख्या में शिष्य बनाए गए, जिनको चैतन्यवाद का प्रसार करने का दायित्व सौंप गया।

उनके द्वारा अपने शिष्यों को, चाहे वह किसी भी जाति से सम्बद्ध से, यज्ञोपवीत धारण करवाया गया जिसका अभिप्राय था कि वे ब्राह्मण बन गए थे। उनके शिष्यों में एक शिष्य ए.सी. भक्तिवेदान्त था जो अपने गुरु के आदेश पर 1965 में अमेरिका गया तथा उन विदेशियों को ब्राह्मण बनाना प्रारंभ किया जो अधिकांश भारतीयों द्वारा सांस्कारिक आधार पर अशुद्ध तथा इसलिए अस्पर्श माने जाते थे। संयुक्त राज्य अमेरिका में हरे कृष्ण आन्दोलन सफलतापूर्वक प्रत्यारोपित करने के पश्चात्, आंशिक रूप से हिप्पी प्रति-संस्कृति द्वारा व्यापक स्वीकार्यता के कारण, भक्तिवेदान्त अपने अमेरिकी तथा अन्य शिष्यों के साथ भारत वापस लौटे तथा बंगाल, मुंबई और वृन्दावन में विशाल मंदिरों का निर्माण करवाया।

वह 1954 में वृन्दावन में स्थायी निवास बनाकर भारतीय ग्रन्थों का अंगरेजी में अनुवाद करने, कृष्ण देवत्व पर चिन्तन करने तथा पश्चिमी देशों में अपने धर्म के प्रसार की योजना तैयार करने का ध्येय लेकर आए थे। वह 1967 में अपने प्रथम अमेरिकी शिष्य को साथ लेकर वृन्दावन पहुंचे तथा 1975 में कृष्ण-बलराम मंदिर बनवाया। उस समय से आज तक वृन्दावन में इस्कॉन की उपस्थिति लगातार बनी हुई थी। भक्तिवेदान्त का स्वर्गवास 1977 में हुआ था।

## फिजी, गुयाना तथा ट्रिनीडाड में बंधुआ मजदूर

1922 में प्रकाशित, इम्पीरियल गजेटियर आफ इंडिया में भारत के उत्तर पश्चिमी प्रान्तों के विभिन्न भागों से वेस्ट इंडीज, फिजी तथा नटाल भेजे जाने हेतु अनुबंधित मजदूरों के रूप में ब्रिटिश अधिकारी द्वारा पंजीकृत किए जा रहे एक लाख से अधिक व्यक्तियों के विषय में चर्चा की गई थी। समय व्यतीत होने के साथ अनुबंधित मजदूरों के अन्य कई दल भारतीय बंदरगाहों से ट्रिनीडाड, गुयाना तथा अन्य कैरीबियाई देशों, दक्षिण प्रशान्त तथा अफ्रीकों देशों को रवाना हुए। वे अपने साध उत्तर प्रदेश की जीवन शैली तथा संस्कृति भी ले गए थे।

अत्यंत प्राचीन काल से, भारतीय विश्व के भिन्न भागों में व्यापारी, शिक्षक, उपदेशक, साहसिक खोजी तथा भाग्यान्वेषकों के रूप में जाते रहे हैं। कुछ भारतीयों का गंतव्य मध्य एशिया अथवा दक्षिण पूर्व एशिया था तो अन्य लोग भारत के आध्यात्मिक बौद्धिक तथा सुरुचि विषयक विचारों का प्रसार के प्रयास हेतु विदेशों में हिन्दू बौद्ध दर्शन, कला और वास्तु-परम्पराओं को दूर-दूर तक फैलाने हेतु गए थे। भारत के इन प्रयासों से ऐसा परिवेश तैयार हुआ जिसमें एशिया की सांस्कृतिक विविधता में सामंजस्यता संभव हो सकी थी।

भारत में ब्रिटिश साम्राज्य के सुदृढ़ीकरण के दौरान तथा विश्व में अन्यत्र ब्रिटिश औपनिवेशक नियंत्रण के विस्तार के दौरान समुद्र पार भारतीयों के लिए मार्ग तथा अवसर तैयार हुए। भारत के संसाधनों से ब्रिटेन साम्राज्य महान कहलाया तथा विश्व का सबसे ताकतवर देश बना, भारत की लाखों की संख्या में जनशक्ति से अफ्रीका, एशिया दक्षिण प्रशान्त तथा कैरीबिया में ब्रिटिश के उपनिवेशों आर्थिक दृष्टि से व्यवहार्य तथा लाभदायक बन सके थे। भारतीय बंधुआ मजदूर ब्रिटेश के उपनिवेशों की आर्थिक लाभप्रदता हेतु प्रदत्त मानव-परिदान था। लार्ड कर्जन ने भारत के बारे में ठीक ही कहा था कि वह भूमध्य सागर के पूर्व तथा दक्षिण ब्रिटिश सत्ता के प्रत्येक महत्वपूर्ण कार्य में निर्णायक प्रभावी था।

## फिजी में बंधुआ मजदूरों की दुर्दशा

इस प्रकार भारत के बंधुआ मजदूरों के अनन्त स्रोत ने ब्रिटिश उपनिवेशकों को वित्तीय रूप से लाभदायक बना दिया था।

तथापि, राजस्व वृद्धि के लिए बागान का विस्तार अनिवार्य था, लेकिन दक्षिण प्रशांत द्वीप के मजदूर संख्या में पर्याप्त अथवा सस्ते नहीं थे अथवा कुशल नहीं थे। गरीबी तथा अभाव, सूखा, बाढ़, अकाल, राजनीतिक उथल-पुथल (1857 से पहले

तथा बाद में), सरकार की लालची मांग, साहूकारों के क्रूर तगादों के चक्र में पिसती भारतीय जनता पर नजर पड़ी जो इस चक्र से छुटकारा चाहती थी।

भारतीयों की हताशा, इस निर्मम चक्र से छूटने की चाह तथा भर्ती एजेन्टों का कपट जाल ने अंसख्य भारतीयों को अंतरराष्ट्रीय मजदूर बाजार में पहुंचा दिया। मारीशस और ट्रिनीडाड में भारतीय बंधुआ मजूदरों के बारे में अपने अनुभव तथा जानकारी के आधार पर गोर्डन ने गिरिमिट व्यवस्था लागू कर दी जिसके तहत 1879 से 1916 के बीच कोई 60,000 पुरुष और महिला भारतीय बंधुआ मजदूर फिजी पहुंचाए गए। इन बंधुआ मजूदरों से लदा पहला जहाज 1879 में पहुंचा था तथा यह प्रक्रिया 1916 तक चलती रही थी। गिरमिट अथवा अनुबंध एक पाँच वर्षीय संविदा थी, जिसको लागू करने हेतु दण्डानुमति थी तथा यह अवधि पूरी होने पर मजदूर अपने स्वयं के खर्च पर भारत लौट सकता था अथवा कि वह अनुबंध अगले पाँच वर्ष हेतु विस्तारित कर सकता था, जिसके पश्चात् वह सरकारी खर्च पर भारत वापस लौट सकता था। प्रत्येक एक सौ पुरुषों के साथ चालीस महिलाएं होनी जरूरी थी ताकि पारिवारिक जीवन में स्थिरता बनी रहे। लेकिन वास्तव में यह लिंगानुपात सत्तर पुरुष तथा तीस महिलाओं का रहा था।

ये बंधुआ मजदूर दस वर्ष की अवधि के बाद ही बिना खर्च घर वापस लौट सकते थे तथा गोर्डन को उम्मीद थी कि कम से कम तीन चौथाई मजदूर फिजी में ही रुक जाएंगे तथा फिजी का वाणिज्यिक विकास संभव हो सकेगा। आस्ट्रेलिया की औपनिवेशिक शुगर रिफाइनिंग कम्पनी (सी एस आर) फिजी में अपना परिचालन विस्तारित करने हेतु आमंत्रित की गई थी। यह कम्पनी 1880 में फिजी पहुंची तथा अन्य यूरोपीय कम्पनियों को पछाड़कर बंधुआ मजदूरों की सबसे बड़ी नियोक्ता बन गई। मात्र छब्बीस वर्ष के भीतर सी एस आर ने सम्पूर्ण अर्थव्यवस्था पर प्रभुत्व कायम कर लिया। अधिकांश आप्रवासी उत्तरी भारत के गंगा के मैदानी भाग तथा दक्षिण में मद्रास प्रेसिडेंसी के विभिन्न जनपदों से आए थे। तत्कालीन संयुक्त प्रान्त (अब उत्तर पद्रेश) के उत्तर पूर्वी जनपदों जैसे बस्ती, फैजाबाद, गोंडा, गोरखपुर, आजमगढ़, गाजीपुर तथा जौनपुर से भारी संख्या में लोग आए थे। कुछ लोग इलाहाबाद, बनारस, कानपुर, आगरा, अलीगढ़ तथा मथुरा से भी आए थे। बिहार से अधिकांश लोग शाहबाद, पटना, दरभंगा, गया, मनभूम तथा सारण जनपदों से आए थे।

इनमें से अधिकांश लोगों ने अपनी कहानी बार-बार दोहराई कि किस प्रकार उन्हें कानपुर के निकट गंगा में तैरते समय पकड़ लिया गया तथा जहाज में लाद कर फिजी पहुंचा दिया गया। उत्तर भारत से आने वाले लोग अधिकांशतः इसी

तरह लाए गए थे। साहसिक, बेदखल तथा घर से भागे लोगों की तलाश में नजरें जमाए अंगरेज भर्ती एजेन्टों के लिए जमुना तथा गंगा के किनारे पावन स्थल बढ़िया शिकारगाह बने हुए थे।

कुछ लोग पंजाब, अफगानिस्तान, राजपूताना, मध्य प्रान्त तथा नेपाल से भी आए थे। मद्रास से आने वाले लोग तमिल, तेलुगु, मलयालम, कन्नड़ तथा मराठी और हिन्दुस्तानी बोलते थे। इनमें तमिलभाषियों की संख्या सर्वाधिक थी। इन भर्ती की गई महिलाएं साधारण ग्रामीण महिलाएं थी जो मेला अथवा तीर्थस्थलों पर अपने परिजनों से बिछुड़ गई थीं अथवा शातिर भर्ती एजेन्टों और उनकी महिला सहायकों द्वारा धोखे से या जबरन विकट जाल से फंसा ली गई थीं। कुछ ऐसी भी महिलाएं थीं जो किसी अन्य कारण से अपना घर छोड़ चुकी थी तथा इन एजेन्टों के चंगुल में फंस गई थीं जो हमेशा शिकार की ताक में रहते थे। इन महिलाओं को अपने अधिकारों अथवा सुदूर द्वीपों में अपने भाग्य के बारे में कोई ज्ञान नहीं था। सरकार द्वारा इन अनुचित कार्यों को रोके जाने के प्रयास निष्फल सिद्ध हुए। यद्यपि अधिकांश अप्रवासी भारतीय समाज के निचले तबके से सम्बद्ध थे, बंधुआ मजदूरी की चरम अवधि में, वे ग्रामीण भारत के प्रतिनिधिक वर्ग के रूप सामने आए तथा फिजी आने वाले अप्रवासी लोगों की पहचान 260 पहचान योग्य सामाजिक समूहों के रूप में की गई।

### उनकी विपत्ति गाथा

औपनिवेशिक सचिव लॉर्ड सेलिसबरी द्वारा इस घोषणा के बावजूद कि भारतीय अप्रवासियों को भूमि, सम्पत्ति तथा रहन-सहन की स्थितियों के संबंध में अन्य लोगों के समान अधिकार होंगे, वास्तविक स्थिति इसके बिल्कुल विपरीत थी। सब बातों से ऊपर हमें विश्वास के साथ यह आशा करनी चाहिए कि प्रस्तावित व्यवस्था की अनिवार्य शर्त के रूप में औपनिवेशिक कानून तथा उनका लागू किया जाना इस प्रकार होगा कि सेवा शर्तों के अनुरूप अवधि पूर्ण कर चुके भारतीय वासी सभी संदर्भों में स्वतंत्र होंगे तथा उपनिवेशों में महारानी की प्रजा के किसी अन्य वर्ग के व्यक्ति से हीन अधिकार प्राप्त नहीं होंगे। इस घोषणा का पवित्र आशय व्यवहार में पूर्णतया उपेक्षित था। गोर्डन ने फिजी की 83 प्रतिभूमि फिजी के लोगों द्वारा बिक्री (किसी अन्य देश के व्यक्ति को) किए जाने पर रोक लगा दी। इस प्रकार भारतीय लोगों के बसने के लिए एक बहुत छोटा भू-भाग शेष रहा था। अधिकांश फ्रीहोल्ड जमीन जो फिजीवासियों के अधिकार में नहीं थी सरकार और यूरोपीय उद्यमियों और वासियों के कब्जे में थी।

गोर्डन की देशज फिजीवासियों की फिक्र गोरों लोगों के देशों जैसे न्यूजीलैंड में लागू औपनिवेशिक नीति के ठीक विपरीत थी जहाँ कुल 270 000 वर्ग कि.मी. में से मात्र 12000 वर्ग कि.मी. माओरी समुदाय के स्वामित्व की भूमि थी तथा आस्ट्रेलिया जहाँ आदिवासियों के अधिकार में छोड़ा गया समस्त भू-भाग जो खरीदा अथवा बसाया नहीं जा सकता था कुल भू-भाग का 13.1 प्रतिशत था। गोर्डन द्वारा लागू कानून पहले से मौजूद व्यवस्था का उल्लंघन था जो अपने आलोचनों के नुकसान के साथ अपने सहयोगियों को लाभ पहुंचाने के लिए जानबूझकर उठाया गया कदम था। भारतीय मजदूरों को कुली कहा जाता था तथा उन्हें विभिन्न बागानों में मजदूरी पर लगाया गया था जहाँ उनसे बेहद खराब हालात में सख्त कार्य कराया जाता था। वे ब्लैक लाइन्स में रहते थे जहाँ साधारणतः दो या तीन मकान होते थे तथा प्रत्येक में 40 से 50 भारतीय रहते थे। नालीदार लोहे की छत तथा लकड़ी की दीवारों वाली इन झोंपड़ियों में दरवाजे थे पर कोई खिड़की नहीं थी। बीच की विभाजक दीवार ऊपर छत तक नहीं थी तथा वहां निजता नाम की कोई चीज नहीं थी। तोता राम सनाढ्य, एक बंधुआ मजदूर, ने उनको 'भूत लेन' का सर्वथा उचित नाम दिया था। उन्नीसवीं सदी के अंतिम चतुर्थांश में रहने तथा काम करने की स्थितियाँ अन्यायपूर्ण, दमनकारी तथा शरीर और आत्मा दोनों की हननकारी थीं। बीमारियों, कुपोषण तथा अत्यधिक श्रम के कारण मजदूरों की मृत्यु हो रही थी। न जाने कितने बच्चे चिकित्सा के अभाव में मर गए। पुरुष एवं महिलाओं का अनुपात निराशाजनक रूप से विषमानुपाती था। अत, वहाँ स्वस्थ पारिवारिक जीवन संभव नहीं था। महिलाएं अक्सर अपने पति बदल देती थीं तथा एक से दूसरे के पास, स्वच्छंद बहुपतित्व के खुले नंगेपन के साथ, चली जाती थीं।

इन भारतीय बंधुआ मजदूरों को आदमी नहीं बल्कि 'उत्पादन इकाई' मान कर सख्त से सख्त काम दिया जाता था जो उन्हें हर हाल में करना होता था। उनके कार्य का निरीक्षण भारतीय 'सरदारों' अथवा यूरोपीय 'ओवरसियरों' द्वारा किया जाता था। उन्हें नियमित तौर पर आर्थिक तथा शारीरिक दण्ड दिया जाता था। गाली, मारपीट, जुर्माना, दण्ड स्वरूप कैद तथा महिलाओं के मामले में बलात्कार जीवन के सामान्य अनुभव थे। एक आस्ट्रेलियाई ओवर सियर ने अपनी डायरी में अपनी यौन क्रियाओं के विषय में अपनी रतिक्रिया तथा विजय, जबरन आत्मसमर्पण की शिकार कुछ महिलाओं के प्रति अपनी कामवासना का जिक्र करने के साथ ऐसी महिलाओं का भी जिक्र किया है जो असहनीय कार्यभार से बचने के लिए अपनी देह के आकर्षण तथा छल का उपयोग करती थीं।

## हताशापूर्ण कठोर जीवन

नए सामाजिक वातावरण की कठिनाइयों ने जाति व्यवस्था और जाति अवरोधों को तोड़ फेंका। इन वर्जनाओं का टूटना तो वस्तुतः उस जहाज पर ही प्रारंभ हो गया था जो उन्हें लेकर फिजी गया था। एक सीमित भौगोलिक अवस्थिति में नए सामुदायिक जीवन की परीक्षाओं तथा कष्टों द्वारा धार्मिक अवरोध भी ढीले हो गए थे हालांकि पूर्ण समाप्त नहीं हुए थे। इन मजदूरों के सगे संबंधी वहां से हजारों मील दूर उनकी हालत से अनजान तथा अदृश्य, उनकी जरूरतों से अनभिज्ञ तथा भुलाए हुए थे। लोगों को वहाँ अच्छा बुरा सभी तरह का काम करना पड़ता था जिसमें झाड़ बुहार साफ-सफाई सब शामिल थे। अस्पर्श्यता संभव नहीं थी, न व्यावहारिक थी, न ही वहाँ इसकी अनुमति थी और संभव भी नहीं था क्योंकि एक एक कमरे में लोग बंडलों की भांति ठूंसे हुए थे।

इस बीच भारत सरकार तथा फिजी के बीच संवाद को भारतीय कार्यालय तथा औपनिवेशिक कार्यालय के माध्यम से प्रारंभ कर दिया गया। औपनिवेशिक कार्यालय को फिजी से मिले समाचार छंटनी के बाद ही भारतीय कार्यालय को दिए जाते थे। केवल वार्षिक रिपोर्ट फिजी से सीधी भारत सरकार के पास पहुंचती थी। इस रिपोर्ट में अधिकतर आंकड़े भरे होते थे जिनसे कुछ विशेष पता लगना संभव नहीं था। इस प्रकार फिजी में भारतीय मजदूरों के साथ व्यवहार की जानकारी भारत सरकार को नहीं मिल रही थी। फिजी में भारतीय आप्रवासियों का निरीक्षण आप्रवासन के एजेन्ट-जनरल के हाथों में था। उसका कार्य नियोक्ताओं और अप्रवासी मजदूरों हेतु एजेन्ट और अप्रवासियों के संरक्षक के रूप में काम करना था। चूंकि अप्रवासन विभाग का अध्यक्ष एक अंगरेज हेनरी एन्सन था। अप्रवासियों के ईमानदार संरक्षक एन्सन ने भारतीय मजदूरों से अधिक कार्य लिए जाने के संबंध में सवाल किए। लेकिन गर्वनर थर्सटन नियोक्ताओं का अन्धा पक्षधर था। सन् 1886 में एक अध्यादेश जारी किया जिससे अपर्याप्त कार्य हेतु दण्ड में वृद्धि कर दी गई तथा किसी प्रकार की शिकायत करने के लिए पाँच व्यक्तियों से अधिक की संस्था को गैर-कानूनी घोषित कर दिया।

एन्सन अप्रवासियों की ओर से गवर्नर से उलझ गया तथा 1887 में अत्यधिक तबादलों, उच्च मृत्युदर, वैधानिक कार्य करने में शारीरिक अक्षमता के कारण आप्रवासियों को कैद, जबकि उन्हें चिकित्सा की जरूरत थी, के संबंध में आलोचनात्मक रिपोर्ट प्रस्तुत की थी। उसने व्यक्ति की शारीरिक क्षमता से अधिक कार्य सौंपने तथा किसी भी उपनिवेश की अपेक्षा अधिक वाद प्रतिशत की ओर संकेत किया।

अप्रैल 1887 में "अत्यधिक कार्य लेने तथा अत्यधिक कम भुगतान की शिकायत" के संबंध में 130 भारतीयों ने नौसोरी से सुवा तक मौन जुलूस निकाला। एन्सन उनकी शिकायतों से सहमत था, लेकिन उसको भविष्य में ऐसे मामलों से दूर रहने की हिदायत दी गई तथा विरोधकर्ताओं पर 1886 के अध्यादेश की तहत मुकदमा चलाया गया। आप्रवासन विभाग के निरीक्षणों में कमी पर मतदान में आपत्ति संबंधी एन्सन के शब्द जमीनी सच्चाई बयान करते है। "...मैं इसे भारतीयों अथवा किसी अन्य नस्ल के लोगों को ऐसे कानून के अधीन नियुक्त करना सही नहीं समझता हूँ जो कार्य लागू करता है तथा नियोक्ता द्वारा निर्णीत स्तर पर भुगतान को स्वीकृति देता है तथा निष्पादित किए जा रहे कार्य के ऐसे स्तर में चूक के लिए आपराधिक कार्रवाई प्रारंभ करने की मंजूरी देता है, जब तक कि अनिच्छुक पक्ष का समान प्रभाव मौजूद न हो। अनुबंध के अधीन, निरीक्षण विहीन मजदूरी, दासता के समान है तथा सेवा की बाद की शर्त द्वारा प्रस्तावित मुख्य लाभ से वंचित करता है।"

जस्टर्न, जो नियोक्ताओं का कट्टर समर्थक था, ने मार्च 1888 में एन्सन को हटा दिया तथा एजेन्ट जनरल और रिसीवर जनरल के पदों का विलय कर एक पद बना दिया। बागान कार्यों में स्थिति बद से बदतर हो गई। जर्स्टन जानबूझकर वास्तविकता से अनजान बना रहा तथा लंदन और नई दिल्ली से मामला छुपाता रहा। मजदूरों की मृत्यु दर बहुत ऊंची थी, भोजन अपर्याप्त था, मजदूरी बहुत कम थी, बागानों में गड़बड़ी के साथ हिंसा तक रो रही थी तथा मजदूरों के खिलाफ अत्यधिक मुकदमे कायम किए जा रहे थे।

सन् 1894 में मजदूरों की तकलीफों के प्रति असंवेदनशीलता के लिए औपनिवेशिक कार्यालय द्वारा जर्स्टन को फटकार लगाई गई थी। मेथोडिस्ट मिशन की सुश्री डडले ने एक लेख में लिखा कि मैंने सिर्फ उन महिलाओं की बात की जिन्हें "पीटा गया अथवा...जुर्माना किया गया अथवा कैदखाने में डाल दिया गया।" उनका कसूर था कि वे उन्हें सौंपा गया कार्य संतोषजनक रूप से पूर्ण नहीं कर पाई थीं। सन् 1898 तक सभी बागानों का सरकारी निरीक्षकों द्वारा वर्ष में कम से कम दो बार निरीक्षण दौरा किया जाता था। और अधिक निरीक्षकों की नियुक्ति के साथ बागानों के अधिक निरीक्षण दौरे किए जाने लगे, लेकिन सुदूरवर्ती एकांत में नारियल बागानों की तरफ कोई नहीं जाता था। अधिकांश निरीक्षक सी एस आर कम्पनी के ओवर सियर पद के लोग थे। साफ समझा जा सकता है कि नियोक्ता उनसे संतुष्ट थे, परंतु भारतीयों को उन पर अधिक विश्वास नहीं था।

तानाशाह ओवर सियरों तथा सरदारों पर असंतुष्ट मजदूरों द्वारा, अपने अनुबंध की समाप्ति पर, कभी-कभी हमला भी किया जाता था तथा हत्या तक कर दी जाती थी। मजदूर लोग अत्याचारों से बचने के लिए आत्महत्या कर रहे थे। यदि मजदूरों की हालत को यदि एक शब्द में बयान करना हो तो उसके लिए "नरक" शब्द प्रयुक्त था। फिजी में विपत्तियों का सामना कर रहे मजदूरों की करुण कहानी भारत पहुंची तथा जनविरोध के स्वर उभरने लगे। भारत के प्रमुख नेताओं ने इन सुदूर द्वीपीय देशों में तकलीफ झेल रहे मजदूरों के भाग्य को बदलने का अथक प्रयास किया। गोपाल कृष्ण गोखले, सर श्रीनिवास शास्त्री, महात्मा गाँधी, बनारसी दास चतुर्वेदी, तथा दीनबंधु फादर सी.एफ. एण्ड्रयूज ने उनके कार्य करने तथा रहने की स्थितियों को सुधारने तथा उनके दैनिक जीवन को मानव जीवन की प्रतिष्ठा के अनुरूप बनाने हेतु एक अभियान प्रारम्भ किया। मार्च 1912 में गोखले ने अनुबंध को पूरी तरह समाप्त करने हेतु इम्पीरियल लेजिस्लेटिव काउन्सिल में एक प्रस्ताव पेश किया क्योंकि यह अनुबंध कपट पर आधारित था, बल के माध्यम से लागू किया जा रहा था; सुरक्षा मानक भ्रामक थे तथा अप्रभावी एवं अवास्तविक थे, सहवर्ती अनैतिकता एक बदनुमा दाग थी तथा यह भारत और भारतीयों के लिए अपमानजनक था।

भारतीय सदस्यों के सर्वसम्मत समर्थन के बावजूद, प्रस्ताव बहुमत न मिल पाने के कारण पारित नहीं हो सका, यद्यपि सरकार को यह अहसास करा दिया गया कि भारतीयों ने इस व्यवस्था को अपना अपमान विचारित किया है। इस बीच एक आस्ट्रेलियाई मेथोडिस्ट मिशनरी जे. डेब्ल्यू. बर्टन ने एक पुस्तक लिखी। बर्टन 1901 से 1910 तक फिजी में कार्य कर चुका था। बर्टन ने 1910 में लंदन में प्रकाशित अपनी पुस्तक 'फिजी ऑफ टुडे' में फिजी में बर्बरता, अमानवीयता और अन्याय से पर्दा उठाया तथा इसको आनुवांशिक पापकर्म बताते हुए अनुबंध व्यवस्था पूर्णतया समाप्त करने की मांग की। लंदन की आवधिक पत्रिका 'इंडिया' ने 1912 में बर्टन की पुस्तक का विवरण उद्धृत किया तथा साथ में सुश्री हाना डडले का एक पत्र भी प्रकाशित किया जिसमें उनके द्वारा, बागान में कार्य कर रही भारतीय महिलाओं के दुर्भाग्य के करुण गाथा का विवरण दिया था। कोलकाता के 'मॉडर्न रिव्यू' ने इस सामग्री का पुनर्प्रकाशन किया तथा मणिलाल और अन्य लोगों द्वारा इस विषय पर लेख भी प्रस्तुत किए। इसके अलावा अन्य स्थानों पर भी भारतीय बंधुआ मजदूरों की दुर्दशा की ओर जनता एवं सरकार का ध्यान खींचा गया।

## अभियान का प्रारंभ

फिजी के एक अन्य मेथोडिस्ट मिशनरी रिचर्ड पाइपर ने कोलकाता में 'स्टेट्समैन' में अनुबंधित मजदूर व्यवस्था को समाप्त करने हेतु दलील प्रस्तुत की थी। तोता राम सनाढ्य, जो एक पूर्व बंधुआ मजदूर था, भारत में 1914 में, बंधुआ मजूदरी की समाप्ति हेतु एक अभियान चलाया। उसकी पुस्तक "फिजी द्वीप में इक्कीस वर्ष", जो उसी वर्ष प्रकाशित हुई थी, का कई भाषाओं में अनुवाद किया गया तथा इस पुस्तक का पाठकों पर गहरा प्रभाव पड़ा। इसी समय प्रथम विश्वयुद्ध प्रारम्भ हो गया। इस बीच फिजी में कुछ सुधार कार्य प्रारंभ किए गए। पहली बार बच्चों की शिक्षा पर कुछ ध्यान दिया गया। सन् 1915 में जिला कमिश्नरों को अनुदेश दिया गया कि वे भारतीयों को 'कुली' तथा 'फ्री' कहकर संबोधित नहीं करें। यद्यपि बहुत कुछ किया जाना शेष था। बंधुआ मजदूरी की समाप्ति में एण्ड्रयूज का योगदान अति सराहनीय था। उसने लॉर्ड हार्डिंग तथा प्रान्तीय गवर्नरों से इसे समाप्त करने का अनुरोध किया। प्रान्तीय सरकारों द्वारा इसके स्थान पर दण्ड स्वीकृति रहित उत्प्रवासन व्यवस्था स्थापित करने की संस्तुति की गई।

वायसराय लॉर्ड हार्डिंग ने इसकी समाप्ति के लिए वाद तैयार करने हेतु एण्ड्रयूज को वाणिज्य एवं उद्योग विभाग की सहायता करने को कहा। लंदन भेजी गई रिपोर्ट में भर्ती प्रक्रिया से दूर नहीं किया जा सकने वाले भ्रष्टाचार, फिजी द्वीप में आत्महत्या दर में वृद्धि, कुली क्वार्टरों में अनाचार तथा दण्ड स्वीकृति में दासता के कलंक के विषय में विस्तारपूर्वक उल्लेख किया गया था। एण्ड्रयूज फिजी की ताजा जानकारी के लिए पुनः 1915 में फिजी द्वीप गया। उसके साथ पियर्सन भी था। उसके द्वारा प्रस्तुत रिपोर्ट निष्पक्ष थी जिसमें सरकार तथा नियोक्ताओं द्वारा दिखाई गई भावना को मान्यता दी गई थी, लेकिन वर्तमान व्यवस्था को निंदनीय बताते हुए उसको सुधारने हेतु भी गुंजाइश नहीं बताई गई अर्थात् तब भी उसमें केवल दोष ही दोष थे। ब्रिटेन से हरी झंडी मिलने के बाद 20 मार्च, 1916 को इम्पीरियल लेजिस्लेटिव काउन्सिल ने व्यवस्था समाप्त करने का अनुरोध किया तथा लॉर्ड हार्डिंग ने ऐसा करने की पुष्टि की तथा इच्छा भी व्यक्त की। एण्ड्रयूज ने लिखा, "इसका अर्थ यह है कि भगवान की इस पृथ्वी से घृणा के एक युग का अंत हो गया।"

किन्तु यह जानकारी प्राप्त होने पर कि फिजी में बागानकर्मियों को इस समाप्ति से पाँच वर्ष की छूट मिलेगी एण्ड्रयूज ने नए वायसराय लॉर्ड चेम्सफोर्ड को

पत्र लिखा, जिसने जवाब देने में कोई उत्साह प्रदर्शित नहीं किया। एण्ड्रयूज ने तत्काल प्रेस के माध्यम से सरकार के समक्ष चुनौती प्रस्तुत कर दी। इलाहाबाद में 9 जनवरी 1917 को श्रीमति सरोजिनी नायडू ने भारत की जनता से अपील करते हुए फिजी में भारतीय महिलाओं को चरित्रहीनता और अपमान से बचाने हेतु साग्रह अनुरोध किया। बंधुआ मजदूरी समाप्त करने हेतु पूरे देश में बैठकों का आयोजन किया गया। महिलाओं के एक प्रतिनिधिमंडल ने वायसराय से त्वरित कार्रवाई हेतु आवश्यकता पर बल दिया।

जनमत के बढ़ते दबाव के आगे सरकार अन्ततः 12 मार्च 1917 के बाद से युद्ध की अवधि के दौरान तथा उसके पश्चात् दो वर्ष की अवधि के लिए उपनिवेशों हेतु मजदूरों की सभी भर्तियों पर रोक लगाने के लिए विवश हुई। एण्ड्रयूज 1917 में पुनः फिजी द्वीप गया। उसने वहाँ देखा कि भारतीय मजदूर युद्धकालीन मुद्रास्फ़ीति से पीड़ित हैं, लेकिन उनकी मजदूरी में, आप्रवासन प्रारंभ होने के समय से अब तक, कोई वृद्धि नहीं की गई है। उसने अपनी रिपोर्ट में समझदारी के साथ सिफारिशें की तथा निंदनीय मुद्दों पर अपने नैतिक नाराजगी की स्पष्ट अभिव्यक्ति भी की थी। वह सरकार तथा बागान मालिकों से कुछ रियायतें प्राप्त करने में भी सफल रहा तथा दो स्कूल भी प्रारंभ किए। उसने सरकार से भारतीयों द्वारा स्थापित स्कूलों को अनुदान सहायता देकर शिक्षा में सहायता करने को कहा। शिक्षा के प्रति भारतीय उत्सुकता के साथ अनुबंध समाप्ति का दैनसंयोग हुआ। यही बेहतर भविष्य का मार्ग भी था। एण्ड्रयूज ने अपनी रिपोर्ट में वर्तमान अनुबंध को निरस्त करने तथा अन्य सुधार करने को भी कहा था। उसने भारत से मजदूरों के और उत्प्रवासन को अस्वीकार कर दिया। सितम्बर 1918 में भारत सरकार ने फिजी में भारतीय मजदूरों को अनुबंध से मुक्त करने का वचन दिया और आखिरकार। जनवरी, 1920 को अंतिम बंधुआ मजदूर अपनी दासता से मुक्ति पा गया।

## अफ्रीका में भारतीय

भारतीय मूल के लोग भारत के भिन्न भागों से अफ्रीका आए थे तथा अपने साथ भिन्न भाषाएँ, धर्म और भौगोलिक भिन्नताएँ भी लाए थे। वे अफ्रीका में अलग-अलग ढंग से पहुंचे थे। वे समृद्ध हैं तथा उनकी अपनी पहचान है, लेकिन वे मारीशस को छोड़कर अन्य सभी जगह अल्पसंख्यक हैं। उनके मजबूत वैश्विक संगठन के अभाव ने उन्हें युगाण्डा तथा फिजी में भारतीयों पर छाये संकट की

स्थिति में उन्हें असहाय दर्शकों की स्थिति में खड़ा कर दिया। भारत भी आर्थिक अथवा सैन्य दृष्टि से इतना ताकतवर नहीं है कि उनकी ओर से हस्तक्षेप कर सके। उनकी स्थिति तथा उनके भविष्य से सम्बद्ध ऐसे अनेक प्रश्न हैं जिनको समझा जाना तथा जिनका उत्तर दिये जाने की आवश्यकता है। किस प्रकार व्यवसाइयों, प्रोफेशनलों, सांस्कृतिक तथा राजनैतिक नेताओं और जनसाधारण का एक अंतरराष्ट्रीय संघ अथवा संगठन गठित किया जाए जो उनके भविष्य की सुरक्षा में योगदान दे सके, एक ऐसा प्रश्न है जिसका उत्तर दिया जाना शेष है।

परन्तु गुयाना में भारतीय निर्णायक, उत्साही बहुमत में थे, जो समाजवाद और सोवियत संघ के साथ सम्बद्धता के माध्यम से पृथक भाग्य निर्माण चाह रहे थे। गुयाना में हिंसा हुई, जिसके लिए दोनों पक्ष उत्तरदायी थे। इसके फलस्वरूप सैनिकों की संख्या में वृद्धि हुई, यहाँ तक कि प्रत्येक 35 सिविल नागरिकों के पीछे एक सैनिक था। बर्नहैम के अधीन इस बल में नब्बे प्रतिशत अफ्रीकी लोग थे, जिसके परिणामतः सहायक समूहों में बढ़ोतरी हुई। ट्रिनीडाड में भी 1956 तथा 1961 के चुनावों में भारतीयों को आतंकित किया गया। गुयाना तथा ड्रिनीडाड में दोनों पक्षों के नेता राष्ट्रीय एकता के लक्ष्य के प्रति अधिक चिन्तित थे। गुयाना में जगन तथा ट्रिनीडाड में पाँडे अन्य नस्ली संगठनों के सहयोग से ही सत्ता पर अधिकार कर सके थे। दोनों, अफ्रीकी तथा भारतीय समूहों वाले 'बहुल' समाज है। गुयाना अस्थिर है, लेकिन ट्रिनीडाड अस्थिर नहीं है। इस प्रकार 'बहुल' शब्द गुयाना पर अधिक लागू होता है। ट्रिनीडाड में भारतीय तथा अफ्रीकी समूहों की जनसंख्या कमोबेश समान है, जबकि मिश्रित समूह कुल जनसंख्या का अठारह प्रतिशत भाग हैं, जो इन दोनों बड़े दलों को व्यापक अस्थिर मतों हेतु अपील करने को बाध्य करता है। गुयाना में भारतीयों के निर्णायक बहुमत के कारण अफ्रीकी लोग विशेष पहचान के लिए विरोध और हिंसा पर उत्तर आए। भारतीय वर्चस्व की सरकार ने अफ्रीकी समुदाय को रियायतें दी हैं, लेकिन उनके अपने ही लोग सरकार पर लगातार दबाव बनाकर रखते हैं। इन दबावों तथा प्रतिदबावों के कारण मानवीय संबंधों में अस्थिर एवं अनिश्चित पद्धति बनती है जिसके परिणामस्वरूप ट्रिनीडाड में महाराज के अधीन टीमयूनिटी तथा गुयाना में रविदेन के अधीन 'आर ओ ए आर' (ROAR) का उदय हुआ है।

# अनुक्रमणिका

**ख**